亚瑟·J.马德尔是一位治学严谨的研究者、教师和作者。在现代皇家海军历史这一领域，出生于1910年的他几可堪称最为卓越的历史学家。马德尔教授在西方国家多所大学拥有教职，并曾获得大量荣誉称号，一生先后出版15部有关英国海军历史的著作。教授于1980年逝世。

巴里·高夫是著名的加拿大籍海事和海军历史学家，著有《史学的无畏舰：亚瑟·马德尔、史蒂芬·罗斯基尔和海军历史之战》。该书最近由锡福斯出版社（Seaforth Publishing）出版。

∧ 海军上将约翰·杰利科爵士，1916 年 12 月—1917 年 12 月任第一海务大臣 [1]（亚瑟·科普爵士画作，第二代杰利科伯爵授权）

---

[1] 译者注：所示为1917年时的军官职务和级别，后同。

指文® **海洋文库** / S006

［英］**亚瑟·雅各布·马德尔** 著 **杨坚** 译

英国皇家海军

从无畏舰到斯卡帕湾

·第四卷·

★ **反潜危局：1917** ★

民主与建设出版社

·北京·

ⓒ 民主与建设出版社，2022

图书在版编目（CIP）数据

英国皇家海军，从无畏舰到斯卡帕湾 . 第四卷，反
潜危局：1917 /（英）亚瑟·雅各布·马德尔著；
杨坚译 .-- 北京：民主与建设出版社，2022.4
ISBN 978-7-5139-3775-7

Ⅰ . ①英… Ⅱ . ①亚… ②杨… Ⅲ . ①海军－军事史－
史料－英国－1917 Ⅳ . ① E561.53

中国版本图书馆 CIP 数据核字（2022）第 044679 号

FROM THE DREADNOUGHT TO SCAPA FLOW, VOLUME IV: 1917, YEAR
OF CRISIS by ARTHUR J. MARDER
Copyright: © 1969 BY ARTHUR J. MARDER
This edition arranged with Seaforth Publishing
through BIG APPLE AGENCY, INC., LABUAN, MALAYSIA.
Simplified Chinese edition copyright:
2022 ChongQing Zven Culture communication Co., Ltd
All rights reserved.

著作权合同登记图字：01-2021-4018 号

英国皇家海军：从无畏舰到斯卡帕湾 . 第四卷 . 反潜危局：1917

YINGGUO HUANGJIA HAIJUN CONG WUWEIJIAN DAO SIKAPAWAN
DI-SI JUAN FANQIAN WEIJU 1917

著　　者	[英]亚瑟·雅各布·马德尔	
译　　者	杨　坚	
责任编辑	彭　现	
封面设计	王　星	
出版发行	民主与建设出版社有限责任公司	
电　　话	（010）59417747　59419778	
社　　址	北京市海淀区西三环中路 10 号望海楼 E 座 7 层	
邮　　编	100142	
印　　刷	重庆长虹印务有限公司	
版　　次	2022 年 4 月第 1 版	
印　　次	2022 年 4 月第 1 次印刷	
开　　本	787 毫米 × 1092 毫米　1/16	
印　　张	23	
字　　数	271 千字	
书　　号	ISBN 978-7-5139-3775-7	
定　　价	129.80 元	

注：如有印、装质量问题，请与出版社联系。

目 录

序

马德尔在有关费希尔时代皇家海军巨著的前一卷,《日德兰海战及其之后:1916.5—12》的结尾,着墨预告了即将出现在本卷——《反潜危局:1917》的内容。他概括了德国潜艇的威胁,协约国船运的损失,以及1917年年底之前失败的反潜战。当英国将国运与大舰队的命运紧紧捆绑在一起时,德国潜艇却构成了公海舰队从未构成过的巨大挑战——打击英国的命脉和西线协约国军队依赖的协约国海上运输。德国人甚至觉得自己已稳操胜券了。

海军部在1914年低估了U型潜艇的威胁。潜艇被认为是一种非英国式的恶毒武器。英国政治家都认为,敌人不会使用潜艇攻击无辜商船,特别是往返于北大西洋、西部航道,或者在英国近岸水域航行的定期客轮。1915年5月发生的"卢西塔尼亚"号悲剧,让这一神话破灭了,同时也唤醒了美国人。另外,1914年10月,U型潜艇在多格尔沙洲以南的阔十四(Broad Fourteen)水域击沉"活饵中队",以及"霍克"号巡洋舰(和其他舰船),显示德国的破交战已经获得成功。只要德国高层做出松绑无限制潜艇战的政治决定,就能给英国造成无法想象的危机。

海军部对德国以潜艇为主要武器发动的水下攻势,无论从应对策略还是心理上,都毫无准备。海军部甚至没有对付潜艇的技术能力,因为当时尚无用以猎杀潜艇的方法和手段。同时,德国潜艇不断地给协约国航运造成重大损失。现在反潜战成了白厅、议会和媒体的主要政治议题。在这期间,大量陆军部队在西线陷入了伤亡惨重的胶着战。着眼1917年4月的战局,同盟国似乎将获得最终胜利。而皇家海军不得不投入一场从未料想过的战斗中,他们对这场战斗,不仅装备匮乏,心理上也准备不足。

本卷以海军航空兵开篇。皇家海军航空队执行的任务五花八门,唯独没有为大舰队提供空中支援这一项,德国在空中侦察方面无疑做得更好。英国飞艇的制造既缓慢,又有很大的不确定性。另外,配属于大舰队或战列巡洋舰队的,可搭载水上飞机或常规飞机的航母,根本不适于扮演指定给它们的角色。马德尔笔下可悲的事实是,大舰队在战争期间根本没有一艘可以有效使用的航母。

海军确实装备了航空母舰——1917—1918年共有6艘——但没有一艘真正具有战斗力。至于攻击力，航母上装备的战斗机是索普维斯"骆驼"2F.1型，主要用于拦截齐柏林飞艇。鱼雷机虽然发展潜力巨大，而且已经显现了在海战中的光明前景，但当时仍处于襁褓之中。

1916年11月29日，海军上将戴维·贝蒂爵士在"铁公爵"号升起了他的将旗，正式接替海军上将约翰·杰利科爵士，后者被召往海军部，试图遏制商船损失持续上升的势头。他尝试了各种手段，但终未找到良方。海军部或舰队的其他人也都无计可施。贝蒂旗下的大舰队（像以前在杰利科旗下一样），处于英国海军战略的中心地位，肩负着保卫海上交通线的责任。但是英国海军的战线过长，海军资源被大量消耗在诸如英吉利海峡和爱尔兰水域这样的地方。真正的薄弱点显然是在多佛尔巡逻队负责保卫的昆士敦外海，以及具备远航能力的U型潜艇能够猎杀商船或者布雷的北美水域。

即使海军部发生了诸多变革，也没有出现新局面，马德尔分析了海军部的严重缺点，特别是它未能对贸易保护开展认真研究。只有反潜处处长，海军少将亚历山大·杜夫最终看清了全局——在最后一刻，同时在首相劳合·乔治以及内阁成员寇松（后者一直在进行商船损失的统计工作）的政治压力下，海军部尝试引入了护航队体系。陆军上校莫莱斯·汉奇一直在战时内阁中倡导护航队体系。马德尔自己则同时扮演了起诉人和维护海军部传统、质疑变革的辩护人角色，对双方进行了剖析。杰利科对反潜战前景持悲观态度。他认为没有任何有效的反潜手段，结果激怒了首相。劳合·乔治甚至有将退休的"杰基"·费希尔重新请回海军部的念头。将商船集中在护航舰艇保护下的想法遇到了大量反对意见。商船船长和航运公司都不愿航行受到限制。还有港口会变得异常拥挤，船队也可能陷入雷场等诸多担心。战时内阁已经开始考虑缔结和约。

马德尔以深入的研究证明，最终是海军部，而不是劳合·乔治引入了护航队体系（即便是试验性的），后者曾在4月25日威胁，如果海军部委员会不采取行动，他就要亲自到海军部做出一些改变。26日，杜夫提交了为发自直布罗陀的商船试验性地组织护航队的详细建议。护航队顺利出发，虽然后来因护航体系固有的原因而有所拖延。马德尔认为海军部对护航队并不重视。他写道：

"他们视护航队为法宝箱里的最后一件什物，对它能否成功深表怀疑，却一直痴迷于以巡逻为本的贸易保护体系。"除此之外，海军还缺乏护航舰艇。美国海军也反对护航队体系，虽然海军少将威廉·西姆斯（William Sims）此时就在伦敦，正与英方就海军事务进行密切接触和讨论，他认为护航队不仅是必要的，而且是攻势作战的组成部分。而几乎所有人都认为护航队属于防御手段。杰利科虽然意识到，护航队是最后和唯一的希望，但对它能真正奏效没有信心。连杜夫也怀着勉强的心态：远洋护航需要 52 艘巡洋舰，危险海域需要 75 艘驱逐舰，这看起来是无法实现的。1917 年 5 月 4 日，第一批 6 艘美国驱逐舰抵达了昆士敦，后继还会有更多舰艇加入。

海军高层仍在动荡。首相对海军大臣爱德华·卡森（后来被封爵）失去了信心，将他解职。但根源还在于劳合·乔治对杰利科的看法，后者已显得极为消极。劳合·乔治需要乐观的态度，以及困难时期的积极成果。马德尔精彩地刻画了他在白厅出现一系列悲剧性结果后，采取势不可当的行动时的鲜明性格。政治家们干涉海军部的任务，插足各个调查委员会。杰利科则努力保持海军部的独立性，但是受到命运和环境的阻挠。埃里克·格蒂斯爵士（Sir Eric Geddes）接替了卡森。他必须打发掉杰利科。圣诞节前一天下午 6 时，杰利科被解除了第一海务大臣职务。

马德尔详尽研究了"战争幕后的战争"。在第二卷中，他的这项研究深深吸引了读者。那一部分内容是有关 1914 年底的历史，那时丘吉尔和巴滕贝格分别担任海军大臣和第一海务大臣，而后者很快被费希尔取代。那一段历史尽人皆知，而 1917 年的动荡则是全新的故事。政治导向迫使海军部做出以前无法想象的反应。杰利科的离职只是时间问题，虽然过程显得有些残酷。按时间顺序研读种种事态，读者也会知道这是不可避免的。事件的大背景是统计数据：商船损失的吨位和击沉 U 型潜艇的数量。英国海军极为缓慢地对 U 型潜艇占据了优势。但是护航队的成功说明了一切。马德尔的结论是，商船的损失数量与加入护航队的商船数量成反比。到了 10 月，护航队体系终于可以宣布自己获得了成功。

马德尔并没有特别研习过经济史和海上贸易。一个偶然的机遇，编纂有关两次世界大战中贸易战秘密文件的海军少校戴维·沃特斯，在这方面给了他很大帮助。在冷战期间进行研究和写作时，马德尔从"政治"层面讨论了护航队体系的采纳、实施和成功，这迎合了当时人们普遍呼吁的，在下一场战争中以远洋护航保证海上交通的战略。《美国海军学院学报》和《皇家联合军种研究所国防研究》中的多篇文章，都强调了护航队的重要性，以及保持强劲海上商运的必要性。北约的命脉也依赖于海军力量。马德尔在第四卷，《反潜危局：1917》中对此并没有过多着墨，也未将其作为北约成员国及领导层可借鉴的教训。但其中的联系是显而易见的。

马德尔的资料来源有海军部文件，以及贝蒂、杰利科和阿斯奎斯文件集等。很多情况下，他都是首次采用这些资料的学者。海军部图书馆员可能对他极为友善。事实上，每当马德尔申请使用海军部文件而遇到麻烦时，读者会发现他没有给出具体的文件编号。这些文件现存于基尤（Kew）的国家档案馆。但是在马德尔的时代，它们尚属机密。本书前几卷的成功也有助于他将来在海军部的监督下查询这些被深藏的资料。另外，他的手稿在出版前还必须通过官方审查。

马德尔寻访了每一位健在的，能为研究提供第一手资料的人，他也成为从他的诸多通信者那里获取信息的特权人物。他的致谢名单列出了所有帮助过他的人。很多人在征询过程中与他建立了真挚的友谊。但是就《反潜危局：1917》一卷，马德尔特别感谢了在关键时刻担任反潜处处长的杜夫将军的遗孀，杜夫女士。很多海军军官或他们的夫人，深知马德尔的热情和真诚，以及作为一位杰出历史学家的才华，所以为他写了很多推荐信，其中一封向他引荐了杜夫女士。马乔莉·杜夫一直对她丈夫的工作，以及海军的职能与作战有极大兴趣。当马德尔前来查阅杜夫文件时，马乔莉总是自信地在他左右指点，为他解释一些有关海战的特别事项。这就是经典的"舰队后方的女性"。本卷于1968年底问世时，她不断地向马德尔提供市场信息，告诉他哪些书商更合适销售此著，以及她是如何指导书商确保马德尔的著作得以展示的。

1917年行将结束之时，皇家海军面对德国的挑战已确立了自己的优势。巨大的危机来而又去，虽然击破潜艇威胁所花的时间比预想的要长。马德尔也强调，直到战争结束，U型潜艇只是被削弱了，但威胁依然很大。英国海军再一次不是通过决定性海战，而是长期行动来影响战争进程。漫长的海上行动，消磨着舰队以及执行反潜任务的舰艇上官兵的意志。当政治家和报界都要求打一场决定性战斗和获得即时效果时，海军部却在一系列即便是最优秀的高级将领也未料想到的问题中挣扎。马德尔作为历史学家，为皇家海军具体分析了这些问题。但公平地说，他始终对海军部未能响应变革的要求，或洞悉变革的必要性采取了批判态度。

巴里·高夫

加拿大不列颠哥伦比亚省维多利亚市

前言

本卷原本是四部曲的总结篇。而现在它成了五部曲的倒数第二卷，我的出版商非常大度，虽然希望出版一卷浩大的著作，但最后还是选择将它分为两卷出版。下一卷将在 1970 年问世。

本卷讲述了 1916 年 11 月至 1917 年 12 月的皇家海军史：从杰利科到海军部应对潜艇威胁，到他一年后离职。这是战争中最关键的时期。英德主力舰队也在此期间陷入了战略僵局。核心问题，是英国海军能否战胜，或者至少遏制潜艇的威胁。海上战争的结局，以及整个协约国的命运都依赖于此。

我再一次怀着愉快的心情，对前几卷前言中提到的，为我提供专业协助，以及认真和具有建设性地阅读手稿的海军军官（更不用说他们极有裨益地回答了我提出的无数问题），表示诚挚的感谢：海军上将威廉·詹姆斯爵士，海军中将彼得·格莱顿爵士，海军少将 W. S. 查默斯爵士，海军上校约翰·克雷斯维尔和史蒂芬·罗斯基尔，以及海军中校 P. K. 肯普。第一部：已故海军中校 M. G. 桑德斯。潜艇战与保交战章节：海军中校 D. W. 沃特斯。大舰队（第二章）：海军上将安格斯·坎宁安·格雷厄姆爵士，他曾于 1917—1918 年在大舰队服役。有关地中海的内容：海军上将 J. H. 戈弗雷，他于 1917—1918 年任地中海舰队司令部参谋。海军航空兵（第一章）：空军上将拉尔夫·科克兰爵士、克里斯托弗·考特尼爵士和亚瑟·朗莫尔爵士，空军元帅威廉·迪克森爵士，以及空军上校 H. A. 威廉姆森，他们都是皇家海军航空队发展的先驱者。正如以前提到的，他们都不必为本卷中出现的任何错误负责。

我还要再次大力感谢海军上校克雷斯维尔，他作为专家认真审阅了资料图的绘制，N. 阿瑟顿先生则承担了绘图工作。

除了那些允许我查阅文件集，并在前几卷致谢中被提到的人（有些资料也用于本卷），我还要感谢约翰·马斯登－斯梅德利夫人，提供了她的父亲，海军上将亚历山大·贝瑟尔的文件；索尔特爵士，提供了有关保交战的重要资料；第二代汉奇男爵，让我查阅了他父亲 1917—1918 年间的日记。1913—1919 年担任数任海军部文职大臣秘书的诺曼·麦克劳德先生（1914年8月至1915年5月还担任第四海务大臣秘书），为我热心准备了一份有关战时海军部委员会成员的备忘录。我还要真诚地感谢以下人士：海军中校W. B. 罗博特姆和J. D. 劳森先生，他们帮助我把很多零星的材料整合在一起；艾弗斯·亨德里克博士，允许我引用海军少将W. S. 西姆斯《海上的胜利》中的内容；还有提供了诸多帮助的已故海军中将乔弗里·布雷克爵士，以及第二代麦克雷男爵、赫科姆爵士、罗宾·海厄姆教授、G. 沃特豪斯，以及L. A. 威洛比，道格拉斯·H. 罗宾森博士，爱德华·贝哈雷尔，公共档案馆、国防部空军历史分部、海军历史分部、海军图书馆的职员。我还要把迟来的感谢致予戴维·伍德沃德和安东尼·赛恩斯伯里先生，他们引导我收集了用于撰写第二卷和第三卷所需的重要文件。凯茜·史密斯小姐，怀着无限的耐心和卓然的幽默感，把我潦草的手写稿件打印成井井有条的文字。我还要再次感谢加州大学和美国哲学学会为我提供经费支持，减轻了我的负担。

　　我要感谢下列慷慨授权我引用文献的出版商：乔治·阿伦和安文公司，以及麦克米兰公司，汉奇爵士的《最高指挥》；比弗布鲁克新闻公司的《戴维·劳合·乔治战争回忆录》；卡斯尔公司和杰利科爵士，海军元帅杰利科伯爵的《潜艇威胁》；查托和文德斯公司，戴维·W. 博恩的《武装商船》；克里斯蒂和摩尔公司，海军上将刘易斯·贝利爵士的《齐心协力！》；康斯特贝尔公司，R. H. 吉布森和莫莱斯·普雷得加斯特的《德国潜艇战，1914—1918》；艾尔与斯波蒂斯伍德公司（以及凯斯授权的E. P. 达顿公司）的《道格拉斯·黑格私人文件，1914—1919》（罗伯特·布雷克编辑），《海军元帅罗杰·凯斯爵士海军回忆录》，以及韦斯特·维密斯女士的《韦斯特·维密斯爵士生平与通信》；G. T. 弗里斯公司，罗宾·海厄姆的《英国硬式飞艇，1908—1931》；哈姆林出版集团和查尔斯·斯克里布纳之子公司，温斯顿·丘吉尔的《思想与冒险》；皇家文书局，朱利安·科贝特爵士和亨利·纽博尔特爵士的《第一次世界大战史：海军作战》，W. K. 汉考克和M. M. 高英的《第二次世界大战史——英国战时经济》，沃尔特·罗利和H. A. 琼斯的《第一次世界大战史：空战》；霍德与斯托顿公司，以及海军少将W. S. 查默斯，后者的《戴维·贝蒂伯爵生平与通信》；哈钦森出版集团，以及海军上将雷金纳德·培根爵士的财产执行人，培根的《多佛尔巡逻，1915—1917》《多佛尔海峡巡逻简史》及《1900 年以来》；海军中校 P. K. 肯普，《皇家海军潜艇》；E. S. 米特勒与佐恩公司，德国官方史《海上战争》，包括海军上校奥托·格罗斯和海军上将瓦尔特·格拉迪施的《北海海战》，及海军少将阿诺·施平德勒的《潜艇与贸易战》；约翰·默里出版社，C. 欧内斯特·费勒的《第一次世界大战史：海上贸易》，阿奇博尔德·赫德爵士的《第一次世界大战史：商船舰队》；牛津大学出版社（伦敦），诺曼·希尔爵士等的《战争与保险》；桑普森·洛－马斯顿公司，海军上校约翰·克雷斯维尔的《海上战争》；安东尼·希尔联合公司，戴斯蒙德·杨的《日德兰海战与拉特兰》；H. F. 和 G. 韦瑟比公司，海军上将威廉·詹姆斯爵士的《海军元帅亨利·F. 奥利弗爵士传记》。未出版的皇家资料复本在公开出版前得到了皇家文书局审计官的允许。我还要感谢海军中校 D. W. 沃特斯，准许我引用了他处于限制级别的文章内容。

像前几卷一样，我参考了很多《海军评论》中的有关文章，但是根据该杂志长期以来的规定，我没有引用这本处于限制级别的刊物。

注释中列出的文件集及其出处如下：

海军部 MSS：公共档案馆，伦敦

贝尔福 MSS：大英博物馆

巴利—沃特斯 MSS：国防部海军历史分部

贝蒂 MSS：第二代贝蒂伯爵

贝莱尔斯（罗杰·M.）MSS：国防部海军图书馆[①]

卡森 MSS：北爱尔兰公共档案馆，贝尔法斯特；爱德华·卡森阁下。注释中分别列为卡森 MSS（贝尔法斯特）和卡森 MSS

迪尤尔（K. G. B.）MSS：国家海事博物馆图书馆，格林尼治

杜夫 MSS：国家海事博物馆，格林尼治，主要收藏之外的特别文件来自杜夫女士

埃文－托马斯 MSS：大英博物馆

---

① 原注：文件在撰写这篇前言时丢失了。它们可能被放错了位置，或者当图书馆于1963年从白厅迁往伯爵宫时丢失了。

弗鲁文 MSS：大英博物馆

格蒂斯 MSS：海军部 MSS，公共档案馆，伦敦（海军部 116/1804—1810）

德国海军部 MSS：军事博物馆，弗莱堡，布雷斯劳

格雷厄姆·格林 MSS：国家海事博物馆，格林尼治

汉奇 MSS（日记）：第二代汉奇男爵

杰克逊 MSS：国防部海军图书馆

杰利科 MSS：大英博物馆

凯斯 MSS：丘吉尔学院，剑桥

劳合·乔治 MSS：比弗布鲁克图书馆

奥利弗 MSS：国家海事博物馆，格林尼治

斯特迪 MSS：海军上校 W. D. M. 斯特夫利，皇家海军

蒂利特 MSS：阿格纽女士

美国海军海军部 MSS：国家档案馆，华盛顿特区

温莎 MSS：皇家档案，温莎堡

亚瑟·J. 马德尔

特拉法尔加日（10 月 21 日）

加利福尼亚尔湾

文中的缩写总结

（官方和非官方）

ACNS：海军总参谋长助理

A/S：反潜

ASD：反潜处

ADOD：助理作战处处长

BCF：战列巡洋舰部队

BCS：战列巡洋舰中队

BS：战列舰中队

CIGS：帝国总参谋长

CMB：近岸摩托快艇

COS：海军参谋长（1917 年以前，也是舰队司令的参谋长的缩写）

DASD：反潜处处长

DCNS：海军副总参谋长

DNC：海军造舰总监

DNI：海军情报处处长 ①

DNO：海军军械处处长

DOD：海军作战处处长

D of P：计划处处长

DTD：贸易处处长

GFBI：大舰队战斗指令

GFBO：大舰队战斗训令

GF：大舰队

HSF：公海舰队

---

① 原注：这一战前的称谓（1912年前）在1918年恢复。在第二、三卷中，我用它代替了1912—1918年的官方称谓DID（海军参谋部情报处处长，1912—1918年）。

IWC：帝国战时内阁

LCS：轻巡洋舰中队

ML：摩托艇

NID：海军情报处

RAF：皇家空军

RFC：皇家飞行队

RNAS：皇家海军航空队

SM：潜艇

SNO：资深海军军官

TBD：（鱼雷艇）驱逐舰

VA：海军中将

WC：战时内阁

W/T：无线电报

第一部

———————— ★ ————————

海上战争的危机：
杰利科—卡森时期
（1916 年 12 月—1917 年 7 月）

背景：海军航空兵的兴起

第一章

在这场战争中，我们需要新思想、新武器，以及驾驭它们的年轻人的勇气。

——海军准将默里·F.休特（海军部飞机制造总监）

1916 年 12 月 20 日文件

空中优势在未来可能会和海上优势一样，成为帝国国防的重要因素。

——内阁空军架构和本土防空委员会报告，1917 年 8 月 17 日

1. 飞艇计划

战争中，海军航空兵在各个方面都获得了长足进步，也使海战形式发生了决定性变革。但在开始阶段则显得微不足道。战争爆发时，皇家海军航空队（RNAS）有 7 艘飞艇（软式）、52 架水上飞机（其中只有一半可以升空）和 39 架飞机（陆地起降），人员大约有 140 名军官和 700 名士兵。RNAS 在战争初期轰炸了杜塞尔多夫和腓特烈港的齐柏林飞艇艇库（从法国和比利时的基地起飞），并在海上执行反潜和反齐柏林飞艇的巡逻任务，但它的主要任务，是不列颠岛的对空防御，特别是泰晤士河口一带，直到 1916 年初，皇家飞行队（RFC）才开始承担本土防空任务。这里可以引用海军上校麦金泰尔（Macintyre）关于海军部担负本土防空任务的后果的评论，虽然他的观点并非没有争议："这无疑是一个巨大而且代价高昂的承诺，严重阻碍了舰载航空兵的发展。其发展的滞后，也是海军航空兵在海战中的作用被忽视的原因之一。"[1] 这也是为什么在 1913 年 7 月，海军年度演习中就出现了飞机，而直到 1916 年，舰队都没有从 RNAS 得到任何助益。1917 年 1 月，大舰队新任司令贝蒂询问海军大臣，大舰队在战争中能指望什么样的空中支持，因为目前"在任何作战行动中，我都

没有得到过航空兵的协助;而德国人除了齐柏林飞艇外,还有 6 艘水上飞机母舰可以在北海上参与作战"[2]。贝蒂希望海军部尽最大努力发展海军航空兵,以协助舰队作战。否则,无论公海舰队何时进入北海,大舰队都将处于劣势,因为敌人只有在天气适合齐柏林飞艇和水上飞机活动时才会出动。贝蒂此时对飞艇显示了极大兴趣。

杰利科也非常强调飞艇作为舰队侦察力量的价值。他在 1913 年就断言:"只要天气良好,一艘齐柏林飞艇相当于好几艘轻巡洋舰。"实战经验使他更加坚信这一点:他相信,德国舰队能在 1916 年 6 月 1 日和 8 月 19 日顺利逃脱,都要归因于他们的齐柏林飞艇。"除非我们能在这些高效装备方面与德国人相匹敌,否则舰队将在作战中遇到严重阻碍。"(1917 年 4 月 6 日)贝蒂也同意杰利科的观点,特别是 1916 年 10 月和 1917 年 7 月、9 月的演习之后,演习证明了飞艇作为舰队侦察力量的巨大价值。德国人"在良好天气时独拥最佳空中侦察力量,一艘齐柏林飞艇的作用相当于六艘轻巡洋舰"[3],这种状况一直令贝蒂十分恼火。1917 年 10 月 10 日,贝蒂会晤了副第一海务大臣维密斯,他提醒后者,飞艇(他指的是硬式飞艇)对大舰队无疑具有宝贵的价值,能够让他把飞机留待最后一刻再派上场。当时只有索普维斯"婴孩"(Baby)式水上飞机可以搭载到轻巡洋舰上。它们的实用升限(作战中能够实施机动飞行的最大高度)为 10000 英尺;虽然它们的速度比齐柏林飞艇快 15—18 节,但续航力只有 2 小时 15 分钟。除此之外,贝蒂只有软式飞艇可与舰队协同,而它们的性能令人失望:它们根本无法跟上舰队。

1917 年的一份文件可以反映出海军部极其肯定硬式飞艇给舰队带来的优势:

一艘硬式飞艇的速度、续航力和目视范围,使其可以搜索相关海域,并为舰队司令提供是否有敌舰活动的全面信息,用时也比以多艘巡洋舰侦察少得多。必须提到的是,在 2000 英尺高空——只要能见度良好——视野将达到 60 英里。最新型硬式飞艇的航程可达 2000 英里,可以在飞机作战半径以外活动。因此,毫无疑问它们将比任何水面或空中装备更有效地延伸海上侦察范围。只要天气良好,一艘远程硬式飞艇就能在 40—50 小时内,有效搜索 100000 平方英里的海域……唯一可取的方案，就是加紧发展这种已经证明对敌人极为有用，而对我们却造成困扰的武器。[4]

不幸的是，英国当时尚没有能用于舰队作战的飞艇。让我们回溯一下历史。

战争开始时，英国海军没有一艘硬式飞艇。只有七艘小型软式飞艇，RNAS在战争初期也只能使用其中的两艘：英国远征军渡海到法国期间，它们在英吉利海峡内巡逻。这些飞艇的升限较低，用于进攻作战过于脆弱。

自 1911 年担任海军大臣的丘吉尔不断阻挠飞艇的建造①。1915 年 2 月，他下令处于建造中的 9 号硬式飞艇停工，而这艘飞艇的建造工作本来就已进展缓慢②。作为部分弥补，在费希尔的催促下，海军部于 1915 年春天开始建造速度较快的小型软式飞艇，用于反潜巡逻：这种 SS（潜艇侦察）飞艇以及后来发展的改进型，主要是"海岸"型、"北海"型和"海岸之星"型（使用更大更先进气囊的"海岸"型）。1914—1918 年，共建造了 200 余艘软式飞艇，至 1918 年 11 月 1 日，有 98 艘处于现役。1916 年，27 艘"海岸"型飞艇装备海军，用于为大舰队执行侦察任务，它们大多从苏格兰的海岸基地出动。"海岸"型飞艇的最高速度大约为每小时 50 英里，续航力 24 小时。1916 年 5 月和 9 月，英国海军成功地进行了使用轻巡洋舰拖曳"海岸"型飞艇，并为其补充燃料的试验，这扩大了飞艇执行反潜巡逻和舰队侦察任务的范围。从 1917 年 3 月开始，进行了更多试验，结果"是成功的，但也证明拖曳中的飞艇极难操纵，艇员们也因此极度疲劳。因此，海军部决定，当使用'海岸'型飞艇与舰队协同作战时，它们应该自主飞行，只有需要补充燃料时才由军舰拖曳"[5]。尽管有这些进展，所有软式飞艇在与舰队协同时，都存在一些固有的严重缺陷。作为舰队侦察力量，它们缺乏必要的艇体强度和航程，在速度和火力上无法与齐柏林飞艇匹敌。软式飞艇的主要任务是搜索雷场和 U 型潜艇，以及掩护护航队。

1916 年，拖曳式风筝气球（软式）逐渐装备主力舰，随后是巡洋舰、驱逐

---

① 原注：另一方面他却是海军航空力量的积极提倡者。
② 原注：属于1913年制订的，建造两艘硬式、六艘软式和半硬式飞艇的计划，最终只有9号硬式飞艇和两艘软式飞艇建成。

舰和其他小型舰艇，用于为炮弹落点定位和观察敌人的动向。但是它们无法用于侦察任务，这也是贝蒂一直寄予厚望的。风筝气球很难操纵，在恶劣天气下很容易被吹走，而且会将英国军舰的位置暴露给敌潜艇和水面舰艇。

贝尔福是一位航空爱好者，当他在1915年3月接替丘吉尔担任海军大臣时，英国硬式飞艇的前景似乎一下子光明起来。1915年8月，新的海军部委员会命令将9号飞艇完工，并将建造3艘改进型硬式飞艇——它们被称为23型。但是进展十分缓慢：3艘23型于1915年10月订购；1916年1月又追加订购了5艘，但第二批只有1艘完工。1916年进行的3次最重要的海军行动中，英国误读了齐柏林飞艇的作用。海军部飞艇文件断言："齐柏林飞艇取得了巨大成功，在日德兰海战中拯救了公海舰队，在亚茅斯（洛斯托夫特）拯救了他们的巡洋舰中队，还协助击沉了'诺丁汉'号和'法尔茅斯'号（1916年8月19日）。如果在日德兰我们与敌人调换位置，拥有硬式飞艇，就可以将公海舰队定位并歼灭，难道有人能否认这将产生结束战争的深远影响吗？"德国人取得的以上成就都和齐柏林飞艇没有关系。但是1916年的未解之谜的确让海军部对硬式飞艇兴趣大增。

1916年9月23—24日夜晚，装有6台发动机的L-33号齐柏林飞艇在埃塞克斯迫降。海军部的飞艇设计人员在研究了德国飞艇后大为震惊。毫无疑问，9号飞艇已经完全落后，23型和23X型[1]飞艇也无法与德国飞艇相提并论。英国的第一艘硬式飞艇，9号飞艇即将完工——但直到1916年11月27日才首飞，而且它随后就回到制造商手中进行改装，1917年4月才投入使用。它在1917年偶尔用于训练飞行和巡逻，然后就被闲置，直至1918年6月退役。海军部切实推动了23型飞艇的建造。1917年秋天共有4艘服役：23号、24号、25号和R-26号，后者是第一艘R字头飞艇。但是在详细研究了L-33号之后，海军部于1917年1月取消了两艘尚未开工的23X型飞艇的建造[2]，转而仿制L-33号，

---

① 原注：23X型为改进的23型，其设计于6月获得批准。
② 原注：另外两艘于1918年6月完工，R-27号和R-29号，后者是唯一一艘与U型潜艇交战的硬式飞艇，它攻击了三艘U型潜艇，并协助击沉了两艘。

这就是 33 型飞艇。最终海军部建议（1917 年 8 月）建造 16 艘 33 型飞艇。由于它们的尺寸使艇库容纳飞艇的数量减半，战时内阁只批准建造 11 艘。最后只有两艘 33 型飞艇完成：R-33 号和 R-34 号。它们是英国第一种成功的硬式飞艇，但是这两艘飞艇直到 1919 年 3 月才服役。另外还有两艘 31 型木制硬式飞艇：战争即将结束时建成的 R-31 号，以及 1919 年 9 月服役的 R-32 号。

停战时，英国海军没有一艘可执行远程侦察任务的硬式飞艇。只有 5 艘硬式飞艇处于现役状态，而其中 4 艘（23 型）只适合执行训练和试验任务，虽然它们也偶尔用于护航商船队。两艘 23X 型（R-27 号和 R-29 号）和 R-31 号飞艇在贝蒂出海扫荡时，可以作为侦察飞艇随大舰队行动，虽然它们的性能比不上更先进的齐柏林飞艇。但是 R-27 号服役不到两个月，就于 1918 年 8 月被烧毁，R-31 号则在停战日前 5 天服役，而且在战争结束时处于损坏状态。大舰队只能依靠 R-29 号和"海岸"型软式飞艇，但是正如前文提到的，后者作战半径有限，无法真正用于舰队作战。

作为比较，尽管损失惨重，公海舰队在战争结束时还有 8 艘硬式飞艇（总共建造了 70 艘）。这里可以比较一下战争结束前，英德双方各自最优秀飞艇的性能。R-31 号的实用升限约为 9500 英尺，最大航速每小时 65.5 英里，最大航程 2215 英里。德方以战争最后一年在北海上使用的标准型飞艇之一，L-53 号为例，其实用升限超过 20000 英尺，航速（试验）每小时 66 英里，最大航程 3000 英里。

事实是，海军部在整个战争期间都没有一个硬式飞艇计划，就像 J. D. 斯科特说的那样，"仅仅是对德国获得成功的一系列反应"。这些反应的结果，是总体上复制齐柏林飞艇的成功设计，但飞艇在投入使用时就已经过时了。一位英国飞艇历史权威分析了英国飞艇计划举步维艰的原因：

皇家海军在停战时只拥有少量硬式飞艇的原因，是飞艇计划和设计总是处于更改之中。这让制造商无法获得连续性的经验、可重复使用的模具和夹具、零件，以及按标准设计大规模制造飞艇所需的熟练工人。23 型的 R-26 号飞艇，是唯一一艘由同一制造商按已有设计建造的英国硬式飞艇，而齐柏林公司早已大规模批量建造飞艇了……每一艘或每一型飞艇的建造都需要内阁批准，这进一步加剧了拖延。很明显，那种蒙混过关的老习惯还在大行其道，而与此同时，硬式飞艇委员会却犯下幼稚的错误，试图在飞艇发展上追赶德国人，而不是汲取经验，一跃超过对手。但是休特和其他飞艇先锋们，仍然被"蜉蝣"号的悲惨经历，以及他们在履行计划时的那种完成肩负使命的意识所羁绊。对于他们所处的两难境地，人们也只能感到遗憾。[6]

其实皇家海军和公海舰队一样，都夸大了硬式飞艇作为舰队侦察力量的价值。它们无法精确导航，北海上常见的风暴、大雾和低云都严重制约了它们的效能。正如一位敏锐的齐柏林飞艇史学家所说的："人们对飞艇在航空史早期，作为空中侦察武器的有效性，已经不再认可。由于飞机发动机功率小，可靠性差，起飞时无法携带足够其长时间巡航的燃料。而飞艇的发动机只用于向前飞行，浮力则由气囊提供，它可以携带大量燃料，使用推进式发动机巡航时，能够连续飞行数天。"[7]这种情况到战争最后一年已不复存在，飞机技术的发展使其性能超过了飞艇。

贝蒂一直在努力加速为大舰队装备远程飞艇的工作，但是1917—1918年，他转而支持舰载机，以解决侦察和反制齐柏林飞艇两个问题。贝蒂试图迫使公海舰队投入一场海战，但是齐柏林飞艇对北海的侦察行动，会使贝蒂的行动失去突然性，让他的努力付诸东流，于是发展舰载机就成为当时的迫切要求①。齐柏林飞艇的导航，需要自身发出呼叫信号，再由DF（无线电测向）站将其位置发送给它，海军部秘密情报部门第40室，在飞艇离开艇库到返回基地的整个过程中，都能够对其定位。因此大舰队能提早得到飞艇即将出现的警报。由于飞艇的飞行高度超过了舰炮的射高，后者无能为力。海军需要的是能够爬升到飞艇上方的战斗机。

---

① 原注：注意大舰队从来不惧怕飞艇的空袭。海军军官们甚至认为飞艇携带的小型炸弹很可笑。

2. 航空母舰的发展

战前发生的两次事件，标志着海军航空兵跨入了新时代。与这两件事有直接关系的，是海军上尉 C. R. 萨姆森（C. R. Samson），海军中将理查德·贝尔·戴维斯（Richard Bell Davies）形容他是"航空时代初期最著名的海军飞行员，具有强烈的个性……他的驾机风格，和他威严、蓄着黑色胡须的海盗式面孔，使他成为万众瞩目的人物"。1912 年 1 月 10 日，萨姆森驾驶一架经过改进，装有浮囊的肖特 S27 型双翼机（水上飞机的雏形），从搭建在"非洲"号战列舰上的一座简易飞行平台上成功起飞，"非洲"号当时停泊在希尔尼斯外海，萨姆森随后在海上安全降落，这是历史上第一次有人驾驶飞机从舰船上起飞。第一次从航行中的舰船上起飞是在 1912 年 5 月 2 日，萨姆森驾驶改进型肖特 S27 型双翼机，在波特兰外海从"海伯尼亚"号战列舰上起飞。这些试验证明，无论军舰处于静止还是航行状态，飞机都可以以迎风方向从舰上起飞。但是，首先要解决的问题，是要使水面舰艇的战斗力不受搭载飞机的影响。

问题的答案似乎是显而易见的，那就是装备高效的飞机载舰，即可以搭载水上飞机或飞机，并能够与战列舰队或战列巡洋舰队一起行动的舰艇。水上飞机首先被认为是最合适的海军侦察机——它能够在水上起降——所以第一艘飞机载舰是水上飞机母舰。1913 年 5 月，杰利科命令在老式巡洋舰"竞技神"号（Hermes）的艉楼安装一座起飞平台，在 7 月 28 日的舰队演习中，一架高德隆（Caudron）G.III 型水陆两用飞机从军舰上起飞，随后又被吊装上舰。演习中一架"肖特"式水上飞机被数次吊上"竞技神"号，然后被吊入海中，并从水上成功起飞，其中有几次是在较为恶劣的海况中起飞的。1913 年底，"竞技神"号从海军退役。战争爆发时，皇家海军还没有一艘航空母舰。很快，海军为"竞技神"号安装了一块供飞机起飞的甲板，让它再次投入现役，但是它于 1914 年 10 月 31 日在多佛尔海峡被一艘敌潜艇用鱼雷击沉。8 月 11 日，海军部征用了 3 艘海峡渡轮，在短时间内将它们改装成水上飞机母舰："皇后"号（Empress）、"里维埃拉"号（Riviera）和"恩加丹"号（Engadine）。舰上有能容纳 4 架水上飞机的机库，但是没有飞行甲板。这 3 艘小型飞机载舰每艘可携带 3 架"肖特"式水上飞机，并在 1914 年圣诞节，使用 7 架水上飞机对德国考克斯港的船台发动了一次著名的袭击，虽然它们只给船台造成了轻微损伤^①。这些舰艇和其他早期水上飞机母舰并不适于与大舰队协同行动，因为它们在机动中无法保持自己在舰队中的位置。但是最主要的困难，还是缺乏起飞设施，飞机起飞作业时，母舰必须停船，将飞机吊出舷外（飞机必须从水上起飞），飞机在水上降落后还要将它们吊回舰上。由于浮筒强度很低，飞机在携带炸弹时只能从平静的海面起飞。战争第一年，杰利科进行的所有水上飞机试验都证明，"飞机从水面成功起飞的机会只有百分之一"[8]。1915 年，水上飞机（由水上飞机母舰或轻巡洋舰搭载）发动了 6 次对齐柏林飞艇基地的空袭行动，均告失败，实战证明水上飞机无法在开阔的海面上起降。

第二代水上飞机母舰，在舰艏安装了短距离起飞甲板：包括重新设计的货轮"皇家方舟"号（1914 年 12 月服役，它是第一艘专门作为水上飞机母舰而设计改装的军舰），20000 吨的前丘纳德公司邮轮"坎帕尼亚"号（1915 年 4 月），前曼岛公司货轮"文德克斯"号（1915 年 9 月）和"马恩岛人"号（1916 年 12 月）。但是这块甲板极少用于飞机起飞，更从未有飞机在上面着陆，因为水上飞机一般都是从海面起飞的。

1915 年 6 月 11 日，水上飞机第一次在舰队行动中执行侦察任务。在大舰队演习中，"坎帕尼亚"号放出的水上飞机观察到有"敌舰队"在活动。杰利科则努力尝试让水上飞机从"坎帕尼亚"号^②的飞行甲板上起飞。水上飞机从母舰上起飞后，将在海面降落，飞行员和飞机则由母舰回收。1915 年 8 月 6 日，对这一理论成功进行了试验。一架索普维斯"婴孩"式水上飞机，在"坎帕尼亚"号以 17 节航速迎风航行时，从甲板上顺利升空^③，它的浮筒布置在起落架桁梁上方，飞机在海面降落时，起落架处于水面以下。

1916 年 5 月 31 日的日德兰海战中，"恩加丹"号的水上飞机执行了侦察任务，虽然未取得任何成果，但促进了新航母的建造。不久，新建的"百眼巨人"

---

① 原注：它们未能发现这次行动的首要目标，德国的齐柏林飞艇库。

② 原注：它的飞行甲板长 120 英尺，从导航舰桥延伸至舰艉。

③ 原注：紧接着，1915 年 11 月 3 日，陆基飞机也第一次试验成功：一架布里斯托尔"侦察兵"式飞机从"文德克斯"号的甲板上起飞。

号和改装的"暴怒"号就加入了海军（见下文）。

经验证明，常规起降飞机比水上飞机更适合舰队作战，它们的速度更快，爬升能力更强，升限更大，而且装有气囊，在水上比索普维斯"婴孩"式更安全。杰利科早在 1915 年 8 月就力促在航母上装备常规飞机。但一直到 1916 年底，海军部才相信常规起降飞机在性能上明显优于水上飞机。1917—1918 年，大舰队逐渐用常规飞机代替了所有水上飞机。

还有一个飞机起飞时会遇到的问题需要解决。虽然飞机可以轻易地从弹射器或短平台上起飞，但军舰上层建筑后方强烈的上升气流，使得飞机在后甲板着陆非常困难和危险。要返回军舰，唯一可能的方法是在起落架两侧安装浮囊，飞机在母舰侧面的海中降落，再由母舰快速回收。但是飞机经常在被回收之前就沉入海中。解决此问题要比飞机起飞困难得多，1917 年，海军部非常关注新式齐柏林飞艇的性能，解决飞机着舰的要求也就更加迫切了。

由轻型战列巡洋舰改装成航母的"暴怒"号[9]，被称为"费希尔干的蠢事"之一，舰上的资深飞行军官，中队指挥官 E. H. 邓宁，是海军最出色的飞行员。他认为自己能找到解决方法。"他计算出，如果一架索普维斯'幼犬'式飞机能够将速度减至 30 节到 35 节，而军舰也能用加速的方法使甲板上的空速达到同样速度的话，就可以让飞机接近并降落在飞行甲板上。此时飞机和军舰之间将没有相对运动。一组舰员可以在飞机着陆瞬间抓住飞机并使之停止前进。"[10]当时军舰上还没有阻拦设备。1917 年 8 月 2 日，邓宁创造了历史，他驾驶"幼犬"式飞机，娴熟地绕过正航行在斯卡帕湾的"暴怒"号的上层建筑和烟囱，然后顺利地在飞行甲板上着陆。另一位航空先驱这样写道："就像一场精彩的杂技表演，证明这是一位杰出飞行员可以做到的，但我们需要的是一艘更加实用的平甲板航母。我当时希望他不要再次尝试，但是天啊！他 5 天之后就又出手了。"[11]这一次当邓宁着舰时，发动机突然失灵，机身发生倾斜，右轮重重地砸在甲板上，导致轮胎爆裂，飞机从母舰右舷翻入海中。勇敢的邓宁不幸溺水身亡——令人无比痛惜。

海军上尉拉特兰接替邓宁担任"暴怒"号飞行中队指挥官，他终止了着舰试验，而采取了完全不同的策略。这位执着、敢言、自信的年轻飞行员在自传中说，"希望能够第一个尝试任何新方法"，他竭力提倡平甲板航母，即完全没有障碍物——飞行甲板占据军舰的全部长度。这一建议终于将"暴怒"号由一艘半航母半战列巡洋舰的混合型战舰（它的舰艉还保留着一门18英寸主炮），改装成一艘全功能航母。"暴怒"号舰长［威尔莫特·尼科尔森（Wilmot Nicholson）］，更不用说贝蒂，希望保留它的舰炮，也就是部分地保留它作为战斗舰艇的功能。不过将它改装成平甲板航母，将为飞机着舰提供最佳条件：一块连续的飞行甲板对保持平稳的气流是必要的，这对飞机安全着舰非常重要。但是布置这样的甲板将干扰舰炮火力。拉特兰最终接受了一个妥协方案。1917年11月，"暴怒"号回到制造商的船厂，拆除了舰艉的18英寸火炮炮塔，在后甲板上方安装了长284英尺，宽70英尺的着舰甲板以及各种可以降低飞机速度的装置（没有人对这样的布置满意），包括纵向布置的线缆，可以被飞机机身下方的一个钩子挂住。1918年3月，完成改装的"暴怒"号重新加入大舰队。它的改装并不成功，因为当军舰高速前进时，烟囱和上层建筑引起的湍流使飞机着舰异常危险。除了其中的三次，此外的所有着舰试验都以飞机坠毁告终。最后只能放弃让飞机在"暴怒"号上着陆的尝试，战争的最后几个月里，战机只能从舰上起飞。尽管如此，"暴怒"号仍然是战时唯一一艘执行大规模空中作战行动的航母。1918年7月19日，7架索普维斯"骆驼"式战斗机从"暴怒"号上起飞，轰炸了位于石勒苏益格-荷尔斯泰因的岑讷（Tondern）的齐柏林艇库。一座大型艇库被炸起火，海军上尉B. A. 斯马特（B. A. Smart）驾驶战机摧毁了另一座艇库中的L-54号和L-60号两艘齐柏林飞艇。虽然有些为时已晚，但袭击的成功还是让海军部的大臣们认识到，空中力量具有其他装备和手段都不可比拟的潜力。

"暴怒"号差强人意的表现终于引出了第一艘全通飞行甲板航母，第一次使起飞和降落都可以在舰上实施。这种设计被应用在意大利客轮"罗索伯爵"号的改装上，海军部于1916年8月购买了该船，其尚处于预备役状态，"罗索伯爵"号的水线以上舰体被重建，成为世界上第一艘真正的航空母舰"百眼巨人"号（15750吨），它的飞行甲板长550英尺，宽68英尺。贝蒂希望它能在1917年底加入舰队；但它到1917年12月才下水，直到战争结束也未能服役。

另两艘航母，"鹰"号和新建的"竞技神"号在停战时也还没有投入使用。"鹰"号的前身是阿姆斯特朗公司为智利建造的战列舰"科克兰海军上将"号，1917年7月被英国海军接收，1918年6月下水。它是第一艘布置"岛"式建筑的航母（26400吨）：烟囱和上层建筑移至甲板一侧，构成一座流线型的舰岛，飞行甲板则保持全通状态。"鹰"号直至1922年才加入舰队。新建的"竞技神"号也有舰岛（12900吨），它是第一艘从铺设龙骨就开始按航空母舰设计图纸建造的航母。"竞技神"号于1917年7月开工，1923年才建成服役。1917年8月和9月，两艘由商船改装的航母"珀加索斯"号和"奈拉纳"号（Nairana）先后完工，它们在舰艏铺设有起飞甲板。最后，是1918年10月服役的"怀恨"号（Vindictive，10000吨），它原是轻巡洋舰"卡文迪许"号，仿照"暴怒"号改装成航母，在上层建筑前后分别布置有起飞和着舰甲板。虽然仍存在很多问题——舰岛与平甲板孰优孰劣，以及如何"拦住"一架着舰的飞机——航母发展的第一阶段已经完成，而舰载航空兵的未来已是一片光明。[12]

但是对大舰队来说，可悲的是战争期间没有得到一艘有效的航母——这和硬式飞艇的故事何其相似。1917—1918年隶属于大舰队的6艘航母无一堪用。"坎帕尼亚"号上的侦察机在风平浪静时才能起飞；"马恩岛人"号作战半径小，航速又低——它最多只能跑到17节——这使它不可能随舰队行动；"恩加丹"号没有起飞平台，除非海面平静，否则它无法放飞水上飞机。到1918年春天，"坎帕尼亚"号主要执行训练任务，"恩加丹"号和"马恩岛人"号都在地中海活动。大舰队只剩下"暴怒"号、"珀加索斯"号和"奈拉纳"号。"暴怒"号问题重重，另两艘航母主要用于训练飞行员驾机从轻巡洋舰和战列巡洋舰的起飞平台上起飞。由于航速太低，它们都不适于与大舰队共同行动。

另外还有一种在海上使用飞机的方式：飞机从被驱逐舰高速拖曳的小型驳船的甲板上起飞。使用这种方式的最初目的，是搭载飞机跨过北海，将赫尔戈兰湾纳入飞机的作战半径。1918年，海军发现单座战斗机可以从驳船上安装的30英尺长的起飞平台上升空。1918年7月31日，空军上尉S. D. 卡利（S. D. Culley）驾驶一架索普维斯"骆驼"式战斗机，首次成功起飞。8月11日，在哈里奇舰队对泰尔斯海灵岛以北海域进行的一次扫荡行动中，卡利驾机起飞，击落了齐柏林飞艇 L-53 号。舰队在紧张等待一个小时后，在东方天际看见一束光从高空迅即下坠，后面还带着一道烟迹——很明显是齐柏林飞艇——蒂利特（哈里奇舰队司令）通告舰队："你们看到的是赞美诗（《古今赞美诗》）第 224 章第 7 节。"诗曰：

> 幸福的朝圣者们，
>
> 仰望上天，
>
> 那里有一道苦难之光，
>
> 将赢得伟大的功绩。

如果海军航空兵的未来寄希望于航空母舰的发展，那么战争最后一年，最重要的进步是战斗舰艇（战列巡洋舰和轻巡洋舰）装备了飞机。1918 年初，贝蒂非常现实地认识到，"由于迄今装备的航母航速太低，如果战斗舰艇不能携带飞机，那舰队将无飞机可用"，"在'暴怒'号和'卡文迪许'号完工前，这对现状有何影响，还有待观察"，以及"未来的趋势，可能是舰队需要越来越多的飞机"。[13] 这一预言即将成为现实。

1917 年 1 月，贝蒂成立了大舰队飞机委员会，他们提出的建议之一（1917 年 2 月 5 日），是为一些轻巡洋舰装备飞机，以对付齐柏林飞艇。委员会使用轻巡洋舰"亚茅斯"号进行了舰载机试验，"亚茅斯"号的指挥塔和前主炮上方临时安装了一块 20 英尺长的平台。1917 年 6 月，坚韧不拔的拉特兰再次做出创举，他三次驾驶索普维斯"幼犬"式飞机，从平台上成功起飞，而军舰在试验中均处于航行状态。两个月后，空军中尉 B. A. 斯马特驾驶一架"幼犬"式飞机从"亚茅斯"号（当时正与第 1 轻巡洋舰中队在丹麦海岸掩护一次布雷行动）上起飞，击落了齐柏林飞艇 L-23 号。斯马特随后在海中降落，虽然他被成功营救，但在 U 型潜艇出没的海域这样使用飞机还是过于危险了。

"亚茅斯"号起飞平台的成功促使海军部为每一艘适合的轻巡洋舰做同样的改装。贝蒂拒绝为战列舰和战列巡洋舰装备飞机。他担心这些主力舰可能会在战斗在即之时，为了飞机起飞而不得不转向迎风行驶，这样将使主力舰脱离在舰队阵型中的位置。对任何装备飞机的舰艇，不管是航母还是战斗舰艇，这都是一个根本性的缺陷。拉特兰再一次解决了问题。海军部的航空兵军官和他的飞行员都非常担心，认为他将要进行的尝试是一次自杀行动，但拉特兰再次完成了壮举。1917 年 10 月 1 日，他驾驶"幼犬"式飞机，从安装在"反击"号战列巡洋舰舰艏 15 英寸炮塔顶部的一块起飞平台上顺利起飞。不同于以往的起飞平台，"反击"号上的平台是可以旋转的，这就让"幼犬"式飞机可以在不改变军舰航向的情况下就迎风起飞①。10 月 9 日，拉特兰再次成功地从安装在艉炮塔顶部的平台上起飞。艉炮塔上的平台有两个优点：炮塔前方的上层建筑能为飞机提供一定的保护；加上前炮塔上的平台，军舰可携带两架飞机。1918 年 4 月 4 日，皇家空军上校 F. M. 福克斯（F. M. Fox）驾驶一架索普维斯"1½ 支柱"式飞机从"澳大利亚"号战列巡洋舰的炮塔平台上起飞，证明这类平台也可供双座式飞机使用。

可旋转平台使飞机可以从军舰上起飞，而无须改变军舰的航向，也不会过度影响舰炮的使用。后者意味着安装炮塔平台的军舰仍旧可以发挥全部舰炮火力，这样就使"舰炮中心主义者"转而支持舰载机。

毫不夸张地说（拉特兰的传记作者写道），拉特兰进行这 3 次飞行试验——从"亚茅斯"号 20 英尺短平台，以及从"反击"号的前、后炮塔平台上起飞——加上他坚持不懈地提倡用飞机代替水上飞机，并终获成功——使当时的舰队航空兵发生了革命性的变化。

最终每艘主力舰都可以携带两架飞机——一架战斗机（搭载于艉炮塔平台的单座飞机，用于攻击齐柏林飞艇），和一架侦察机（搭载于艏炮塔平台的双座飞机）——舰队司令使这种配置成为舰队的标准装备，飞机的使用也成为舰队作战训令的固有内容。这是日德兰海战之后，在短时间内实现的显著进展，在那场海战中，"恩加丹"号落在后方蹒跚而行，"坎帕尼亚"号则被遗忘在港内。[14]

---

① 原注：这一发明必须要归功于"亚茅斯"号的火炮军官，海军少校 C. H. B. 高恩（C. H. B. Gowan）。

为轻巡洋舰也设计了可旋转起飞平台。到战争结束时，舰载飞机已经独立成军：大舰队舰艇（除了航母）普遍安装了起飞平台，包括22艘轻巡洋舰，共有飞机100架。这些飞机可携带炸弹，具备攻防能力。而且到1918年春天，装备在战列巡洋舰、轻巡洋舰和航母上的，性能优秀的索普维斯"骆驼"2F.1战斗机，已经大大削弱了齐柏林飞艇的威胁，它们已极少敢于远离自己的海岸线。德国飞机无法代替齐柏林飞艇执行远程侦察任务：它们不是"骆驼"式的对手。我们还要注意到飞船在1917—1918年间的巨大发展，这是一种远程水上飞机，在侦察（特别是北海南部雷场水域）和反潜方面发挥了重要作用。

1918年春天，德国已失去了北海的制空权。大舰队已不用担心齐柏林飞艇的侦察会使敌人在舰队的航道预设水雷。[15]另外，如果公海舰队远离基地活动，大舰队就有更多机会对其施以出其不意的打击。最后，只要不在德国岸基飞机的活动半径内，贝蒂就可以在北海上进行的任何作战行动中掌握空中优势。这种优势也增强了他采取更积极战略的愿望，同样令他更有信心的，是战争最后一年出现的更实用化的鱼雷机。

3. 鱼雷机的发展

概括地说，1918年已经出现了3种海军飞机：侦察机（以及反潜巡逻机）、战斗机和鱼雷机。1917年以前，海军侦察机绝大部分是水上飞机[①]。从1916年春天开始，水上飞机由双座"1½支柱"式飞机取代，逐渐装备在航母和战列巡洋舰上。"1½支柱"式双座机的最大时速106英里，升限13000英尺。战斗机的主要任务是拦截敌机。起初战斗机很难在舰队作战中得到应用，直到1916年12月，索普维斯"幼犬"式单座飞机才开始装备舰队。1917年初夏，动力更强大、速度更快的索普维斯"骆驼"2F.1单座战斗机（最大时速124英里，升限17300英尺）开始全面取代"幼犬"式。单座战斗机装备航母和战斗舰艇，主要用于拦截齐柏林飞艇。[16]鱼雷机则装备航空母舰，由于海军对它寄予厚望，故而引起

---

① 原注：最早被称为"水-飞机"（Hydro-aeroplanes），丘吉尔在1913年重新命名了它们。海军上尉R. B. 戴维斯听到丘吉尔说："这名字太丑陋了，让我给它们起个更好的名字，就叫水上飞机（Seaplanes）好了。"

了更加广泛的讨论。

　　早在1912年，海军航空兵的先驱者们就意识到，由于鱼雷可以从水下命中目标，如果可以由灵活的飞机携带和发射，将具有巨大的进攻潜力。英国海军从1913年就开始进行飞机投放鱼雷的试验。主导试验的是一位热情积极、思维敏捷，并获得属下绝对忠诚的人——海军上校默里·F. 休特（1914—1916年间先后担任海军部航空处处长和飞机制造总监）。如果有人配得上"英国海军航空兵之父"的称谓，也是非他莫属。不幸的是，就像另一位海军中的特立独行者，赫伯特·里奇蒙德一样，休特不能容忍不同意见的性格，严重羁绊了他的发展。1914年7月28日，海军上尉A. M. 朗莫尔响应丘吉尔提出的挑战，驾驶一架"肖特"水上飞机在卡尔肖特（Calshot，位于南安普敦入海口处，是最早的海军航空站之一）第一次成功投放了鱼雷。休特也因此确信，鱼雷机已经是一个"实际命题"。1915年春，他促使海军部批准派遣一批可携带鱼雷的肖特184型水上飞机（发动机功率225马力，后来也被称为肖特225型），搭载在临时改装的母舰"心上女郎"号（Ben-my-chree）上，前往达达尼尔，试验它们对水面舰艇的攻击能力。1915年8月12日和17日，两架水上飞机使用机身下悬挂的一枚射程1000码的14英寸鱼雷，发动了3次攻击。它们从母舰上起飞，贴近地面隐蔽飞行，冒着炮火投下鱼雷，击沉了3艘锚泊的土耳其船只（一艘商船、一艘拖船和一艘军火船）。这是鱼雷机第一次成功应用于实战。勇敢的飞行员们［中队长，海军上尉C. H. K. 埃德蒙兹（C. H. K. Edmonds）和海军上尉G. B. 戴克（G. B. Dacre）］向海军证明，鱼雷机可以发展成一种强大的远距离进攻武器。

　　尽管有这些成功的尝试，而且很多像休特这样狂热的支持者都相信，如果鱼雷机参加日德兰海战，就能迫使公海舰队降低航速，使海战出现完全不同的结果（海军部拒绝了他在1915年底提出的，装备200架鱼雷机的建议），鱼雷机的发展仍旧非常迟缓。考虑到当时的困难和不确定性，这并不令人吃惊。基本的技术困难是，到1917年，皇家海军航空队还只将水上飞机作为鱼雷机使用。经验证明，肖特225型飞机在携带一枚14英寸鱼雷时，经常无法从北海的海面起飞。另外，14英寸鱼雷也不适用于攻击大型舰艇。1916年，出现了一种动力和航程都大大增加的水上鱼雷机：肖特310马力型飞机（1917年生产型的发动机功率增至 320 马力），它能携带一枚重 1000 磅，射程 2000 码的 18 英寸鱼雷。但是这种飞机（携带鱼雷时）的最大时速仅 72.5 英里，升限 3000 英尺，作战半径 100 英里，能力非常有限。1916 年 10 月，首批两架原型机进行了试验。它们从费利克斯托（Felixstowe，位于哈里奇）起飞，进行了攻击演习并大获成功。1916 年最后一个季度，在那里进行的 21 次鱼雷攻击试验中，只有 5 次失败，其中两次因为机械方面的小故障，两次因为飞行员训练不足，一次因为鱼雷投放处水深太小。其余 16 次都非常顺利，大约 40% 的鱼雷命中了目标。

尽管如此，休特还是急于发展一种能从甲板上起飞的常规鱼雷机。他当时担任海军部飞机制造总监。1916 年 10 月，在飞机设计师和制造商 T. O. M. 索普维斯（T. O. M. Sopwith）的协助下，他设计了一种"布谷鸟"式鱼雷机，并坚信它将大有前途：发动机功率 200 马力，单座，能从航母上起飞（战后发展出陆基型），可携带一枚 18 英寸鱼雷。该机升限 12000 英尺，最大时速 103 英里，作战半径 160 英里，性能比肖特 225 型和 320 型优越得多。

很明显，要有足够发动大规模行动的陆基鱼雷机还需时日。1916 年 12 月 20 日，休特建议，使用大批水上鱼雷机，对威廉港的德国舰队和亚德里亚海港口中的奥地利舰队发动鱼雷攻击。对第一个目标，他要用船只，或者拖带的驳船将水上飞机运至其打击范围之内。"我们的经验是，天气必须良好，使水上飞机可以从开阔的海面起飞，但是如果行动能在海军部天气预报的引导下进行，在夏天实施就不会有太大困难。"关于奥地利舰队，则"极有可能在里米尼（Rimini）附近开辟多达六个水上鱼雷机基地：的里雅斯特、普拉和阜姆都处于打击范围内……如果决定在明年夏天对这两个目标实施打击，就必须立即采取行动"。海军部很欣赏休特将鱼雷机用于攻势作战的想法。他们认为鱼雷机无法用于防御作战，因为这样只会束缚大批飞机和飞行员，坐等敌人军舰袭击英国海岸。第三海务大臣（图多尔）建议："我认为现在就攻击德国港口内的敌舰是可能的，亚德里亚海上的成功机会则更大……应该立即订购最先进的水上鱼雷机，而且强力推进鱼雷机的制造。"1917 年 1 月底，第一海务大臣（杰利科）批准了此项建议。[17]2 月初，海军部命令订购 25 架肖特 225 型飞机，并立即向地中海派遣 8 架肖特 225 型飞机，还在奥特朗托设立了由休特指挥的水上飞机基地。休特在那里使用肖特320型飞机训练飞行员，为攻击奥地利舰队做准备[1]。

休特离开英国前往意大利之后，海军部渐渐失去了对索普维斯"布谷鸟"鱼雷机的兴趣。1917年2月，空军中校朗莫尔访问索普维斯公司时，见到了未完成的"布谷鸟"原型机。在他的鼓动下，飞机于6月制造完成。试飞在7月顺利进行，海军部随后订购了100架这种先进的战机。1917年9月，贝蒂呼吁制造200架"布谷鸟"式鱼雷机装备大舰队，他还预测，即将装备舰队的航母"暴怒"号、"鹰"号和"百眼巨人"号，都将在海试中大获成功，于是海军部于1918年又追加了订购量，使总数达到了350架。但是贝蒂最终还是失望了。首先，鱼雷机在飞行员中不受欢迎，因为它的巨大重量使其机动困难，因而生存力较差。另外，新成立的皇家空军的作战重心在西线，虽然1918年2月在卡尔肖特进行的鱼雷机试验[2]获得了成功，但空军对发展鱼雷机兴趣不大。对贝蒂来说，决定性的因素是，"布谷鸟"的批量生产订单被交给缺乏制造经验的公司，结果造成了严重拖延。首架生产型飞机直到1918年5月才交付；到停战时，仅有90架装备了舰队。另外一个原因是，现有航母缺乏容纳鱼雷机的空间，除非牺牲掉部分侦察机和战斗机。第一艘装备鱼雷机的平甲板航母"百眼巨人"号，直到1918年10月才开始鱼雷机搭载试验。10月19日，作为第一种装备航母的舰载鱼雷机，一个中队共18架"布谷鸟"进驻"百眼巨人"号。由于"百眼巨人"号在停战后才正式服役，"布谷鸟"也未能参加实战，海军也失去了在第一次世界大战中，证明舰载鱼雷机对舰攻击能力的机会。

1917—1918年，海军航空兵还处于襁褓当中，皇家海军进行了第一次空投鱼雷作战，并制造了第一艘航空母舰。但是在海上行动中，飞机主要承担防御性任务，如防空、侦察和护航。如果说海上空中力量未取得长足进展，那是因为：第一，海航先驱们面临着许多前所未有的技术困难，更何况当时正处战争时期（飞机技术的迅速发展，几乎使我们忽略了1914—1918年的战争，其实距飞机诞生

---

① 原注：使用鱼雷机攻击奥地利舰队的行动于1917年9月2日实施，目标是卡塔罗的奥地利潜艇。由于突然出现的强风使海况恶化，6架肖特320型飞机未能起飞，行动以失败告终。英国海军也再没有尝试过这一方案。

② 原注：在试验中，4架肖特320型飞机投放了40枚带操雷头的鱼雷，只有3枚未能回收。

仅有十几年时间）；第二，海军部在航空兵发展方面，关注的并非飞机在海上作战中的应用，明显的例子就是1916—1917年，皇家海军航空队一部被派往法国，参加轰炸德国的行动；第三，一些反对航空兵的海军高级军官，特别是海军部的一些海务大臣和海军参谋部的部分军官，在战争开始后两年多的时间里，阻碍了海军航空兵的发展。海军少将休特的著作《飞行员与诺亚人》，详尽描述了海军高层权威，是如何接连妨碍海军航空兵的发展的。海军上将马克·科尔记得海军部的一位大臣"看到4名海军上尉从海军转调皇家飞行队，觉得人数太多了"[18]。虽然这种"极端者"不多，但不能否认海军高层缺乏远见。因此我认为，海军中反对发展航空兵的思潮，也是1918年4月成立皇家空军的原因之一。

1917年，飞行中队长道格拉斯·海德－汤姆森所作的一首诗，反映了很多皇家海军飞行队军官的心态：

> 海军是我们的老爹（以严格的法律意识，
> 义务的纽带是先令、英镑和便士），
> 可他却无视我们这些空中的孩子，
> 我们无人供养，只能在深深的绝望中死去。
> 因为老爹不要我们，他也不想知道：
> 我们之所需，我们的前途，以及何缘何故……

一位皇家海军飞行队的军官形容当时的海军高级将领是，"下巴以上犹如坚固的牙雕，只有两耳之间一隙尚存，使有用的知识得以进出"。

只有最有远见和最积极的军官一直致力于发展海军航空兵——休特、萨姆森、威廉姆森、拉特兰、邓宁、朗莫尔、克拉克－霍尔，以及一些高级军官，如贝蒂、菲利摩尔（海军少将，航母指挥官），以及里奇蒙德。但是大部分海军军官对飞机都不关注，或者不感兴趣，除了火炮军官，他们对舰队航空兵感兴趣是因为到战争结束时，海军已经发展了一套非常有效的空中校射系统。总的来说，由于飞机航程太短，飞行员经验不足，海军认为飞机的价值还有待观察——当时的飞行员大多是对军舰和航海没有经验和知识的年轻人。他们也没有认识到航母的发展潜力。必须提醒读者，第一艘真正的航空母舰直到战后才投入使用。最后，还有心理因素的影响，反映在海军部对空中力量的轻视："习惯了大海的水兵都讨厌飞机的噪音和气味，认为它亵渎了军舰的甲板和漂亮的油漆——也不喜欢那些时髦和直爽的年轻飞行员。"[19]

　　尽管出现了使海军航空兵发展严重受阻的拖延和其他诸多失望，贝蒂在担任大舰队司令期间，仍将飞机和航空母舰视为他战略战术中的重要组成部分。这也可以解释大舰队为何在1917—1918年，重新对更积极的战略战术产生了兴趣，并报之以乐观态度。

贝蒂的大舰队

—— 第二章 ——

大舰队是所有海军行动依赖的中心和枢纽。的确,它的活动范围只限于北海,但是所有保卫交通线的重要行动,都要依靠大舰队的存在才能展开。

——杰利科递交内阁的备忘录,1917 年 11 月 18 日

我祈祷,不为平静,也不为消除烦恼,而是为了获得击败敌人的机会和力量,以及把握机会的能力。人们总是说机会成就了人,但更准确地说,是人促成了机会,而那就是让我内心挣扎的缘由。我找不到创造机会的途径。

——贝蒂致妻子,1917 年 4 月 27 日

他(贝蒂)担任指挥官(大舰队司令)的两年半里,并没有像他一直期盼、希望和努力的那样,加冕成为伟大海战的胜利者,但是在这两年半的等待和焦虑中,他以自己的决心、榜样和非凡个性,将大舰队的士气和战斗力保持在最高状态。

——海军元帅厄内尔·查特菲尔德爵士致《泰晤士报》的信件,

1936 年 3 月 13 日

1. 大舰队司令贝蒂

1916 年 11 月 29 日,贝蒂在"铁公爵"号[①]上升起了将旗。他一如既往地保持了果断、张扬和自信的鲜明个性。他倾听所有军官的意见,从不迁怒于批评者。

---

① 原注:1917年2月中旬,他将旗舰更换为"伊丽莎白女王"号。

他的传记作者如此描述贝蒂的工作习惯："他的思维极其敏捷，而且拥有那种拿起文件只需一瞥，便能洞悉要点并立即做出决定的超凡能力。结果就是他的'来件'筐总是空的，但是他还有另一个文件筐，标注着'胡话'的缩写，专门存放他认为是欠考虑的方案和辩解。"[1] 他也不是一个纠结于细节的人。贝蒂很快发现自己被无法负担的工作量逼入困境，而且根本没有减轻的迹象。"有太多问题需要解决，而数量已经堆积到根本不可能完全处理的地步。奥吉亚斯的牛舍（Augean stables，指极肮脏的地方）需要大量清理工作，我每天都要工作到凌晨一点半。"[2] 贝蒂的第一个难题，是如何处理身边海量的文件。"目前大量时间似乎被浪费在本可以由他人处理的细节问题上，而我应该被解放出来从事更重要的工作。我想前任司令官肯定喜欢细节，讲究得有些过分，结果很多重大问题被草率处理，或者根本被忽略了。"[3] 杰利科确实喜欢细枝末节。贝蒂则更愿意让他的秘书弗兰克·T. 斯皮克内尔（Frank T. Spickernell）处理这些问题，让自己"有时间考虑其他更重要的事情"。

贝蒂还不得不接受两件令他不快的事情。首先是为时已久的不幸婚姻，他娶了一位来自美国的女富翁，一个漂亮、神经质和性格强硬的女人。贝蒂夫人认为自己的丈夫非常自私，因为他总是沉迷于工作而无暇伴她！当然，正在打仗嘛。沙恩·莱斯利爵士（Sir Shane Leslie）与贝蒂夫妇熟识，说她"情绪极为难料"，"对婚姻很轻率，从不认真对待"。她"对待贝蒂的方式是所有其他男人都无法忍受的"。贝蒂则形容他妻子在某些晚上的表现"比日德兰海战还差"。他发现根本无法与她讲道理。不过贝蒂从未考虑过离婚，他爱自己的妻子，直到去世都对她忠心耿耿。[4] 贝蒂手下的军官说他从未显露过情感上的压力，总是平静而专注地投入工作。但是每一个读过他在战争中写给妻子的数百封信的人，都不会怀疑他正在进行两场战争——一场在北海与公海舰队的，另一场与他在阿伯道尔（Aberdour）的妻子的——而后者肯定给他带来了巨大的精神压力和更多负担，因为他只能将其深藏于心。让人啼笑皆非的是，离开位于距罗赛斯7英里，能远眺福斯湾的阿伯道尔的家，可能对他来说是一种巨大的解脱。另外他发现，打一场让人筋疲力尽的网球，或者和朋友厮混也能让自己放松，这些朋友大多是贝蒂夫人召集的海军人士。

另一件令人不快的事情，是大舰队，或者说主力舰队，和战列巡洋舰队军官们之间长期存在的心理鸿沟〔1916年11月28日，战列巡洋舰队（Battle Cruiser Fleet）改称为战列巡洋舰部队（Battle Cruiser Force）〕。战列巡洋舰的基地更靠近敌人，已经参加了3次海战，历经了让人兴奋的激战时刻。的确，年轻一点的军官带着些许怜悯的眼光看待驻在斯卡帕湾的大舰队军官。他们觉得不需要从大舰队那里领教什么有关实战的知识，自己反倒有很多东西可以教授给对方。也许大舰队的年轻军官有些嫉妒战列巡洋舰队获得的那些机会。日德兰海战又加深了这道心理鸿沟。杰利科和贝蒂，就像纳尔逊一样，拥有赢得下属绝对忠诚和狂热爱戴的天赋。当有关战斗的争论开始时，军官们几乎是本能地维护自己的司令官。但是贝蒂在这方面获得了显著成功，他极大地改善了大舰队和战列巡洋舰部队之间的关系。作为曾经的战列巡洋舰队司令，他也处在带来积极改变的理想位置上。

高层指挥的更迭进行得非常顺利。部分原因是杰利科留给继任者的优秀的指挥架构，贝蒂用一周时间就完成了交接，"所有事情都像钟表那样精准"。更重要的是，贝蒂的参谋人员极为得力。他身边的高级军官，厄内尔·查特菲尔德继续担任他的旗舰长，指挥旗舰并负责大舰队炮术的协同和标准化。英俊且合群的"汤米"·布兰德（休伯特阁下），有着孩子气的面孔、闪亮的眼睛、丰富的幽默感，成为出色的舰队上校参谋官（哈尔西的继任者），负责管理和后勤。布兰德随和、机智、知识渊博，是舰队司令和来访军官之间的桥梁。他特别善于安抚那些跑到旗舰上来找贝蒂抱怨的、怒气冲冲的高级将领。虽然贝蒂并非聪慧过人，但他知道如何利用其他各个阶层军官的头脑和能力。贝蒂有一个非常称职的参谋长，他就是前第1战列巡洋舰中队司令，长着一副娃娃脸的海军少将O. 德·B. 布罗克——智力超群、博学多才（他对不同门类的事务都具有精确、丰富和详尽的知识——艺术、诗歌、哲学、历史，等等）、急躁、不拘外表。他的住舱堆满了经典书籍，而在舰桥上他却喜欢用惊悚小说打发时间。贝蒂曾讲过一个布罗克新婚不久发生的有趣故事："我派O. 德·B. 去伦敦，代表我出席一个会议……临行前我说，你最好给你太太发封电报，让她到伦敦与你相会。他说，哦不用了，我在伦敦有很多朋友！！他绝对是个古怪的家伙。我甚至怀疑他太太会不会后悔许身于他。我很喜欢 O. 德·B.，但我要是女人，只要世上还有一个别的男人，就绝不会嫁给他。"[5] 贝蒂完全折服于他的天赋："O. 德·布罗克拥有极强的工作能力，近乎完美，头脑清晰无比，总能在我预料不到的地方给予我最大的帮助。"[6]

唯一令贝蒂失望的指挥官是帕肯汉姆，贝蒂对此尤显痛心的一个原因，是他对提拔帕肯汉姆有直接责任（"为了他的任命要和人决斗"）——孤僻、穿着考究、贵族出身的海军少将"派克斯"，成为战列巡洋舰队司令。6 个月后，贝蒂说："我对老'派克斯'失望至极……他似乎无法准确和快速地领会局面，在瞬息万变之中这一点影响极大。但是我这辈子也没见过谁能干得更好。我只能灌输（或者试图灌输）给他那些必须掌握的正确要领。"[7]

和杰利科关系密切的海军将领（战时海军上将麦登、海军中将斯特迪和海军少将埃文–托马斯[8]）开始对他们的新司令态度有所保留，甚至有些不信任，原因或是对老上司死忠，或是怀疑贝蒂是否胜任①，或者是因为他们与贝蒂脾气不合（尤其是麦登和埃文–托马斯），或者因为贝蒂上任大舰队司令时（年仅 45 岁），超越了 8 位更有资历的海军中将，晋升为战时海军上将。但是贝蒂仅仅用了几个月就获得了舰队完全的信任，这确属令人瞩目的成就。有亲历者这样愉快地写道："舰队里的所有问题都很快烟消云散，所有将领都兴高采烈，认为舰队的士气高涨了百分之五十。连我们的老朋友斯特迪都什么也没说，麦登也全力支持，一切都那么自然，我也感到情绪高涨，只希望别过了头。但是每个人都很振奋。没有矛盾和妒忌，他们都告诉我，我们更有战斗力了。对此我无法反对，或者该给他们泼点冷水，但自己也禁不住有些飘飘然。"[9] 斯特迪一直有个心结，他开始对贝蒂和麦登越过他得到提拔感到很苦闷，无法在二人面前掩饰自己的不快。不过他很快自疗伤痛，在诸项事务上倾力协助贝蒂和麦登。

大舰队官兵都认为贝蒂是一位非常杰出和善于鼓舞人心的指挥官，麦登曾经形容他"时刻准备和愿意接受批评，非常和蔼可亲"。另外，贝蒂获得信任

---

① 原注：1916年11月，很多大舰队军官都赞同贾希尔士对贝蒂任命的反应："上帝啊！救救我们吧！"

也是因为，在几个月之内他的战略和战术思想就被人们全盘接受。"……他非常精明，从不冒险，"麦登欣喜地评论说，"责任是最好的定心丸。"[10] 令"少壮派"振奋的是贝蒂开阔的眼界。里奇蒙德记述道："能看到一位海军军官有大大超越自身的远见，真让人如沐春风。"[11] 蒂利特只在罗赛斯待了三天，离开时就为贝蒂唱起了赞歌。"……每次见到他都会给我加深印象。他有无与伦比的大局观，让我对他充满了信心，对未来充满了希望。"几个月后，他再次对罗赛斯进行了三天访问后写道："他简直魅力四射，令我敬仰不已，每个人都对他有绝对的信心。他无疑就是出现在正确位置上的正确的人。"[12]

2. 大舰队战术

贝蒂要求大舰队在港时，每个战列舰和战列巡洋舰中队，每个驱逐舰支队都要"定期"（比如每周一次）开会研讨战术及其他问题，这大大增进了大舰队军官对战术的兴趣。这将是"对舰队缺乏经常性演习机会的有益补偿"[13]，显然贝蒂的方案得到了有效实施。

1917 年 3 月 12 日，贝蒂颁布了新的战斗训令，一份大舰队战斗指令（GFBI，两页打印文件）被附在大舰队战斗训令（GFBO）中，简要介绍了大舰队的战略和战术原则 ①。GFBO 实际上是"放大的战斗指令"——对所有能想到的态势都做出了具体指示。1917 年，战斗训令和战斗指令不断地被修改。1918 年 1 月 1 日，GFBO 被分为两部分（2 月 19 日生效）——GFBI 和 GFMO（大舰队机动训令），前者是修改过的原则总览，只涉及作战，后者是关于巡航阵型和巡航中舰艇位置变化的指示。

日德兰海战之后，贝蒂曾感叹说："我们的系统出了些问题。"但是他成为大舰队司令后，并没有使海军战术发生革命性的变化。他认为没有必要大幅修改日德兰海战之后颁布的 GFBO[14]，所以保留了原有 GFBO 的篇幅和同样具体的指导内容。在海战后引起争论的三个主要议题——分散指挥与集中指挥，分

---

① 原注：在海军用语中，训令（Orders）需按字面意义执行，而指令（Instructions）则是按舰队司令意图完成任务的指导性原则，允许指挥官按实际情况对这些原则做出更改。

队战术与战列舰队的集中战术，以及面对大规模鱼雷攻击时面敌转向和背敌转向——贝蒂倾向于更大程度的分散指挥，保持舰队集中，和更积极的反鱼雷战术，但这些原则均是有条件的。

关于集中指挥，GFBI（第4、11、12段）声明：

在接敌过程中和舰队展开之前，舰队司令将指挥整个舰队的机动，这期间精确保持阵型极为重要……战斗开始后，战列舰中队（1918年1月1日添加"以及战列舰分队"）司令可以完全自主地独立指挥中队（"或分队"）保持与舰队司令一致的机动。舰队旗舰所在的中队（"分队"）司令将发出必要的信号，指挥他引领的中队和分队机动。命令将传达舰队司令给其他中队或分队司令的意图，而他们应根据形势需要效仿他的机动。尽管有上述分散指挥的原则，舰队司令仍保留通过下达总体命令，指挥整个舰队机动的权力。如果舰队司令得到特别情报，为了达成决定性的结果，就有必要下达这样的命令。

允许中队或分队司令独立机动的条件是："（1）敌人正在战列线前方布雷，或者有可能布雷，前卫分队司令从所在位置可能，而舰队司令不能观察到此情况，中队或分队司令有全权实施机动。（2）舰队司令所在分队在未发出命令，或命令得以传达至战列线所有战舰之前就实施了某种机动。（3）敌方分队之一实施某种机动，使我方有必要实施反制机动，如攻击我方后卫，或靠近我方企图发射鱼雷，等等。"[15]杰利科（日德兰海战之后）和贝蒂在给予下属将领发挥主动性的权限上，并没有明显的区别。

他们关于舰队集中的观点也没有显著不同。贝蒂考虑过以单战列线以外的阵型让舰队投入战斗，但是手下将领对这种想法给予了坚决抵制，理由是担心"失去协同"并因此有被击败的危险，贝蒂只好决定维持已有的原则。其实他本人也并非难以说服。他澄清自己无意采用分队战术，除非战斗已进行到对己方极为有利的阶段——用德雷尔的话说，也就是"直到他把敌人打得脑浆迸裂之时"。GFBI（第14、15段）声明：

英国主力舰要保持集中。作为总体原则，英国战列舰队将作为一个整体，直到确信敌人已被击败。直到那时，一个中队或分队才可以单独攻击敌人战列线的某个部分……一个例外情况是，后卫分队未能进入射程，并且指挥官认为当前情况令他不可能与舰队主力协同作战。这时，他可以命令自己中队的一部分与落单的敌舰交战。

　　舰队司令的意图可做以下总结："现代武器装备、蒸汽机的运用，以及重型舰艇分队的机动自由度，都不允许经常打破战列线战术原则。所有战术演习，甚至战术板上的演习，都证明在接敌过程中，舰队中任何一支大型分队离开战列线，都会导致舰队各部分无法同时投入战斗，并因此给予敌人集中火力于我舰队一部分的机会。为此不允许出现独立机动中队……只有在敌人失去抵抗能力，以及敌人某分队脱离主力，只能以英国舰艇中队单独与之交战，此时才能出现独立机动的分队。只要敌舰队失去组织能力，分队指挥官就可立即获得独立机动权以应对以上情况。"[16]

　　里奇蒙德这样的年轻军官反对这种保守的战术思想。他抱怨说："我们不相信分队指挥官能够指挥自己的军舰取得胜利。对英国海军来说这十分可悲，因为我们自诩'脚踏实地'，却以过于困难为由，不敢实施某些战术机动！"[17]

　　为了给德国战列线以更猛烈的打击，贝蒂比杰利科更愿意接受敌人的鱼雷威胁。他认为德国海军很有可能采用的，在烟幕和驱逐舰攻击行动掩护下进行的转向机动（战列线"全体转向"撤退），是英国舰队最难应对的战术。海上和战术板演习都证实了这种观点。贝蒂准备在面对敌人的鱼雷攻击时，以**面敌**转向，而不是像在日德兰海战中实施的那种**背敌**转向来反制这种撤退战术。GFBI（第17段）的表述是：

　　来自敌人主力舰队的鱼雷威胁。如果由于敌人的转向或其他原因，英国舰队处于受鱼雷攻击的不利境地，考虑到能见度及其他条件，以及将敌人保持在射程之内的可能性，那么舰队司令的意图是将战列线与敌人的距离保持在15000码以外。但是，如果这种机动会导致敌人脱离火炮射程，我将接受鱼雷的威胁，舰队将面向撤退中的敌人转向，尽量将距离保持在鱼雷射程的极限，并组成对可能来袭鱼雷较小靶面积的阵型。[18]

GFBO 解释说："这里强调的是，只有一直与敌人处于交战状态，英国舰队才能保持主动，并最终获得决定性的结果。"[19] 贝蒂的难题是，"树立在某种条件下必须接受鱼雷威胁的思想"，"这并非普遍观念，但我坚信它是正确的，只是想把长久以来固有的老观念剔除非常困难"[20]。

以上对杰利科大舰队训令的修改，反映了贝蒂战术思想中的进攻精神。正如 1914—1916 年间的 GFBO，贝蒂也将以平行航线进行远距离舰炮对决（16000 码是前卫舰只开始交战的理想距离），视为"可能获得最具决定性战果的交战方式"；但是新训令更清晰，也更坚决地提出了战术中的进攻原则。他要求他的舰长们："战斗一旦开始，一个基本的原则就是保持与敌接触和交战的状态，直到敌人被击败；没有任何因素，诸如夜晚将至等，可以影响这一原则。"GFBO 称："统领所有舰艇作战的主要原则，是必须追歼敌人并给其造成最大损失。这并不是说追击是草率的，也不意味着大型舰艇可以无视被诱入雷场或潜艇陷阱的可能性。"[21]

新训令中提到了在战斗的最后阶段靠近敌人，集中火力于敌舰队的一部分，更积极地使用鱼雷，**如有必要**就进行夜战，以及全面使用潜艇、飞机与舰队协同作战。

贝蒂意图在战斗一打响就能集中火力。"获得火力集中的必要性，是因循罗德尼和纳尔逊以舰队全部火力压倒性集中于敌舰队一部分的原则，这就要求火炮军官精神高度集中。除非火力能够集中，而不是只能向战列线中相同序号的军舰射击，否则英国舰队将无法实现将优势火力压倒性地集中于敌的原则。"[22] 查特菲尔德在 1917—1918 年负责制订的作战方案和实施的炮术训练，就是以有效集中火力于敌舰队一部分并将其粉碎为目的的。

关于更有效地使用鱼雷，"使用鱼雷攻击敌舰队时，应尽早使所有舰艇以最快速度发射鱼雷"，"敌人舰艇被鱼雷击中并受创的数量，将主要取决于鱼雷的发射速度，其重要性要求不能因过分强调鱼雷的命中率而失去发射机会"[23]。驱

逐舰支队被赋予更具进攻性的角色。日德兰海战时的 GFBO 中，驱逐舰的首要
任务是阻止敌驱逐舰对战列舰队发动攻击（利用英国驱逐舰上更强大的火炮），
现在则是，"如果敌驱逐舰支队首先攻击，英国驱逐舰支队需要将其击溃，在
与敌人交战之后，如果势态有利，则应前出并以鱼雷攻击敌人的战列线，而不
是掉头再次与敌驱逐舰交战，后者应交由前来支援的轻巡洋舰和重型舰艇上的
副炮来对付"[24]。

　　1918 年 1 月 1 日的 GFBI 对夜战有如下指示："由于存在鱼雷的威胁，重
型舰艇如能避免就不应投入夜战。但如果决心进行夜战，遵循的基本原则是打
开探照灯，然后以最大火力同时发射炮弹和鱼雷，必要时军舰实施转向。"（第
13 章，第 2 段）日德兰海战的经验说明，需要在夜间与敌人保持接触。因此，
做出了以下规定："**夜间攻击**。如果与敌人失去接触，一个或更多战列巡洋舰
中队将在夜间执行对敌搜索和定位任务，驱逐舰支队将与它们协同，一旦战列
巡洋舰与敌接触就发动攻击（这支舰队将成为**攻击部队**）。"[25]

　　贝蒂支持杰利科 1915—1916 年制定的 GFBO 中，有关潜艇战术角色的观点。
费希尔爵士曾经有想法发展具有足够水面航速的潜艇，能够伴随战列舰队，在
与公海舰队的战斗中担任先头打击力量。当时流行的舰队战术思想是以主力舰
组成的单条战列线为基础的，那么就迫切需要找到一种"钳制"敌战列舰队的
手段，阻止敌人脱离战斗，所以发展舰队潜艇似乎是合理的。这种概念最终引
出了 K 级潜艇，虽然成功实现了高水面航速，但是这种潜艇的性能仍不足以参
加舰队作战。[26]尽管如此，贝蒂仍对它们的战术运用寄予厚望。大舰队下属四个
潜艇支队，其中两个被指定执行伴随舰队出海作战的任务，"作为舰队的一个
单位参加所有行动"。因此，1917 年 3 月，"K 级参加了最近两次海上演习，
每次都表现优异"，"它们能够进入发动有效攻击的阵位，它们对舰队作战极
有价值"。[27]但是最终它们还是因各种原因未达到人们的期望。例如它们的水下
转向半径很大，而主力舰队作战时常以 21 节左右的高速航行或频繁改变航向，
这一弱点就使潜艇在发动鱼雷攻击时缺乏必要的机动性。另外它们的水面航速
也不足以超越战列舰队。驱逐舰即使以 30 节或更高的航速航行时，也要花很长
时间才能进入敌人舰艇位置的攻击阵位，那么 K 级想要占据理想中的，敌人未

交战一侧的舰艉位置，就是根本不可能的。K级潜艇也从未经历实战考验。

贝蒂是海军航空兵的鼓吹者，明确规定了空中力量在舰队行动中的重要角色。与舰队协同的飞艇，"将侦察未与敌人交战的舰艉一侧和舰队正前方的海域，对正在靠近的其他敌舰向舰队提供早期预警"。未随舰队行动的飞艇，"将在舰队作战时，在往来于福斯湾、亨伯和斯卡帕湾的航道巡逻"。隶属于大舰队，从航母上起飞的飞机，被分为"战斗机"和"侦察机"，它们的任务分别是"锁定和摧毁敌机，以及锁定和报告敌舰队的位置"。对于用飞机攻击舰艇则未有提及，只是说："必须尽一切努力阻止敌机发现我舰队……我方战机的任务是摧毁敌机，并通过攻击敌机保护我方的侦察机和飞艇。"飞机上装备的武器决定了它们的防御角色，"侦察机和战斗机将装备机枪，除非有特殊命令，否则飞机将不携带炸弹"[28]。这并不意味着贝蒂忽略了飞机的进攻潜力，就像前面提到的，他和大舰队以及海军部的很多军官都对发展和运用鱼雷机很有兴趣。

贝蒂还从日德兰海战汲取了其他经验。他改进了通信与情报工作。他不会忘记5月31日下午2时32分，他发出的那道关键命令（命令未能在宝贵的几分钟里传达给第5战列舰中队），为此贝蒂向负责重复信号的舰艇做出如下指示："中队里重复信号的军舰的职责，不仅是要重复中队指挥官发出的所有信号，而且要尽最大努力确保这些信号被其他军舰收到并理解，如果必要，只要与旗舰的距离保持在目视信号可见范围内，重复信号的军舰为了更好地传达信号，可以离开它们的阵位。"[29]

日德兰海战中，发生了指挥官在实施行动前等待命令执行信号的不幸事件，贝蒂指示："舰队司令引领的分队是全舰队的集结点，舰队机动的总体原则是跟随该分队机动。各舰必须仔细观察旗舰的机动，并预测舰队司令的意图。信号可能难以辨认，也可能需要很长时间才能传达到整个舰队。这并不意味着命令不会实施，命令中的机动，可能会在执行信号发出之前就开始实施。"[30]

1918年1月1日的GFBI还对"敌我识别系统"做出了具体规定，以避免再次出现日德兰海战中的有关事故。但是一直到第二次世界大战，皇家海军都没有发展出一套令人满意的询问—应答系统。两次世界大战中，德国海军都可以早于对方知道发现的军舰是敌是友。

∧ 海军上将戴维·贝蒂爵士，大舰队司令，1916 年 11 月上任（威廉·奥彭爵士画作，复制权来自摄影师保罗·莱布）

32

∧ 海军少将亚历山大·L. 杜夫，1916 年 12 月—1917 年 5 月任海军参谋部反潜处处长（照片：杜夫女士授权）

∧ 海军中将罗斯林·维密斯爵士，1917 年 9—12 月任副第一海务大臣（照片：牧那克夫人授权）

另外根据日德兰海战的经验，贝蒂强调了舰队司令掌握有关敌人位置的全部情报的重要性。"极为重要的是，舰队司令应该在第一时间，获得有关敌人主力舰队方位、距离和航向的可靠情报，这类情报应该立即以目视信号传递给附近所有舰艇。根据旗舰位置计算出来的，敌人与舰队司令的相对位置信息，也必须立即传递给所有舰艇。为保证情报和相对位置的快速传达，前出舰艇分队与战列舰队之间必须有中继舰艇负责目视信号的传递。"[31] 与此类似的是在战斗中报告敌人动向的规定："有关敌人动向的报告，**如果能及时提供**，可能具有极大价值，任何能清晰观察到舰队司令可能看不到的事态的舰艇，都应该立即发出报告。"[32]

日德兰海战中，巡洋舰指挥官认为他们发现敌人后，自己的任务就已经完成。而现在与敌人发生接触时，战列巡洋舰部队所辖前出轻巡洋舰的任务是："（1）若敌人力量占优，则保持接触；（2）若敌人力量与我相当或更弱，则与之交战。"[33] 可能也是出于日德兰海战的教训，贝蒂进一步指示轻巡洋舰应节省使用力量，"不至于让更多军舰集中在某一处，而无法完成它们的其他必要任务"[34]。

日德兰海战还导致了以下规定："战斗中，下级将领和舰长发现自己未得到特别指示时，无论是因为无法辨认或接收舰队司令的信号，还是因无法预见的态势使之前的命令无法执行，他们都应依自己的判断，尽全力消灭敌人。"[35]1914年 12 月 17 日的斯卡伯勒之战给贝蒂带来了极大遗憾，他为此指示："如果高级军官或舰长单独行动并与敌人接触时，收到上级的命令，而且有证据显示该命令不符合当时的势态，如果遵守，将导致与敌人失去接触，那么下级军官必须自行决定是执行命令，还是按照实际情况尽早掌握机会，这种情况下发出的命令仅具有指导意义。"[36]

更积极的战术、改进的通信和情报体系当然不错；但如果不能与公海舰队交手，那它们又有什么用呢？是的，困难依旧存在。

3. 大舰队战略

对于封锁德国的重要性，杰利科和贝蒂的看法完全不同。贝蒂认为，封锁"明显是当前唯一可实施的攻势战略"，而且他相信第 10 巡洋舰中队（北方巡逻队），

"如果实力得到最大限度的扩充，将能为我们赢得战争"。"大不列颠（他写给海军大臣）正通过第 10 巡洋舰中队实施的封锁战略扼杀德国，这只有靠**水面舰艇**掌握制海权才可能实现。但如果将第 10 巡洋舰中队的一些舰艇遣为他用，封锁就会放松，德国的袭击舰就更容易出击，来对我们实施封锁。**敌人**也正在试图以潜艇实施封锁，扼杀**协约国**。敌人正以最快速度制造潜艇，随着更多潜艇投入作战，这种封锁也越来越严密。到底谁先被扼杀呢？"[37] 但是海军部发现，让第 10 巡洋舰中队完全满编是不可能的。反潜战才是重中之重。封锁中队引起了激烈争论（1—2 月）。贝蒂声称："有两件事关乎战争成败，其他都无足轻重。我们的陆军也许可以在一天内推进一英里，消灭数千德国佬，但真正关键的，是我们能否以封锁令敌人屈服，或者他能否以同样方式压倒我们。我们的封锁依赖第 10 巡洋舰中队，而敌人则要靠潜艇。"杰利科的立场截然相反。"我认为你的封锁能令敌人屈服的想法大错特错了。真正了解情况的人肯定不会这么想。我们能以封锁给敌人造成痛苦和磨难，但无法赢得战争。只有摧毁敌人的军事力量才能获得胜利——陆战肯定可以，海战则有可能——因此战争的关键是将军队运往法国，并保持交通线的畅通。"[38] 两位海军上将谁对谁错，在两个月后掀起了一场学术争论。

当封锁战略被大大简化，这场争论的基础也就被抽掉了。这是因为 1917 年 4 月 6 日，美国对德宣战，而美国和北方中立国原本是违禁品的主要出口国。英国也立即重拾拿破仑战争时期的战略，禁止任何直接，或经中立国出口输往德国的贸易，违者没收船只和货物，除非中立国船只自愿到英国或其盟国港口接受检查。同时，因为几乎没有船只再途经科克沃尔（Kirkwall），也就不需要第 10 巡洋舰中队作为封锁舰队去拦截和检查可疑货物。大西洋沿岸港口的海关官员就可以代行其责。1917 年 6 月，海军部决定海上贸易检查不再需要巡洋舰中队来实施。于是这支光荣的部队逐渐被削弱，到 1917 年秋天就已不复存在了。

除了这一主题，杰利科和贝蒂还在更大的海上战略问题上针锋相对。这当然是大舰队的运用。大部分英国民众，以及部分舰队官兵都认为，对长期以来激烈争论的问题，即海军应该固守海洋等待德国人出击，还是采取更具挑衅性的战略，吸引公海舰队出来自取灭亡，贝蒂是后者的支持者。这其实是对贝蒂的误解。查特菲尔德爵士提醒我们："他绝不是经常被人们认为的那种鲁莽轻率的剑客，而总是懂得需要用智慧去权衡风险，意识到手中指挥权的重大责任……"[39] 从贝蒂的官方通信和备忘录中，可以看出他不仅仅是那种"直取敌人"的勇士。贝蒂的战略思想在谨慎程度上和杰利科相当。无论是作为战列巡洋舰队司令还是大舰队司令，他从来没有建议对战时海军战略做根本性的调整。他也不比杰利科任司令时更喜欢实施攻势作战。实际上在广泛的战略思想上，贝蒂和海军部是基本一致的。我们随后也会对一些例外加以讨论。

秉持谨慎战略的一个原因，是反潜战和后来的护航队体系，不断地在人员和驱逐舰两方面影响大舰队的战斗力。由于反潜战的需要，大量未受训练的水兵涌入大舰队，严重削弱了大舰队的兵员素质；护航队体系则使大舰队缺乏护航舰艇。例如，1917 年 7 月，隶属于大舰队的 100 艘驱逐舰和 9 艘驱逐领舰中，有 46 艘因执行反潜任务而缺席，另有 29 艘处于维修中。但是贝蒂开始最担心的，还是他薄弱的轻巡洋舰幕。轻巡洋舰对舰队尤其重要，因为贝蒂上任之初，还没有飞艇可以执行侦察任务，而且轻巡洋舰对反制敌人的布雷行动是必不可少的。2 月中旬，他只有 20 艘轻巡洋舰（不包括被称为大型轻巡洋舰的"勇敢"号和"光荣"号），另有 2 艘处于维修中；公海舰队则至少有 14 艘轻巡洋舰。海军部无法按贝蒂的建议从地中海调回任何轻巡洋舰，因为英国已向意大利做出过承诺，而且需要轻巡洋舰在那里对付德国轻巡洋舰"布雷斯劳"号（位于君士坦丁堡）。

贝蒂也像杰利科一样，十分关切自己主力舰的优势。他并不担心无畏舰，甚至把 3 艘处于正常状态的无畏舰送去维修。根据海军部情报，1917 年 3 月，大舰队与公海舰队的无畏舰比例是 32 对 21，到 1918 年 2 月，双方各增加了 1 艘战列舰。[40]1917 年 7 月 9 日，"前卫"号因事故沉没（它在锚地发生了爆炸，贝蒂认为"可能是因为发射药的缺陷"），人员损失达 1000 人，但是对现有战列舰优势的影响其实很小。如果贝蒂还对自己的优势存疑，那这种疑虑也随着 4 艘美国无畏舰于 1917 年 12 月初加入大舰队而烟消云散了。海军部 7 月向美国提出，派遣 4 艘燃煤无畏舰（英国无法给美国的燃油无畏舰提供补给），这些军舰是应约前来代替 5 艘"爱德华国王"级战列舰的，后者被海军部除籍，以为轻巡洋舰、驱逐舰和潜艇部队提供兵员。美国战列舰由他们自己的司令指挥，被编成第6战列舰中队加入大舰队。

整个1917年及之后，让贝蒂深深苦恼的，是战列巡洋舰"不断恶化的劣势"，海军部也有同感，因为这将使大舰队与公海舰队交战时处于极为不利的境地。第一海务大臣（7月21日、8月26日）和战列巡洋舰部队司令（10月29日）的报告显示，德国战列巡洋舰在防护方面优势明显（这一点尤其突出），它们主炮的射程也比英国战列巡洋舰远，而且最慢的战列巡洋舰比英国最慢的战列巡洋舰快2节。海军部确认德国有4艘战列巡洋舰（"冯·德·坦恩"号、"毛奇"号、"塞德利茨"号和"德弗林格"号），另有2艘（"曼陀菲尔"号和"兴登堡"号）将于1918年2月前服役。1艘（"马肯森"号）于1918年底服役，2艘于1919年建成。但实际上只有"兴登堡"号得以完工（1917年10月）。[41]1917年夏天，英国有9艘战列巡洋舰，包括高速但防护薄弱的"反击"号和"声望"号，它们被视为无法与其他战列巡洋舰协同作战。1916年9月，"胡德"号（8门15英寸主炮）开工，但在1918年底之前不会建成[①]。它的3艘姊妹舰（"罗德尼"号、"豪"号和"安森"号）都处于计划阶段，到1917年2月，它们的建造准备工作已经停止。

为了纠正越来越失衡的战列巡洋舰力量对比，海军部请求战时内阁（1917年8月26日），派外交部向日本政府试探，购买他们的两艘战列巡洋舰。事情很快有了结果。10月5日，日本外交大臣通知英国大使："日本只有四艘战列巡洋舰，日本国民为之极为骄傲和关注，所以日本政府无法在议会和国民面前为出售其中的任何一艘而辩解。"海军部只好退而求其次（10月15日），邀请日本海军派遣两艘战列巡洋舰加入大舰队。战时内阁批准了此项建议。但是日本政府通过驻伦敦大使递交了一份备忘录（11月14日），婉拒了英方的要求。对外交大臣贝尔福来说：

真正的原因在于政治。日本政府在议会中处于弱势，认为如果削弱他们在亚洲水域的战列巡洋舰力量，将无力抵御反对党的攻击。舰队是日本本土防御

---

① 原注：事实上，它到1918年8月才下水。

的主要力量。日本克服了大量困难才打造出这支海上力量。日本海军的舰队是一个有机整体，如果其中两艘主力舰离开本土到远海执行任务，就等于严重破坏了舰队的完整；日本民众也不会容忍这种情况出现。

我向日本大使询问，日本将舰队聚集在东方水域，他们预计在那里可能出现什么危险呢？日本刚刚和美国进行了友好协商，又与英国签订了盟约，它也正站在协约国一方参战。因此，它唯一需要担心的是德国舰队；而我向他指出，如果真是如此，那么日本军舰的最佳活动海域，就是有机会在对自己有利的条件下，与唯一敌人交手的地方。

他并没有回应我提出的问题，只是再次强调了日本民众的强硬观点，然后喋喋不休地谈起日本海军已经和正在为盟友投入大规模力量。

我向他表达了对日本政府处理此事的方式，以及做出此决定的理由的不满；但是他已做出了正式回应，显然至少在当下我们的要求无望实现。[42]

现在英国政府和海军部有更多理由对战后日本在远东的意图感到不安了。而贝蒂则继续为他的战列巡洋舰实力忧心忡忡。

让贝蒂秉持谨慎战略的另一个原因，是他知道自己舰队的装备有缺陷——军舰防护不足，炮弹质量低下。[43]到1917年中，日德兰海战揭示的大部分缺陷都多少获得了改善，但仍让贝蒂牵肠挂肚。

最后，关键的症结是贝蒂像杰利科一样，坚信不能拿海军当赌注：整个协约国都要依靠大舰队潜在的强大力量。

所有这些原因，特别是最后一个，都使贝蒂强烈反对任何大胆的进攻方案，诸如攻击赫尔戈兰岛，而且他也如同杰利科一样，只愿意在对自己有利的条件下与德国舰队交战。有利条件并不包括在霍夫登（Hoofden，位于北海南部）进行舰队决战，因为附近有盘踞在泽布吕赫和奥斯坦德的强大德军舰队，而且距德国主要海军基地较近，这些都对德国更加有利。而合恩斯礁以北的海域则完全不同。

早在1917年，贝蒂就与海军大臣讨论过"海军战略，以及可以和应该在多大程度上展开攻势作战的问题。他认为海上攻势只能以封锁和反潜手段加以体现"[44]。6个月之后，他的战略仍未改变。"海军的任务就是保持镇静，不要因草率无知的想法而轻易尝试不可能之事，只有这样才能成为最后的胜利者。"[45]
某些方面，贝蒂甚至比杰利科更小心，例如在第三次伊普雷战役（帕斯尚尔战役）
期间，他不同意海军部运送罗林森将军（General Rawlinson）的部队在奥斯坦德
前线登陆的计划。

　　这并不意味着贝蒂的战略思想中完全没有进攻概念。他总是渴望战斗，并
鼓励各个级别的军官提出至少能让公海舰队穷于应付的想法和建议。例如，一
位火炮上尉提出了一份炮击泽布吕赫的绝妙方案，贝蒂毫不犹豫地将方案呈递
海军部（1917 年 5 月）。他在 1917 年就要求蒂利特：

　　研究在天气允许时，对敌人海岸采取一次或系列行动的可行性……我们
以前袭扰他们时，总能有所收获，但取得的积极进展总是很快就失去了。我
的想法是，连续袭扰他们，或者在多处同时采取行动，让他们不得安宁。你
对此有何看法？

　　我把你的泽布吕赫方案还给你。我本人无甚资格来评判，但是我总想采取
行动，我们必须发挥想象力，因此我很喜欢这个方案……我们必须让敌人穷于
应付。我们的任何行动都会让他们紧张，而且如果他们认为更需要将潜艇用于
防御作战的话，就不会愿意把它们派到远海了。因此我们必须采取攻势行动来
让敌人感到压力。

　　现在的季节于我们不利，但我们必须为在春季发起全面的、更积极的作战
行动做准备，并使其与陆军发起的攻势同步进行。但是如果有任何好机会，我
现在就可以行动。告诉我你的想法。任何方案都可以提出来，越大胆越好。我
们总可以有办法把它们修改得更合理。现在缺乏的是想象力。[46]

　　贝蒂一直在等待公海舰队出动，但希望越来越渺茫。对他那种脾气的人来说，
这是最懊恼的事情。开始他认为，在美国有可能对德宣战的情况下，敌人会在
美国海军前来支援英国之前，全力以赴与英国舰队一战。但到 1917 年 3 月他对
此已不抱希望：大舰队对公海舰队的优势太明显了。"……我担任大舰队司令
已经 3 个月了，我们还没有给敌人一次真正的打击。我们已经击沉了几艘潜艇，

但那并不能满足我们长久以来的愿望。我一直告诉自己要有耐心，我需要的也只是耐心，但真的做到实在太难了。""我指挥大舰队已经 6 个月了，我们还没有与敌人交过手。我们还要等多久？如果我知道终有一战，再等多久我也不在意，但我害怕的是这一天不会到来，大舰队永远无法一试身手，那就太令人扫兴了。""我永远不会让自己考虑或说出这种可能性，但是它就像永远萦绕在我心底的噩梦一样。"[47] 直到 1917 年底，他还没有完全绝望，认为封锁下的德国越来越有必要打通海路，同时需要激励国民士气，公海舰队会奋力一搏。但是他和海军部都不知道，公海舰队追求的寥寥几个战略目标中，最重要的，就是支援潜艇战，从开始实施无限制潜艇战那一刻，公海舰队就以此为重心，而不会再置自身于险境。德国舰队司令意识到，如果战列舰队被击败，就无法再利用赫尔戈兰湾。只有在舰队的支援下，德国扫雷舰才能安全执行它们的重要任务，而赫尔戈兰湾使英国舰队无法对 U 型潜艇基地实施近距封锁。如果公海舰队在一场舰队对决中被重创，潜艇战也将随之失败，德国人对此坚信不疑。

　　杰利科和贝蒂都同意，大舰队必须为一场新的日德兰海战做好准备。这种态度到 1917 年至 1918 年之交发生了变化。不过从那时起，大舰队的战略，是只有在有利条件下才会与公海舰队一战，也就是说，海战要发生在远离德国海军基地的海域；而公海舰队的信条是，如果要打一场大规模海战，条件也必须对他们有利，也就是说海战要发生在自己的基地附近，这样，双方舰队都成了"存在的舰队"。1917 年 11 月 1 日，格蒂斯（时任海军大臣）提醒下院，这并不意味着皇家海军摒弃了以往迫使敌人投入战斗，同时保持海上航线畅通，保护英国及其盟国贸易的传统。他说，英国的前线仍然是敌人的海岸线。

　　实际上到那时，对双方的主力舰队来说，北海上已经形成了战略僵局。1917 年秋天之前，双方都没有实施任何重大行动，虽然轻型舰艇部队都相当活跃，英国海军不断地进行攻势扫荡，或者掩护自己的布雷行动。德国将赌注押在使用无限制潜艇战破坏对方贸易上，而努力避开大舰队的锋芒与压力；皇家海军面临的最紧迫的任务，就是要击败，或者至少遏制敌人潜艇的威胁。

新战略与新人：普勒斯与白厅

（1916 年 12 月—1917 年 1 月）

———————— 第三章 ————————

实施无限制潜艇战，意味着我们可能已经接受了整个世界大战中最艰巨的任务。我们的目标，是粉碎英国通过海上贸易体现出来的强大威力，尽管其实力可怖的舰队为之提供了严密保护……如果我们不能打破英国摧毁我们的希望，消耗战的结局，必定是德国遭到失败。我们在陆上战场无法保证不遭到毁灭……所以在这种形势下，我们决不能袖手旁观，任德意志帝国的命运由造化摆布。

——海军上将莱因哈特·舍尔，《世界大战中的德国公海舰队》

整个国家怨声连连，于是又尝试了一对新组合。约翰·杰利科爵士和爱德华·卡森爵士，虽然精明能干，但此时都变得消沉气馁。海军上将杰利科身上没有半点费希尔爵士那种炙热的乐观情绪。他总能清醒地看待问题，但现在还不如说他已满怀惨淡的忧愁；而海军大臣的态度，正好与马克·塔普利（狄更斯小说《马丁·翟述伟》中永远积极乐观的角色）完全相反。

——海军上将雷金纳德·培根，《基尔维斯顿的费希尔男爵》

1. 无限制潜艇战的发动

如何实施潜艇战，在整个大战期间都是极有争议的问题，德国政府内部，以及政府与海陆军指挥高层之间，对此都存在着严重分歧。根本问题是，如果潜艇战在遵循现有国际法的前提下实施，是否会产生真正的效果，尽管德国政府出于政治考量倾向于此。由于英国的持续封锁，以及德国农业无法实现增产等内部因素，同盟国的经济形势在 1916 年不断恶化，使尽早取得战争胜利的要求比以往更加紧迫。1916 年秋天，有限制潜艇战获得的巨大战果让人为之一振：英国在 10 月、11 月和 12 月被击沉商船的吨位分别是 146000 吨、145000 吨和

109000吨，德国人宣称的战果还不止于此。这种形势下，陆军最高指挥兴登堡元帅和鲁登道夫将军强烈建议放弃巡洋舰交战法则（即潜艇遵循俘获原则作战），而开始无限制潜艇战，不加区别和不经警告就击沉商船。由于军事形势非常有利，陆军将领们甚至准备接受美国参战的风险。

获得坚定支持的海军参谋长，海军上将冯·霍岑多夫，于12月22日提交了一份备忘录，要求基于以下原因"尽早展开无限制潜艇战"："1917年秋天前必须取得战争的决定性结果，如果最后不能出现所有参战国都精疲力竭的局面，对我们而言将是灾难性的。我们的敌人中，意大利和法国的经济都被重创，只能依赖英国的经济运作能力。如果我们能打断英国人的脊梁，战争将立即变得对我们有利。现在英国经济的支柱就是海运，英伦诸岛必需的食品和军事工业原料都来自海上，英国的海外支付能力也靠此确保。"霍岑多夫估计，保障英国食品和其他供给的船舶总吨位只有1075万吨（675万吨为英国商船，300万吨为中立国商船，其余为俘获的敌船）。根据1915—1916年潜艇依照巡洋舰交战法则取得的成果，如果实施无限制潜艇战，英国每月将损失60万吨商船；而将有至少120万吨中立国商船因为恐惧而放弃运营。5个月后，来往于英国的商船将减少39%。"英国将无法承受……我毫不犹豫地断言，从现在开始实施无限制潜艇战，英国将在5个月后向我们乞和。但是只有开展真正的无限制潜艇战，这一切才能成为现实……"无限制潜艇战是否将导致与美国摊牌并不重要，因为英国将在美国投入战争之前屈服。他强调，无限制潜艇战必须在1917年2月1日前开始实施，要想取得战争胜利，就不能迟于那个日子。[1]

唯一的阻力，来自首相贝特曼·霍尔维格，还有持温和反对态度的外交大臣齐默曼，他们力阻官方批准无限制潜艇战。1月9日，在普勒斯的德军总司令部召开了一次会议，德皇、霍岑多夫、兴登堡、鲁登道夫和军事内阁、海军内阁高官均有出席，首相在会上撤回了他的反对意见。随后威廉二世通过霍岑多夫，向公海舰队司令舍尔发出了一份电报，命令从2月1日开始，"倾尽全力"发动无限制潜艇战。骰子已经掷下。首相说，"潜艇战是最后一张牌"。对海军内阁总长穆勒来说，"这是拿得出的最后一击"。1月31日，德国政府通知美国，将于第二天开始实施无限制潜艇战，击沉所有开往英国和法国水域的协约国和中立国商船。无限制潜艇战战区包括英吉利海峡、北海中线以西、苏格兰、爱尔兰、英格兰、法国以西大约400英里的大西洋海域。地中海则全部为战区，只有西班牙以南和以东的海峡、巴利阿里群岛附近，以及通往希腊的一条狭窄海路例外。[2]

1917年2月1日前，U型潜艇未经警告就击沉商船仅是少数例外。潜艇以水面状态攻击商船的程序一般是，首先用火炮"发出警告"，然后确认船只属于敌对国家，最后靠近商船以火炮、鱼雷或炸弹将其击沉。这种作战方式至少让武装商船有机会保护自己或者逃跑。遵循这一程序的原因，与其说是出于人道主义，不如说是担心有美国人丧生而使德美关系恶化。这也是为什么大部分未经警告就击沉商船的事件发生在地中海，和普通海上航线不同，协约国在那里的商业航路较为固定。现在这种破交战却成了例外。[3]英国此时和以后的态度也从未改变过。正如商船队官方史所表达的："现在德国完全无视以前文明国家遵守的海战规则与义务。整个拿破仑战争期间，拯救被俘或被击沉船只上的水手是一种莫大的荣誉……但是20世纪却见证了德国人在潜艇战中，故意抛弃这些一直以来的神圣义务，将最基本的人道主义准则撕得粉碎。"[4]德国人的辩白则简单明了，即如果他们不能发动无限制破交战，就永远无法扼杀英国的战时经济。

无限制潜艇战开始时，德国有大约142艘潜艇（2月份平均有154艘在役），这和海军部估计的数字相吻合。但这个数字具有欺骗性，因为1917年2月10日，一线潜艇（隶属于作战支队的潜艇）为111艘（当月平均数量为121艘）。这些"前线"或作战潜艇的部署如下：北海支队（驻北海各海军基地）49艘，弗兰德斯（驻泽布吕赫和奥斯坦德）33艘，亚德里亚海（驻普拉）24艘，君士坦丁堡3艘，波罗的海2艘。2月份保持在海上活动的潜艇平均数量只有36艘，但已比1月的平均数量增加了11艘，比1916年每月平均数量增加了19艘。

在整个无限制潜艇战期间，从1917年2月至1918年10月，以月平均数量计，在役U型潜艇的最大数量为184艘（1918年10月），可用于作战的潜艇的最大数量为139艘（1917年9月），而作战潜艇的平均数量为127艘，在海上活动的平均潜艇数量为46艘，也就是说，在任何时刻，只有大约三分之一的可作战潜艇在海上活动。其他潜艇都处于维护、维修或人员休整状态。单日海上活动 U 型潜艇的最大数量为 70 艘，时间是 1917 年 10 月 13 日。[5]

1916 年 3 月接替提尔皮茨担任海军大臣的海军上将冯·卡佩勒，强烈反对任何潜艇紧急建造计划。吉布森和普雷得加斯特恰如其分地总结了当时的情况："装进了一个坚果壳，所有努力都将付诸一次巨大的'粉碎性和坚定的'打击。世界船运将如一块玻璃一样被敲碎，U 型潜艇将摘取胜利的宝石，并在美国人施以援手之前就收兵凯旋。"1917 年尚未服役的 U 型潜艇则贡献不大。1917 年 2 月，德国订购了 51 艘新潜艇，6 月又订购了 95 艘，但到大战结束时后者中只有 21 艘服役。1917 年 12 月订购的 120 艘 U 型潜艇则没有一艘能赶在战争结束前建成。大战结束时，建造中的 U 型潜艇多达 226 艘。1918 年 1 月又订购了 220 艘 U 型潜艇。但一切都太晚了。战后人们不禁问道，为什么 1917 年 1 月，发动无限制潜艇战之际，没有大批订购 U 型潜艇？海军中校盖尔（Gayer）说："海军总参谋长（霍岑多夫）的态度无疑是，如果所有手段都生效，潜艇战在 6 个月内就能实现目的。另外，德国的工业也被认为无力承担更重的负担。"[6]另一个原因是，德国陆军高层反对将熟练工人从前线转调大规模建造计划。直到战争最后几个月，陆军将领才同意与德国海军合作。

英国海军部开始（1917 年 1 月 31 日）高估了德国潜艇计划的规模，相信到 1918 年 1 月，德国将拥有 316 艘 U 型潜艇（实际上 1918 年初只有 165 艘），而在 1918 年将可能有 130 艘新 U 型潜艇建成（实际建造数量为 80 艘）。3 月 24 日，杰利科估计 U 型潜艇的建造速度是每月 15 艘，实施上，根据施平德勒的数据，1917 年平均每月建成的 U 型潜艇不到 8 艘（海军部反潜处认为这个数字是大约 8 艘），而 1918 年头 10 个月，平均每月建成 8 艘 U 型潜艇。

英国在战争初期遭受了严重的贸易损失。损失主要来自敌人的水面袭击舰。但是 1915 年和 1916 年，战争初期原本尚显脆弱的潜艇，已经成为极为危险的进攻利器。1917 年初，战争的结局已依赖于无限制潜艇战的成败。海军部也迎来了新领导层，以挽回当前摇摇欲坠的危局。

2. 白厅的新面孔

1916 年 12 月 3 日，亨利·杰克逊爵士辞去第一海务大臣职务，12 月 7 日，

∧ 战时海军中将亨利·奥利弗爵士,1914 年 11 月—1917 年 5 月任海军部参谋长,1917 年 5 月起任海军参谋长(照片: 贝丽尔·奥利弗女爵士授权)

46

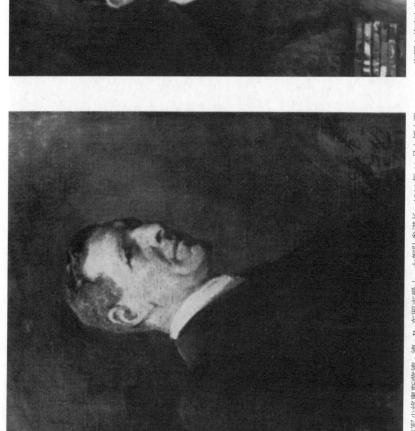

∧海军上将查尔斯·德·巴塞特·麦登爵士，大舰队副司令，1916 年 11 月上任（亚瑟·科普爵士画作，海军上将查尔斯·麦登，第二代男爵授权）

∧海军少将奥斯蒙德·德·B. 布罗克爵士，大舰队参谋长，1916 年 11 月上任（亚瑟·科普爵士画作，约翰·戴维夫人授权）

联合政府重组，劳合·乔治接替阿斯奎斯成为首相，这导致海军部发生了重大人事变动。代替贝尔福担任海军大臣的，是爱德华·卡森爵士，他从 1892 年起就是都柏林大学选区的保守党议员，而且来自爱尔兰南部一个非常古老的新教家庭。卡森是战前阿尔斯特抵制自治运动的领袖人物，也因此获得了"阿尔斯特的无冕之王"的绰号。他还是一位声名显赫的律师，人们认为他拥有左右陪审团意见的神秘力量。但是他之前仅有的内阁成员经验，是在第一届联合政府（1915 年 5—10 月）内担任总检察长。他在讼案中辩论的天赋是担任海军大臣职务的强有力优势。与他那位超然物外，从未与海军官兵产生贴心情感的前任不同，卡森为人积极热情，内心强大，同时非常通情达理。加上他宽厚善良的处世之道（"被他宽阔嘴角和突出颧骨上方，那双沉思的黑眼睛所掩盖"），卡森很快就赢得了海军的爱戴。他定期巡视各个海军基地（而这是贝尔福竭力避免的），每个月都要造访大舰队，这可以解释他为什么如此之快就获得了海军的尊重和信心，而且这也体现了他对海军的热爱，并以成为海军的文职领导人而骄傲，也热切希望尽快适应新职务。长期担任海军参谋长的奥利弗向来吝于对别人献上赞美之词，但他是这样说起新海军大臣的："拜会了很多军官，告诉我们，在做出变革之前，他要学习海军部的组织和运作，他还经常在下午召见各个部门主管，与他们讨论工作和部门架构……"奥利弗也因此称卡森是"一位非常出色的海军大臣"[7]。

卡森坦率地承认自己缺乏相关技术知识，所以坚决拒绝介入技术事务。他公开宣称的原则（1917 年 3 月 8 日，奥德维奇俱乐部午餐会），是在海军部任职期间，不会干涉水兵们的工作，也不会允许其他人这么做（带有威胁首相和其他人的意图）。他还幽默地说："我是在极度无知的情况下来到海军部的，有人问我第一天上班的感受，我说我唯一称职的事情就是自己完全置身于海上。"（大笑）他后来写道："我把自己限定为在部门内，不带偏见地履行职务的内阁大臣，并给予每一位军官和水兵公平合理的对待。"[8]在海军部工作的第一周，他告诉一位朋友，他也不想"成为海军战略战术的门外汉"。事实上，他成了海军部的传声筒、辩护人，以及一些争议的仲裁者——从海军观点看，他非常称职。

卡森是一位理想的政治首脑，很快就与第一海务大臣和大舰队司令建立了和谐的工作关系。不过理想的海军大臣不一定是一位完美的政治家。比弗布鲁克爵士曾经这样评价："他立即在专业顾问的建议下承担了自己的角色。他非常依赖于自己部门的建议和指导。而且他拒绝任何发展具有自己特色的海军战略的倾向。"[9] 我们将会看到，这种行事方针在护航队体系争议中显现无遗。劳合·乔治指出了卡森无法摆脱的两难局面。他本可以从海军部以外的军官那里获得大量意见和建议，但是他受过的法律训练和为人礼仪方面的嗅觉，让他无意这样做，他因此继续只依赖于那些他已经开始不信任的一小撮人的观点。[10] 简而言之，卡森过分自我克制、缺乏自信的缺点——更不用说他不具管理天赋——在很大程度上抵消了他精力充沛、勇敢、独立和谦逊等优点。

至于海军部委员会中其他文职成员，自 1911 年就担任秘书的（严格地讲是"常设秘书"），不知疲倦的 W. 格雷厄姆·格林爵士依旧留任。欧内斯特·G. 普雷蒂曼（Ernest G. Pretyman）代替李顿伯爵（Earl of Lytton）担任文职大臣——这是极为恰当的任命，因为他曾在 1900—1903 年担任文职大臣，并在 1903—1906 年担任海军部议会和财政秘书，非常熟悉海军部的运作。他可能并非最友善的人，尽管如此，他却是四位战时文职大臣中最出色的一位。除了海军大臣外，海军部中最重要的文职人员，就是议会和财政秘书，从 1908 年至 1920 年，坐在这个位子上的是托马斯·J. 麦克纳马拉。他属于自由党激进派，与劳合·乔治关系密切。麦克纳马拉是一位一流的讲师，但在议会中这个特长就无从发挥，而且他的管理能力稍弱。虽然议会与财政秘书直到 1929 年才成为海军部委员会的正式成员，但是他的实际权力大于文职大臣。海军大臣缺席时，财政秘书是海军部在下院的首席代表。

新任海军大臣秘书也非常称职：海军准将阿伦·F.（"伊夫"）埃弗雷特，是一位心智独立，极具职业素养，同时宽厚、精明、勤奋的军官。

新任第一海务大臣是杰利科。他的一个严重缺点，是所有事情都想亲力亲为。海军上将维密斯，总军需官、海军少将马尼斯蒂（Manisty），汉奇爵士等人都指出过他权力过于集中的弱点。杰利科在担任大舰队司令时曾写道："文件工作如同对我的诅咒，于你也一样。""我无法摆脱它。"[11] 到海军部后，这仍是一个诅咒，而且由于要出席大量会议，他能用于处理文件的时间比以前更少了。杰利科很快发现自己面临着"如山的工作"。他向贝蒂抱怨："战争委员会浪费了我一半时间。"由于要对所有事情亲自做决定，加上其他必需工作占用了大量时间，他几乎没有机会考虑更重要的海军战略问题。"战时内阁除了每日例行会议外，每周还要再开三次会，结果我发现自己根本没有时间考虑军务。大量时间被浪费了，但是我还不能走开，如果我不在，他们可能会做出一些我本来反对的决定。"[12] 这也正是他本应该将自己的精力集中在海军战略等更重要事务，而不是这些琐碎小事上的原因。实际上，他要阅读所有文件。他的时间都用在例行公事上，例如统计处处长向他索要船只损失数字，他就要书写一份纪要，其实船运部完全可以提供同样的资料。多佛尔巡逻队司令向杰利科抱怨，新成立的海岸摩托艇委员会竟然没有他手下的人做代表，杰利科便为此写了长篇纪要。[13] 海军大臣建议杰利科，不要在工作细节上花太多时间。"坐在椅子里，放松下来思考问题。"但是这样的良策没有打动杰利科，只是让他的夫人更加苦恼。她在茶叙时告诉卡森夫人："海军大臣不了解我家杰克。"[14] 杰利科不知道，战时管理者避免精力被时间损耗殆尽的唯一方式，就是自己只负责制定政策，而让下属去完善细节。

　　还有一个原因导致杰利科在海军部未能完全取得成功。新工作要求他定期与政客沟通，特别是在战时内阁。第一海务大臣必须拥有一些政治家的天赋，才能在充满圆滑和巧辩的丛林中生存下来，但是杰利科绝不善于迂回进退。费希尔爵士对杰利科非常了解，说他"不是那种能够直面一群穿着大臣礼服，而又巧舌如簧的律师的人"[15]。后来成为第一海务大臣的贝蒂（1919—1927 年），正如费希尔早在 1916 年 12 月就看到的那样，更具备一位成功海军管理者必需的非军事方面的天赋。另外，贝蒂比杰利科年轻得多，更加能屈能伸，也更易于接受新思想，以及善于发挥下属的头脑。仅是这些原因，就可以说明他是应对潜艇威胁的更好人选。

　　虽然杰利科事务缠身，但他宽厚的个性仍在。一位军官曾记述他"从不会忘记，那个穿着海军礼服的小个子几乎每个晚上都会走进第 40 室，打听最新消息，用赞赏之词为我们鼓劲"。时任海军部扫雷处处长的海军上将莱昂内尔·普雷斯顿，每个月都要参加杰利科主持的参谋会议，他对杰利科的优点和缺点都非常了解。"对任何决定，他都显得平静自信、果断和不失条理，如果他出了错，那也是为官兵们考虑得太多所致。他从不冷酷无情。我从没见过他发脾气或大喊大叫。"[16]

贝蒂对白厅新管理层赞誉有加："我觉得你将发现杰利科在那里待的时间比你想象的要长。我也肯定希望是这样，因为他熟悉大舰队的情况，如果卡森给予他有力的支持，他就能胜任。他的问题是个性不够强大，如果卡森不支持他，就会有麻烦。"[17]贝蒂其实不用担心。杰利科和卡森合作得很好。极少有像杰利科这样，得到他的文职上司如此强力支持的第一海务大臣。

杰利科身边的亲信，有塞西尔·伯尼，他接任高夫－考尔索普成为第二海务大臣，负责海军人事、舰队的人员与训练、军官的服役与任命，等等。忽好忽坏的健康状态（他一直有关节炎）并不是他唯一的缺陷。格雷厄姆·格林对伯尼的天资非常了解，曾这样写道：

他性格偏弱，不够果决，缺乏独立判断的天赋，但是他关于海军官兵的知识非常丰富，提出的有关舰队军官和水兵日常工作和生活的建议也很宝贵。这种特质使他深受官兵们敬仰，像费希尔爵士一样（他曾协助费希尔爵士实施海军人员方面的改革），他也有热情和远见，但他本人在制订任何大型作战计划或制定海军政策时，却从不具有必要的主动性和积极性……

作为战时第二海务大臣，他的管理职责并不需要展现什么特殊能力。我记得他在海军部委员会作用很大，兢兢业业，但谈到舰队作战和海军行动的指挥，这些事务都掌握在第一海务大臣和海军参谋部手中，伯尼在这方面贡献甚微……

在性格上，伯尼非常和蔼，易于共事……[18]

高级军官对伯尼的评价都不高。贝蒂的看法很具有代表性。"我听说杰利科状态很不好，需要离开休养一段时间。难以想象如果伯尼这种老木乃伊一般的人物接替他，会是什么样子。"[19]但不管怎样，杰利科对伯尼无比信任。

极具天赋的图多尔留任第三海务大臣，主管装备事务。休特形容他是"一位崇尚科学的火炮军官和最出色的海军审计官"。

曾经担任杰利科旗舰长的莱昂内尔·哈尔西，接替 C. F. 兰伯特，上任第四海务大臣，主管海军物资、舰队燃料与后勤供应、人员表彰、福利、津贴、勋章，以及相关的各种事务。他是一个乐观、外向、坦率的人，为人热情、富有魅力，在军中人缘极佳。他指挥的军舰都被称为"快乐之船"。里奇蒙德却说他"人是不错，但头脑愚钝"，另一位同僚说他"算不上正经八百的水兵——一个无足轻重的好人"。但是哈尔西的大部分同事，都高度评价他的智力与职业素养。

直到此时，海军航空兵事务还是由诸位海务大臣共同管理的。第二海务大臣负责航空兵人事，第三海务大臣负责飞行器制造等事宜。海军航空处处长并不是海军部委员会成员。为此海军部委员会增设了负责海军航空兵事务的第五海务大臣（1917 年 1 月 11 日），由海军准将戈弗雷·佩因（Godfrey Paine）担任，他是个强壮、直率的人，浑身充满了活力，他也是最早获得飞行员资格的海军军官之一。1916 年 12 月 22 日，第二届航空委员会［考德雷（Cowdray）任主席］正式成为一个内阁部门，该部门中的海军部代表就是第五海务大臣。

战争开始时，所有精干的海军上校和中校都被派往海上服役。结果是海军部充斥着"退休军官和老弱病残"。情况改善得非常缓慢。直到杰利科成为第一海务大臣，海军里一些最睿智的军官才开始出现在海军部。他将大批军官从大舰队补充进海军参谋部。这让奥利弗和他的手下非常开心，因为在杰利科担任大舰队司令时，任何将军官从大舰队调往海军部的企图，都被视作对他本人开战。海军参谋部的人员素质因此大为提高。现在海军部少了很多老迈的退休军官，新加入了大批具有海上指挥经验的军官，而他们中的大多数都可谓出类拔萃。

沉默寡言，内心强大的"假人"奥利弗，继续留任海军参谋长，因为杰利科发现他已经积累了大量宝贵的知识，是不可替代的。里奇蒙德对他的评价恰如其分："他极为聪慧，工作勤奋，见多识广，但实战经验不足……他是海军翘楚之一，但海上经验和战略见解并不总是相伴相生……他天生对工作大包大揽，甚至自己打字，所以不会下放权力、充分利用下属。"[20]

在来自北方的"一伙人"中，有一些加入了海军参谋部反潜处，这是杰利科上任后立即成立的部门。他让海军少将 A. L. 杜夫担任处长，海军上校 F. C. 德雷尔任助理处长①。杜夫是海军最英俊潇洒的军官——身高 1.88 米，通身一副"难以言状的王子气质"。有一位在中国与他熟识的人战后写道："第一眼看到他，人们心中就会联想到荷马史诗中的'阿伽门农，人中之龙'。"杜夫是一位鱼雷专家，日德兰海战时作为第 4 战列舰中队副司令坐镇"上乘"号战列舰。他是海军最优秀的军官，1916 年春天被杰利科任命为大舰队参谋长麦登的替补人选。现在杰利科将他从所有年轻将官中提拔出来，负责反潜战。作为反潜处长，他将白手起家，筑建整个反潜体系。

从 1914 年 10 月开始担任贸易处代理处长的，是仁厚优雅的海军上校理查德·韦伯（Richard Webb），他也获留任。他在很多方面具有古怪的老式做派，在坐镇"阿里阿德涅"号指挥西印度海军站时，他禁止军官餐厅提供杜松子酒，理由是它不够绅士！但是他总能胜任工作，拥有所有优秀参谋军官应有的天赋：百科全书式的头脑，"能够分析复杂局面，并从各个角度加以诠释的天才"，以及对不敢"以弱敌强"的心态的痛恨。另外留任的还有海军情报处处长，海军上校雷金纳德·霍尔（1917 年 4 月晋升海军少将），很多人视他为大战中最伟大的头脑之一，这一点他的确名副其实。

白厅的新团队有众多独特之处。整体上更加年轻化，而且带来了更积极的管理作风。

在这里还要对战时内阁做简要介绍。劳合·乔治担任首相后，内阁与战争委员会合并成战时内阁，将"以前内阁的决策权与帝国国防委员会的系统的工作程序"结合起来（汉奇语）。经验表明，战争委员会的主要缺陷，是它的规模（它已经由 8 人增至 13 人），以及大部分成员都因各自部门的责任不堪重负。战时内阁则没有这个缺点。其成员被减至 5 人，后来也从未超过 7 人。正如劳合·乔治向下院通报的（1916 年 12 月 19 日）："你不能以一个犹太公会来进行战争。"小规模的一个优势，是战时内阁能够更频繁地会面——仅在 1917 年就进行了

---

① 原注：1917年3月1日，德雷尔接替摩根·辛格担任海军军械处处长后，海军上校H. T. 沃尔温（H. T. Walwyn）任反潜处助理处长。

300 多次会议。最初的成员包括首相（主席）、博纳·劳、亚瑟·亨德森、寇松爵士和米尔纳。劳合·乔治自然代表自由党，亨德森代表工党，其余三位属保守党。除了博纳·劳身兼财政大臣和下院议长外，其余成员都是没有部门责任的内阁大臣，因此没有繁重的管理责任和议会事务，能够将全部时间和精力投入到更重大的战争问题上。另一个显著特点是，海军大臣、陆军大臣和外交大臣都不是战时内阁的正式成员。只有当讨论的事务涉及某部门时，该部门的内阁大臣（如果需要也可以带上部门的专家）才会出席会议，但仅此而已。这样，卡森，以及后来的格蒂斯只是偶尔与会。汉奇透露，外交大臣亚瑟·贝尔福虽非正式成员，但"声称具有并行使出席任何会议的权利"。帝国总参谋长和第一海务大臣在每次会议开始时，向战时内阁汇报陆海军形势，在所有陆海军议题讨论结束后就离席。这也是战时内阁与战争委员会的另一个不同之处。前者记录会议纪要并按议程开会。如果有海外领地的总理和其他代表出席（1917 年 3—5 月，1918 年 6—12 月），战时内阁则被称为帝国战时内阁。莫莱斯·汉奇爵士，一直担任战时内阁秘书，他有众多优秀品质，包括超人的记忆力、敏捷的思维、机警、耐心和忠诚，使他成为不可或缺之人。[21]

激战 U 型潜艇
（1916 年 12 月—1917 年 4 月）

─────────── 第四章 ───────────

　　海战的第一阶段，是德国远洋舰队无声地屈服于英国的强大优势。从 1916 年 10 月开始，形势发生了巨变，随着紧张局势的不断升级，第二阶段的海战成为皇家海军与潜艇之间的生死之战。这是人们从未料想过的战争形式，比以往任何一种海战都更加无情与复杂。人们掌握的所有知识，以及每一种能够发挥作用的机械、光学和声学装置，都被应用于作战。海战的关键角色还有海图与计算结果、仪表和开关，以及那些称得上英雄的专业人士，和那些被爆炸和死亡打断的紧张或安详的思想；还有那些在大洋深处被追猎和感到窒息的艇员，和可怜无助地葬身于遥远大洋的巨轮。这惊心动魄的过程中的所有作为，改变了世界历史。

——温斯顿·丘吉尔，《思想与冒险》

1. 应对海运运力不足的手段

　　一直以来，有四种应对海运运力不足的手段处于考虑之中：（1）增加食品供应中本土农作物的份额，同时节省食品消耗，以解放更多海运量服务于军事目的；（2）增加商船产量；（3）解决海运积压现象，释放更多运力；（4）降低潜艇战中的商船损失率。第一条中的食品问题，与海军部没有直接关系。1913 年，英国进口了 1810 万吨食品；而 1918 年的食品进口量只有 1140 万吨，是 1913 年的 63%。其中 670 万吨的差距，代表着英国农业增收和引入志愿食品限供制度节省下来的船运量，而且到 1918 年 7 月，英国已在全国实施食品配给制度。

　　直到 1916 年底，商船建造都由英国贸易委员会负责，但是没有政府部门来主导商船的建造。只有一个船运管制委员会（1916 年 1 月成立），可以决定如何更有效地利用商船。但是它缺乏发挥作用所需的执行力。1916 年 12 月，劳合·乔治任命著名的苏格兰造船商约瑟夫·麦克雷爵士（Sir Joseph Maclay）担任船运管制官（Shipping Controller），他不仅在内阁有席位，而且具有不受限制的广泛权力。麦克雷个性极强，以不受惯例羁绊著称。汉奇形容他"对自己的工作内外精通"，当时和他共事的赫科姆爵士（Lord Hurcomb），说他"发现麦克雷是最聪明，最有见地的上级，而且越是事关重大，就越能凸显他的这些优点"。麦克雷的部门于1917年4月组建完成，其职责主要包括指导商船建造，管理英国境内的港口设施，在兼并了海军部运输处后（1917年，战时内阁为此与海军部委员会摊牌），还负责规划调拨给军方和其他部门的海运吨位。

1915年，英国国内建造的商船吨位为651000吨。1916年建造吨位下降至542000吨，只有英国当年损失吨位的43%。新年之后，当然特别是从2月开始，未来的商船损失率肯定会剧增，而只有大大提高造船量才能弥补损失。麦克雷立即认识到一个事实，即商船建造的速度必须大于潜艇击沉它们的速度。在专家的建议下，他决定"立即实施一个大规模建造货轮的计划，采用简单的设计，以及在发动机和船体方面尽可能实现标准化"。1917年2月底，就有4种标准型货轮设计获得批准。整个1917年，有12种船舶设计获批。到1918年底，英国建造的船只中，有76%是"标准型船舶"。增加商船建造速度的另一个措施，是阻止劳动力的进一步流失。1917年1月，英国政府免除了所有在3月29日前需要报到的，造船厂和船用发动机工厂工人的兵役。

1917年第一季度，英国新造商船的总吨位为246000吨，如果将整个大英帝国的建造量计算在内，为326000吨。这比1916年任何一个季度的造船量都有显著提高：英国和整个英帝国在1916年第四季度的造船量分别是213000吨和220000吨。但英国国内造船量仍比船运管制官的目标低了18%，也就是说不足以补充英国在1917年2月1日后损失的商船吨位。未来似乎并不光明，因为拖慢造船速度的主要问题根本无法解决：劳动力不足和钢材短缺。4月26日，一份提交内阁的报告称，为了将年造船量增加180万吨，即比船运管制官最初的预计高50%，必须找到35000名熟练工人（或者44000名非熟练工人），并且将每周供给商船制造业的钢材从13000吨增至22000吨。但是，即使有可能实现180万吨的产量，也将只能弥补英国商船损失的大约三分之一。还有一个可称得上疯狂的计划，是从中立国采购船只。官方历史学家费勒写道："全世界港口都遭到了洗劫。”“老朽不堪的蒸汽船卖出了惊人的价格，甚至老式帆船、报废船只，或者用于港口仓储的船壳都稍事修理后重新出海航行。”战时内阁的另一个策略，是让海军部削减主力舰建造计划。杰利科希望继续所有 4 艘战列巡洋舰的建造；但是当海军部声称除了“胡德”号，其余任何一艘军舰都无法在 1919 年春天之前竣工时，战时内阁决定（1917 年 2 月）将“胡德”号以外所有战列巡洋舰和 5 艘轻巡洋舰停工。

英国政府所有用于增加造船量的这些手段，都没有产生明显效果。1917 年上半年，整个英国新造商船的吨位为 495000 吨（英帝国的全部产量为 631000 吨），下半年为 668000 吨（英帝国的全部产量为 676000 吨），年总产量为 1163000 吨（1307000 吨）。加上从外国购买的商船（主要进口自日本），英国全部新增商船吨位略低于 150 万吨，比预期产量少得多。

第三个增加海运量的手段，是解决海运积压问题，为此，1917 年 2 月 16 日，战时内阁批准了由多部门联合组成的进口限制委员会提出的建议，要求以 1916 年为准，每月减少 500000 吨的进口量。当年春天，港口的长期拥挤现象得到了部分缓解。通过增加设备和货物容量，以及充分利用 1916 年 12 月成立的运输工人部队，港口卸货的速度被尽可能地加快了。这些运输工人交替进行军事训练和港务工作。到 4 月中旬，这支部队已经招募了 10000 名工人，当月平均每天有 4702 人在港口卸货。6 月，这一人数达到了 5760 人。

为了应对海运运力不足，海军部也有自己的方案。杰利科首先要解决的问题之一，是如何减轻军事行动带给海军的压力，特别是在海外水域。1916 年 12 月，英国海外有两百五十万军队。要找到强大的运力，为海外军事行动输送兵员、军火和其他物资已经变得越来越困难，更不用说还需要大量军舰执行护航任务。为保卫本土水域的航线，迫切需要轻型舰艇，而减少海外军事行动，也将解放大量商船用于运输基本的进口物资。1917 年 3 月底，有 631 艘，超过 200 万吨商船为在法国、美索不达米亚、东非、萨洛尼卡和埃及等地的战场运送人员和补给。[1] 当法国和意大利越来越依赖于英国的海上运力时，问题变得更加严重和复杂。

1916 年 12 月 14 日和 1917 年 2 月 21 日，杰利科在给战时内阁的备忘录中提到了问题的严重性。在第二份文件中，他指出形势已经“极为严峻”，只有对海外行动采取重大战略转变，才能减轻压力。2月1日至16日因水雷和潜艇损失的船舶数量（英国、其他协约国和中立国共损失船只243000吨，包括帆船和渔船）说明，已经没有足够的巡逻舰艇，来有效保护在所有高危海域航行的运输船和其他商船。必须立即采取大规模行动，解决对反潜舰艇的迫切需求。"唯一可行的方案"，就是减少用于为美索不达米亚、萨洛尼卡、埃及和东非战场运送物资的运输船和补给船的数量，这样也就减少了需要为它们护航的舰艇数量。当然，就像杰利科清楚表达的那样，这就意味着削减或完全撤回海外军队。[2] 杰利科在3月2日呈递战时内阁的一份纪要中指出，商船损失会产生食品短缺的巨大危险，另外内阁继续美索不达米亚军事行动的决定对海军资源形成了沉重压力。3月24日，帝国战时内阁传阅了一份海军部文件，断言如果不做出重大改变，商船吨位最终将无法满足英国的需要。

例如，预计从今年4月至8月（包括8月），只能满足为运输进口食品和其他民用和军火工业必需品的商船吨位的60%到70%。这还未计入食品管制官要求的，为建立食品储备所需的200万吨进口小麦。小麦的存量已经很低（到7月底将只够使用6周至7周），我们海外军队的物资和食品储量已不是以周，而是以天来计算了。这种情况下，无论怎样高估严重性都不为过。为了向法国和意大利运送所需的燃煤，需要大量船只，使运力短缺的情况更加恶化。[3]

海军部坚持要减少次要战场的军事行动，以减轻对船运和护航舰艇的巨大压力，4月12日，海军部将一份海军参谋部文件呈交战时内阁，警告政府不能同意法国入侵希腊的建议。如果实施入侵行动，运输船只的损失将会大增，继而进一步减少运输必需品的船舶吨位，而抽调巡逻舰艇和扫雷艇到地中海作战，也将增加本土水域的船只损失。

5月1日，杰利科呈递战时内阁一份强调问题严重性的备忘录，备忘录得到了海军部委员会的一致支持。杰利科对减少次要军事行动做出了最强烈呼吁，纽博尔特将杰利科悲怆的呐喊称为对内阁的"最后通牒"：

……我已经多次敦促（战时内阁），当前绝对有必要减少海军需要保护的航线数量，以及加大对需要保留航线的保护力度。迄今为止，我努力的唯一结果，就是海军的责任没有得到任何减轻，资源没有任何增加，同时更多需求又被提了出来。例如在最近三个月，要求我们从世界各地运送大量当地劳力到英国，而且由于敌人最近的作战行动，还要求我们为除了遥远水域外的所有医院船护航。

我相信，海军很快就将无法满足政府现有政策下的需求，除非：（1）立即从萨洛尼卡撤回所有军队，因为这是占用我们资源的最大因素，从军事观点看，那里的进攻行动根本无法保证成功……（2）我们意识到，已经无法继续将增援部队运抵英国，除非他们能搭乘从各殖民地运送其他必需品，例如食品的船只，因为我们已无法提供必要的护航舰艇。（3）进口劳力的行动也应该因同样原因而停止。（4）任何非国民生计所必需物品的进口都应该立即和坚决地停止。[4]

首相必须采取行动了。5 月 4—5 日，在巴黎举行的协约国会议上，劳合·乔治反对在萨洛尼卡实施大规模进攻作战，同时声称，要满足协约国民众基本物资的需求，必须将萨洛尼卡的军队数量减少到能够坚守的规模，他还宣布，英国将撤出一个步兵师和两个骑兵旅。出席会议的杰利科断定，海军将不用再把 150 艘，60 万吨船只用于"满足陆军在萨洛尼卡的需求"。其他地方都急需运输吨位。"更重要的，是解放护航舰艇用于保卫本土航线，"杰利科确信，"除非萨洛尼卡的部队能在年底前撤出，否则将会出现饥荒……除非立即开始撤出部队，不然就太迟了。耽搁下去将没有船只可用于军队的撤离。"[5] 劳合·乔治对法国的反对无动于衷。6 月至 7 月，不顾其他协约国的反对，一个英国步兵师和两个山地旅从萨洛尼卡撤到埃及，另一个步兵师也在 9 月撤离。不过没有进一步的撤离行动：萨洛尼卡还有 4 个英国师。将军队从马其顿撤往埃及，对该地区的商船吨位和海军压力无甚影响。杰利科从那里得到 40 万吨船只的希望落空了。不过他最终还是得到了 40 万吨船只，因为利奥·基奥扎·莫尼爵士（Sir Leo Chiozza Money，船运部的议会秘书）在 5 月建议集中北美航线——从美国和加拿大向协约国运送的所有必需品都依靠这些航线，这样可以有更多船只用于更远程的航线。费勒在战后告诉海军参谋学院的军官，这是战争中做出的最重要决定之一。

第四个应对海运量短缺的手段就是反潜战，当然，这是海军部的专职任务。

2. 海军的新老手段[6]

1916 年 12 月 16 日，海军部反潜处正式成立。杰利科上任第一海务大臣之前，没有任何一个部门将潜艇威胁列为一个独立问题来处理。贸易处、作战处、情报处和潜艇委员会都在分担反潜职能。现在反潜处继承了旧的潜艇委员会的职责与人员，同时与上述其他部门协作；同时它还负责发展反潜技术手段。总之，反潜处将协调现有的，并发展更新的手段和装备用于反潜战。海军上将德雷尔解释说，反潜处"实际上并没有设计出水雷、深水炸弹、发烟装置，或其他任何武器；但是'催生了'所有反潜武器的试验，并联络那些负责使这些新型武器达到我们要求的各个部门"[7]。反潜处使作战处不再肩负指挥所有执行反潜任务的舰艇和飞机的责任。它与海军参谋长协作，但受第一海务大臣的直接指挥。德雷尔说："这样我们提出的任何值得尝试的建议都得到了杰利科的强力支持。"

反潜处成立的头几周，出现了不可避免的巨大混乱。第 3 战列舰中队一位到访海军部的年轻军官告诉里奇蒙德："据我所知，新潜艇部门在一切事宜上都混乱不堪。毫无条理、原则，每个人都在挠头自问该干什么。"[8]新部门终于在无限制潜艇战开始前步入正轨，多亏了杰利科的远见、创造力，在海军部推动成立了这个部门，吸纳了海军精英，专注于如何才能击败潜艇。顺便要提到，反潜处是海军部在战时下放权力的重要先例。

杰利科对海军部在贝尔福—杰克逊时代的"冷漠无情"深恶痛绝，这也是他上任后就面临严峻局势的一个原因。他总结说："对付潜艇威胁只有三种手段。首先，也是最自然的，就是阻止潜艇出海；第二，是在海上将它们击沉；第三，是保护商船不受攻击。"他很快就决定，第二种手段是最重要的途径，据此，最迫切需要的是大量增加反潜舰艇、武器和设备的数量。问题可以这样解释。1916 年，德国损失了 22 艘潜艇（1917 年 1 月又损失 2 艘）。即使我们不考虑这 22 艘潜艇，还有 4 艘潜艇因事故损失（搁浅或触发了己方布下的水雷），2 艘被俄国击沉（触雷或被巡逻舰艇击沉），那么皇家海军决不能指望通过平均每月不到 2 艘的击沉速率来取得反潜战的胜利。[9] 因此最迫切需要的，是采用新的反潜手段，并对旧的手段进行改进。

反潜战的基本原则，用一位军官的话说，是"千百计划"——成百上千的巡逻舰艇，成百上千的水雷，成百上千的反潜网，等等。为攻击水下潜艇，英国发展和改进了三种基本武器（为商船装备这些武器可以迫使潜艇浮出水面）——深水炸弹、炸弹发射炮和抛射器，以及水雷网——并且大规模地订购和制造。深水炸弹的研制始于 1915 年，从 1916 年 1 月开始装备舰队，它是一种能够在预定深度爆炸的炸弹。深水炸弹最初是用斜道向舷外投放的——可以从舰桥上用液压装置控制，也可以利用普通滑道手动控制，炸弹上有压力引信，可以设定在 40 英尺或 80 英尺的水深爆炸。1917 年 8 月，深水炸弹抛射器投入使用，它采用榴弹炮发射原理，可将深水炸弹抛至载舰侧舷以外 40 码的距离。到 1917年 6 月，每艘反潜舰艇通常装备 2 枚深水炸弹。7 月和 8 月，载弹量分别增至 4枚和 6 枚。1917—1918 年，深水炸弹已经成为反潜利器，产量也得以扩大，在北海和多佛尔海峡执行反潜任务的 P 型炮舰（巡逻舰艇，实际上是小型驱逐舰）和护卫舰都能携带 30—50 枚深水炸弹。虽然 1917 年以前，深水炸弹最高月产量曾达到 732 枚（1916 年 12 月），但到 1917 年 7 月，其月产量还不足 600 枚，不过当年 10 月的产量超过了 2000 枚，一年后的月产量更是超过 5000 枚。英国海军使用了两种深水炸弹，但是在 1917 年，在航速足够使其及时避开爆炸产生的剧烈震动的舰艇上，更重的 D 型（300 磅 TNT 装药）代替了 D* 型（120 磅装药）。1917 年底，压力引信已能够使炸弹在 50、100、150、200 英尺水深爆炸。反潜舰艇现在能够使用 300 磅深水炸弹（定深 100 英尺或更深时），而完全淘汰了轻型炸弹。1917 年，海军在反潜战中平均每月使用 100—300 枚深水炸弹；在战争最后 6 个月里，平均每月使用 2000 枚深水炸弹。

深水炸弹被描述成一种"应用化学、人工地震和突然死亡"的复合体，无论装备在商船还是军舰上，都是所有反潜武器中最有效的一种。杰利科认为："毫无疑问，深水炸弹使用的增加是挫败潜艇威胁的重要因素。德国海军潜艇军官也承认，在遭到深水炸弹攻击时，有一种神经被撕裂的感觉……如果不是护航舰艇越来越多地使用深水炸弹，仅靠护航队体系本身可能无法打败潜艇。大量使用深水炸弹，**使反潜（护航）舰艇能够对前来进攻的潜艇实施攻击。**"[10] 虽然深水炸弹被证明是对付水下潜艇的最有效武器，但它也不是万灵药。即使海军拥有大量深水炸弹，且能在最出其不意的条件下使用它，也很难击中目标。要摧毁一艘潜艇，D 型深水炸弹必须在距其不到 14 英尺的距离上爆炸，而要对潜艇造成损伤并迫使其上浮，爆炸距离则不能超过 28 英尺。

（一位在鱼雷舰艇上服役的军官写道）业已证明，不管是否真正用于攻击，深水炸弹都是我们目前拥有的最有效反潜武器。驱逐舰和巡逻舰艇装备的深水炸弹越多，将它们投放在潜艇附近并迫使其现身的概率也越大。但问题是，即使有一艘舰艇投入攻击，一艘灵活操纵的潜艇也能避免暴露，而我们不能，或者认为自己不能为每一艘商船都安排一艘近距护卫舰艇。虽然有时潜艇攻击失败，或者运气不佳被击沉，但我们的商船损失量还在持续增加。[11]

与深水炸弹类似的武器，是由榴弹炮（线膛炮）或炸弹抛射器（滑膛炮）发射的，能在水下爆炸的炸弹。这种武器于 1916 年下半年开始试验和试用，1917 年 4 月第一批产品投入生产：一种口径 3.5 英寸的炸弹抛射器，可以将一枚 200 磅炸弹发射至 1200 码距离，或将一枚 350 磅炸弹发射至 650 码距离。后来发展的发射炮和抛射器的口径增至 13.5 英寸。到 1917 年夏天，炸弹发射炮和抛射器已经装备了各类反潜舰艇和商船。它们在某种程度上，是第二次世界大战中使用的"刺猬炮"和"乌贼炮"的前身，虽然这些是向舰艏方向投射炸弹的武器。

指示网和 EC（电控）水雷网这些早期反潜武器，到 1917 年已经标准化，用途也得到了扩大。指示网是一条带有浮标的系留钢丝网，浮标移位意味着有潜艇触网，不同长度的指示网也可以由巡逻舰艇拖带。海军到 1916 年发现，最有效的反潜网是以密集间隔布置水雷的反潜网。"当敌潜艇试图钻过障碍物时，即使用割网器使反潜网失效，反潜网会向其艉部移动并收窄，水雷触碰到艇壳就会爆炸。这些反潜网布置在多个可能有潜艇出没的海域，以及护航队航线面向开阔水域的一侧，除了击沉数艘潜艇外，还在数个海区起到阻吓潜艇的作用，敌人或者假设那里有反潜网，或者对其心存畏惧，特别是在英国东海岸一带。"[12]

1916 年秋，英国在从古德温沙洲（Goodwin Sands）南端至鲁伊廷根沙洲（Ruytingen Bank）之间布设了一道系留水雷拦阻网，1917 年 2 月，又将此拦阻网延伸至斯诺沙洲（Snouw Bank，敦刻尔克外海）。这道"跨海峡拦阻网"包括水雷网（每副网设有两枚电控水雷），和用于悬挂水雷网的一根支索，支索则由两个相距 500 码的浮标固定。潮汐对水雷网产生了很大的水压，使其有效深度只有 40—60 英尺。为弥补深度不足，水雷网西侧一英里处又布设了三道深水锚雷。水雷网之间有定期更换的秘密通道，以供英国舰艇安全抵达比利时海岸。海军中将雷金纳德·培根爵士指挥的多佛尔巡逻队，任务之一就是沿拦阻网巡逻。只有数量较少的舰船（主要是由武装快艇和拖网船支援的无武装漂网船）对拦阻网实施监视，另外为方便监视，沿拦阻网以一定间隔还设有灯光浮标。

跨海峡拦阻网并不成功。恶劣的天气令水雷网很难保持有效性。雷场也效果不佳，而原因也不只是水雷本身性能令人失望（见下文）。水雷会拖着系锚移动，与拦阻网纠缠在一起，到 1917 年 5 月，已经对维护和巡逻拦阻网的舰艇构成了威胁。最后只能拆除西段拦阻网（鲁伊廷根外海），并扫除水雷（1917 年 5 月至 7 月）。西段的水雷网被重新布设，加强了系锚，而且一直架设到旧拦阻网位置的西南方向，以确保那里没有残存的水雷。简而言之，跨海峡拦阻网对 U 型潜艇出入弗兰德斯，或经海峡出入北海，只是造成了少许不便而已。

从 1915 年 4 月开始，公海舰队的轻型舰艇（指可以在赫尔戈兰湾内活动的较大的轻型舰艇）被禁止穿越多佛尔海峡，而必须使用北方航线。1916 年 12 月，禁令被取消了。这给德国舰艇带来诸多方便。穿越海峡往返比经北方航线节省了至少 10 天时间。U 型潜艇在夜间穿过拦阻网也没有困难，通常只需在高潮时从拦阻网上方通过即可。从 1917 年初到 11 月中旬，德国舰艇共 253 次成功穿越海峡；期间只有 6 艘舰艇在海峡内被击沉，而其中只有 1 艘触雷沉没。潜艇触网的概率也较小，即便触网，通常也能够在不引爆水雷的情况下破网离开。"所以大量潜艇能够通过这条隘道，然后散布于西部航道，将从世界各地输往英国的贸易消灭殆尽。"海军上将培根不得不承认："确定无疑的是，这道拦阻网从来未能阻止潜艇通过……但这并不意味着拦阻网是无用的。它肯定阻吓了敌人的驱逐舰。事实上，我们有一些不幸的证据表明，它不止一次让我们自己的舰艇中招。"[13] 我不知道他为何得出了"肯定阻吓"的结论。拦阻网对德国在 4 月 20—21 日发动袭击（见下文）没有造成任何阻碍。拦阻网无疑限制了德国驱逐舰的自由活动，但仅此而已。

英国还扩大了爆破式反潜器（explosive paravane，"高速反潜索"）的生产，并将其装备在所有驱逐舰上。[14]

除反潜武器外，当时最重要的反潜装备是水听器，它是可以在一定距离上探测潜艇螺旋桨转动的传声器。水听器主要有两类。一类固定在海底，与岸基站相连。另一类可悬挂于舰艇侧舷，在远洋使用。英国于 1914 年 11 月开始进行水听器试验，1915 年秋天投入使用，到 1916 年已经建立了多个岸基水听器站。但是水听器遭到了海军内部的强烈反对，尤其是"弗农"号（朴次茅斯鱼水雷学校）和海军部的技术专家，大大拖延了水听器在舰艇上的装备。1916 年底，巡逻舰艇开始装备水听器，但随即遇到了更多阻碍（贝蒂声称，主要障碍来自海军准将 S. S. 霍尔），1917 年，英国潜艇也开始装备水听器。它还安装在一些驱逐舰和 P 型炮舰上。使用水听器的主要是猎潜支队的小型舰艇，它们完全依靠水听器来探测潜艇，在抵近潜艇后再使用深水炸弹发起攻击。

早期舰用水听器有一些严重缺陷。固定式水听器在用于港口防御时，通常能够侦测到正在驶近的潜艇。但是在海上，水听器只有在一艘静止，或近乎静止的舰艇上才能工作，否则载舰的噪音和海浪拍击舰体的声音会将潜艇的声音淹没，但是一艘静止的舰艇又会成为 U 型潜艇的靶子。另一个缺陷是水听器无法发现一艘坐沉在海底的潜艇[①]。如果敌潜艇以低速航行，载有水听器的舰艇只有在很近的距离上才能发现它。早期水听器还有一个缺点，就是无法精确定向，也就是说它能够辨别潜艇的噪音，但无法指示噪音的来源。只有通过目视发现潜艇，或者发现鱼雷航迹，才能对潜艇发起攻击。1917 年春，英国发明了具有定向功能的水听器，但它只有在悬挂于静止舰艇的舷外时才能有效工作。这一令人失望的缺陷说明，需要有一种无须停船，在任何时候都能工作的探测装置。

---

① 原注：U 型潜艇指挥官很快就学会了如何通过静坐在海底逃过探测，虽然这方法只适合于水深不大于 120 英尺的海床。

英国海军开始试验一种装在流线型外壳中，可以拖在舰艇运动的定向式水听器。1917 年 10 月，海军部开始订购这种可拖曳的定向式"纳什鱼"（以它的发明者名字命名）。一种经过重大改进的拖曳式定向水听器——"海豚"，于 1918 年开始制造并装备海军。另外被寄予厚望的，还有 1917—1918 年出现的性能先进的美国 K 管型水听器，虽然像早期的水听器一样，它只能在静止的舰艇上使用。声学探测装置一个无法克服的共同缺点，是在舰船数量较多时，有效性会下降，所以在护航队附近无法使用此类设备。

吉布斯和普雷得加斯特断言，引入水听器"标志着一个反潜战新时代的开始"。其实并非如此。[15] 当时有很多过于乐观的夸大之词，海军上校克雷斯维尔，非常熟悉那些在战时对水听器无比狂热的人，他完全不同意他们对水听器的吹捧，声称："水听器对猎物（使他们既能躲避追猎者，又能发现目标）比对猎人更有用！"[16] 曾任海军部德国海军专家的一名军官，表达了这样的观点：

　　为躲避水听器的侦测，U 型潜艇可采取"安静脱离航速"，即使用电动机，以 1—2 节航速，采用从潜望镜深度至 100 英尺或 120 英尺的深度，一边不断改变航向，一边驶离敌舰。我们在第一次世界大战中装备的水听器还相当原始，到战争末期，U 型潜艇艇长已经不必过于担心被追踪，虽然他们总是能让我们不断提高追猎他们的能力。实际上，U 型潜艇在使用水听器发现猎物方面（比英国反潜舰艇使用水听器追踪它们）更有效。[17]

在水听器主导下，或者至少在它的协助下击沉潜艇的数量并不多。官方记录显示，到 1918 年 10 月，只有 3 艘潜艇的战沉可以归功于水听器（包括 1 艘被带有水听探测装置的雷场击沉的潜艇），还有 1 艘为疑似战绩；另外有 5 艘潜艇被重创，17 艘受轻伤。[18] 战后进行的试验最终否定了这种装置，1921 年，英国全面终止了水听器的使用。

一种极为有效的潜艇探测装置未能在大战结束前投入使用：它是一种能够发送和接收超声波的装置。1917 年 6 月开始的试验证明，该装置能够用于潜艇和其他舰船的定位。它的工作原理，是"利用回声效应，将远处舰船的外壳作为反射器而产生回声，由于声波的速度是已知的，于是就可以精确计算目标的距离"。1918 年春，海军部设在哈里奇的试验站在数百码的距离上，成功接收到了一艘英国潜艇发出的超声波回声。英国用发起此装置研究的协约国潜艇探测调查委员会的名字，将它命名为 ASDIC。但是在将它完善并正式装备在舰艇上之前，战争就结束了。ASDIC 被继续发展成一种实用的作战装备，不过在两次世界大战之间，它的功能还极为有限 [①]。

海军部的科学家们还对训练海狮反潜非常着迷，他们想利用海狮灵敏的听觉和其他特殊能力来追踪 U 型潜艇。1917 年 5 月，海军部在没有确证的情况下，就批准在索伦特（Solent）进行试验。1931 年，海军上将杜夫说："宝贵的时间、人力和财力，就这样被浪费在这种无用而幼稚的想法上。"海军中校肯普讲述了"昆尼"和"柯"的故事。

对两只在马戏团受过训练的动物的试验，首先在格拉斯哥的一个游泳池里展开。试验人员在池边不同位置摆放了铃铛，让海狮游往被触响的铃铛。抵达铃铛位置时，作为奖赏，它们就会得到一条鱼。当它们习惯了铃铛的声音后，就开始使用一个水下振荡器进行试验，结果发现它们能做出同样的反应。试验反映出的一个缺陷是，海狮最终会变得慵懒肥胖，不再想得到更多的鱼作为回报。

随后试验从格拉斯哥的游泳池移往威尔士的巴拉湖（Lake Bala），以进行长距离试验。从动物园找来了更多海狮，现在一共有五只投入训练。其中最能干的一只叫昆尼，它几次游出了三英里的距离，人们对试验成功寄予厚望。

巴拉湖试验结束后，海狮们赶往索伦特进行最后的试验，但在那里它们遭遇了滑铁卢。它们似乎无法辨别潜艇螺旋桨和其他船只螺旋桨发出的声响。它们追踪客轮、巡洋舰、驱逐舰、摩托艇，而且锲而不舍，唯独不去追潜艇。海狮们还在索伦特水域发现了足够它们大快朵颐的鱼群，无须靠追着噪音长途游泳来填饱肚子。这一阶段的试验失败了，整个计划也被迫放弃。[19]

---

① 原注：1943年，这一装置的名称被美国人用声呐（SONAR）取代，该名称源于"声音导航与测距"。

类似的试验还以海鸥为对象展开。1917 年，杰利科收到了一个也许是最奇幻的想法（来自海军部以外），那就是通过向北海洒下整桶的伊诺水果盐来反潜。这些水果盐容器可以从岸上控制，如果疑似有潜艇出现，就打开容器，水果盐遇到海水就会产生大量气泡，气泡上升的同时也将潜艇推向水面，然后就可以摧毁它了！

1918 年 1 月，高能照明弹投入使用，首先是在风筝气球上使用，后来也可用于水面舰艇。在理想的天气条件下，照明弹可以照亮方圆 4—5 英里的海面。它主要在夜间应用于多佛尔海峡和其他狭窄水道。照明弹可以迫使潜艇下潜以避免被发现，也可以将它们驱赶向雷场。1918 年春天，英国制造了 1000 枚照明弹。到大战结束时，海军已经装备了 10 万枚照明弹。

在介绍了反潜武器和探测设备后，我们再来看主要的反潜装备——用于攻击潜艇的水面舰艇、飞机和潜艇。至于近岸摩托艇[①]，它们主要用于在英吉利海峡内反潜。

官方技术史称，"对反潜战做出突出贡献的是辅助巡逻队"[20]，巡逻队装备的都是航速较慢的小型舰艇（武装游艇、拖网船和漂网船等），它们主要在近岸的关键海域猎杀德国潜艇。虽然使用了大量舰艇，但称不上做出了"突出贡献"。[21] 1916 年，辅助巡逻队在与 U 型潜艇进行的大约 100 次战斗中，击沉了 7 艘潜艇，"所以在双方遭遇时，U 型潜艇艇长逃走的概率是 14/15"[22]。辅助巡逻队在 1917 年也运气不佳，战争最后一年，虽然美国猎潜艇也来到欧洲水域作战，但也没有什么起色。

海军部在很多基地设立了特别的"猎潜部队"或"猎潜巡逻队"，配备了驱逐舰和 P 型炮舰，由基地的资深海军军官指挥，主要用于关键航道的反潜。驱逐舰具有高航速和良好的机动性，是理想的反潜舰艇，但是大舰队和护航队都急需驱逐舰，特别是大西洋上的护航队，导致反潜舰艇的严重短缺，结果海军部被迫使用更多小型舰艇执行"猎潜"任务。

---

① 原注：CMB，是一种新型舰艇，长 55 英尺，航速 34—38 节，可携带一枚鱼雷，深水炸弹和一挺刘易斯机枪。

猎潜巡逻队的补充力量，是水听器巡逻队。当水听器开始大量装备到辅助巡逻队基地时，海军决定给拖网船和漂网船安装水听器，配置深水炸弹，并训练它们组成协同作战的猎潜支队。1917年2月，这套体系首先在爱琴海进行试验，到年底已全面实施。随后海军又将ML艇，或称摩托快艇纳入该方案。这种新型快艇于1916年底投入使用：长50英尺（后期型号长80英尺），航速至少19节，装备深水炸弹和一门特殊设计的13磅速射炮，这种火炮身管较短，但后坐行程大，减小了对脆弱的火炮结构的冲击力。这型快艇是美国于1918年装备的排水量更大，适航性更好的猎潜艇的前身。1917年6月，英吉利海峡内的港口已经部署了4个摩托快艇猎潜支队（每个支队6艘快艇）。初期试验成功后，到1918年春天，类似的猎潜支队已经遍布英国海岸，它们通常以3艘一组协同作战。

英国商船队官方史学家写道："U型潜艇的位置首先由水听器使用交叉定向法确定，随后便投下深水炸弹。即使不总能摧毁潜艇，但这一过程肯定会对敌人的士气造成严重影响，而且就像有些情况下发生的那样，敌人会慢慢地无法再继续忍受下去而浮出水面投降。"[23] 水听器猎潜支队总共击沉了两艘U型潜艇，也有可能一艘也没有。除了水听器固有的缺陷外，这种战法未能取得大量战绩的原因还有拖网船和漂网船的航速太低，而摩托快艇的吨位又太小等。

海军大大增加了特种勤务船（Q-ship）的数量——1917年7月共有78艘。这种伪装船的功能是引诱潜艇上当，再行攻击。但是到1917年，它们的作战效率已逐渐下降，海军部在当年秋天也意识到了这一点。引入护航队体制影响了特种勤务船的作战：U型潜艇现在对每一艘脱离护航队单独行动的船只都产生了高度怀疑。另外，特种勤务船完全无法与水下的潜艇对抗，鱼雷已经取代舰炮成为U型潜艇的主要武器。

英国在1916年已经建立了沿海岸线布置的，范围巨大的空中巡逻网络，但效果差强人意。没有一艘U型潜艇因水面和空中巡逻而被击沉，虽然U型潜艇在近岸水域发动的攻击，只占未经警告就发动攻击次数的百分之一，但从来没有减少。海军部反潜处成立后，致力于大大增加各种类型反潜飞行器的活动能力——飞机、水上飞机和飞艇。它们的作战被重新组织和系统化，并与其他反潜手段相协同。反潜处还雄心勃勃地制订了扩大空中反潜作战的方案。在1917年引入护航队体制之前，反潜飞机只用于执行巡逻任务。海军到 1917 年也只重视软式飞艇的作用。软式飞艇在天气良好的条件下，可执行任务的范围比飞机和水上飞机更广，后两者的性能不佳，航程也短，只能在近岸水域活动。1916 年底，50 艘 SS（潜艇侦察）飞艇和 27 艘改进的 C 型（海岸）飞艇已经投入使用。到那时，飞艇反潜作战集中在英国东海岸，以及英吉利海峡中部和东部的水道。波特兰以西只有飞艇场站。海军部现在意识到，潜艇战的决定性战场是英吉利海峡以西的航道，远洋船只在那里逐渐向英伦诸岛集中，通过分散船只防御水下攻击是不可能的。海军部因此决定将水上飞机补充至现有巡逻队，到 1917 年 2 月，水上飞机场站已经在普利茅斯、纽林（康沃尔）、锡利群岛和菲什加德建立——但是由于海军中将贝利对飞机不冷不热的态度，昆士敦和比尔黑文并没有进驻水上飞机。4 月，为满足空中巡逻的需要，也因为水上飞机紧缺，海军开始使用飞机进行反潜战，机场则设立在水上飞机场站附近。圣乔治海峡、布里斯托尔海峡和西部航道，以及英吉利海峡海域，都建立了系统的飞艇、水上飞机和飞机巡逻航线。在英国东海岸，水上飞机和飞艇也在执行类似的巡逻任务，当年晚些时候，飞机也在那里加入了巡逻。到 1917 年 9 月，海军在东海岸和英吉利海峡共有 21 个飞机或水上飞机场站，190 架飞机或水上飞机，在东海岸、英吉利海峡和爱尔兰海峡有 10 个飞艇站，50 艘飞艇。空中巡逻是对近岸和西部水道大量水面舰艇巡逻活动的有力补充。

　　整个 1917 年，水上飞机和飞机共发现潜艇 135 艘，发动了 85 次攻击；飞艇发现了 26 艘潜艇，发动了 15 次攻击。但所有攻击都未取得战果。只有 UB-32 号可能被一架水上飞机投下的炸弹击沉（9 月 22 日），**1917 年以至整个大战期间，没有一艘 U 型潜艇可以确定是被空中力量击沉的**。结果并不难解释。飞艇即使发现潜艇，也因速度太慢而无法发起有效攻击，而大部分用于反潜作战的水上飞机和飞机都是老式教练机，不仅发动机不可靠、航程有限，而且除了飞行员之外，只能配备一名观察员，或者安装一枚炸弹。这些飞机的前向视界非常有限，无法向潜艇瞄准投弹，100 磅反潜炸弹也故障频频，因为装药太少而无法对潜艇形成致命破坏。另外，炸弹引信（2.5 秒延时引信）也被发现对下潜深度较小的潜艇炸点太深，而对下潜深度较大的潜艇又太浅。我们还将看到，在护航队体制中，飞机也发挥了有益的作用。

由驱逐舰和其他舰艇施放的风筝气球，是空中反潜巡逻的新手段。7月12日，大舰队驱逐舰的风筝气球参与击沉了 U–69 号潜艇。虽然 1917 年 9 月召开的伦敦海军会议上，与会者一致同意对潜攻击的最佳手段是驱逐舰—风筝气球组合，但风筝气球充其量只是一种辅助反潜武器。

海军中一直有人反对使用潜艇来对付 U 型潜艇，理由是即使成功，也可能因无法识别敌我，极易误击友军而得不偿失。虽然出现过几次潜艇攻击以水面状态航行的 U 型潜艇的战例，但并未引起特别关注。整个 1916 年，执行巡逻任务的英国潜艇曾 56 次发现 U 型潜艇，发动了 6 次攻击，其中 5 次获得成功——2 次是潜艇与诱饵船协同，即由 1 艘拖网船拖带 1 艘潜艇联合行动。1916 年底，英国海军放弃了这种战法。1917 年，海军曾尝试由经过特殊改装的诱饵船拖带水下潜艇的方案，但当年 10 月即放弃了。主要原因是拖行困难，另外方案的有效性也未得到证明。而且很明显，敌人已经完全知晓诱饵船和潜艇正在联合行动。

贝蒂一直坚信用潜艇对付潜艇的可行性，所以认为英国潜艇并没有发挥应有的作用。战争爆发后，潜艇战的形式已经发生了根本性变化。潜艇原本是用来击沉敌人的大型军舰的，现在 U 型潜艇却在威胁着英国的生存，英国商船成了潜艇的首要目标。英国海军装备了三种潜艇：舰队潜艇用于与舰队协同作战，巡逻潜艇用于监视敌人的出海口，近岸潜艇在东海岸担任防御任务。贝蒂解释说："这种部署，无论进攻与防御，针对的都是敌人的大型舰艇，因此它们不能满足当时的需要。"舰队潜艇对执行反潜任务来说排水量太大。贝蒂想把巡逻潜艇和近岸潜艇作为在北海上反击 U 型潜艇的主力。[24]6 月，他强烈建议加速潜艇的制造，在原有每月建成略超过 4 艘的计划上增加产量，新任海军审计官报告，贝蒂"无比坚定地相信，无论敌潜艇威胁出现在哪里，唯一有效的反制手段就是英国潜艇"[25]。

稍做犹豫之后，海军部也认为，潜艇支队可以用来对 U 型潜艇发动攻势。从 2 月开始，以前只能在近岸执行防御任务的 C 级潜艇进入北海巡逻。在它们取得成功的消息鼓舞下（3 月 10 日、4 月 7 日和 5 月 1 日，潜艇部队"确认"获得了三个战果，其中第一个和第三个都是真实的，分别击沉了 UC–43 号和 U–81 号），海军部于 5 月在英吉利海峡开始了潜艇巡逻，随后又逐渐扩展至 U 型潜艇活动的所有海域，特别是在美国海军参战之后。经验显示，潜艇在水面巡逻既危险又低效，所以到 5 月，水下巡逻成为常态，以期猎杀那些在水面航行的 U 型潜艇。到 1917 年秋天，潜艇巡逻已经成为反潜战的重要手段。大约有 60 艘潜艇分布在北海和爱尔兰以西海域，以水下巡逻方式拦截往返于基地的 U 型潜艇。

以潜反潜只取得了少量战果。以下数据反映出成功实施攻击是存在困难的，且它们从未被克服过：在 U 型潜艇的"作战区域"以潜艇反潜成功率太低——1∶122（摧毁与接触的比例）；在 U 型潜艇往返途中反潜，成功率则高得多——1∶39，如果算上击伤它们的次数，则是 1∶21。[26]1917 年，英国潜艇击沉了 6 艘 U 型潜艇，1918 年再击沉 6 艘，整个大战期间德国共损失 178 艘 U 型潜艇，其中 17 艘被英国潜艇击沉（1917 年，一艘法国潜艇也取得一个战果）。当一种新型鱼雷装备部队后，英国潜艇取得了更多战绩。U 型潜艇绝不是容易对付的目标，因为很难估计它的航向和速度，目标又很小，也很难给鱼雷定深。例如 1917 年 9 月初，一艘英国潜艇报告，它向一艘 600 码以外的 U 型潜艇发射了 4 枚鱼雷，却全部失的。海军部在给协约国伦敦海军会议的报告中称："这种情况经常发生，尽管我们偶尔才能击沉一艘潜艇，还是给敌潜艇部队的士气造成相当大的影响，并且束缚了它们的行动。"

1917—1918 年，英国潜艇最重要的任务就是反潜。实战表明，水下航速太低是取得成功的主要障碍。1917 年秋天，英国设计了一种特殊的"猎杀"潜艇 R 级，以水下高速为主要特征。它使用 K 级潜艇上的高性能电池和电动机，并采用较小的艇身（160 英尺长，水面排水量 420 吨），使水下航速达到 16 节（水面航速 7.5 节）。R 级潜艇还安装了水听器和 6 部艇艏鱼雷发射管。海军部共订购了 12 艘 R 级，大战结束时有 5 艘服役。在一次与 U 型潜艇的接触中（R-7 号，10 月 13 日在爱尔兰海），R 级本可以取得一个战果：英国潜艇已经利用水下高速，占据了敌潜艇艇艏 3 个罗经点，距离 2500 码，极为有利的鱼雷发射阵位，但是就在此时出现了一艘商船，导致 U 型潜艇在攻击得以实施前就潜入水下。

另一种反潜手段，是在赫尔戈兰湾[①]实施大规模布雷，封锁 U 型潜艇开往北

---

① 原注：在卡特加海峡布雷阻止U型潜艇从基尔出动是不可能的，因为这会激怒斯堪的纳维亚中立国。

海的出口。这一方案在大战开始时就被认真考虑过。海军部曾有使用轻型舰艇对敌人港口实施近距封锁的方案，但在考虑之后放弃了。封锁舰艇在敌人出动时需要得到重型舰艇支援，而这样又会使后者暴露在潜艇或潜艇布下的水雷的威胁之下。同样被考虑和否决的，还有在敌人的港口外侧布雷：雷场极易被处在敌舰队和岸炮支援下的扫雷艇清除。可行性稍大的，是在赫尔戈兰湾内布雷。对这种方案，海军参谋长总结了几点困难："布设永久性雷场来阻止潜艇离开赫尔戈兰湾，就必须对雷场实施保护，以免敌人将其扫除。可以让辅助巡逻队和驱逐舰来实施保护，让轻巡洋舰保护驱逐舰，战列巡洋舰保护轻巡洋舰，大舰队保护所有这些舰艇，而后者又需要大约 90 艘驱逐舰来保护。驱逐舰需要每48 小时更替一次，而大舰队每四天就要返回一次。"[27] 随着战事发展，赫尔戈兰湾内已布满了英德双方的水雷。德国不断地在雷场中扫出通道，而英国也不断地发现这些通道，并再次布下水雷。

但是贝蒂并没有气馁，仍然建议（1917 年 1 月）横跨赫尔戈兰湾，从红崖滩（Rote Kliff Bank）至阿默兰岛（Ameland）布设一道半圆形的雷障，**并由轻型舰艇和潜艇沿雷障持续巡逻**。后者才是关键。他坚称，这一建议"直指潜艇威胁的根基，如果有效，将极大地影响潜艇出入的安全性"。他想"在尽可能靠近赫尔戈兰湾的海域布设 80000 枚水雷"。贝蒂认为此方案极为重要，如果海军部不能提供足够数量的水雷（杰利科认为水雷的最大产量是每月 3000 枚），可以委托军火部制造，"它们是我们迄今设立的效率最高的部门"[28] 杰利科从来没有对贝蒂的建议产生过兴趣。他认为近距布雷不会有效："已经在战争中验证过无数次了。水雷应该布设在这样的海域，使敌人的扫雷艇在扫雷时遇到的风险，高于敌舰队在雷区触雷的风险，也就是说要远离德国海军基地。你过于夸大了水雷的反潜价值。潜艇通过多佛尔拦阻网已经证明了一切，那里不仅有水雷网，还有四道深水水雷。考虑到英国现有的水雷和其他装备的制造能力，你的想法过于乐观了……"[29]

海军部在赫尔戈兰湾的目标，是敌人的扫雷艇和巡逻艇，而不是他们的重型舰艇或潜艇。当时（1 月）所能做的是在湾内布设 7 处独立雷场（712 枚水雷）。"这些雷场击沉了大约 6 艘德国拖网船；对出入的潜艇则没有效果，而且总会在布设后不久就被敌人发现。"[30] 布雷行动"如涓涓细流般"（贝蒂语）持续到夏天。是水雷的严重短缺，而不是杰利科的态度，阻止了更大规模的布雷行动。1916 年，赫尔戈兰湾内只布下了 17 处雷场，共 1782 枚水雷，而当年英国一共才布设了 6320 枚水雷。1917 年 1 月 22 日，杰利科通知战时内阁，他手头能用的水雷只有 1100 枚。汉奇哀叹道："这简直是国家的耻辱。"四天后，战时内阁批准海军部和军火部制造 100000 枚水雷，"鉴于问题极度紧急，应尽快完成"。

当时不仅是水雷的供应不足。虽然战争已经进行了两年半，但海军部尚未发展出一种真正有效的水雷，来对付潜艇或水面舰艇。英国水雷的质量仍然荒唐可笑，而且缺陷还不止一两处。前面提到，布雷行动针对的是德国扫雷艇和巡逻艇，而不是 U 型潜艇和重型舰艇，所以水雷的定深较浅。这使水雷在海浪面前极为脆弱，相当一部分水雷在布设后，头一次遇到强浪就断锚漂走。大部分被潜艇触碰的水雷未能爆炸，很多水雷无法保持定深而浮出水面。海军部进行的试验中，一艘英国潜艇触碰了多枚仅有少量装药的试验性水雷，结果仅有三分之一的水雷爆炸！一直到 1917 年 4 月，英国库存的 20000 枚水雷中，只有 1500 枚适合布设，也就是说在布设时不会浮出水面。1917 年 12 月，杰利科仍然在抱怨，"水雷刚布下就回到水面"[31]。1917 年春天，终于迎来了转折点，英国开始采取一种权宜之计，复制已经在实战中证明性能可靠的德国触发式水雷（E 型），这也是贝蒂（还有费希尔爵士）一直以来敦促的。这种德国水雷能够保持准确的深度，触发引信也较为可靠[①]。到当年秋天[②]，这种 Mark H-2 型水雷已经批量制造，使大规模布雷方案具有了可行性。

3. 保交战

行文至此，我们一直在讨论反潜战中的攻势作战，这是由海军参谋部反潜处和作战处实施的。反潜战中的防御战，涉及对商船的保护手段。这是海军上

[①] 原注：但是它违反了 1907 年海牙会议规定，一旦漂移就非常危险。

[②] 原注：实际上早在 1916 年春，杰利科和第一海务大臣就已经要求完全仿制德国水雷，但各个部门却想在德国水雷的基础上进行改进，结果浪费了一年时间。

校韦伯和海军参谋部贸易处的职责。

1916年，海军设计了两类发烟装置，供商船在受到潜艇的舰炮攻击时使用。一种固定在甲板上，另一种可以抛射至舷外。

被称为"炫目"涂装的各种船用迷彩，到1917年已经臻于完善，并得到广泛应用，从5月开始全面替代从1915年开始使用的中性灰色涂装。这种迷彩旨在让投入攻击的U型潜艇更难判断目标的航向和设定鱼雷发射偏角。伪装迷彩经常包括假的船舶波，但是能否让潜艇上当则很值得怀疑，因为你画不出假的尾迹！官方的结论相当夸大："虽然出于事情的本质，无法收集统计数据甚至确实的证据，但可以肯定地说，炫目涂装是保证船只安全的最成功手段之一。"[32]

"水獭"是一种类似军舰扫雷索的水雷保护装置，自1917年下半年开始装备商船，到1917年12月1日已经安装了900套。它可以非常有效地将水雷推开，使之不会与船体触碰。"水獭"也有缺点：它的结构非常脆弱，特别是在恶劣海况下，经常需要更换，而且据称它会使船只航速降低0.5节以上。商船船长都不喜欢"水獭"，虽然有强制使用的规定，但船长们常常弃之不用。

1916年，海军还进行了将拖网用作商船防鱼雷装置的试验，最后在1917—1918年冬天，出现了"阿克泰翁"网（取名自"阿克泰翁"号鱼雷学校）。这种拖网的主要功能是"挂住鱼雷——而不是引爆它——它起作用需要依靠船只在航行中，使拖网在鱼雷即将击中目标时横跨在其前方"。战争结束时，这种防鱼雷网刚刚开始大规模装备商船。

商船队的防御手段还包括必要的商业航线变更，以避开已知的U型潜艇活动区域，为商船配备经过训练的炮手，以及采用Z字航线：一艘商船接连采取相对真正目的地偏东和偏西的航向，欺骗发现商船的U型潜艇下潜去切断其航线。杰利科设立了商船队训练学校，为商船船长和高级船员教授Z字航线及其他反潜手段，为商船队训练炮手，以及培训无线电操作员。

海军部对为商船装备防御性武器寄予了极大希望。这一方案在战争伊始就提出，但实施得十分缓慢。一个重要原因是陆军的反对，他们说火炮急需用于他处。1916年11月13日，战争委员会（战时内阁的前身）决定，武装商船具有火炮资源调配的优先权，但这一决定直到新内阁成立和新海军部委员会于12月开始运行才正式实施。安装工作以最快速度进行，而且火炮也来自各种渠道——法国、日本，陆军部，以及从老式军舰上拆下的副炮，当然还得加紧新火炮的制造。从战争开始至 1917 年 2 月 22 日，共有 2899 艘商船得到武装；到 1918 年 11 月，4203 艘商船安装了火炮。这两个数字不包括因各种原因损失的武装商船。如果算上被击沉的 1684 艘武装商船，共有 5887 艘商船被武装。大约还有 1000 艘商船没有火炮——大部分是在危险海区外活动的商船，或者是处于维修中的船只。由于 U 型潜艇在战争最后几年装备了更重型的舰炮（新式 U 型潜艇装备了 5.9 英寸舰炮），海军部于 1917 年 9 月为建造中的商船设立如下标准：根据船舶吨位和船员数量，装备一门或两门口径 3 英寸（18 英担 12 磅炮）至 6 英寸舰炮。舰炮对下潜的潜艇没有作用，从 1917 年 10 月开始，英国为 3000 吨以上的商船安装了 7.5 英寸反潜炸弹发射炮。

越来越多的商船装备防御性武器，被证明对解决问题无甚助益。商船可以经受几发炮弹的打击，但潜艇可不敢冒险。一次命中就能将它击沉，或者重创而无法下潜。所以从 1916 年底开始大量增加的武装商船迫使潜艇更频繁地潜入水下，而 1917 年 1 月 31 日，德国声称将击沉任何海上的商船，这从根本上改变了 U 型潜艇的进攻方式。1 月损失的商船中，大约有 60% 是 U 型潜艇用舰炮击沉的；而 4 月损失的商船中，60% 是被鱼雷击沉的。武装商船此时只能通过火炮迫使 U 型潜艇下潜而削弱其进攻威力，同时也让 U 型潜艇的战斗力受到其携带鱼雷数量的限制。但同时也减少了用舰炮击沉 U 型潜艇的机会。

一直到 1916 年最后几个月，被 U 型潜艇击沉的武装商船在商船总损失中只占很小的比例。随后这一数字开始增加——1916 年 12 月有 12 艘，1917 年 1 月达 20 艘。而无限制潜艇战开始后，武装商船的损失急剧上升。1917 年春天，英国人痛心地看到，U 型潜艇对武装商船已经占据了毋庸置疑的优势。1916 年第四季度，68% 受到攻击的武装商船都幸存下来了，而在无限制潜艇战的头三个月里，这一比例降到了 49%，而在四月只有 43%。"以前所有遭到攻击的商船中，有超过一半成功抵港，而现在尽管大范围装备了防御性武器，却只有四成商船能在攻击中幸免于难。很明显，虽然防御性武器可以降低航行中的危险，但人们已不指望它能将商船损失保持在可承受的程度……"[33]

保护船运的另一个手段是指挥商船的航行。战争初期，海军部对商船航行的指导，仅限于提供概括性的建议，即根据 U 型潜艇对某条航线的威胁报告①，建议商船规避或分散，另外也提供某些海域因为发现水雷而成为禁区的信息。1915 年底，U 型潜艇在西部航道的活动愈加频繁，海军部也对往来于英国海岸的商船提供了更多建议，但除了少数高价值船只外，很少具体指导某一艘商船的航行。随着经验的积累，特别是 1916 年初德国水面袭击舰"海鸥"号带来的教训，海军部认为概括性的建议是不够的，必要的分散和规避只能在海军部的统一指挥下进行。因此从 1916 年 3 月开始，海军部为从大西洋驶往英国本土的商船设计了一套详尽的航线体系（"进近航线"）。到 1916 年底，所有英国商船都会接收并遵守针对具体船只的，详细而明晰的航线指示。其他协约国和中立国船只，只要其航运事关协约国利益，也会收到以建议形式发送的类似指示。

第一套具体而明确的进近航线系统于 1917 年 3 月 2 日发布，允许驶往英国本土的船只使用四个海区。这些海区均呈锥形，顶点分别位于英格兰西南海岸的法尔茅斯、爱尔兰西南海岸的比尔黑文、爱尔兰北海岸外的伊尼什特拉哈尔岛（Inishtrahull），以及苏格兰北海岸外的科克沃尔。每个海区的面积约为 10000平方英里，底部宽 90—150 英里，从底部到海岸约 150 英里（约一夜航程）。商船从锥形底部进入海区时都呈尽量分散的状态，以扩大横向间距。在海区内保护商船的，有巡逻舰艇——主要是护卫舰、特种勤务船、拖网船，偶尔也有驱逐舰。在抵达锥形海区的顶点后，船只均沿海岸航行前往各自的目的地。杰利科承认，这些海区"必须有相当的长度，以增大潜艇到岸边活动时的航程，也要有相当的宽度，让商船在海区内有足够的分散度。结果是能够派遣到这些海区的巡逻舰艇数量不足，整体保护能力不够有力，也因此出现了严重损失"³⁴。根据经验，海军部经常对航线系统做出变换和改进。一些进近航线被修改，也出现了新的航线。

进近航线系统暴露了海上巡逻的低效。在这套系统下，巡逻舰艇在数量允许的情况下到离海岸尽可能远的海域巡逻。"猎潜巡逻队"同样在进近航线上活动。

---

① 原注：或者如果所有航线都受到威胁，就建议暂停所有航运，直到敌潜艇被驱离。

对使用驱逐舰、巡逻艇、护卫舰、武装拖网船和特种勤务船在高危海域巡逻，海军上将 K. G. B. 迪尤尔简明地提出以下批评："海上巡逻不能保护分散在大面积海域的商船。仅仅是在出现众多损失的西南进近航线，海区面积就超过 100000 平方英里。巡逻舰艇发现潜艇的机会微乎其微，更不用说击沉潜艇了。等巡逻舰艇赶到商船受到攻击的海域时，潜艇早已在数百英里外了。他们能够期待的，只是搜救被袭船只的船员。"还要再次强调，潜艇可以根据巡逻舰艇的踪迹锁定商船航线。U 型潜艇能在被巡逻舰艇发现之前很久先发现对方，它们只要下潜等待巡逻舰艇经过，再重新开始等待商船的到来。正如费勒所说，有巡逻舰艇的商业航线，几乎相当于"死亡陷阱"。巡逻和猎潜手段也将主动权让与敌人，虽然经常被称为作战体系，却名不符实——它们从根本上缺乏系统性。

4. 地中海的战斗

地中海上的反潜战需要完全不同的策略。由于水深太大，而且对过往商船有危险，只有极少数海域可供协约国布雷。仅有的两处可大范围布雷的海域，分别是亚德里亚海北部和通往达达尼尔海峡的航道。和以前一样，主要反潜手段还包括封锁奥特朗托海峡，因为造成大部分损失的德国潜艇都来自亚德里亚海——以奥地利的普拉，特别是卡塔罗为基地。协约国在意大利海岸到法诺岛（Fano Island）之间，距离大约 44 英里的海域，布置了带有指示器的移动拦阻网和拖网船，由英国部署在塔兰托的舰队支队（摩托快艇和漂网船）提供保护，英国舰艇受意大利驻塔兰托（意大利战列舰队的主要基地）舰队司令的指挥。可用于增援塔兰托支队的，是在拦阻线以北的数艘意大利潜艇，和拦阻线以南的几艘法国潜艇。1917 年春天，英国海军航空兵一个水上飞机大队进驻塔兰托，以加强反潜力量。

1916 年 12 月，奥利弗写道："这条拦阻网未起作用，是地中海上所有的潜艇灾难的根源。"协约国的防御充其量只是对 U 型潜艇造成了困扰。当天气恶劣，漂网船无法坚守岗位时，潜艇没遇到什么麻烦就进入了自己的猎场，它们在其他情况下也可以从拦阻网下方溜过。1916 年，只有两艘敌潜艇在通过拦阻网时被击沉。协约国在 1917 年，直到 5 月 24 日才获得第一个战果，UC-24 号在卡塔罗外海被一艘法国潜艇用鱼雷击沉。巡逻漂网船给潜艇通行带来麻烦后，

1917 年 5 月 15 日，三艘奥地利轻巡洋舰在驱逐舰和潜艇的支援下，袭击了奥特朗托拦阻网，摧毁了漂网船拦阻线的一部分，击沉数艘漂网船，英国轻巡洋舰"达特茅斯"号被一枚鱼雷击伤，一艘法国驱逐舰被 U 型潜艇布下的水雷炸沉。

拦阻网的一个明显弱点，是意大利海军对驱逐舰的使用方式。纽博尔特记述道："在英国，不管在何处使用拦阻网，驱逐舰都是这套防御体系的内在组成部分，其作用是迫使潜艇下潜，以及在潜艇触网后与之交战。但是调配给奥特朗托拦阻网的意大利驱逐舰，按规定只是停泊在港内，当漂网船发出讯息求助时，它们才会起锚出海。"[35]

海军部考虑了各种在亚德里亚海上的攻势行动，以遏制 U 型潜艇的活动：夺取卡塔罗或科尔丘拉岛（Curzola Island），甚至奥匈帝国主要的海军基地普拉。但海军参谋部的报告浇灭了对这些计划的热情。夺取卡塔罗"几乎是不可能的"。岛上一些重型火炮布置在海拔很高的区域，能够在对海岸实施轰击的舰艇的射程之外开火，而且岛上多山，还有地形多变的乡野，要想占领该岛，就必须发动一次大规模两栖行动。"光靠军舰什么也办不到。"从海上夺取普拉面临同样的困难——"不可行"。科尔丘拉岛也许可以通过一次突袭来夺取，但是需要步兵和炮兵守住横跨岛屿的战线。[36] 海军部从来没有认真考虑过这些计划。

只要进入地中海，U 型潜艇就不再害怕协约国的海上力量了[①]。这里要再次提到，地中海上协约国海军力量的各自为政是敌潜艇占据优势的原因之一，因为相邻海域的协约国巡逻舰队之间根本没有任何合作。每一位将官都只在自己的管区尽力，丝毫不关心邻居的问题[②]。对潜艇作战十分有利的，还有地中海上漫长的海岸线、众多的狭窄海峡、位于大陆及大量岛屿岸边的藏身之地。

协约国为保护船运而采用的，在固定航线巡逻的手段失败了。地中海上的商业航线都非常漫长，巡逻舰艇的数量根本不够。[37] 更重要的是，前面已经提到，

---

① 原注：1917 年 4 月中旬，8 艘日本驱逐舰以 1 艘轻巡洋舰为旗舰，在一名海军少将带领下到地中海参战，它们是一支独立的海上力量，虽然还要与英国海军合作。到战争结束时，这支舰队已经拥有 1 艘巡洋舰和 12 艘驱逐舰，为协约国的反潜和护航作战做出了宝贵贡献。

② 原注：地中海协约国海军的最高指挥权归属法国，其海军部队直接负责法国和阿尔及利亚之间的海域、突尼斯周边海域、希腊以南和以西海域，以及塞浦路斯以东的海域；英国海军部队则控制爱琴海、直布罗陀以东海域，以及马耳他与埃及之间的海域；意大利海军部队控制本国周边海域，以及的黎波里外海。

巡逻体系本身就是无效的。1917 年初，英国（在 1917 年 1 月 23—24 日召开的协约国伦敦海军会议上得到批准）试验性地让自己的商船以分散航线代替固定航线（固定航线从 1916 年 3 月开始运行）航行：每艘商船按照自己的预定航线单独航行，航线上也没有安排舰艇巡逻。这种方法使情况得到了暂时好转。

　　1917 年初，英国在地中海上取得的唯一积极成果，就是杰利科在协约国伦敦海军会议上成功地说服盟国，将 8 艘英国老式战列舰（4 艘在塔兰托，4 艘在东地中海）中的 5 艘从地中海撤回本土，这 8 艘军舰占用了大约 9000 名海军官兵。正如卡森在海军会议之前所写的："英国战列舰和它们宝贵的官兵，被束缚于帮助两个盟国的联合舰队来遏制奥地利舰队，而后者的实力要弱于两支盟国海军中的任何一支，我们一直致力于结束这种异常状态，现在时机终于到了。"[38]本土水域急需这些战列舰上的官兵，补充到 1917 年建成的，用于反潜作战的轻巡洋舰和驱逐舰上。尽管法国同意，英国战列舰离开塔兰托后，在科孚岛部署一个战列舰中队，以增援意大利海军，意大利人还是在一番举止粗鲁和喋喋不休的抗议之后，才接受了英国撤出舰队的决定。他们还拿出英意海军会议协定向杰利科抗议，1915 年 5 月 10 日，双方曾在巴黎签订协约，英国保证在亚德里亚海上保持四艘老式战列舰。现在按照新的协议，英国在亚德里亚海只有一艘"王后"号战列舰，作为漂网船支队的保障船使用，舰上只保留维护舰员组。其他舰员则返回本土。东地中海上，只有两艘"纳尔逊勋爵"级，两艘撤离的战列舰将由两艘老式法国战列舰代替。当然所有这些安排，并不会有助于地中海上的反潜战。

＊　＊　＊

　　一份对 1917 年春天开始实施的各种反潜手段的效果分析显示，除了一两种手段外，其余的都没什么新意[①]。奥利弗的抱怨不无道理："海军部完成人事更

---

　　① 原注：战争中各种武器在质量上有所提高，也获得了改进，并得以大规模生产，但没有出现什么全新的武器和装备。

新后，我一直忙得不可开交。这里到处都是从北方来的，满脑子新主意的聪明家伙，但可悲的是，这些想法都是早就用过的老古董，结果我要花大量的时间向他们解释，而且还不能伤害他们的感情……" [39]

海军部的根本错误，是一直强调巡逻体系，即在敌潜艇的活动海域使用反潜舰艇。1917 年 2 月，海军参谋部递交了一份名为"潜艇战，1917"的报告，强调"目前无法给敌潜艇以必要的巨大压力，对其持续地追踪和猎杀，使其片刻不得喘息"。1917 年 2 月初和 4 月 22 日，第一海务大臣两次敦促战时内阁建造大量的巡逻舰艇，因为这是解决问题的关键。1917 年 2 月的下列数字可以说明用于对 U 型潜艇发动攻势的舰艇的短缺：除东海岸外，局势均"不令人满意"，海岸巡逻缺少大约 240 艘拖网船（目前有 251 艘）和 60 艘驱逐舰或 P 型炮舰（目前有 17 艘），海上巡逻（与海岸巡逻区域相衔接）缺少 60 艘护卫舰或类似舰艇（目前有 12 艘），只有补齐缺少的舰艇，才能为航行在英国海岸周边的商船提供足够的保护。即使这样，保护范围也只是距英国 250 海里以内的海域。[40] 海军部立即订购了大量反潜舰艇，并加速大批巡逻舰艇的建造。但是难以克服的困难是，很多轻型舰艇都被编入大舰队、哈里奇舰队、多佛尔巡逻队，或者在护航队中负责保护高价值船只，例如运兵船和军火船，那种建造足够的驱逐舰、P 型炮舰和护卫舰在商业航线和进近航线上实施有效巡逻的想法，是不切实际的。[41]

所有反潜手段的叠加效应，就是未能真正遏制 U 型潜艇的攻势，而只是给它们造成了诸多不便。纽博尔特记叙道："（1917 年 2 月）在本土水域和地中海，大约有 3000 艘驱逐舰和辅助巡逻舰艇在直接或间接地与 U 型潜艇战斗；这样每一艘德国潜艇能够牵制 27 艘协约国舰艇及其舰员，把他们钉在巡逻海域，无法执行其他任务，他们把所有时间都花在筛查、搜索和猎潜行动上，而取得成功的机会却极其渺茫。" [42]

实战证明，武装商船、在进近航线上规划商船的航行，以及"攻势"巡逻，都不是解决潜艇问题的有效之道。

反潜战的失败

（1917 年 2 月—1917 年 4 月）

―――――――――― 第五章 ――――――――――

所有迹象（1917 年 4 月）都显示，协约国正面临着一场灾难。船只损失名录、对商船攻击成功的次数、鱼雷用量的增加、德国潜艇的轻微损失，都指向这一结论。海军上将冯·霍岑多夫有关胜利的预言显然正在实现，我们只有对防御体系做出改变才能力挽狂澜。

――亨利·纽博尔特爵士，《海军作战》

在战争中，除了胜利，其他均无意义。一个海军部委员会，只有能够击沉德国潜艇才算顶用。而让潜艇在一个星期内击沉 55 艘英国商船的海军部委员会，就别指望受人尊重了。

――《每日邮报》，1917 年 4 月 27 日

我们付出了巨大的牺牲，光荣的英国陆军在英勇奋战，而当陆军正在加速胜利的到来时，海军却在以同样的速度沦于失败，一想到这些我简直要尖叫起来。我们正坐在火山口上，如果不能齐心协力，海军部、海军和整个国家都会被崩到地狱里去。

――贝蒂致卡森，1917 年 4 月 29 日

1. 水面袭击舰与 U 型潜艇

随着 U 型潜艇的节节胜利，德国布雷舰（大型布雷潜艇和 UC 型潜艇）也加紧了活动，在远至爱尔兰西海岸的海域布下水雷。幽深而又广阔的地中海仍然阻碍着德国人在那里大范围布雷。1917 年，英国扫雷部队一刻也不停息地作业，在本土水域扫除了 3989 枚水雷。仅在 4 月，就扫除了 515 枚水雷，大大超过了

以前任何一个季度的扫雷量。

德国水面袭击舰（以商船改装的辅助巡洋舰）又重新在远海商业航线上活跃起来，其中三艘于 1916 年最后一周成功突破了封锁。在纽博尔特看来，这种攻势"可能是刻意为无限制潜艇战做铺垫"，目的是将大量英国巡洋舰从大西洋和本土水域的商船保护行动中吸引开来。首先出战的是前香蕉运输船（高速货船）"海鸥"号，这已是它第二次执行破交作战。它于 11 月 27 日离开基尔，将自己伪装成一艘瑞典货轮，突破了英国北方巡逻队的封锁，从冰岛和法罗群岛之间进入北大西洋，从此开始不受束缚地行动。它先在北大西洋活动了几周，然后到南大西洋继续狩猎行动。1917 年 3 月 20 日，"海鸥"号返回基尔。在四个月里，它击沉了 122000 吨商船（除 10000 吨外均为英国商船）。海军部 12 月 7 日才知道"海鸥"号出动的消息，并为拦截它付出了所有努力。大约 24 艘英国巡洋舰和辅助巡洋舰，以及一些法国舰艇，在南北大西洋上对它苦苦搜索未果。"单独一艘武装商船能力敌如此众多的海军舰艇，根本原因在于在浩瀚的大洋上很难将船只定位。"

下一个出战的是前汉萨公司邮轮"狼"号，它伪装成一艘非定期货轮，11 月 30 日离开基尔，开始了为时 15 个月，航程 64000 英里的史诗般的战斗。它的第一个任务，是在通往最重要的英属印度和南非港口的航道上布雷，并切断那里的商业航线，然后（从 1917 年 9 月 4 日开始）集中攻击印度洋上的航运。1918 年 2 月 19 日，"狼"号回到基尔，如英雄一般获得了热烈欢迎，它通过拦截和布雷，击沉了 120000 吨商船，其中四分之三是英国船。协约国用于对付"狼"号（得知它出动时已是 1917 年 3 月 5 日）的方法和对付其他袭击舰的毫无二致。1917 年春天，包括 21 艘巡洋舰、14 艘驱逐舰、9 艘护卫舰在内的大批英国、法国和日本海军舰艇都参加了无果的搜索。

最后出场的，是 1916 年 12 月 21 日起航的三桅帆船"白尾雕"号（Seeadler），它伪装成挪威商船"英雄"号，这也是第一次使用帆船作为袭击舰。"白尾雕"号舰长是菲利克斯·冯·卢克纳伯爵（Count Felix von Luckner），他因在作战中表现出的骑士精神而备受赞扬和尊重。成功突破封锁后，"白尾雕"号在南美和非洲大陆的南端活动了两个多月，随后绕过南美进入南太平洋。它最终在社会群岛的一个珊瑚礁上撞毁（1917 年 8 月 2 日），在这之前它击沉了 16 艘（其中有 6 艘英国船），18000 吨的商船。"白尾雕"号是最后一艘德国水面袭击舰，因为德国认为 U 型潜艇执行破交战，在人力和装备上更划算。

除了击沉的商船外，3 艘水面袭击舰还造成其他破坏效应，它们严重迟滞了世界各地的海运，阻碍了运兵船的航行，并牵制了大量英国及其盟国的海军力量。

但是造成最大损失的还是 U 型潜艇。1917 年，U 型潜艇的排水量已大涨[①]，续航力也大大增加。早期型号的水面续航力为 5000 英里 /8 节，新型号已超过 7000 英里 /8 节。更强大的鱼雷攻击能力[②] 和舰炮火力[③]，以及能承受更大水压的艇壳，使这种潜艇成为更可怕的对手。而且，从 1917 年 1 月 17 日开始，U 型潜艇可以在具体的指示下穿越多佛尔海峡，为它们赢得了更长的海上活动时间。3 月 7 日，U 型潜艇艇长可以选择多佛尔海峡或北方航线进入英国西部海域。1917 年 11 月 1 日，德国再次禁止 U 型潜艇穿越多佛尔海峡。

2 月（这里均为月平均数字），121 艘作战潜艇中有 36 艘在海上活动（最多一天有 44 艘）；3 月，126 艘作战潜艇中有 40 艘在海上（最多 57 艘）。危机达到高潮的 1917 年 4 月，128 艘作战潜艇中，只有 47 艘在海上（最多 58 艘，海军部当时估计在英国列岛和法国海岸附近活动的敌潜艇在 30—40 艘之间）。[1]

就是这些数量不多的 U 型潜艇，在商船航线上实施了一场大屠杀。

1917 年英国的商船损失吨位及原因（括号内为商船损失数量）[2]：

	水雷	水面袭击舰	潜艇	总计
1月	24254（8）	19304（6）	109954（35）	153512（49）
2月	28413（12）	28679（7）	256394（86）	313486（105）
3月	26938（13）	42893（11）	283647（103）	353478（127）
4月	28888（14）	—	516394（155）	545282（169）

① 原注：战争爆发时U型潜艇的水面排水量为500—675吨，1917年新服役的U型潜艇水面排水量已达808—857吨。
② 原注：从1914年的4部发射管，6—10枚鱼雷增至1917年的6部发射管，10—16枚鱼雷。
③ 原注：从1914年的1—2门1.9英寸或3.4英寸舰炮，增至1917年的1—2门5.2英寸舰炮。

在这 4 个月里，英国的盟国损失的商船吨位分别为 76882 吨、84280 吨、81151 吨和 134448 吨。同一时期中立国的损失分别为 126905 吨、135090 吨、165225 吨和 189373 吨。英国、其他协约国和中立国的总损失如下：

	潜艇	敌人所有作战行动
1月	291459（145）	357299（171）
2月	464599（209）	532856（234）
3月	507001（246）	599854（281）
4月	834549（354）	869103（373）

这些数据如与海军部对英国、其他协约国和中立国商船损失的预测相比则大相径庭。海军部称损失不可能达到或超过以下吨位：

1 月 320000 吨；

2 月 350000 吨；

3 月 380000 吨；

4 月 400000 吨。

预测的损失吨位为 1450000 吨，而实际损失为 2359112 吨。[3]

英国对船只损失的预测比实际损失低了 50%，而德国人的估计也并不准确，他们对全世界商船损失吨位的夸大越来越离谱：

	海军部数据（总吨位）	德国宣称的损失（总吨位）	德国的夸大程度（%）
第一个半年，1917年2—7月	3843765	5454000	41.9
第二个半年，1917年8月—1918年1月	2305526	4095000	77.6
第三个半年，1918年2—7月	1750156	3706000	111.8
随后两个月，1918年8—9月	467073	860000	84.1

德国的夸大程度从 1917 年 4 月的 24.7% 增加到 1918 年 9 月的 135.6%，对整个无限制潜艇战期间，即 1917 年 2 月至 1918 年 9 月总损失的夸大程度为 66%。1918 年 9 月，德国宣称，从战争开始至 1918 年 8 月，共击沉英国商船 11220000 吨，击沉英国及其盟国，以及中立国商船 19220000 吨。而海军部统计的损失量分别为 8050000 吨和 13050000 吨，意味着德国人将损失夸大了 39.3% 和 47.2%。"显然德国人在发动无限制潜艇战之前的统计数据要比之后精确得多。"[4] 英国的数据是可靠的，而德国则大大夸大了商船损失，特别是 1918 年的损失。至于德国的夸大是否是有意所为，我尚未发现他们的数字有"捏造"嫌疑，所以这种说法并无凭据。当然，英德双方出于宣传需要，都对数字进行了"加工"，但是英国在战后坦承了这一点，而根据我对潜艇战各种数据的研究，德国从未承认他们曾篡改过数据。我的观点是，德国人对自己的战绩有很多一厢情愿的想法，但他们并没有故意"加工"数据。当然在实施护航队体系后，有一个重要因素加大了德国对战绩错误估计的程度。U 型潜艇艇长对商船的识别和吨位确定，比攻击一艘单独航行的商船时更加困难了。那时独行的商船已经寥寥无几。德国官方史学家有如下记述：

> 潜艇艇长在发射一枚鱼雷之后就立即下潜至更大深度，以躲避护航舰艇即将投下的深水炸弹，而估计目标吨位的唯一方法，就是在听见鱼雷爆炸声，确信敌船已被击中后，通过潜望镜来确认敌船吨位。在夜间攻击中这种确认方式更难执行，虽然潜艇艇长更喜欢在夜间行动，以避开白天攻击中必定与之相伴的深水炸弹。在夜间以水面状态发动攻击时，对船只的识别，比在白天下潜状态时用潜望镜识别还要困难。因此，海军高层对每月击沉敌船数字的估算误差就增加了。[5]

让人触目惊心的，是全世界每月被潜艇击沉的商船吨位急剧上升。战争第一年（1914 年 8 月—1915 年 7 月），商船损失的 52.3% 是潜艇造成的，第二年（1915 年 8 月—1916 年 7 月）的比例是 77.5%，随后六个月（1916 年 8 月—1917 年 1 月）为 85.8%，而现在，1917 年 2—4 月，U 型潜艇击沉了损失商船中的 90.2%。

实际情况更加严峻，因为损失数据不包括大量受伤船只，它们在一段时间内将无法执行航运任务。1917年4月底前的三个月里，英国500吨以上的商船中，共有272000吨被水雷和鱼雷（后者是主要因素）击伤，如果加上外国商船，这一数字为321000吨。商船的实际损失量也无法显示由于潜艇水下威胁造成的海上运输的拖延，这严重影响了航运效率。数字也不能说明德国宣布进行无限制潜艇战后，对中立国海运的破坏性影响。1917年2月，协约国各港口中，共有超过600艘中立国商船拒绝出航。2月和3月，进入英国港口的商船数量，只有一年前同时期的四分之一——299艘（1000吨以上）对1149艘。出港船只情况稍好——660艘对2293艘。费勒评论道："除了挪威船主和海员表现出了巨大的热情和勇气外，其他国家的情况都令人沮丧；实际上，中立国船只中，只有挪威商船能继续承运大量物资。"[6] 另外，由于越来越多的码头、港口和铁路工人被召集入伍，船只装卸货物耗时更长，英国商船的运力也因此进一步下降。

1917年3月，英国估计从4月到8月，只有所需数量60%—70%的商船吨位可用来运输食品、民用物资和军火。[7]U型潜艇不仅威胁到本土食品和其他物资的供应。协约国还必须不断地为在东非、中东和萨洛尼卡的军队提供援兵、食品和装备。大量的战争物资还需要从海上输往意大利。如果敌潜艇获胜的势头这样持续下去，上述作战行动中的一个或多个就必须放弃，或者至少减小规模。

虽然杰利科3月中旬宣称，从年初开始，U型潜艇也为击沉大量商船付出了"代价"，但它们的损失和商船相比远不相称。从战争开始到1916年12月，德国损失了47艘U型潜艇（到1917年1月为49艘），平均每月不到2艘。无限制潜艇战开始后的三个月里，德国又损失了10艘U型潜艇①。这种进度是远远不够的，因为德国在1917年平均每月建成7艘U型潜艇（海军部的估计为8艘），1918年为每月8艘。当然海军部并未掌握U型潜艇损失和建造的确切数字，但是他们知道U型潜艇损失的速度远低于新建速度。事实上海军部的估计与真实数字非常接近。他们认为到4月中旬，有54艘U型潜艇被摧毁，这只比实际数字少了4艘。[8] 但是问题的关键，是急剧增加的商船损失。

---

① 原注：其中7艘被英国击沉，1艘在荷兰搁浅并被扣押，1艘被自己布下的水雷炸沉，1艘损失原因不明。

* * *

德国实施贸易战的另一种手段，是驱逐舰从泽布吕赫出发，对多佛尔海峡发动突袭作战。其主要目的是削弱或突破英方的海峡防御，为 U 型潜艇经这条最短路径进入大西洋创造条件。上一次对海峡的袭击发生在 1916 年 10 月 25 日。1917 年 2 月 25 日，一个德国驱逐舰支队利用阴云密布的夜晚，分三股分别袭击了唐斯［英吉利海峡内迪尔（Deal）海岸的锚地］的巡逻艇和商船，监视位于古德温—斯诺跨海峡拦阻网的漂网船，以及马斯外海从英国到荷兰的商业航线上的船只。袭击未取得什么成效。袭击者在攻击唐斯的 10 分钟里一无所获，只是炮弹落在马盖特（Margate），炸死了两名儿童和一名妇女；攻击多佛尔拦阻网的分队在与多佛尔巡逻队激战了 10 分钟后就迅速撤离；而派到马斯外海的驱逐舰什么也没有发现。在 3 月 17—18 日夜晚的第二次袭击中，德国驱逐舰袭击了拦阻网和唐斯锚地的北方入口，虽然海军部事先知道有德舰在霍夫登活动，但德舰并未受到拦截。对唐斯的袭击仍无效果：对岸炮击未造成严重破坏，一艘小型商船被击沉，一艘武装漂网船被重创。对拦阻网的袭击中，一艘驱逐舰触网，另一艘受损。培根对这些袭击依然无能为力。他报告称："敌人只需保持直航，大约在一个小时后接近海峡，对准他发现的任何目标发射一枚鱼雷，然后转身逃跑……敌人可以随意改变攻击时间，选择合适的夜晚。他们也可以事先决定是'打了就跑'，还是发动一次更持久的攻击。"[9]他能做的就是改变拦阻网巡逻队的部署，现在巡逻队在海上更加集中了。

德国驱逐舰对海峡发动的最著名袭击发生在 4 月 20—21 日夜晚。袭击舰队（12 艘驱逐舰分成两股，各 6 艘驱逐舰）的目标是拦阻网的巡逻舰队，如果有可能，再对加莱和多佛尔发动猛烈炮击。条件对德方极为有利：海面平静，夜色漆黑。培根在海上部署了 12 艘驱逐舰、2 艘驱逐领舰、2 艘轻巡洋舰和 1 艘浅水重炮舰。拦阻网则由 4 艘驱逐舰以及驱逐领舰"雨燕"号［舰长是 A. M. 帕克（A. M. Peck）］和"布罗克"号［舰长是 E. R. G. R. 埃文斯（E. R. G. R. Evans）］负责巡逻。21 日凌晨时分，"雨燕"号和"布罗克"号在多佛尔海峡以东 7 英里处，拦阻网的西端巡逻，它们与 6 艘德国驱逐舰在 600 码距离上遭遇，敌舰正往东，即拦阻网的中心方向开去。英舰立即靠近敌人。在激烈的交火中，帕克被自己6英寸前主炮开火时的闪光暂时致盲，使"雨燕"号错过了它要冲撞的目标（也避免了它自身被冲撞）。它随后发射了鱼雷，其中一枚命中，它的舰炮也被敌弹击穿了一个大洞，无线电被打坏，司炉兵住舱进水，使它未能追上逃跑中的敌舰。"布罗克"号与第二艘德国驱逐舰的战斗则更加激烈。它发射的第一枚鱼雷取得命中，随后用4英寸舰炮疯狂开火，接着以27节航速冲撞敌舰，然后发生了接舷战，英国官兵用短剑、刺刀、手枪和"掷向敌人的成杯的热可可"，击退了冲过来的德国人。埃文斯的传记作者雷金纳德·庞德（Reginald Pound）写道："就像马里亚特海战小说中的场景，又像是特拉法尔加海战中接舷战的重现。""最后德国驱逐舰 G–42 号的舰艉已沉入水下，而'布罗克'号则像胜利者般骑在它的舰身上。"其实，"布罗克"号此时已遭重创：被点燃的发射药引发了火灾，全部舰炮只剩一门还能射击，舰员也伤亡惨重。但是它仍坚持战斗，用鱼雷和舰炮击中了另一艘德国驱逐舰。英国官方宣称敌人有两艘，"可能有三艘"驱逐舰被击沉；实际上德国损失了两艘驱逐舰。

　　这次历史性的战斗不仅挫伤了德国人的勇气，直到 1918 年 2 月他们才敢发动下一次袭击，而且使勇敢的"泰迪"·埃文斯成为英国新的海军英雄，现在全国人都知道这位"'布罗克'号的埃文斯"（而同样英勇的帕克却从未受到公众的关注），急需提高的国民士气也因此为之一振。

2. 临近沸点

　　杰利科作为第一海务大臣第一次公开露面，是访问鱼贩公司（1 月 11 日），他利用这次机会发表了一份长篇重要声明，阐述了海上战争的态势。其中最引人注意的内容是："潜艇对商业航运的威胁已达开战以来的高峰，需要我们全力以赴来应对。潜艇的威胁必须，也必将被遏制：我对此信心十足。"这番话对公众产生了极大的安抚作用，虽然它与杰利科本人的感觉截然相反（见下文）。1 月 26 日，卡森和杰利科接见了海军联盟执行委员会和卡迪夫及布里斯托尔海峡联合船主协会的代表，同来的还有四名下院议员。他们呼吁采用更积极的手段打击 U 型潜艇，并且对海军部保证采取一切可能手段达成目的表示满意。2 月

13日，比尔斯福德在上院掀起一场有关反潜战的辩论。虽然每位发言的议员都对反潜战的胜利抱有信心，但没有人低估潜艇的危险。比尔斯福德宣称，他对"海军部委员会成功挫败德国潜艇，扑灭发生在海上的野蛮屠戮，具有绝对和完全的信心"，他还预测，"只需6个星期至2个月的时间，就可以有效遏制潜艇威胁"。李顿（海军部增补议会秘书）宣布，正在实施的反制手段已经"获得极大成功"，寇松补充了一些让人冷静的数据：敌人已经使英国商船总吨位减少了5%—6%，从1914年7月的16850000吨，减至1917年1月31日的16000000吨。报界对这场辩论的普遍看法是，海军部一直保持着警醒。

2月21日，卡森第一次以海军大臣的身份在下院发表演讲。杰利科坐在贵宾席聆听了演讲。费希尔也出现在贵族席位，平静而认真地听完了发言。这是一场大师级的演说，充满了自敛的情感和动人的真诚，丝毫没有将潜艇威胁大事化小的企图。"它非常危急，它非常严重，尚未被化解。"虽然卡森坦承，"目前没有单一的神奇解药，将来也不太可能有"，但他有信心"随着更多已经出现和正在发展的手段投入应用，潜艇的威胁将大为缓解"。演讲中的一段话迅速引起了巨大反响。海军大臣宣布，从2月1日起，海军与U型潜艇的交战次数已经超过了40次。"事实就是我们在18天里抓住了它们40次，这是一个巨大的成就。"他并没有说击沉了40艘潜艇，但给听众的印象是海军部满意于目前反潜战的进展。卡森明晰而直率地分析了反潜战形势，并向全国做出了明确的保证。《晨邮报》宣称（2月22日）："不仅是演讲的实质内容，而且其中蕴含的精神都被专意用来激励民众的信念……整个国家现在对海军部委员会和海上指挥官都有了绝对的信心。这是符合实际的，因为英国从来没有得到过如此强有力的捍卫。"《旁观者》评论说（2月24日），海军大臣的演讲，"仿佛在黑暗房间里开启了明灯，非常鼓舞人心，振奋精神，摒绝疑虑"。

英国与新海军部委员会的蜜月在2月21日达到最惬意一刻，但双方关系随着海运形势在春天恶化而逐渐冷却。每周公开的敌潜艇战绩报告（英国商船被击沉的数量，而非吨位）让人感到沮丧。一些报纸或期刊，例如《威斯敏斯特公报》《晨邮报》《海陆军记事》等，和一些个人，如比尔斯福德或海军记者阿奇博尔德·赫德等，仍然保持冷静，不愿撤回年初对海军部的信心。但是这些报刊和个人的声音，被 4 月开始积蓄，而在 5 月的头两周爆发的躁动和批评声所淹没。"卑鄙的报纸"（麦登语）由诺思克里夫的《每日邮报》和海军记者 A. H. 坡伦的《陆地与海洋》周刊挂帅[10]：海军部对形势反应太慢；他们在进行防御战，"被动抵抗"永远不能战胜 U 型潜艇；他们只有找到并摧毁蜂巢（《旁观者》最喜欢的论调）才能解决问题；任命卡森是一场国家灾难；诸如此类。4 月 30 日的《每日邮报》头版的粗体大写标题是"我们想从海务大臣们那里得到什么"，副标题是"结果，而且没有借口"。而潜艇威胁并非唯一被大众认为处于失控状态的问题。3 月在俄国发生的革命更是让前景迷雾重重，而到 5 月，显然俄国人在军事上已经难以为继。美国于 4 月 6 日参战，但他们将一支规模可观的部队运抵法国尚需时日。

早在公众观点发生令人沮丧的转折之前，就又响起了要求费希尔爵士重回海军部的呼声，因为他是唯一有创造力和勇气直面潜艇威胁的人。他也激起了大批公众的想象力，他们不理解政府为什么要坚持"荒废"他这样的人才。《每日邮报》里说的那种"在全国渐渐响起的'费希尔、费希尔'的喃喃之声"，可能是出于一种天真的信念，认为老海军上将有某个秘密计划，或袖子里藏着什么神奇武器，可以把敌人所有潜艇打沉。费希尔最亲密的朋友和仰慕者，热情的《观察家》报主编，担心"潜艇战肯定会每况愈下"，请求卡森启用这位"人中之龙——虽年事已高但活力无限"[11]。《曼彻斯特卫报》编辑 C. P. 斯科特（C. P. Scott）更加积极：费希尔应该接替杜夫的职位；他也会接受，因为他急不可待地要帮忙，"甚至连打扫伯克莱广场的一个路口也愿意"[12]。曾任海军部文职大臣（1905—1915 年）的乔治·兰伯特在下院呼吁（2 月 15 日）重召费希尔：他是唯一能够解决潜艇威胁之人。

虽然费希尔在报界和海军不乏热心的支持者，但也遭到一些报纸的痛恨（2 月 7 日的《晨邮报》就对他进行了无耻恶毒的攻击），有一大批海军军官也强烈反对他回来。海军元帅，下院议员海德沃斯·缪克斯在普利茅斯（2 月 17 日）对他的选民表明了态度，麦登在给他内兄的信中说："贝蒂告诉我，费希尔帮现在已经变得非常危险……我真希望能够避免这场灾难。贝蒂说他（费希尔）渴望成为审计官。当然他一旦能够插上一脚就会开始排挤你和卡森先生，或者其中一人。"[13] 费希尔确实曾在 1 月 31 日提出，愿意专门以消灭 U 型潜艇为目的，在杰利科手下担任第三海务大臣和海军审计官，他在1892—1897年间担任过这一职务。首相对此乐见其成，卡森亦然（虽然他预见到会有很多困难），但是杰利科经过两周考虑，以"不可行"为由拒绝了费希尔的请求。"我认为，你在这里只能担任两个职务——海军大臣或第一海务大臣。至于其他职位，我难免会想到，将出现很多问题。"[14] 这是费希尔一生中"最苦涩的失望"——它出自费希尔战前花了十年时间，将其栽培至海军最高职位者之手。费希尔再也没有从这次打击中恢复。自此以后，这位受挫的老水兵变本加厉地对新海军部委员会大批特批。

对费希尔来说，现在的问题是："陆军能否在海军输掉战争之前赢得战争？"① 汉奇担心英国将"在没有取得陆战胜利的情况下输掉海上战争"[15]。没有人比贝蒂更能反映大舰队的心态了，他正在对"愚蠢的海军部"应对局势的能力失去信心。新海军部委员会成立不到一个月，他就写道："敌人这些该死的潜艇正在造成前所未有的破坏，而且形势将继续恶化，直到他们（海军部）找到问题的症结，如果他们办不到，我们将很快被打垮。"[16] 他的批评越来越激烈。例如在2月：

> 我担心敌潜艇正在给我们造成巨大损失，而海军部的全部作为，就是发表爆炸性的声明，却不做最根本的防范。我不断地写信和发电报，直到自己厌倦为止。不幸的是，他们的行动不在我掌控之列，我现在也没那么频繁地责问他们了。但是事态是严重的。让我很高兴的是，他们正在采取我提出的一些建议，但是他们实施的必要措施还远远不够，要想获得满意回报还遥遥无期。但是我觉得晚到总比不到强，至少我们不会一下子失去所有商船。

而几个月后："杰利科无法强有力地消除潜艇的威胁，这真是令人万分遗憾……目前一切都沦于消极防御，而即使那样也没有起色。"大约同时，他注

---

① 原注：这也是《泰晤士报》军事记者雷平顿的观点。

意到一场"坚决"反对海军部的运动正在报界和议会"发酵"："他们只有空洞的策略，没有切实有效的手段，现在终于自食其果。"[17] 贝蒂绝不是舰队中唯一的批评者。大舰队军官的普遍观点，是海军部在反潜战方面表现低劣。

杰利科经常强调，破解潜艇威胁没有单独有效的处方——解决问题，要靠所有手段和所有装备的积累效应。1917 年 4 月前，所有投入使用的反潜手段都没有发挥作用，事实上其中很多还需要数月之久的发展才能完善。海上行动的积累效应只是干扰了 U 型潜艇的作战，根本不是问题的解决之道。到 3 月底，卡森不得不承认，商船的不断损失令他"极为焦虑，从我们与潜艇的战斗中，我看不到任何曙光"[18]。杰利科对前景更加消沉。事实上他从一开始就态度消极。"商船损失是当今最严峻的问题。我甚至担心形势已无可挽回。数月前就应该采取激进的手段，譬如停止不必要物资的进口，在全国实施配给制，大量造船。现在这些手段都正在实施，但就像我说的——就算不确定，也几乎是——太晚了。"[19] 无限制潜艇战开始后，他的消极情绪有增无减。杰利科呈递战时内阁的一份文件（2 月 21 日）承认，"到目前为止，还没有有效和完善的反潜手段，而且将来也不太可能会有，除了摧毁德国潜艇基地，而那明显意味着一场大规模军事行动"[20]。3 月底，一份海军部的分析报告道出了形势的严峻性：

即使我们相信在今后六个月里，敌人作战潜艇的数量不会大大超过上个月，也必须认识到，随着白昼时间延长和天气好转，潜艇的攻势将大大加强。而事实是，我们肯定将面对逐月增多的敌潜艇……因此，我们必须为更加危急的局面做好准备，除非击沉潜艇的数量比现在大幅增加……今后两三个月里，不能指望依靠引入新手段和投入更多资源来使形势有所改善，同时我们必须准备接受更大的吨位损失。

文件还对商船损失给出了"合理预测"，英国和其盟国，以及中立国在 3 月的吨位损失为 500000 吨，"到 6 月可能增至 700000 吨，可以期待从 6 月开始情况将有所改善"[21]。海军部在这里坦承，海上防御未能抵挡住潜艇攻势，而且未来数月也不会好转，在此期间，国家将不得不接受商船的重大损失。海军能做的，就是完善现有的反潜装备，继续依靠巡逻和猎杀战术，并大量增加反潜舰艇。

春天已至，但前途黯淡，根据史末资将军的提议，帝国战时内阁于 3 月 23 日召开全体会议，"讨论通过在今夏可能获得的中小规模陆战胜利，来确保一个可接受的和平协议……会议同意（在诸多议题中），另一方面，反潜战形势在我们盟友中产生的负面情绪，将使今年以后的形势变得扑朔迷离"。但是会议仍然做出决定，要全面加强军事力量，力争在 1917 年赢得战争——如若不然，也要在 1918 年获得胜利。[22]

1917 年 2 月初，局势已经非常明朗，只有在反潜战中采取重大变革，使用那些从未尝试过的保交战策略，才能挽回颓势，即使如此，白厅的海军部仍无意于使用任何新方案。对很多人来说，新手段就是重启风帆时代将商船编队，并由海军舰艇提供保护的护航队体系。

商业护航队的建立

（1916 年 12 月—1917 年 4 月）

第六章

普遍的看法是，引入整套商业护航队体系是潜艇战的转折点，并且拯救了英国。我本人有资格这样认为，护航队体系的成功，完全依赖于在最合适的时机做出实施它的决定。

——海军上将亚历山大·杜夫爵士，一份私人备忘录，1931 年

他（杰利科）坚决抵制劳合·乔治先生颇具远见的计划，直到美国参战；随后大西洋护航队才成为可能，并以最快的速度建立起来。

——海军上将雷金纳德·培根爵士，《约翰·拉什沃思·杰利科伯爵传》

我建议，现在就解决我劝说海军部仅仅是尝试一下护航队体系时，所遇到的巨大和难以理解的困难……冰冷的事实是，其他方法已被证明是无效和灾难性的，商船损失正以惊人的速度增加，而海军部顽固地拒绝考虑采用护航队体系，为商船增加护航舰艇，就像大舰队依赖的那种方式一样……因此一方面我们相信德国正在对我们的海运发起致命的进攻，而另一方面麻木而愚钝的海军部却拿不出任何有效手段来应对。

——劳合·乔治，《战争回忆录》

1. 正反方人物与争论

是否引入护航队体系的争议，激烈程度堪比日德兰海战。在《战争回忆录》第三卷中，劳合·乔治告诉我们，海军部坚决而固执地反对采用护航队体系，到最后不得不逼迫他们这样做。这也是第二次世界大战官方历史学家，海军上校罗斯基尔和已故海军中将 K. G. B. 迪尤尔等众多人士的观点。但是如果我们相

信以纽博尔特（《海军作战》第五卷）[1]、海军上将培根（《杰利科》）和德雷尔（《海军传统》）为代表的反方人士的观点，护航队体系迟迟未能实施是不可避免的，而一旦条件具备，特别是美国参战使之有了可行性，就立即投入了应用。事实到底是怎样的呢？

首先要明确一个概念。护航行动指在一艘或多艘护航舰艇的伴随下，有组织地发送商船编队的行动。"护航队"指被护航的船只。这是英国自17世纪初就开始实行的海上传统，即在与外国关系紧张或战争时期，将大量商船或军用运输船编队航行。几个世纪以来，这种体系一再证明了自己的价值，最近一次是在法国大革命和拿破仑战争期间。这段时期（1793—1815年，从1798年开始强制执行）的护航队体系非常成功。从1793年至1797年，有记录的护航队共132支，发送船只5872艘，其中只有1.5%遭到攻击，只有35艘，或者0.6%的船只被敌人俘获。拿破仑战争中的1814年8月至12月，和1812—1814年的北美战争中，有记录的护航队共有16支，564艘船只。其中3艘掉队的船只被俘获，损失率只有0.53%，或是独立航行的船只的损失率的十分之一。19世纪末，马汉从历史中总结出一条铁律——护航队是对付商业袭击者的唯一有效手段。对于拿破仑战争，他总结说："……护航队的实际应用效果，可以得出以下坚实的结论，如果合理组织和实施，它将是比猎杀单独行动的袭击者更成功的防御手段——后者即使经过最详尽的策划，仍然好似大海捞针。"[2]

但是在1914年战争爆发之前，海军思想界突然刮起妖风邪气，认定护航队是过时的海军战略，应该被抛入垃圾堆。19世纪近百年的和平，使人们忘却了以往战争中的教训，这并不令人惊异，因为研究历史被普遍认为是浪费时间。战前一代海军军官中，出现了一种奇怪的教条，认为让军舰保护商船是纯粹的"防御性"行动（因为它保护商船不受攻击），从事实上讲是坏的战略，而使用海军舰艇在商业航线上巡逻，不管结果多么低效，都是好的战略。因此，护航队是一种违背历史潮流的海军战略，让军舰从执行"进攻"行动转而执行"防御"行动。另外，U型潜艇对商船的攻击可以被视作一种全新的海上破交战，以往的防御原则已不再适用。就像海军中校巴利（Barley）告诉我们的那样："人们并不理解，以往战争中，无论被俘获还是被摧毁，几乎所有商船损失都是由行

动难以被察觉的小型私掠船造成的，尽管我们对敌人的港口和基地采取了近距
封锁，这些私掠船仍然能够避开战列舰队和巡洋舰，涌入通往欧洲西部和通往
加勒比海东部的航道，劫掠那些单独航行或落单的商船。换句话说，没有意识
到 U 型潜艇其实就是改头换面的老对手。"即便是最伟大的海战史专家朱利安·科
贝特，也"怀疑护航队增加的安全性，是否能补偿它在经济性上的缺陷，及其
可能对海军战略产生的干扰"[3]。

因为采纳护航队被认为是根本性的战略错误，所以海军部自然没有在战争
中启动它的计划。在商业保护方面，海军部依赖的是对公海舰队的远距封锁，
辅以巡逻和猎杀舰艇、武装商船，并在疑似有敌人舰艇和水雷的海域，事先为
商船规划分散航线。直到 1917 年，除近岸水域外，商船实际处于"单独"航行
状态，并依照海军部为它们提供的总体航线指示来设定航速和航线。它们的安
全只能依靠防御性武器、Z 字航线和烟幕。护航舰艇只有小规模应用——主要保
护运兵船、军火船、运金船和其他高价值船只，这对海军力量是极大的浪费，
因为在远洋航行中，一艘巡洋舰或辅助巡洋舰每次只保护一艘或一小队船只，
或者在船只通过潜艇出没海域时，由一艘或多艘驱逐舰护航。

尽管如此，从战争一开始就有人建议采用护航队。他们知道，迫使 U 型潜
艇（或者水面袭击舰）在位置明确的海域行动，将使英国海军占据巨大和明显
的战术优势，这样护航舰艇就可以攻击它们——或者像海军上校罗斯基尔所说
的，"不管什么样的袭击者，肯定都会像蜜蜂采蜜一样涌向它们的猎物；如果
猎物有武装护卫，就有机会发起猛烈的反击"。另外，护航队还可以迫使潜艇
从水下用鱼雷进攻（鱼雷的数量是有限的），而无法使用舰炮。

1916 年 10 月，第 10 巡洋舰中队（北方巡逻队）的旗舰长建议，如果实施
护航队体系，就能"大大削弱"敌人的潜艇战。他们经常遇到三五成群的商船，
很明显它们是利用潮水同时离开港口的。他的建议称，这些商船应该以紧密队
形航行，并由大量高速和火力强大的拖网船和少量驱逐舰护航。"实施护航队
体系意味着敌潜艇必须在反潜舰艇附近行动。"第 10 巡洋舰中队司令，海军中
将塔珀（Tupper）为建议附上了一封推荐信，称如果有可以调派的驱逐舰和航速
足够高的拖网船，就应该尝试建立护航队。海军部对建议反应冷淡。作战处长

托马斯·杰克逊只是简单回应称，找不到建议中需要的舰艇，而海军参谋长奥利弗也持同样看法，他还说："如果没有可调遣的舰艇，这建议就等于没用。"[4]杰利科向大舰队征询反潜战良策时（1916年11月9日，他当时还是大舰队司令），很多军官建议采用护航队体系。唐纳德·麦克劳德拆船公司老板曾在数月前向海军大臣提过建议，此时他再次大胆谏言："据我了解，船东和货主都认为，能拯救船货的唯一手段就是**护航队体系**。"必要的护航舰艇，可以通过建造几百艘标准化的非装甲轻型高速舰艇来获得，或者将部分"可用的商船"加装武器执行护航任务。[5]1917年2月，部分英国海军将领在马耳他召开会议①，他们向海军部建议，"只要资源允许，就应当（在地中海）采用护航体制"。穆德罗斯（Mudros）基地司令（海军中将 A. H. 克里斯蒂安）也支持此建议。但是第一海务大臣对此无甚兴趣。[6]

贝蒂自1917年初就敦促海军部采用护航队体系。朗霍普（Longhope）会议之后，他愈加感觉到，必须采取"某种形式的护航队"，以保护"西半球贸易和通往英伦诸岛的航线……一小片海域在6天内损失9艘商船，说明现有的体制行不通：事实上这是可悲的错误"[7]。贝蒂也得到了数名高级军官的支持，例如德·罗贝克。从1917年初开始，船运部和船运管制官也对海军军官尝试护航队的建议表示了温和的支持。

虽然全面实施护航队的建议得到众多人士的强力支持，但海军部却不为所动，他们仍然认为这套体系没有可行性。海军部的反对是有依据的，或者说他们确实做了认真研究。在劳合·乔治和船运部（麦克雷、诺曼·莱斯利和诺曼·希尔）看来，海军部反对护航队自有他们的道理，而绝不是故意阻碍，或者蒙昧不觉。

当战争委员会询问杰利科（1916年11月2日），实施护航队体系是否明智时，杰利科给予了否定的回答。"根据我作为大舰队司令掌握的信息，我认为当时采用护航队有不可逾越的困难。我知道我们非常缺乏担任护航任务的巡洋舰和驱逐舰，我也怀疑护航队中的商船是否能准确保持各自的位置，因为只有那样，

---

① 原注：东地中海指挥官C. F. 基斯比（海军中将）、东印度舰队司令R. E. 维密斯、马耳他资深海军军官G. A. 巴拉德（G. A. Ballard）。

少数护航的驱逐舰才能确保它们的安全。"[8] 当他来到白厅，对情况有了更全面的了解后，杰利科并没有改变反对护航队体系的观点。他在 1916 年 12 月 29 日的一份纪要中写道："护航队是不可能有效防范潜艇的。"[9] 当"海鸥"号突破封锁时，杰利科确实对在大西洋上采用护航队来防范袭击舰略表兴趣。那么困难何在呢？他也想知道。除了可用的护航舰艇紧缺外，贸易处处长韦伯还列出了多个原因。这是整个海军部反对护航队体系的理由，而在接下来的 4 个月里，这些理由被不厌其烦地一遍又一遍提起。

（1）与以往战争中的护航队相比，现在商船的目的地大大增多，因为南北大西洋上到处都可能遭遇袭击者，所以需要组织大量不同的护航队。

（2）为各个护航队集结商船将对航运造成延宕。

（3）护航队运行过程中，港口装卸货物时将出现交替拥堵和松懈的情况。

（4）航速较高商船的行程会被护航队中的低速船只严重拖延。

（5）邮轮和其他定期班轮的行程将被打乱。

第 2、第 4 条原因中的拖延，加上第 3 条原因，都会进一步恶化商船队本已损失惨重的货运能力。目前商船在英国港口时已经存在严重拖延，法国港口的情况有过之而无不及。而且这还是在商船正常航行的情况下，而不是像护航队那样编队航行。

另外，如果护航队到达像布宜诺斯艾利斯这样的港口，要等到最后一艘船完成装货后才能离开。假如护航队有 20 艘商船，那么第一艘完成装货的商船就要等大约 30 天才能起航……

奥利弗也不喜欢护航队。他的备忘录有如下表述：

鉴于巨大的海运量，为护航队提供护航舰艇似乎非我们现有的资源所能及……每个月从美国大西洋港口出发的商船估计有 304 艘，也就是平均每天 10 艘。如果护航队在哈利法克斯集结，每队 20 艘商船和 1 艘军舰，那么就需要每两天出发一次。如果航速 10 节，到英国需要 11 天。军舰将需要在一方港口停留 8 天清洁锅炉，在另一方港口停留 4 天进行同样的工作，这样往返一趟需要 34 天。每月从哈利法克斯出发的护航队需要 15 艘军舰。西印度贸易和来自南美和南非的大量贸易距离更远，也需要大量舰艇。我们的多数老式巡洋舰无法长时间航行，几个航程下来就需要进坞维护。我们没有几艘巡洋舰能够完成从塞拉利昂到英国的航程……[10]

大约与此同时（12 月 21 日），杜夫也反对护航队，理由是商船的航速千差万别，它们无法进行 Z 字航行，以及容易掉队等。[11]1917 年 1 月，海军参谋部下发了一部经过修改的保交战手册，非常明确地批评护航队体系："只要有可能，商船就应该单独航行，只有在必要情况下才可以加入护航队。数艘商船编队航行的体系，即护航队，在任何可能遇到潜艇攻击的海域都不推荐采用。很明显，组成护航队的商船数量越多，潜艇成功攻击的可能性就越大，护航舰艇保护商船的难度也越大。"[12]

现在我们来仔细分析这些理由，看它们是否成立。海军部决策者对远洋护航队最主要的反对理由是缺乏护航舰艇。杰利科写道："……无法克服的困难是，可用的护航舰艇完全不足以实施该体系。"[13] 他和奥利弗，以及杜夫当时和之后强调的，都是海军舰艇无法从其他任务（满足大舰队的需求以及支持在法国、萨洛尼卡、美索不达米亚和东非的陆军）中脱身，来接手护航队。如果在条件未成熟时就实施护航队体系，商船将得不到足够的保护，面对 U 型潜艇只能坐以待毙。进一步讲，当能够为护航队提供足够的高速舰艇（驱逐舰、护卫舰和保护低速护航队的拖网船），以及远洋护航队所需的远洋舰艇（巡洋舰，特别是辅助巡洋舰，也许还有老式战列舰）时，护航队就立即被建立起来了。

海军部在1917年初估计，离开英国的护航队需要12艘巡洋舰或辅助巡洋舰，开往英国的护航队需要 50 艘同类舰艇；护航从大西洋开往英国的商船的轻型舰艇支队需要 81 艘驱逐舰或护卫舰，离岸护航队则需要 44 艘轻型舰艇①。根据海军部的数据，此时可以执行远洋护航任务的舰艇只有 18 艘，这些还都是从北大西洋撤出的巡洋舰。海军部认为驱逐舰和护卫舰的情况同样不济：只有 14 艘驱

---

① 原注：拖网船只适合保护从直布罗陀开往英国的低速船只。

逐舰（德文波特）和12艘护卫舰（昆士敦）在正常情况下能用于保护商船——这里之所以提到"正常情况"，是因为这些舰艇多数都在执行保护高价值船只，如运兵船的任务。2月，6艘扫雷护卫舰从北海调往昆士敦；8艘驱逐舰离开大舰队，在南方水域执行巡逻和护航任务。[14] 这样，海军部在2月底可以凑出40艘驱逐舰和护卫舰。

让我们从更大范围来分析初春的具体情况。最关键的是驱逐舰的部署，因为这是在危险海域执行任务的主要舰种。海军部认为，要全面实施护航队体系，需要大约72艘驱逐舰。4月，驱逐舰在本土水域的部署是[15]：

大舰队（斯卡帕湾和罗赛斯）	99艘
哈里奇舰队	28艘
多佛尔巡逻队	37艘
斯卡帕湾、罗赛斯（福斯湾）和克罗默蒂	11艘
亨伯和泰恩	24艘
诺尔	8艘
朴次茅斯	32艘
德文波特	44艘
昆士敦	8艘

12艘驱逐舰（8艘位于昆士敦，4艘位于德文波特）自大舰队调出，但仍属于大舰队序列，因为它们处于"租借"状态。驱逐舰的总数为279艘。

如果继续将大量驱逐舰调离大舰队，它将部分地处于瘫痪状态，特别是要考虑到它有8艘驱逐舰在勒威克（Lerwick）保护斯堪的纳维亚护航队，还有21艘驱逐舰处于维修状态。如果杰利科因为调走太多驱逐舰而激怒了大舰队司令，那么首相却因为他调走的数量不够多而极为恼怒。劳合·乔治暗示说，大舰队本可以为反潜战提供更多驱逐舰，他认为公海舰队对大舰队发动一次强力进攻的机会微乎其微。但是只要还有一线机会与公海舰队相遇，杰利科和贝蒂就会认为把宝贵的驱逐舰调走是极为危险的赌博，没有它们大舰队根本动弹不得。

如果大舰队的驱逐舰不能用，那么从哪里才可以找到需要的72艘驱逐舰呢？哈里奇舰队不能再削弱了。纽博尔特提醒我们，哈里奇舰队已经"不再是一支集中部署的舰队，而成了为在弗兰德斯湾和多佛尔海峡进行的各种行动提供作战资源的仓库"。驻扎在哈里奇的有生力量，大约有一半都在忙于保护荷兰护航队。鉴于德国驱逐舰反复对海峡发动袭击，多佛尔舰队也需保持强大。海军部也不会考虑从斯卡帕湾、克罗默蒂、福斯、亨伯与泰恩、诺尔、朴次茅斯和德文波特（大约32艘驱逐舰）抽调驱逐舰。这些港口的出入航道上都极可能有潜艇出没。另外，这些驱逐舰中很多在执行特别护航（保护运兵船、供应船等）、商业航线巡逻和猎潜等任务。前面表格里的数字，还包括4月24日为保护斯堪的纳维亚护航队，而从亨伯与泰恩派出的13艘，以及从北方水域（斯卡帕、福斯和克罗默蒂）派出的7艘驱逐舰。

杰利科认为他根本无法凑齐足够的驱逐舰，在大西洋上实施某种复杂的护航队体系。到4月底，能用于护航队的驱逐舰，最多为24艘：朴次茅斯和德文波特各10艘，还有4艘来自昆士敦。在杰利科看来，这点驱逐舰根本派不上用场，如果海军部依靠它们部分地组建护航队，只会为其他海上贸易带来更多危险。

> ……现在充其量只能在4月部分组建开往英国的护航队。如果目前用于护航的驱逐舰都参加护航队，那么其他开往英国和所有离开英国的船只怎么办？很明显它们仍然需要保护，而且保护只能以已经证明失败的老办法来提供。虽然失败了，但它毕竟避免了更严重的损失，如果此时为了组建开往本土的护航队而撤走所有保护，损失肯定会极为惨重……

> 即使到7月中旬，我们得到了18艘美国驱逐舰，以及自己更多新建的舰艇，我们也只能每隔8天为从纽约、悉尼和汉普顿港群发出的4支商船队提供反潜护航。驶离本土的船只将处于无保护状态，南大西洋和地中海上的商船也是如此。难道这不意味着4月启动护航队体系存在着难以逾越的困难吗？另外，执行远洋护航行动也存在着巨大困难。

纽博尔特对此提出了一针见血的尖锐批评："'不可能'和'启动困难'是两回事。事实是虽然困难重重，但启动这一体系并不是不可能的，因为它已经存在了。"[16]

这让我们从另一个角度来审视护航队需要的舰艇：部分组建护航队时有14艘远洋舰艇和大约90艘反潜舰艇参与护航，全面组建护航队时有50艘远洋舰艇和170艘反潜舰艇参与护航。问题是：1917年初，海军能在不损害其他行动的情况下派出这些舰艇用于护航队吗？在我看来答案是肯定的，除非杜夫、奥利弗和其他海军高级将领相信，每一支护航队需要的舰艇数量是编队中商船数量的两倍——这是绝对不可能的比例——另一个前提是他们不再死心塌地地钟情于巡逻和猎潜作战。[17]他们没有认识到，西部航道上的巡逻是完全无效的，而且他们坚持认为巡逻是一种进攻，护航队是防御手段，而击败U型潜艇只能靠进攻。平均每月抵达或离开英国的远洋商船各有120—140艘。西部航道是商船损失最大的海域，要组织护航队保护它们通过那里，最多只需要150艘驱逐舰或护卫舰。海军有400多艘这类舰艇（约350艘驱逐舰和60艘护卫舰），如果不把大约60艘驱逐舰浪费（除了搭救沉没船只上的船员外）在广阔的大洋上巡逻或保护单独航行的高价值船只上，为护航队提供足够的反潜舰艇并非难事。还有大量老式巡洋舰和战列舰可用于远洋护航——分别有60艘和24艘，但是它们也在执行无效的巡逻任务。正如海军中将迪尤尔总结的，"问题不是我们缺少多少护航舰艇，而是应该如何更有效地使用手中的资源"。最后，本来可用于护航的大量新建舰艇也被调去执行巡逻任务。

在护航问题上，与海军部观点同样重要的，是商船高级船员对护航队的强烈反对。大部分商船船长都担心护航队体系中，商船集体做Z字航行和严格保持在编队中的位置，超出了他们的驾船能力，因为商船船员都没有编队航行的经验①。1917年2月23日，海军部召开了一次会议，出席会议的有杰利科、陆军部代表和当时停泊在伦敦码头的10艘商船的船长。船长们强调，严格保持编队位置的要求，是不可能达到的，特别是夜间没有导航灯的条件下，因为大部分船员都缺乏航海经验——很多有经验的甲板高级船员（皇家海军后备役军官）和普通船员都加入了海军。他们指出，其他困难还有燃煤质量低劣，很难保持

---

① 原注：紧密队形对减少护航队总体目标面积是必要的，也决定了护航舰艇的数量。

巡航速度，以及舰桥与发动机舱之间的通信不畅。两艘至三艘商船是"也许能够"编队航行并保持位置的最大船队规模。"与会的船长坚称，他们宁愿单独航行，也不愿参加商船编队或护航队。"[18] 海军部还在其他场合征询了商船船长的意见，但都没有得到他们的支持；他们坚持认为船员经验不足，另外由于商船之间航速千差万别，"不可能"保持它们在编队中的位置，这会导致商船在夜间航行时掉队，或者拥挤在一起导致相撞。他们一致的要求是："给我们一门炮，让我们照顾自己。"商船船员的反对无疑是海军部不愿建立护航队的强大因素之一。

同样具有决定性的，是舰队的观点。海军少将杜夫在一份有关建立和发展护航队体系的报告中写道："1917 年初就充分考虑了引入护航队体系，但因海军军官和商船船员的强烈反对而未能实施。越有经验的海军军官就越反对这样做。"[19] 海军上将贝利在自传中断言："考虑到我们从过去战争中清楚地意识到护航队的必要性和价值，很难看出他们为什么在大战中一直拖延护航队的建立。"[20] 一个原因是，当时很多像他本人那样的高级军官，都不认为护航队可以解决问题。[21] 海军方面反对护航队有两个理由。编队队形充其量只能勉强保持，严重影响护航队的整体规则，使其主要优势无从发挥。另外，考虑到大洋和危险海域的面积，提供必要的护航舰艇似乎是不可能完成的任务。即使在做出尝试护航队体系的决定之后，贝蒂的副司令写道："似乎已经有必要建立护航队，至少对那些高价值船只来说；如果潜艇不经警告就发射鱼雷，护航就是在开阔水域保护商船的唯一手段。但是因为缺乏护航舰艇，这一体系无法全面实施。"[22] 海军对护航队的反对可能部分源自一种无意识的动机。海军思想一直过于集中在海战方面，而不是保护船运，所以海军倾向于为主力舰队保留驱逐舰和有经验的人员，而保护船运只是次要的。他们并没有清醒地意识到，如果缺少商业运输，无须打一场大规模海战就可能输掉战争。

商船船长和海军军官们的担心后来被证明是毫无根据的（从 1914 年 8 月开始多次成功实施的运兵护航队就已经可以作为证据）。商船无论在哪里掉队，都可能成为送给潜艇的大礼，但船长们很快就学会了如何娴熟地保持紧密队形。他们能毫无困难地保持自己的位置，并做出 Z 字航行和集体转向。另外，引入护航队体系后不久，海军就决定按照商船的航速编组，虽然航速超过 16 节的商船通常仍在没有护航的情况下单独航行。这有效解决了掉队问题。这种方式还使向东横跨大西洋的护航队在进入危险海域前，有至少5—6天时间练习如何保持队形。

另一个让海军部对采取护航队体系犹豫不决的因素是大部分船东的反对，他们认为护航队将造成船运的拖延，也拖慢了战争的脚步，还因为货物迟滞导致经济损失，这看似很有道理。对于后者，船东在战时可获得极高的经济利润（劳合·乔治在《战争回忆录》中把"虚高的"船运价格称为"典型的战争暴利丑闻"），他们中无疑会有贪得无厌之人，用他们的影响力反对某种保护船运的方案，因为这样会威胁到他们牟取暴利，或者至少减缓了钞票流入他们腰包的速度。当然，海军部这里关注的是运力的严重损失。反对的逻辑线条是这样的：单独航行可以快速装卸和往返，而一支护航队要被迫集结和等待护航舰艇到位，需要10天至14天，护航队还只能以船队中速度最慢船只的航速前进，这些都影响了运输效率。另外，一支大型护航队抵港，将不可避免地造成港口拥挤，装卸货人员及设施负担过重，结果也是降低了运力。[23]

海军部的政策制定者没有看到，单独航行的商船经常因为港口附近有潜艇出没的报告而滞留，直到航道被清扫才能起航（更经常发生的是，直到港口爆满而不得不让船只离开！），或者航道被疏导或干脆被关闭而被迫等待数日，直到得到"航道安全"的报告才能通行，这些都造成了严重的拖延。相反，护航队可以无视特定海域潜艇的活动情况，以固定日期和最短路线航行。例如，第一支离开直布罗陀（1917年5月10日）的护航队，比这些船只按照不同航线单独航行提前两天抵达英国。实际上，独立航行造成的拖延是引入护航队减少船运损失的重要原因：前者对有效吨位有严重影响，特别是在无限制潜艇战开始后。例如，1917年1月至3月，英吉利海峡航运中断（部分或全部）时间是300小时，爱尔兰海是443小时，布里斯托尔海峡是400小时。

港口拥挤因素值得特别关注，因为出现在港口的拖延减少了货物进口量，在一定时期内对有效吨位的影响甚至大于船只被潜艇击沉。

（两位学者认为的）港口装卸能力不足对英国战时进口产生的影响，并没有经过仔细计算。决定商船运载能力的主要因素之一，是它在港口停留的时间——装卸货物及其他作业……1914 年至 1917 年之间（引入护航队之前），商船在港口停留的时间比平时大大延长，在任何一年中，因此造成英国进口量的损失肯定大于商船被潜艇击沉造成的损失。1917 年，英国进口了（除石油制品）3400 万吨商品。当年前四个月，即敌潜艇活动高峰时，因船只被击沉造成的货物损失为每年 500 万吨。而同一时期由于港口拖延造成的损失，以和平时期的效率为标准，就已经达到 400 万—500 万吨。当然我们在比较海上损失和港口拖延的损失时还必须谨记，海上损失有积累性，而港口拖延则没有：在某一年内被击沉船只的损失吨位不会出现在下一年。[24]

出于谨慎而滞留船只，和大批独立航行的船只同时出发，使商船的行程无法预测，这是造成港口拥挤的主要原因。无法控制商船行程也会令铁路系统陷入崩溃，铁路是海运货物的主要陆路运输工具，而铁路系统的效率完全依赖于列车按照事先制订的时刻表精确运行[1]。这种情况又反过来加重了港口的拥挤。[25]造成港口拥挤的其他因素还有，军队征调了大量码头工人，以及战时进口中大宗货物量比平时大量增加（大约 65%），这两个因素都进一步降低了运输效率。事实证明，避免港口拥挤，或者减轻拥挤程度，只能靠护航队体系带来的航运系统化。护航队体系可以系统化地控制大量船只的航行，让它们大部分能按时刻表起航和到港。这就比让船只单独航行更能有效地为港口卸货和铁路运输制订计划。

另一个困难（纽博尔特称之为"主要困难"）是在中立国港口内组织护航队。这要在国际法框架下完成。"但是政治领导人可能拒绝允许港口用于此目的——因为它会将外国军舰吸引到本国领海。即使他们不公开拒绝这种行为，也可以制造管理上的困难，使护航队在中立国港口的集结和出航无法进行。美国政府的态度就非常可疑。他们断绝与德国的外交关系时，美国仍然是中立国。2 月 3 日，美国总统宣布他希望一直保持中立地位。他们积极或消极的反对都可能使护航

---

① 原注：奇怪的是，铁路公司也不热衷于护航队体系，认为大批货物同时到港会导致港口和铁路系统本身的拥挤。

队体系无法运行。”[26] 一直到美国参战，海军部无疑都在慎重考虑此事。到那时，海军部讨论的护航队体系，只是让驶往英国的商船在潜艇威胁区域外缘的大洋某处集结，与护航舰艇会合后组成护航队穿越 U 型潜艇活动海域。

还有一个并非有力的反对理由，就是护航队是把太多鸡蛋放在一个篮子里——为潜艇增加靶子的尺寸是不明智的，如果潜艇出现在护航队的中央，就将造成巨大破坏。海军部没有意识到一个简单的事实，组建商船编队是采取保护措施，而不是为敌人提供更大、更容易击中的靶子。实际经验也表明，护航队并没有作为更庞大的目标吸引潜艇来袭。由于护航舰艇拒潜艇于一定距离之外，潜艇很难占据发射鱼雷的有利阵位。护航队实施的 Z 字航行也增加了潜艇的进攻难度。另外，相比于让船只分散在航线上航行，多艘商船编成紧密队形减少了被潜艇发现的概率。还有，如果发现航线上有潜艇出没，就可以用无线电通知护航队改道，而单独航行的商船就无法做到，因为它们中的大部分在当时都没有安装无线电设备。还有一个考虑，就像海军中校亨德森提出的，如果有足够的护航队力量，潜艇通常只能进行一次“勃朗宁式射击”（即随机发射鱼雷，希望能够击中护航队中的某一艘商船），能不能击中只能凭运气。如果鱼雷命中，那艘潜艇也只能给护航队造成极小比例的损失；而如果商船在航线上分散航行，那艘潜艇可能会击沉两艘或三艘，乃至更多的船只。

战后替海军部道歉的人都承认这些认识上的错误，但他们辩解称，海军部当时缺乏实际经验。但是，经验早已存在：大舰队的主力舰总是在驱逐舰幕掩护下，以紧密队形航行，从来没有被潜艇发射鱼雷击中过，反而在 1914—1915 年间撞沉了两艘 U 型潜艇[1]。另外还有英荷航线的经验，英国从 1916 年 7 月开始就在该航线上建立了护航队。经验表明 Z 字航行给潜艇攻击造成了很大困难。

其他反对护航队的理由还有，如果护航队遭到一艘水面袭击舰的攻击，或者误入雷场，后果就将是灾难性的，而单独航行的商船就可能安全经过，如果触雷，也可以对后续船只发出警告。例如，杜夫反对 4 月 4 日朗霍普会议护航

---

① 原注：1914 年 8 月 9 日，轻巡洋舰“伯明翰”号撞沉了 U-15 号；1915 年 3 月 18 日，“无畏”号撞沉了 U-29 号。

队建议的理由之一，就是来自水雷的危险；杰利科在他的两部关于潜艇威胁的著作中都使用了上述两个理由。水雷威胁一说从来都没有得到验证：整个大战期间，护航队中只有5艘商船触雷。而且护航队不会因水雷受阻——有扫雷艇与护航队同行——而一旦有水雷威胁的报告，单独航行的商船就会受阻于港外或港内。对于水面袭击舰，除了它们对斯堪的纳维亚护航队发动了两次成功袭击外，在护航队体系实施期间还未有过真正的威胁。

这些错误的战略观念并不能完全解释为什么海军部迟迟不引入护航队体系。还有一个重要因素是海军部在管理上的失误。他们在大战期间没有时间对贸易保护问题进行任何严肃认真的研究。海军部已经视贸易保护为自己的主要责任之一，**却没有准确划定责任范围**。"就像一家保险公司同意为某人做人寿保险，但不屑于知道他的年龄、职业和健康状况。"海军中校沃特斯对这一情况进行了总结：

1914年8月4日，英国颁布了国家战争保险计划。因为已经有100年没有发生世界范围的大规模战争，保险市场没有有关战争保险费用的最新统计数据。另外船只与货物按单件计算也非常昂贵，保险公司感到无法为英国船只和货物承担战时风险。国家保险计划则为所有目的地为英国的货物承保，对那些依照海军部建议航行的商船，也按英国同类船只船体价值的80%偿付损失。虽然这是出于良好的愿望，但它与正常的承保方案背道而驰，后者评估船只航行的风险，并根据船只得到护航还是"单独"航行收取低廉和平保价费。它完全取代了保险市场建立在保交战体系基础上的保险精算政策。这种保险计划的安全性显然依赖于海军部能持续提供统计数据显示护航体系下的船只，如运兵船和供应船，以及独立航行船只的相对风险，由此来决定哪种体系更优。

但是海军部一直关注于保护商业航线，而不是商船本身，根本没有保留这些统计数据。结果是没人对此负责，虽然战争保险计划支持着商业航运[1]，但是

---

① 原注：如果方案没有在8月4日开始实施，船主们就不会在战争爆发时继续让船只出海。

对采用哪种方式保护航运，却没有一笔经济账。总之，国家战争保险计划绕过了以往战争中海运保险市场使用的警告机制。[27]

战争保险计划的另一个作用是导致海军部犯下错误。一份官方研究指出：

保险计划带来的信心使海军部做出了灾难性的反应……（U 型潜艇的）危险自 1915 年 2 月就开始显现，但是除了在近岸航线进行巡逻，以及武装了四分之一的商船外，海军部没有对两年后敌人不经警告就击沉所有往来于英国的商船做出任何预见和准备。海军部甚至没有掌握最关键的情报——需要保护的商船数量。结果是当我们在 24 个月后开始反潜战时，几乎因此输掉了战争。

有非常充分的理由相信，这种拖延在很大程度上是出于战争保险计划给海军部和国家带来的安全感……这是一种虚假的安全感，因为在保险计划内偿付的现金永远无法替代海军的保护，仅仅依靠这种保护就可以保证海外供应的安全抵达；但是保险计划立即产生的巨大成功掩盖了国家从 1915 年 2 月开始面对的威胁的本质。

无论是出自金融考量的保险计划，还是海军部出于保护商船采取的实际步骤，都是建立在使用巡洋舰破交的海战形式之上的。但是保险计划的制订者和海军部在战前对潜艇的威胁都没有任何概念。当敌人行动因政治考量受限时，损失在经济上可以靠保险计划弥补，必要的供应量也能达到；但是一旦敌人不再担心中立国利益受损，海军部的海上防御体系就显得捉襟见肘，而保险计划也就不再有效了。[28]

缺少一个真正的海军参谋部也可以部分解释为什么海军部未能了解真相。因为海军部的权力过于集中，直到 1917 年 6 月，第一海务大臣和海军参谋长控制了所有行动。海军中将迪尤尔曾经在海军参谋部作战与计划处工作（1917 年 7 月—1918 年 2 月），他评论说，"每一份文件和每一道命令，不管多么无足轻重，都必须交由他们决定"。他指出：

作战处或其他部门都没有人负责事先计划或思考，或研究这些（有关贸易保护的）问题……没有开展这些工作，是因为高级将领没有将其指派给任何人来负责（他在别处补充道，"而他们自己又无暇为之"）。他们（海军参谋部各部门）没有将精力集中在主要的战略问题和对作战行动的总体指导上，而是沉浸在日常和时下的各种事务中，其实其中很多可以不经海军部（而由有执行权的指挥官）来决定。人的头脑一次只能有效致力于一件事情，但是他们为了跟得上源源不断涌来的电报和文件，被迫不断地从一个主题跳转到另一个主题。因此，需要思考和讨论的重大事务只能被避开，或者在缺乏足够依据和研究的情况下匆匆做出决定……

完全有理由认为商船保护计划失败的首要原因，就是海军部管理体制的过度集中。上层的忙乱和下层的疏懒导致无法研究其他替代方案。这就像一艘船正在撞向礁石，而船长和导航员却因为忙得不可开交而无法让船只转向。而且也没有系统地尝试分析或评估当下实施的行动的结果。一些宝贵的信息，例如荷兰角—哈里奇（Hook-Harwich）航线护航队的极大成功，都失落在送交高层权威的浩瀚资料中。阅览报告是一回事，而看出并领会其要点则是另一回事。持续大量地阅读卷宗、电报、报告，处理各类不同事务和行动，就像是瘾君子一样，它使感官变得迟钝，在勤奋工作的虚假外表下，折损了批评和判断的能力。[29]

在海军参谋部工作低效的背后，是战前海军军官对海战研究的极度缺乏。如果对历史上护航队体系进行一番认真研究，商船界的反对就不会成为阻止尝试护航队的重要障碍，其他的反对意见也会得到更准确的评估。

在这种未能准确把握的多变环境下，海军部没有对护航队体系和巡逻体系孰优孰劣，或者护航舰艇是否真的不足进行研究，确属重大失误。海军少将西姆斯①报告："我刚到就询问了商船护航队的可能性。当然他们对此事有各种观点，但都不是基于任何系统的研究。我问他们有没有关于护航队的研究，结果

---

① 原注：他于4月9日到达英国，负责决定美国如何与协约国更有效地合作，并将海上形势向美国海军部通报。

是刚刚完成。前天我看到了研究报告，对我来说它是完全可行的。"[30]

海军部直到濒临灾难才采取护航队体系的另一个原因，是护航队的提倡者们，不知道海军部第一任作战研究处处长 P. M. S. 布莱克特（P. M. S. Blackett）教授的分析方法，当然这也是不可避免的，因为布莱克特的方法到第二次世界大战才成功地用于解决反潜战问题。一艘位于潜望镜深度的潜艇，甚至一艘处于水面状态的潜艇，对猎潜舰艇来说都是极难发现的，所以似乎很明显，摧毁潜艇的最佳机会是，要么在其基地（出于战略原因无法实施），要么在其猎物附近，因为它要发动攻击，迟早都会暴露自己。如果猎物集中在护航队中，经过计算就可以发现，U 型潜艇发现并成功攻击一支护航队（其航线经常变化）的概率将大大减小。而这是船只安全的最重要指标，其权重可以压倒护航队体系的所有缺点。类似的经验已经证明，一支巡逻队在草草划定、远离潜艇猎物的海域发现 U 型潜艇的概率远远小于同样一支力量在护航队附近发现潜艇的概率。但是当时让海军专家和数学家共事简直不可想象！

最后，组织架构问题也可能是护航队迟迟未能投入应用的原因之一。建立护航队体系的一个困难，是要有庞大的海外分支机构，同时大大扩充白厅的管理范围。对于前者，曾进行过详细研究的海军中校沃特斯发现，实际上独立航行的商船比护航队需要在世界范围内设立更大规模的分支机构。对于后者，海军中将迪尤尔评论道："一个穷于应付各种事务的庞大部门，总是倾向于反对扩大其职能范围。商船独立航行时，海军部只需要对航线提出建议，剩下的责任就落在船长头上了。护航队却让海军部肩负了更多责任。它还意味着现有机构不愿承担的大量管理工作，最终的结果是要成立一个新部门，并在某种程度上削弱那些反对护航队体系的部门的职能。"[31]

* * *

这不仅仅是第一海务大臣、他的主要顾问，以及商船界和海军军官的观点。公众和重要的政府官员也经历了很长时间，才领悟到护航队体系是解决逐渐恶化的航运问题的答案。阿奇博尔德·赫德（他是著名的海军记者）的"治本良方"

（1月）就是更快更多地建造商船。《每日电讯报》拿出的灵丹妙药（2月22日）是更有力地执行武装商船的政策。《陆海军公报》（1月6日）则认为护航队不能解决问题，称护航队"是笨拙缓慢的大铁砣"，并警告说"集中船只就是集中风险"。2月，时任帝国国防委员会秘书的西登汉姆爵士写信给寇松，建议战时内阁考虑护航队体系，寇松回应（2月23日）："护航队的问题已经讨论过了。你知道缺陷所在。（1）护航队的步伐要与其中最瘸的鸭子一致；（2）我们没有足够的驱逐舰。"[32]

2. 力挽狂澜

到1917年4月，几个因素令反对护航队的声音渐弱。首先，是法国煤炭贸易的经验。煤炭贸易的极端重要性无须夸大，因为法国每个月至少需要进口150万吨煤炭，大部分来自英国，以维持自己进行战争的能力。通常每月有800艘煤船（有一半为中立国船只，主要来自挪威）从英国开往法国。1916年最后一个季度，海峡航运的严重损失重击了煤炭贸易——12月只有125万—150万吨煤运抵法国——造成了一场危机。装载煤炭的船只被迫滞留港口（11月和12月有30%—40%的滞留天数），很多法国工厂因缺煤而关闭。

1916年12月30日，法国派海军中校汪第（Vandier）到伦敦，向英国介绍了法国的危境，并建议组织护航队，确保任何时间都可以安全和迅速地通航。海军部批准了建议，派三名军官与汪第一同制订具体计划。在一次海军部会议（1月2日）后，提出了"改进形式的护航队"。每天将组织四次法国煤船横跨海峡的行动。它们被称为"管制航行"，因为有中立国船只参与，所以有人建议不要使用"护航队"的名称，以避免有武装护卫的暗示。英国担心如果把它们叫作护航队，将导致德国未经警告就击沉所有中立国船只；德国只需威胁这样做，就可能阻断斯堪的纳维亚贸易。

2月6日，煤炭护航队计划开始实施，第一支护航队于10日开出。护航队每天分别从彭赞斯（Penzance）、波特兰、韦茅斯或圣海伦斯（St. Helens）起航。这其实不是什么新鲜事。从1916年7月开始就有了小规模的荷兰贸易护航队，来往于唐斯和荷兰角（"牛肉之旅"），由哈里奇舰队负责护航。1917年4月开始，来自费利克斯托的飞艇在护航队起航前为其侦察路线，并在整个航行期间提供空中保护。荷兰护航队非常成功。虽然航线两侧都有潜艇基地，但只有3艘船被U型潜艇击沉（全部发生在1917年6月引入紧密队形之前——原来护航队以长达30—40英里的多列纵队航行）。

管制航行建立后，法国煤炭贸易很快对德国潜艇形成了强大的免疫力。到1917年4月，在参加护航队的将近2600艘煤船中，U型潜艇只击沉了5艘船只，损失率仅0.19%。整个战争期间，共有37927艘船只参加煤炭护航队，其中仅损失了53艘，或0.14%。护航队计划刚开始实施时，根据当时的季节，尽量利用夜晚进行，船只在天黑前，在2艘辅助巡逻队的武装拖网船掩护下离开海岸①。1918年春季，在月圆前后的5天内实施了白昼护航队航行。由于极为成功，定期白昼护航队从夏季开始实施。1918年夏秋两季，在彭赞斯—布雷斯特航线上，护航力量通常由1艘法国驱逐舰和3艘英国拖网船组成，韦茅斯—瑟堡航线和韦茅斯—勒阿弗尔（Weymouth–Havre，或圣海伦斯—勒阿弗尔）航线则由2—3艘英国和法国拖网船（轮替）护航。

必须要强调一点，虽然法国煤炭贸易的管制航行提供了宝贵经验，但是对决策者来说并不能因此为护航队体系下结论。远洋护航队体系的运行方式与此大有区别。后者是毫无遮拦的大洋上的长距离航线，前者航行的水域有巡逻队保护，路线也很短，因此较弱的护航力量就已足够。的确就像杜夫解释的那样，护航队"配备的海军舰艇仅仅能让船长们树立信心，并且在船只被鱼雷击中时实施营救。护航队的安全首先依赖于通行水域不断被反潜舰艇（巡逻队）清扫，以备护航队可能出现的分散或延迟"[33]。但是其论据的缺陷在于，首先，就在1917年4月26日，杜夫承认，"法国煤炭贸易意想不到地遏阻了潜艇进攻的经验"，是引导人们建立定期护航队的新因素之一。[34]杜夫战后的解释中，有一个基本的逻辑错误。潜艇主要在水深100英寻的海域活动，而这正是法国煤船护航队，特别是前往布雷斯特的煤船通过的海域。事实是巡逻行动对护航队的安

① 原注：拖网船执行这种任务已经足够，因为煤船的速度都很慢。

全根本没有任何影响。船只损失数据非常清晰地说明了这一点。

管制航行体系轰动性的成功，给了护航队提倡者们一个强大的证据。它说明即使由武装拖网船提供的薄弱保护，也能将潜艇威胁减小到可以忽略不计的程度。煤船护航队体系"成就远大于它的实际效果，因为它强有力地证明了护航队的价值，促使英国在美国参战时全面建立了护航队体系"[35]。

斯堪的纳维亚和北海港口之间的航线也组织了"保护"或"管制"性航行。1916年底，挪威和瑞典商船遭受了严重损失[36]，使斯堪的纳维亚中立国有意暂停与英国的贸易。事态非常严重，不仅因为英国需要从斯堪的纳维亚进口必要的战争物资（铁矿石、木材、硝石、农产品），而且同样重要的是要阻止德国从同类贸易中得利。海军部被迫为此航线上的商船提供一定的保护。12月15日，海军部批准了一套在挪威和设得兰群岛之间运行的"保护航行"体系，由奥克尼与设得兰群岛司令指挥和管理，其下属的武装拖网船成为护航主力。但是由于"庞大的管理机构运行十分缓慢"，6个星期以后这一体系才正式投入运行。第一批前往挪威的护航商船并没有编队航行，分别于1月29日和2月10日出发。它们在设得兰群岛距海岸50英里的"昼间延伸"距离内得到护航舰艇的保护。"1917年2月24日，可能是战争史上一个重要的日子。第一支从勒威克（设得兰）到卑尔根的护航队出发了。"[37]7艘挪威船和1艘英国船由1艘驱逐舰、1艘捕鲸船和2艘武装拖网船护送至勒威克以东50英里处。但是之后在2月和3月，商船只是单独或成对地被护送出航。向西航行的商船则在夜间从卑尔根出发，跨过北海，于白天在距勒威克50英里处与武装拖网船会合。但是出于各种原因，"保护航行"体系一直到3月都不算成功。

很快人们就意识到了这一点。到4月，往返于斯堪的纳维亚航线上的商船损失率达25%，已经危及贸易的前景。"保护航行"体系失败主要缘于可用于护航任务的拖网船的短缺，以及很难确保中立国船员能驾船准时抵达会合地点。3月30日，奥克尼与设得兰群岛司令建议召开一次会议，讨论建立护航队保护斯堪的纳维亚贸易的建议。会议于4月4日在朗霍普（奥克尼）召开，由奥克尼和设得兰群岛司令，海军上将弗雷德里克·布罗克爵士（Sir Frederic Brock）主持。贝蒂的参谋长德布罗克，以及海军参谋部贸易处、作战处和英格兰、苏格兰东岸各防区的代表参加了会议。会议一致推荐，"为了安排不间断的海运，必须采用护航队体系"，护航队最多由 9 艘商船组成，护航力量不少于 2 艘驱逐舰、4—6 艘武装拖网船，如果可能再加入 1 艘潜艇。这样将需要 23—28 艘驱逐舰，和 50—70 艘拖网船。东海岸的巡逻基地可以派出 9 艘驱逐舰和 53 艘拖网船，但是各防区代表均无法确定必要的船只是否能从自己防区调出。[38]

贝蒂将会议报告转交海军部，并附上了自己写的一封强烈建议在斯堪的纳维亚航线建立护航队体系的信件。

有必要决定下列事宜的相对紧急程度——（1）对海岸进行保护和巡逻；（2）保护沿岸航线。

看上去这两个目标是相似的，如果对海岸进行巡逻保护，沿海岸线的航线就应该是安全的。但实际经验表明并不是这样。在战争中，巡逻根本不能增加商船的安全性；潜艇可以在近岸水域攻击商船，敌人也能不断地在海岸附近布设水雷。

但是护航舰艇被证明能为商船提供有效保护，护航队体系在广义上满足对巡逻队的要求，而且护航舰艇总是处于发现并攻击敌潜艇的最佳位置。

为每一艘商船配备一艘护航舰艇显然是不可行的，唯一有效的替代方案是引入护航队体系……

可以预见，各海军基地的指挥官都不愿派出所需要的辅助巡逻舰艇和驱逐舰，它们目前只在各自特定的巡逻海区执行任务。因此，海军部必须对是否维持现有体系做出决定，或者东海岸的海军力量应该集中起来为定期护航队提供强大的护航力量（每支护航队包括 1—2 艘驱逐舰）。[39]

朗霍普会议上，为斯堪的纳维亚贸易建立护航队的建议，在收到报告的海军部高级将领那里未获积极响应。[40] 海军部也有疑虑。贸易处处长韦伯赞同会议报告中的建议，但提出了一个重要条件（4 月 12 日）："计划的实施完全依赖于，既要提供必要的巡逻舰艇，又要保证各地方巡逻力量不被削弱到无法保证油船、军火船等船只的护航需要，而且敌人的布雷行动也可能会有所增加。"杜夫也持有保留的同意态度。在极其关键的时刻（4 月 19 日），他非常谨慎地将反对全面的护航队体系，和同意斯堪的纳维亚航线作为特殊情况建立护航队区分开来：

斯堪的纳维亚航线不是唯一需要考虑的，要集中驱逐舰和拖网船对它实施保护，其他没有护航的航线肯定会遭到更大的损失。

大舰队司令声称，巡逻体制不能给战时航运带来任何安全保障。考虑到在我们海岸附近航行的大量船只，以及相对较少的被潜艇击沉的船只数量，商船的安全性已经有了极大保障，这其中就有巡逻队的贡献……[41]

可以看到，护航队体系在两方面特别适合用于斯堪的纳维亚航线：一是在夏季夜晚时间很短，二是这条航线上的船只具有相似的航速。

所以，我认为如果有足够的护航舰艇，就可以尝试护航队，并允许从他处调遣巡逻拖网船。但是要找到所需最低数量的驱逐舰几乎是不可能的……

大舰队司令已经得到通知，将在这条特殊航线上建立护航队体系，相关海域的巡逻拖网船将被用于尝试这一体系，但是它实施的基础是这些相关海域能够提供足够的护航舰艇，因为没有更多的鱼雷艇驱逐舰和拖网船适合执行这项任务。

作战处处长，海军少将托马斯·杰克逊和奥利弗都同意尝试护航队（4月20日），但后者严重质疑它能否成功，"因为护航队会吸引敌人前来攻击，而且可用的护航舰艇数量远少于将要编入护航队的商船数量"。他不同意会议上在护航队中编入一艘潜艇的建议，因为那"可能会导致一些脾气火爆的船长试图将它撞沉"。

4月21日，杰利科同意试行护航队体系，护航舰艇将使用来自亨伯的，战前建造的老式"河"级驱逐舰（25.5节）。24日，海军上将布罗克接到通知，4月4日朗霍普会议建议获得"原则性"批准，将投入试运行。计划开始时，允许任何协约国和中立国商船加入，护航队中最多可编入9艘商船。20艘驱逐舰（10艘"河"级，10艘30节驱逐舰）和45艘拖网船担负护航任务，海军部估计其中将有12艘驱逐舰和至少36艘拖网船持续在海上护航。勒威克将成为所有往来于斯堪的纳维亚船只的"中转中心"。离开英国的商船编成定期的向北航行的护航队，在勒威克集中，每天一班，在一小队驱逐舰保护下向挪威出发，几艘武装巡逻舰艇将陪伴护航队航行至某个节点。护航队在挪威海岸分散，驱逐舰则在挪威外海的一个会合地点召集商船，编成向西航行护航队，武装巡逻舰艇将在挪威和设得兰之间的某个节点加入护航队。从挪威开往英国的商船先到勒威克，然后编入每天出发的向南航行的护航队抵达东海岸各港口，到西海岸［斯托诺韦（Stornoway）］的护航队则一周两班。4 月 29 日，第一批有组织的护航队从亨伯和勒威克开出。杰利科后来带着淡化斯堪的纳维亚护航队示范效应的口气评论说："这条航线上有相对较多的舰艇可以执行护航任务，挪威和奥克尼（设得兰）之间的航运大部分属于夜间航程，一旦船只抵达英国水域，它们就不再需要大型护航队，因为被护航船只的总数较少，而且它们都要前往东岸的不同港口。"[42]

斯堪的纳维亚护航队运行的第一个月，船只损失减少了 120 倍，损失率仅 0.24%，同时减少了港口的拥挤程度。开始时每天一班的护航队最多只有 6 艘商船，后来逐渐增加到 20—50 艘（部分原因是要提供一支支援力量防备德国水面舰艇，使护航队的每个往返轮次之间出现了 5 天的间隔），但是护航舰艇的力量并没有增加，也没有出现商船的严重损失。

在斯堪的纳维亚护航队开始运行的同时，奥克尼与亨伯之间也为速度较慢，而且愿意加入护航队的船只建立了护航体系。这些近岸护航队只有少量武装拖网船保护，但是也大大降低了船只的损失率。

4 月，出现了最终促使海军部尝试远洋护航队的三个决定性因素：（1）美国于 4 月 6 日参战；（2）未曾料到的商船损失；（3）月底的形势使海军部认识到，护航队问题并非像以前认为的那样无法掌控。

美国参战"改变了整个局势，原因有三（杜夫在战后声称）：第一，美国可以提供最适用的港口供商船集结；第二，从美国港口出发的护航队，船长有至少一周时间在进入危险海域前，对如何在护航队中操纵船只进行集中训练；第三，美国驱逐舰可以参加护航行动"[43]。实际上，美国参战本身并没有改变海军部对护航队的立场。因为美国参战三天后，海军部向华盛顿发出了海军援助的紧急要求。在要求书中，英国称美国能提供的最佳帮助，是提供必要的"大量轻型舰艇"，用于对 U 型潜艇发动"实质性的猛烈进攻"，和保护商船免受攻击。英国要求"至少两倍于我们现有的巡逻舰艇，如拖网船、护卫舰等，我们还要求另外提供100艘驱逐舰"[44]。要求书中没有一个字提到护航队的需要。4月23日杰利科呈递战时内阁的文件中也没有暗示护航队将因美国参战而成为现实。海军部仍然专注于固定航线和巡逻体系。

更重要的因素是商船损失吨位的急剧上升，特别是4月下旬，这使采取新手段保护海上贸易变得极为迫切。整个4月，U型潜艇和水雷给英国商船造成的损失为545000吨，其中将近400000吨是在"黑色两星期"（4月17—30日）中造成的。可怕的数据显示，英国的远洋商船（1600吨以上），特别是进行最主要的北美贸易的商船损失最大：4月损失了120艘，占英国总损失的90%。远洋商船离开英国并安全返回的概率只有四分之一。最惨重的打击出现在西南航道（爱尔兰西南）和通往英吉利海峡的西部航道［兰兹角（Land's End）西南］，特别是前者，英国商船经常在距海岸200英里处被击沉。那里成了"大西洋坟场"。这两条航道上损失的总吨位（英国及盟国，以及中立国船只）比3月增加了60%，343558吨对213971吨。大部分袭击是在大西洋的开阔水域发生的，那里无法进行常规巡逻，但是巡逻航线也受到了重大打击。地中海的商船损失也大大增加：从3月的53423吨（英国及其盟国，以及中立国船只），升至4月的271657吨，增加了410%。北海上的损失增加了23%（69527吨对85331吨），英吉利海峡和比斯开湾的损失减少了27%（179918吨对133231吨）。

"以这样的速度（黑色两星期）损失下去，协约国的整体战局将受到灾难性影响，这可能会导致我们无条件投降。"[45]但是很明显，即使以德国无限制潜艇战前三个月的平均损失计算，为英国民众，以及驻法国和其他地区的军队提供必要物资的行动都将难以为继。而建造新船只，和从外国购买船只，都远远不能弥补这几个月在破交战中的损失。黑色两星期刚开始时，船运部估计当年进口将减少1050万吨，或者说比进口管制委员会认为要减少的非必要物资吨位多450万吨。基奥扎·莫尼深入研究了当时的形势，考虑了所有因素后得出以下悲观结论：英国可用于进出口运输的船舶吨位到年底（将所有适用船只都用于战时运输），将从1月1日的8394000吨和当时的8050000吨，减少到4812000吨；到1917年12月31日，船舶运载能力将为每月2030000吨，而1

月则是3000000吨。由于其中必须有150万吨用于运输食品，只剩下800000吨可用于运输其他进口物资。[46]

战后，杰利科指出船只损失在4月节节上升是引入护航队体系的关键因素。

总的来说，我认为海军部对引入护航队体系的观点可以简单总结如下：无限制潜艇战开始前，潜艇造成的商船损失还没有严重到让海军部将建立护航队视作自己的重大责任，因为护航队有很多缺点，另外海军部也担心不能为之提供足够的保护，一旦遭到潜艇攻击，就会造成灾难性的严重损失。当然，1917年4月前，海军部无法为通过潜艇活动海域的护航队提供大量高速舰艇，也影响了这一观点。但是，到1917年4月底，我们的损失急剧增加，海军部认为即使一两支护航队遭受严重损失，也是可以接受的，因为相对于当时我们采用的保护措施下遭受的损失，这些损失也不会有什么影响，据此海军部决定承担引入护航队体系的艰巨责任，首先是试验性的，最后正式实施。[47]

当时杰利科并没有试图淡化形势的严峻性——而是恰恰相反。4月10日，就在海军少将西姆斯抵达伦敦的第二天，他见到了第一海务大臣。由于两人都对海军炮术十分有兴趣，他们已经熟识多年。寒暄之后，杰利科交给西姆斯过去几个月英国和中立国商船损失的备忘录：2月536000吨，3月603000吨，4月预计为900000吨。西姆斯记下了当时他的感受和杰利科回答的原话：

备忘录的文字轻描淡写，但我对披露的数字感到非常吃惊。我简直被震惊了，因为我从来不敢把事情想象得如此恐怖。我向海军上将杰利科表达了自己的惊愕。

"是的。"他说，语气平静得好像是在谈论天气，而不是英帝国的未来，"如果继续这样的损失，我们就不可能把战争再打下去了……"

"看起来德国正在赢得战争。"我评论道。

"他们会赢，除非我们能够阻止这些损失——而且要很快阻止。"海军上将杰利科回答。

"就没什么解决方法吗？"我问道。

"目前看来绝对没有。"杰利科断言。他介绍了驱逐舰和其他反潜舰艇的情况，但他对这些舰艇遏制潜艇攻势不抱信心。[48]

战后，杰利科否认曾告诉西姆斯绝对没有办法解决潜艇问题。他坚持说，他当时回应的是没有即时可行的解决方法：反制手段需要时间走向成熟，因为很多装备需要批量制造。"我们当然没有像一些报刊描写的那样处于慌乱状态，但我们的确希望盟友理解当时的态势，以使他们意识到，越早提供海军方面的援助，对协约国扭转战局价值就越大。"[49]他的否认并不能影响当时他说的话给西姆斯留下的印象；更加重要的是，他也没有暗示护航队体系可能是解决危机的手段之一。

不管怎样，杰利科的消极态度愈加严重。4月23日，他在给战时内阁的一份文件中呼吁他们重视商船的严重损失：4月的前18天，有169艘（英国、其他协约国和中立国）船只，共计406897吨的损失（其中65艘，218094吨为英国船只）出自潜艇之手。"更严重的情况，是在过去几天里报告的极其严重的损失"：4月20日中午前的24小时，9艘英国船（27074吨）被击沉，接下来的24小时又有9艘（29705吨）被击沉。"损失以这样的速度继续下去，过不了几天就会产生最严重的后果。"他的建议是什么呢？大量增加攻击型舰艇。"除非我们能找到更有效的方法并**投入使用**，攻击水下的潜艇，否则唯一的被动手段就是用大量小型舰艇使潜艇保持水下状态，并限制它们的行动。"[50]杰利科这里已经承认，依靠高速轻型舰艇反潜并不成功，特别是驱逐舰，尽管当年第一季度就有37艘交付海军。从战争开始到1917年3月，英国驱逐舰在与潜艇的182次交战中只取得6艘的战绩。所以一艘潜艇在与一艘英国驱逐舰对抗时的生存概率是23/24。无限制潜艇战开始后，部署在西部海域（昆士敦、普利茅斯、朴次茅斯）的70艘驱逐舰还没有击沉一艘潜艇。"第一海务大臣认为高速轻型舰艇是最佳反潜武器，也许他是对的；但是越来越明显的是，以这种方式使用驱逐舰达不到理想效果。"[51]

虽然杰利科当天（4月23日）告诉战时内阁，"（护航队）正在考虑之中"，但显然海军部并没有在战略上做出根本转变，因为他甚至对小规模护航队的可行性持怀疑态度。他提到大舰队司令进行的护航队试验还没有取得完全成功：两支护航队各有一艘商船被鱼雷击沉。批准在北海上进行护航队试验四天后，杰利科写道："我很担心东海岸护航队会因驱逐舰数量不足而失败，但是你知道我们正在试验。西部航道上根本没有驱逐舰可用于组织护航队，但是有一天我也许会开始实施，准备工作正在进行中。当然对于开来英国的商船，主要困难是护航队的集结，另外船只在护航队中，特别是在夜间保持自己的位置也非常困难。事实上大部分商船船长说那是不可能的。我已经就此与很多船长交谈过。"[52] 第一海务大臣得到了海军参谋部作战处和贸易处的支持，他们"整日带着厌恶的心情忙于护航队事务[①]，他们已经落后于战争的步伐"[53]。

4 月初，海军中校 R. G. H. 亨德森作为负责护航队事务的协调人，发现了令他震惊的数据。当他组织法国煤炭贸易的管制航行时，与英国船运部有密切接触。从诺曼·莱斯利那里，他得到了大量从海军部各部门得不到的信息：每周进出英国港口的远洋商船的精确数量。他的工作是查明远洋护航队体系所需护航舰艇的规模。海军部一直坚称，与保护往来于英国的大量商船组成的护航队所需的舰艇数量相比，海军的巡洋舰和轻型舰艇完全不够用。现在亨德森发现，附有海军部公布的每周英国商船损失的统计数据（由海关权威人士提供），描绘了一幅完全不同的图景。数据显示每周进出英国港口的，净吨位超过 100 吨的**各国**商船总数大约是 5000 艘。亨德森发现，这一数据与远洋贸易量没有任何关系，因为它包括了进出沿岸港口的小型沿岸船只和跨海峡航线上的商船（有些在每周数据中被重复统计数次，因为它们在一周内多次往返）。有意义的是每周往来的远洋商船数量（总吨位 1600 吨或净吨位 1000 吨以上）：各有 120—140 艘。亨德森看到了希望。远洋护航队根本不是海军部数据暗示的那样庞大的体系。每天大约进港和出港各 20 艘商船，不会造成无法克服的护航舰艇不足的问题，进出港各 300 艘商船才会。

船运部、劳合·乔治、海军上将迪尤尔以及更多的人都断言，反对护航

---

① 原注：贸易处更乐于为商船增加武装和分散航线。他们根本没有为组建护航队做准备。

的关键理由——护航舰艇不足，主要缘于海军部被这些夸大的进出港数据所迷惑。[54] 为数千艘商船提供保护显然是不可能的，更不用说涉及如此大规模护航队体系的组织管理工作了。海军部到底有没有被自己的数据所迷惑？他们已经提供了 2500 个数据，以证明商船的实际损失并没有表面看上去的那样严重。也就是说，他们试图通过掩盖远洋商船的实际损失率，以鼓舞每个人的士气，特别是中立国的士气，并贬低 U 型潜艇的战绩以误导德国人。卡森告诉曾任海军大臣，并对海军部数据提出质疑的雷金纳德·麦肯纳："之所以公布你看到的那些进出港船只数据，是因为德国潜艇战在 2 月已经吓坏了中立国，这些国家的船只不敢出航，而我们也异常焦虑，所以宁可不披露实际情况。"[55] 一位了解实情的海军军官清楚地知道数据"根本上是宣传的需要，实际上就像我们的伤亡名单和公告，以及其他并未说谎，却没有公布全部实情的公告一样"。作者同时起誓，"他本人从未听说过，任何与此问题沾有责任的军官，除了公布损失数据外，曾使用这些数据来支持，或者哪怕是轻微地暗示，那些与这些数据相关的观点"[56]。虽然任何海军部官员都不会愚蠢到不知道用海关分析过的每周数据来考虑护航舰艇的需求，但是如果需要护航的商船远少于 5000 艘，他们却没有得出哪怕一个大致的数量，且明显高估了这一数字，这就是他们的严重失职。直到 4 月底，他们还是不知道每周需要编入护航队的商船数量不超过 280 艘。

可以确定的是，到 4 月底，海军部只有立即做出战略转变才能挽回危局。自从战争头几周德国大军入侵法国，形势已到了最危急的关头。挽救措施只能来自杜夫和海军部反潜处，而他们还没有把远洋护航队作为首要选择来考虑。那么英国首相能成为协约国的救世主吗？

3. 劳合·乔治介入

新任首相拥有很多阿斯奎斯不具备的优秀品质：想象力或思想的源泉、创造力、驱动力和超强的工作精力（在筋疲力尽之后，他只需小睡片刻就会重新生龙活虎），同时他还有善于激励别人（诺思克里夫称他是"兴奋剂"）和探析问题本质的天赋。劳合·乔治还有富有魅力的个性、雄辩的口才，和无比的自信。他的行事方法总是富有成效，产生了无数极有价值的成果。但与此同时，他与海军部形成了无数摩擦，也招致了很多怨恨。就像他的儿子，第二代劳合·乔治伯爵说的，他"对程序、资历和传统都毫不尊重"。对于首相的这一特点，汉奇评论说："那是他真正的知识源泉——从最优秀的人那里汲取各门类事务的知识精华。他乐此不疲。无论是早、午、晚餐还是其他时间，只要有机会，劳合·乔治总是向各种各样的人学习。事实上，只要能学到能用上的知识，他可以向任何人屈尊请教——特别是直接和间接与战争相关的知识。"[57] 或者就像劳合·乔治自己写的："在我的一生中，只要遇见具有任何领域知识和经验的人，我总会提出有关的问题，或者问他们在这一领域中最喜欢什么。以这种方式获得的知识能比其他方式给我留下更深、更难以磨灭的印象……阶层和等级制度不会影响自由地获取各类知识，只要政界和军界的高官们能机智巧妙地运用这种自由。绝对不能有高高在上无视一切的面目。另一方面，也不能有意让别人无视他们（那些高官）的权威。"[58]

贝蒂对劳合·乔治担任首相欢呼雀跃，因为"不管别人怎么贬低，他都是那帮腐朽之徒（政客）中有决心赢得战争的人"[59]，同时坦率地欣赏他的研究和探索之道。有一次，在首相视察大舰队之后，贝蒂说："他无疑是有着冲天干劲，在探求之路上不惧任何阻力的英才。"[60] 白厅的海军将领们则对首相的行事方法不以为然，因为他们知道，他经常秘密地从年轻军官那里获取信息，并征询他们的建议。

首相的年轻情报员之一，是海军少校 J. M. 肯沃西［J. M. Kenworthy，后来的第十代斯特拉博尔吉男爵（Baron Strabolgi）］。首相评价道："在此关键时刻，他让我深入了解了年轻海军军官的看法。"[61] 肯沃西当时在驻扎于诺尔的第 3 战列舰中队服役。虽然他的海军生涯只有短短数年，也没有什么卓然成就，但是在 1917 年春天，他在首相征询舰队年轻军官的意见时扮演了重要角色。

劳合·乔治的另一位情报员是赫伯特·里奇蒙德，他是前无畏舰"英联邦"号（第 3 战列舰中队）舰长，从 4 月底开始担任无畏舰"征服者"号（大舰队第 2 战列舰中队）舰长。里奇蒙德由外及里似乎都非常"完美"。无论作为海军中校还是上校，他都是一位出色的指挥军官，比其他袍泽更具天赋。他一生热衷研究海战史（在战后成为著名历史学家），而且以头脑聪慧著称。里奇蒙德还是位超前于时代的人，这特别体现在有关海军教育和海军参谋部组织方面的先进思想上（1917 年海军部参谋部被重新命名为海军参谋部），他积极提倡多军种联合作战，鼓吹磁性水雷、战略轰炸机和使用鱼雷机攻击港口内的敌舰队。1918 年初，他来到海军部工作，第一海务大臣维密斯警告他，说他被视为"危险"人物，"充满了荒诞不经的想法"。他也确实因为无法忍受不同观点和鄙视不看重海军史的人，而让自己的仕途难以为继。他难以容人的性格，就连与年轻军官最容易相处的维密斯都觉得无法忍受。

劳合·乔治从海军获取信息的关键人物，是身处海军部参谋部战略重心之人，一群支持护航队体系的年轻军官的领袖：反潜处的海军中校雷金纳德·亨德森。他聪慧过人、口才出众、富有想象力，对自己的判断力极具信心，而且有着无穷尽的新想法[1]。亨德森负责组织法国煤炭贸易的管制航行，从中获得的经验使他成为远洋护航队的坚定支持者。在海军部关于是否采纳护航队体系的漫长讨论中，他是一位强有力的推动者。称他为护航队体系的总设计师并不为过，虽然他的伙伴，船运部与海军部联络官，自 4 月开始担任船运部护航科科长的诺曼·莱斯利，也做出了几乎同样的贡献。索尔特爵士认为，莱斯利"能干、忠诚、有奉献精神、工作勤勉，在战时条件下策划和实施商船航运计划时具有出色的判断力"。他的特别贡献是让海军部和大部分头脑固执的海军军官相信，只要给商船船员机会，他们就能够操纵船只保持在护航队中的位置。

亨德森在他的首长，海军少将杜夫手下工作，他一直敦促首相实施护航队体系。杜夫知道海军部有人不老实，但他直到最后才知道是谁。根据最严格的海军章程和任何政府部门的工作程序，亨德森的作为都是不可原谅的；但是在那种危急情况下他又是对的，而且当时海军部的风气与其他文职部门不同，年轻军官被鼓励去表达不同观点并为其陈述理由。

劳合·乔治在 1917 年初被说服，而那时海军部的头头脑脑仍处于慵懒愚钝中，他用亨德森和其他年轻军官的意见，以及对海军部贸易保护战略持怀疑态

---

[1] 原注：他在第二次世界大战前不久成为第三海务大臣和海军审计官，却因操劳过度而早逝——他从不肯放松片刻。

度的麦克雷等人的观点，不断地诘问和批评海军部高官。而且他给杰利科和卡森的观点贴上了消极主义的标签，并逐渐对他们失去了耐心。

汉奇也在让首相转而支持护航队并付诸行动中起到了重要作用。这位战时内阁秘书写道："每天早上，我都会在办公桌上看到过去 24 小时被击沉的船只名单……战争中第一次，也是唯一一次，我度过了一个不眠之夜。"[62]2 月 11 日，汉奇"脑中划过了有关反潜战的一道闪电"：护航队是对付 U 型潜艇的唯一有效手段。当天晚上，在首相对此表示有兴趣之后，他准备了一份备忘录，建议以强制手段组织护航队，并严厉指责了海军部的立场。备忘录称："也许对护航队体系最好的诠释，就是我们的主力舰队和运输船队一直在使用这一体系。"[63]在唐宁街 10 号的早餐会上，传阅了汉奇的"邪恶文件"之后，众人又进行了两个小时的讨论。出席早餐会的有劳合·乔治、汉奇、卡森、杰利科和杜夫。海军部代表极力抵制……他们反对的理由听起来非常可怕：如果护航队被一艘潜艇锁定，就成了它的一顿盛宴；由于要与最慢的船只同速，商船无法发挥各自的速度优势；护航队不可能做 Z 字航行；货轮可能永远无法保持自己的位置；大雾天气将使船队大乱；最可怕的是，没有足够的巡洋舰和驱逐舰执行护航任务。我（汉奇）竭尽所能，绞尽脑汁逐点辩驳。但我在以一己之力对抗众人。另外我无法用外行意见从技术上与他们争辩。尽管如此，我毫不动摇地认为，护航队是对付敌人潜艇破交战的唯一良策，而且最重要的是，劳合·乔治也持同样的观点，我肯定他就是在那一刻打定主意的。[64]

杰利科也没有动摇（他后来称"自己不记得这次讨论，所以它肯定没给我留下什么印象"）。[65]但是效果已经显现。卡森承诺将征询具有代表性的商船船长的观点，并根据最近开始的法国煤炭贸易和斯堪的纳维亚贸易管制航行的效果行事，这说明他对采纳护航队体系持开放心态。显然第二项承诺需要时间来证明。随后召开了商船船长会议[66]，并产生了预期的结果：船长们一致反对护航队，战时内阁也得到了会议通报。我要指出，卡森并不同意海军部有关护航队的立场。从一开始他就希望至少给新体系以尝试机会，但是他早已声明在政策制定上与海军职业顾问保持一致，并给予他们决策权，所以他不会对此施加自己的影响。

首相相信，海军只有实施护航队体系才能扭转局势。但是他在六个星期以后才付诸行动。汉奇认为这是因为他被陆上战场拖住了（当时尼维尔将军正准备在西线发动大规模攻势），他希望在第一次帝国战时内阁会议前夕，避免出现"内部决裂的丑剧"，而且他也无法反驳海军部关于缺乏护航舰艇的论据。这里我还要加上几个原因。首先是杰利科有着非常高的职业威望，而且护航队本身是一个纯粹技术问题；最后，劳合·乔治当时正与罗伯特森闹不合。他能与帝国总参谋长和第一海务大臣同时开战，并且全身而退吗？同时，首相已经从亨德森和其他年轻军官那里收集了"弹药"。有了最关键的损失率数据，亨德森的发现可能是促使劳合·乔治采取行动的主要因素。4 月 23 日，在战时内阁会议上，首相"提到建立护航队体系的可能性，他说海军上将贝蒂和海军少将西姆斯都支持这一计划"[67]。杰利科在这次战时内阁会议上报告称，护航队体系仍在考虑之中，这耗尽了劳合·乔治对海军部的最后一丝耐心。4 月 23 日的战时内阁会议后不久，他就下定了决心，如果病人在当前的治疗方案下眼看就要归天，那么无论风险如何，都应该试试新药方，反正也失无可失。他说他决定逼迫海军将领们建立护航队。4 月 25 日，他让内阁批准了一个极不寻常的行动——在 30 日对海军部进行一次私人访问，"并在护航问题上采取强制手段"[68]。战时内阁的会议纪要并没有准确记录当时的情景："首相计划前往海军部，研究目前用于反潜战的所有手段。"[69] 海军部在他访问的当天才得到通知。第二天，4 月 26 日，杰利科告诉帝国战时内阁，"由于护航队体系需要缜密的组织和大量驱逐舰，海军部尚无法实施"。他说如果能够提供必要的巡洋舰和驱逐舰，就将组建大西洋护航队。[70]

同一天，杜夫向第一海务大臣呈递了一份重要备忘录：

对我来说已经有证据显示，已经到了我们必须准备随时全面引入护航队方案的时候了。

商船的日损失量突然大增（就在前两天，我们损失了 17 艘共 62000 吨商船），同时我们的法国煤炭贸易护航队在避免潜艇攻击方面取得了意想不到的成功，所以有足够的理由相信，我们可以接受大型护航队的种种缺点，而损失肯定会比现在大大降低。

此外，美国参战已经消弭了大型护航队方案中一些难以克服的困难。[71]

附录中列出的是估计的护航任务所需舰艇的最低数量，但依旧非常庞大，不过为我们的食品运输船提供必要的护航已经变得越来越重要。

杜夫在附录中建议，将英国、其他协约国和中立国在南北大西洋上往来于英国的所有商船编入护航队，但高速船只除外（15 节以上）。远洋护航队估计需要 45 艘军用舰艇或武装商船护航，还需 45 艘驱逐舰在危险海域与护航队会合（大约西经 20 度线），然后护送商船至一个安全港。[72]

奥利弗同意（4 月 27 日）"开始制订计划，因为完成计划才能知道可行性究竟有多大"。杰利科的评注（4 月 27 日）也非常简明："批准。"海军部立即命令在直布罗陀组织试验性护航队。也就是说海军部采取了跃进式的行动——他们希望将在英吉利海峡和北海取得的经验推广到大西洋——而那是在劳合·乔治君临海军部（4 月 30 日）的三天以前。杰利科于 4 月 30 日通知西姆斯："海军部仍没有最后决定是否要实施护航队体系，但绝对有意进行一次全面和缜密的试验。"[73]

战后围绕这一点有一场激烈的争论：海军部到底是"自主地和根据护航队的优点"采纳了这一体系，还是因为首相即将非正式地访问他们？换句话说，那次访问到底是海军部转变的关键因素，还是有多余之嫌？温斯顿·丘吉尔、海军上校罗斯基尔、海军中将迪尤尔、历史学家 A. J. P. 泰勒以及其他很多人的解释已经被广为接受。丘吉尔说："就此事施加的威胁是明白无疑的。这是对一个负责任的部门或军事指挥官最大的震慑。海军部的高官们意识到，他们'要么行动，要么走人'。"[74]持这种观点的人为数众多，但始作俑者和中心人物就是劳合·乔治本人，他在 1934 年写道：

很明显，海军部无意对实施护航队体系采取实质性步骤。在第一次就此事与爱德华·卡森爵士商谈之后，我通知内阁，决定访问海军部，并就护航队问题采取强制性行动。我们与海军部委员会做出安排，我将出席一个与他们一同研究当前所有反潜手段的会议。我要求任何海军军官，不论官阶，只要有我需要的信息，就必须出席会议。

海军部显然看到了他们的权力将在自己的大本营被僭越的前景，这促使他们展开了一场新的调查，由于预料到了这种事是不可避免的，他们进一步研究了海军中校亨德森在船运部诺曼·莱斯利先生帮助下准备的计划和数据。然后第一次觉察到了那些自 1914 年 8 月就被他们忽视的事实，以及他们用于制定战略计划的数字是荒唐可笑的，因此使用护航队保护商船才进入了他们的计划范围。

所以，当我来到海军部时，发现海军部委员会抱着一副谦卑态度。我们从细节上进行了全面讨论。最后一致同意了我后来向内阁报告的结论……[75]

劳合·乔治就这样成了引入护航队体系的首功之臣。那次对海军部的访问无疑是多余的。劳合·乔治 4 月 30 日去海军部可能就是为了告诉海军部委员会"要么行动要么走人"，但是就像汉奇说的，首相"发现他的任务已经被大大简化了"。海军部已经同意实施护航队体系，至少是尝试性的。但这绝不意味着是首相计划中的访问，令海军部官员深感恐惧，从而被迫就范。劳合·乔治的说法遭到了卡森辛辣的反击，说这个"花花公子"（在《战争回忆录》里）撒了"一个弥天大谎"。[76] 杜夫宣称："想让我们相信的奇谈怪论就是，海军首长们面对'行动或者走人'的威胁，为保住自己的官位而完全改变了想法。"[77]

我第一次听到劳合·乔治访问海军部主要是与护航队组织有关，是在（纽博尔特）讨论护航队的章节中。我本人的印象，是他要到海军部来查看护航队组织的总体情况；实际上，我记得你告诉我，必须做好回答问题的准备，我也知道他访问的结果是奥利弗和我成了海军部委员会成员……但是没有理由相信他的访问，对我提出的，建立护航队的时机已经到来的观点有任何影响。如果劳合·乔治带着强迫不情愿的海军部实施护航队体系的意图而来，他肯定会和你而不是海军参谋部的一个处长（杜夫）打交道。我 4 月 25（26）日的纪要和劳合·乔治的来访没有任何关系。它是以下事实的直接结果：

（1）每周船只严重和不断增长的损失。

（2）（由于美国参战，）确定在制订计划时有更多海军力量可用于护航队体系。

这两个因素改变了局势，并保证护航队的建立不会再有拖延。如果商船损失保持不变，我认为直到我们正在发展的方案投入使用，才能对风险做出评估。我毫不怀疑很多唐宁街的候选人都想抢护航队的功劳——劳合·乔治、汉奇、克莱门特·琼斯（战时内阁助理秘书），等等。但是当事后诸葛亮很容易，唐宁街那伙人谁也没有提到，我们曾被迫在海狮一类的东西上浪费了时间和精力。[78]

我看不出有什么理由可以质疑杜夫声明的真实性。是他4月26日的纪要，而**不是**劳合·乔治的干预，成为第一海务大臣转而同意尝试护航队的决定性因素。这份纪要的生成，不是缘于首相将要访问海军部的消息，而是前述文件中提到的两个事实，以及第三个因素，即亨德森有关远洋贸易商船的数据，杜夫也大概在此时得到了这些数据。杜夫4月26日的纪要提到了前两个因素（以及法国煤炭贸易的影响），而劳合·乔治交给战时内阁的，有关他30日与海军讨论内容的纪要列出了第三个因素，以及另外一个考虑：

我非常欣慰地从海军少将杜夫那里得知，他已经完全改变了关于实施护航队体系的观点，我也知道第一海务大臣的意见与他一致，至少同意开展试验。海军少将杜夫并不热衷于护航队，但一系列因素相加，使他同意应该试验性地实施护航队，我相信我的大部分同僚也有同样主张。其中的一个因素是美国已经参战，杜夫认为现在有可能找到以前缺乏的护航舰艇。另一个因素是，经验已经显示，商船通过Z字航行和熄灯航行无法逃过潜艇的攻击，因此他认为这些保护单艘商船的手段，效果低于他的预期。此外，与船运管制官的代表合作调查的结果，足以说明需要编入护航队的商船数量远比当初认为的要少，是完全可以掌控的。还有，他上一次向我报告商船损失时称，他觉得损失尚不足以说明有必要开展护航队的试验，他警告说试验一旦开始就可能产生灾难性结果。但是现在经过计算，他认为如果一支护航队的损失不超过三艘商船，就不会比当前的损失更严重，因此他同意开始试验。最后，一位非常有经验的白星公司资深船长，作为顾问一直反对护航队体系，但在看过海军部的方案后转变了态度，非常倾向于将其付诸实施……

　　因为在护航队问题上，海军部目前的观点与战时内阁完全一致，而且护航队刚刚在一些航线上开始实施，其他航线上的护航队也正在组建中，所以已无必要进一步讨论。[79]

　　首相对海军部的访问持续了一整天，他见到了卡森、杰利科、杜夫、韦伯，以及助理作战处处长 H. W. 格兰特海军上校。期间并没有出现很多人想让我们相信的，强迫性或令人不快的弦外之音。就像一部劳合·乔治传记中描写的那样，首相是如何"闯入"海军部，然后"倒逼出真相"的。他"强令要求会见每一位知道每周出入英国港口的商船数量的军官。于是一次真正的调查就立时开始了"[80]。我无法找到证据证明首相"强令"立即查看统计数据，以及他们是如何解释用什么方法算出每周各有 2500 艘商船进出英国这种荒唐数据的。首相之前已经从亨德森那里得到了真实数字。比弗布鲁克爵士称（在劳合·乔治的授意下？）首相"坐在海军大臣的椅子上。这可是前所未有的举动。而这正与首相的威严与才能相称，在我们的历史上还未有可相提并论之人。首相用一个下午，从一个主要内阁大臣那里接管了他的部门"[81]。描述极具戏剧性，但疑点重重！汉奇的证词再一次代表了真相。首相、寇松和他"在那里度过了愉快的一天，并与杰利科夫妇及四个小女孩共进午餐——劳合·乔治和一个三岁女孩玩得很开心"[82]。

　　劳合·乔治在给战时内阁的纪要中称："非常遗憾的是，护航队还须一段时间才能全面实施，我认为海军部应该尽快处理此事。"这一声明为政客与海军将领们再次发生龃龉埋下了伏笔，因为首相并不相信海军部在最后时刻改变决定是出自真心。另外麻烦还来自劳合·乔治相信舰队的海上战略过于消极保守。但是他立即决定对海军部委员会采取行动。他访问海军部对护航队问题已显多余，但在另一方面却产生了重要结果。首相向战时内阁递交的报告，其主旨是对海军部的严厉批评，认为海军部对整个海上战争的指挥已经到了令人无法容忍的地步。在这一点上，首相得到了报界和舰队官兵的支持。

* * *

以下内容摘自1933年2月14日，诺曼·莱斯利爵士写给麦克雷爵士（战时船运管制官）的信件，非常值得一读。[83]

……当亨德森到这里后，他（索尔特）把我推荐给你，来扮演他的对手……我想索尔特已经知道我对船舶略懂一二；不管怎样他把我扔给了亨德森，就像把骨头扔给一条狗一样，这让我非常愤怒，因为我对自己的工作非常满意，不知道亨德森来此做什么。

当我发现他是一位极为优秀的年轻人时，我的心中顿燃激情，迫切希望完成自己的那部分工作。我们在一起度过了一整天，到现在我还记得清清楚楚，当他确信我们得出的数字在海军可掌控的范围内后，唯一担心的就是商船保持位置的问题。我顿时来了气。纳尔逊时代的水手可以用风帆顺利航行在护航队中，而用一只手柄就可以控制航速的现代商船却可能会撞来撞去吗？他知不知道一艘商船的船长在任何天气下都得出海，有时船只的压载吃水达14英尺或15英尺；有时装载的矿石让船只达到最大吃水，恨不得把烟囱都扔到海里去；有时装满燕麦的船看起来像一只皮球。一个操纵着那样一艘船的人，一只眼睛盯着他的燃煤消耗量，另一只眼睛盯着合同中的最晚到达日期，而且船上只有大约四十个人，一个正在值更的海军军官，手下有五六百名装备齐全、操作整齐划一、严守军令的水兵，而任何一个商船水手都不比他差。我建议给船员们教授初级课程，找一位能干的海军军官，用黑板演示一下，只要不趾高气扬地对待他们，他们就能和任何海军军官一样操纵船只保持自己的位置。亨德森反驳说，他们征询过的很多商船船长的意见，（这些意见）都和我的看法不一样，我回答说要么是船长们没搞懂缘由，要么是他们被诱导着说出别人想要听的答案。我和海军少将杜夫进行过同样的争论，而事实证明我是对的。

护航队可能导致货运拖延的问题，可以用护航队的特定日期来安排装卸货物，这属于惯常做法，基本上和管理普通定期商业航运没什么两样。只要负责装卸的工人干劲十足，头脑机智，效率就不会低于铁路运输。我的确常常惊讶于我们的护航队和铁路公司之间的相似性，当我们的地中海护航队开始运行时，很自然地得到了"塞得港特快"的绰号。从那时起亨德森和我就分不开了。他要是不在我船运部的办公室，我就会在海军部他的或者海军少将杜夫的办公室里，而且你知道我俩还有私人直通电话。

劳合·乔治访问的后果

（1917年5月—1917年7月）

―――――――― 第七章 ――――――――

你应该听听这里的人们是如何谈论白厅的！我保证你会耳目一新，经过这么多年的默默服从，人们终于看清这些骗子是如何统治我们的。

——海军上校 H. W. 里奇蒙德致海军中校 K. B. G. 迪尤尔，

1917年5月9日

……虽然杰利科和杜夫同意对护航队进行谨慎的试验，但他们都不相信它会成功。他们在违背自己意愿的情况下被说服，而心里还在坚持原来的观点。

——劳合·乔治，《战争回忆录》

1. 海军部重组

海军部在面对反潜失败却一直无所事事的同时，还缺乏进攻性海军战略。1917年春天，再一次出现了有关如何正确运用舰队的公开争论。[1] 两个学派再次交锋，而且各自都有军方和民间的代言人。问题的根本是，如何定位海军的战略目标。"胜利"派或"海上异端"派（对手赠予它的称谓）认为，英国海军并没有在北海上建立自己的优势，虽然它在舰艇和人员的数量和质量上足以做到。仅仅确保海上交通线的安全还不够。《泰晤士报》5月7日刊登的，退休海军上将雷金纳德·卡斯腾斯爵士的一封来信开启了论战。他的论调是，那些"主导海军的大脑"受到一种植根于战前，错误而又危险的教条的深刻影响，那就是海上胜利无须通过海战获得，摧毁敌人舰队的重要性要次于控制海上交通线。卡斯腾斯声言，历史上那些伟人秉持的正确原则，就是以迫使敌人战斗并摧毁他的舰队作为海上战争的首要目标。"不幸的是，我们的计划似乎建立在不同的原则之上。"他将自己的观点与潜艇问题相联系，认为歼灭公海舰队，U型潜艇就会消失。"如果主力舰队被消灭，潜艇的活动就会减少，因为胜利一方的小型舰艇和潜艇就能自由地在距敌人港口只有舰炮射程的距离内活动，以水雷、反潜网和任何一种新手段封堵潜艇的出口。"

卡斯腾斯最强大的支持者，是前海军大臣温斯顿·丘吉尔，他用自己有力而雄辩的文字，强调进攻性海军战略的极端重要性。[2]他曾经谈到（1914年9月）要把德国军舰"像老鼠"一样挖出来，但在发表在《伦敦杂志》（1916年10月）的文章里又改变了立场，称是否与德国舰队一战无关紧要[3]，现在他又表达了相反观点。他痛惜强大的英国舰队已经"堕落成了'旁观者'的角色"。必须要找到方法"抓住敌人"，让每一个英国水兵实现他们的愿望。"海军部不是制定战略来解决这个问题，而是用了至少两年时间，承认自己接受，甚至宣称服从与之相反的原则，即'等着敌人出动'；而对于如何'抓住敌人'这个本质上是为海军大规模进攻行动做常规准备的问题，却完全将其抛至一旁……难道我们苦心经营的致命武力就这样安闲地等待德国舰队出海一战的寥寥机会，直到和平，可能还是差强人意的和平到来吗？"那么怎么找到解决之道呢？丘吉尔提到"数量巨大的"老式舰艇。他没有说明如何使用这些过时老旧的前无畏舰发动进攻，但有人说他希望派老式主力舰攻击敌人的海军基地，杀出一条路冲进这些要塞，再摧毁港内的所有舰船。其实这种"挖老鼠"的行动早就注定要失败，不可能被丘吉尔采纳。和进攻威廉港和基尔港这种强大壁垒相比，突入达达尼尔海峡简直就是儿童游戏。

至于被称为防御学派的一方，代表人物是前海军大臣乔治·哈密尔顿爵士，知名记者雷兰德（Leyland）、拜沃特（Bywater）、希斯兰（Hislam）、赫德（Hurd）和法因斯（Fiennes），历史学家波拉德（Pollard），以及两份最有影响的军方刊物——《陆海军公报》和《海陆军记事》。他们机智地回应称（主要是在5月的《泰晤士报》上），目前缺乏成功实施进攻战略的必要条件。赫尔戈兰湾内的防御力量，包括潜艇、驱逐舰、要塞、远程火炮和水雷，现在又得到了飞机的大大加强，进攻一支受到如此保护的舰队风险之大，几乎可以肯定会给进攻方造成灾难性后果。那么公海舰队在强大的庇护下拒绝出战，如何才能摧毁它呢？英国已经成功控制了交通线，也就是说封锁达成的效果比纳尔逊时代的封锁更加显著。正如法因斯所说："战争开始后，海军的行动本质上当然是进攻性的。如果一个人的房子被封，他无法联系肉铺和面包房，他不能搭车上班，也不能把脏衣服拿去洗，我们没法不把他视为进攻行动的受害者。"[4] 两个学派在主张上的冲突，自然是不可调和的。实际上，双方都崇尚进攻行动，但必须不顾危险歼灭敌舰队的观点是海军上下不能接受的。贝蒂对卡斯腾斯说的海军没有尽力而为的观点暴跳如雷。

我看到老卡斯腾斯又在报纸上说话了。这个不知所云的老糊涂，总是胡乱批评，（他的话）从来就没有半点建设性。既无耻又令人生厌。现在他说："指挥官认为保证军舰安全比消灭敌人更重要。"也许他指的是海军部，我不知道我战时的指挥怎么会让他说出这么骇人听闻的话……他引发了人们对舰队的愤怒……我真想揪他的鼻子。[5]

斯特迪两次致信卡斯腾斯，说他大错特错，舰队官兵对一位海军将官写出这种文章感到极为痛心。国王问斯特迪，卡斯腾斯写了这么多昏话，他是不是疯了！[6] 里奇蒙德认为卡斯腾斯的信：

疯话连篇……他有时讲话不着边际，我都为他感到尴尬。他暗指如果公海舰队被消灭，我们就能实施近距封锁。他肯定不知道弗里西亚海岸上打了多少颗螺栓，或者隐藏了多少艘现代化潜艇。如果我们不能用多佛尔支队、水雷和其他设施……在 20 英里宽的海峡上筑成一道障碍，那么我们怎么能够封锁从埃姆登到苏尔特那么宽的距离呢？他的意思是海上胜利就是摧毁——完全摧毁——敌人的舰队。这种胜利在历史上从来就不曾有过，现在也更不可能出现……卡斯腾斯难道幻想我们的胜利要如此彻底，要摧毁敌人全部的驱逐舰支队和巡洋舰力量，以及每一艘战列巡洋舰和战列舰？如果不是，那究竟如何才能守住一条单薄的封锁线呢？他真是让我受够了。[7]

里奇蒙德也不信任海军部，但他的批评有完全不同的本质。他是一群年轻军官，大舰队"少壮派"的头脑，他们中有迪尤尔、德拉克斯和肯沃西，和很多高级军官有思想上的共鸣，例如贝蒂、蒂利特、凯斯和雷金纳德·霍尔，还有汉奇。少壮派和"海上异端"派有着一致的中心观点：海军部没有充分运用舰队，防御思想是其海军战略的基调。迪尤尔曾经写道："海军总体上倾向于被动防御，中间夹杂着间歇性和毫无目的的进攻行动，这是那些从未认真思考过战争战略的人的自然本能。我记得有人在《海军评论》中说，一个发现自己口袋被偷的人的第一反应，是赶紧抓住自己的袋表，而正确的反应应该是猛击小偷的眉心。"[8] 在里奇蒙德看来，"粗读马汉的人，会认为所有海上战争都有一场末日之战"。他不会比杰利科和贝蒂更愿意拿大舰队冒险。"歼灭公海舰队是结束战争的一种手段，但本身并不意味着战争的结束。如果摧毁德国舰队所冒的风险，危及我们能够成功达到的更高的，摧毁德国的目标，那么这风险就太高了……不能拿大舰队冒险。我们在全世界的作战行动都要依靠它。"[9] 让里奇蒙德恼火的是，海军部根本不理解"持续发动小规模攻击的可贵价值"。"他们的想法只限于大舰队。"[10] 少壮派建议实施的进攻手段之一，是派大批潜艇进入波罗的海，袭扰德国的商业航线。里奇蒙德最喜欢的方案是在叙利亚海岸发动两栖作战，通过引开土耳其军队来支援英军在埃及和巴勒斯坦的行动。追踪牵制行动还可以将德国潜艇从贸易战中吸引开。当年春末和夏天，里奇蒙德通过贝蒂将方案递交海军部，我们将在他处介绍建议的结果。

到 5 月初，报纸的批评集中于一点。无论是未能完全保证商船不受潜艇袭击，还是采取防御性战略，海军都无可指摘；出问题的是海军部委员会的组织管理工作。海军内外所有的不满，都出自这个因由。就连从不批评杰利科的能力和他作为第一海务大臣的表现的报刊和个人也同意，海军部必须重组，海务大臣们必须解放思想。《每日邮报》（4 月 30 日）解释说："目前的海军部委员会，是各部门领导的集合，他们都忙于自己部门的事务，无暇进行真正需要的战略思考。"接下来的几天里，《每日邮报》重新谈到海军部委员会主要是一个后勤委员会，而不是本应扮演的战略委员会。每一位海务大臣只考虑自己的部门。后勤工作应该另有机构承担。

对海军部的批评还要更加深入。4 月 14—15 日，在罗赛斯召开了一次海军会议，出席会议的人员包括海军大臣、首相和海军秘书，贝蒂在会上再次抱怨海军部缺乏一个真正的参谋体系。那里"没有计划部门"，"缺乏有执行力的权威，能够在接到迅速做出的决定后，立即将其付诸实施"。补救措施在于彻底重组参谋体系。[11]贝蒂于4月17—18日访问了海军部，这使他更加坚信海军部整体上效率不足。"在海军部的两天，给我留下的印象是，那里似乎没有坚实的思想和原则，兵来将挡，水来土掩，毫无预见性。计划的削减和取消也缺乏有意义的原则基础……我知道海军部不喜欢频繁地收到建议，这使他们对收到的建议也持敌视态度；而且就算他们采纳了建议，在接受其原则之后对建议做出修改，却还是因为缺乏整体观念而把整件事搞砸。"[12]情况已经变得令人绝望——海军部的"平庸团队"正在"令人可耻地堕落"——贝蒂认为仅仅重组海军部已经无济于事。"只有进行彻底清洗才有机会。"他不想离开大舰队"为他们收拾残局"，因为他仍然认为大舰队"承载着一切……如果大舰队在错误的时机被消灭，就等于我们拉上帷幕，不再是一个强大的国家了"。他也担心那些去海军部重组机构的人无法超过他们替代的一群人。"杰利科在遴选人才上绝对不行。因为他不喜欢有独立见解的人。这是一个致命的错误，也是无法弥补的。"有一段时间贝蒂甚至认为丘吉尔是唯一可能拯救国家的人，但最后（5月10日）他还是采取了与费希尔一致的观点："他是一个凡人——虽然不择手段，但仍是凡人，他身上的人性超过海军部任何一个人。"他认为卡森"令人失望，而且不够强势"。[13]

大舰队的军官中，没几个人对白厅那伙人说过好话。贝蒂的参谋长O.德·B.布罗克曾谈起"白厅人工作时那副麻木不仁的态度，而且对任何建议都持反对态度"[14]。类似的抱怨反复出现在这一时期里奇蒙德的日记和信件中。杜夫手下的海军中校亨德森，称"任何建议要通过各部门设置的荆棘障碍都要好几天时间——每个人都要写纪要，最后送到几个权威手中时，建议仿佛已遭到阉割，而这几个最高层人物将其扼杀。海军部不会建立护航队，得不到足够的水雷，不会发动攻击或佯动，以迫使敌人按我们的意图行动……'汤姆'·杰克逊（作战处长）是这种懒惰和敌对态度的罪魁祸首"[15]。里奇蒙德的强烈观点是，海军部委员会负担太重：第一海务大臣过度关注"微不足道的事务"。下级海务大臣作为大型管理部门的首脑，都在忙于各自事务，而无法有效承担作战指挥的责任。海军部委员会应该重组成"一个真正的委员会——一个最高委员会"①负责作战，因为完全脱离了管理工作，他们可以预见敌人的下一步行动，事先考虑更广泛的战略问题。16 其中部分建议最后成为现实。

劳合·乔治在 4 月 30 日访问海军部时，研究的一个主题是"海军部，特别是海军参谋部的组织架构与反潜战的关系"。调查揭示了海军指挥机构的虚弱无能，这导致卡森于 5 月 14 日在下院宣布，将重组海军部。改革的推动力来自首相和汉奇，以及军民双方的观点，而不是海军部，因为杰利科是不会让我们相信海军部需要如此变革的。17

劳合·乔治介入白厅管理工作的最迫切目的，是重组海军部参谋部，以将第一海务大臣从非作战事务中解放出来，使他能将精力集中在有关海战的更重大事务上。另一方面，是要"最大限度地发展和利用国家的全部造船资源"，以及扭转海军部在提供反潜舰艇和装备上的无能表现。5 月 2 日，战时内阁批准了重组方案。首先，根据首相认识到的，现有局势"很明白地需要"任命"有精力和能力的人"来主管国家的全部造船资源②。其次，需要一个与面向陆军的军火部类似的机构。这两项职责将由一人承担。

劳合·乔治想要并成功地让埃里克·格蒂斯爵士担任了这一新职务。他用一个古老而如今又重新启用的头衔——审计官来命名新职位（它后来成为第三海务大臣的另一职务，但又在 1912 年被取消），并在海军部委员会有一席之地。这是第一次由文职官员担任审计官。莱昂内尔·哈尔西（4 月刚晋升为海军少将）接替海军少将 F. C. T. 图多尔③担任第三海务大臣，并协助格蒂斯。哈尔西的首要职责是海军武备的设计与装备④；格蒂斯则负责建造工作。哈尔西原来的第四海务大臣的职位由海军少将 H. D. 托西尔（H. D. Tothill）担任，在贝蒂眼里，后

---

① 原注：担任海军总参谋长的第一海务大臣、奥利弗、杜夫、海军中将蒙塔古·勃朗宁爵士（北美和西印度群岛舰队司令），以及海军中将罗斯林·维密斯（东印度舰队司令）。

② 原注：包括商船与海军舰艇，为了解决二者之间物力和人力的冲突问题，商船建造方面的责任将从船运部转出。

③ 原注：已经在白厅工作五年的图多尔重返海上，担任中国舰队司令。

④ 原注：贝蒂认为，选择哈尔西是，"因为他为人宽厚，没有鲜明的个性和独立的思想"。

者"虽能胜任但天分不高"。

格蒂斯是个41岁的苏格兰人，喜欢唱苏格兰民歌——他身材高大，脸部轮廓鲜明。格蒂斯威严有加，"外表中闪耀着力量、精力和坚定的信念"。西姆斯形容他"是一个有着罗斯福[①]内心的人——高大、健壮、不知疲倦，具有洞悉事物本质和完成工作所需要的天赋"。格蒂斯是一位铁路工程师，曾担任陆军铁路总监，出色完成了陆军在法国境内的铁路运输组织工作[②]。

格蒂斯知道自己对海军装备一无所知，所以非常"排斥"到海军部任职，只是在劳合·乔治的坚持下，以及杰利科做出支持他的保证才接受了职务。卡森倒是乐见其成，而杰利科却需要一些劝说，但他还是非常优雅地，并抱着乐观态度接受了格蒂斯。"我希望建造速度能大大加快。格蒂斯是一个超人，他非常出色，而且有劳合·乔治给的尚方宝剑……我对这一变化结果非常乐观。"[18] 杰利科发现格蒂斯对海军部有巨大的帮助。格蒂斯上任一个月后，杰利科评论道："工作因他而完成。"尽管如此，海军部还是对格蒂斯的任命愤恨不已，因为这暗示着海军部正如人们指责的那样，未能完成自己的重要使命，而且他们还担心此任命对未来的影响。蒂利特有一次访问海军部，并与杰利科进行了长谈，他认为海军部"非常担心新的领导层"[19]。

海军将领们无法对一位文职审计官友善相待——他被授予海军中将军衔（临时性的荣誉海军中将），而且还真敢把那套制服穿出来！从来没有一位文职人员以如此高的职位加入皇家海军，将非军职人员直接任命为海军将领的最后先例，是17世纪时伟大的布雷克和乔治·蒙克。蒂利特觉得"大笔一挥就突然把一个人变成一位在职海军将官，简直不可思议"！格蒂斯是在其本人的坚持下获得将官军衔的。"他在法国发现，让一个非军职官员给军人下命令是非常痛苦的。所以他当时被授予陆军少将军衔，这使得服从他的命令成为理所当然的事情。"[20] 伊舍爵士认为这很像吉尔伯特和苏利文歌剧里的情节："格蒂斯——今天是陆军将军，明天是海军将军。"实际上，由于格蒂斯还继续为陆军工作

---

① 原注：罗斯福显然是指富兰克林·罗斯福，当时是美国助理海军部长。
② 原注：他有一次对里德尔爵士说："运输就是我的信仰。"

了几个月，他"一度算是兼顾陆海军的两栖将军——一个平民获得的前所未有的成就"。在海军部，大家都叫他"神蒂斯"（Goddis）！

格蒂斯将一群铁路官员和文职助手带进海军部，这并没有增加他的受欢迎程度。奥利弗不无讽刺地说道："他们妨碍了每一个人学习如何做好工作。"[21]格蒂斯在上任七周内就加速了商船的建造。他不是一个习惯坐办公室的管理者，经常出现在各个船厂，他总是把手深深地插进制服上衣的口袋里，帽子像贝蒂那样总是遮住一只眼睛。

除了将第一海务大臣从非作战事务中解放出来，和加强了海军部的造船和制造部门以外，还有一个重要的变革是重组参谋体系。劳合·乔治在4月30日发现，问题的症结在于"过于集中"。这源自费希尔—A. K. 威尔逊时代的一位"伟人"单独掌控所有机密和下达所有命令——随着战争复杂性的不断增长，这一体系已完全过时了。劳合·乔治建议进行重组，目的是让第一海务大臣和海军参谋长尽可能摆脱管理工作，集中精力于海战指挥。简而言之，重组的结果，是使杰利科担任他本应担任的职务——海军总参谋长（CNS，奥利弗自1914年11月开始担任的COS职位从海军职务名单中消失了）。"赋予第一海务大臣海军总参谋长的头衔，使海军参谋部具有了必要的执行力，而不仅仅是顾问角色。"（杰利科语）奥利弗和杜夫成了他的两位助手，而且作为增补海务大臣成为海军部委员会成员，他们的头衔分别是海军副总参谋长（DCNS）和海军总参谋长助理（ACNS）。奥利弗负责作战、部署和情报处，以及新成立的海军参谋部信号科（在8月成为信号处）。杜夫负责贸易、反潜、（新成立的）扫雷处和护航科，及夏天成立的商船机动处（负责护航队的集结、机动和保护），护航科也并入该处。简单地说，奥利弗主管对德国水面舰艇的作战，杜夫主管贸易保护和反潜战。杰利科、奥利弗和杜夫三人一直在密切协作，而且在新头衔下继续他们的协作。不同的是，海军参谋部现在具备了执行力，海军副总参谋长和海军总参谋长助理也拥有了海军部委员会成员的权力。这意味着指挥效率的提高，也为第一海务大臣卸下了沉重的管理负担。但是事情并没有向想象的方向发展，因为杰利科没有充分利用海军副总参谋长和海军总参谋长助理作为海军部委员会成员的优势。奥利弗也没有放弃他集中指挥的习惯。

重组工作还产生了一个更重要的结果。卡森在变革前宣布，第一海务大臣和一个海军参谋团［海军大臣、第一海务大臣、海军参谋长（COS）、海军部秘书、海军秘书和 A. K. 威尔逊］将负责海军作战，海军参谋部予以协助，而装备和后勤事务将由第二海务大臣至第五海务大臣，以及文职大臣负责。改革的结果，是第一海务大臣、海军副总参谋长和海军总参谋长助理负责作战，而后勤供应工作则得到了一位审计官的加强。海军将领们的管理责任减轻了，向舰队提供物资、食品、燃料和弹药的责任集中在文职人员——审计官之手，但是他的工作也要经过众多海军部门（第四海务大臣、第五海务大臣、海军军械处处长，等等）。现在海军军官只要说出他们想要什么，商人就会负责供应。换句话说，格蒂斯新部门的功能很像老的海军部委员会。直到 1832 年，海军作战由海军部委员会负责，而装备（或供应）则由一个海军委员会负责。综上所述，1917 年5 月的改革使海军部成为 1832 年前的形式，只是有所改进。它被分成分工完全不同的两部分，作战和管理，恢复了 1832 年改革中消失的部分；当时的海军大臣詹姆斯·格雷厄姆爵士（Sir James Graham），将两个委员会合而为一，以响应节省开支和提高效率的呼声。其效果就像海军上校 A. C. 迪尤尔写的：“海军部欢庆自己吃掉了海军委员会，但是海军委员会的工作却吃掉了海军部的真正功能。圣文森特的继任者们都成了管理和后勤工作的奴隶。”

作为海军部变革的一部分，作战处处长杰克逊离开了白厅[①]。海军少将 G. P.W. 霍普接替了他的职务。霍普天分极高，但一直缺乏自信，需要别人的激励。贝蒂手下最优秀的舰长之一（“圣文森特”号战列舰舰长）接替杜夫担任反潜处处长。他就是相貌堂堂、宽厚善良而又精明能干的 W. W. 费希尔（“高个子阿格里帕”）。费希尔当时在海军中已经以孜孜不倦和极富创造力的头脑著称。他的传记作者说：“费希尔在他的新职位上取得了无人可及的成就。他有两年以上的海上实战经验、精专的技术知识、一流的组织能力、如火般的热情、机灵的头脑和长时间工作而不失冷静的能力。”[22] 费希尔爵士（和他没有血缘关系）

---

① 原注：7 月，他被任命为地中海中队埃及和红海分队指挥官。

这样描写他："绝对是正确位置上正确的人。"他也这样证明了自己。L. S. 埃默里（L. S. Amery，1937 年）说："很少有人为打赢战争做的贡献比他还大。"

从报界反映出来的公众观点，几乎一致欢迎海军部发生的根本性的，和早就应该实施的变革。海军部内则还有质疑和忧虑。海军部秘书后来写道："改革从纸面上看很好，但给人的印象明显是，海军部将出现惊人的变化，实际上并没有这么大的意义。并没有要求海军部付出比以往大得多的努力，去维持舰队的装备实力，对用于反潜战的手段也影响不大。很多变化并不受海务大臣们的欢迎，显然大多数变革是从海军部以外强加给 E. 卡森爵士的。"[23] 对蒂利特和里奇蒙德来说，海军部的变化只是一次"洗眼睛"。[24] 后者和他的同志们希望看到海军部的新鲜血液，首先就是要杰利科（维密斯是他们的候选人）和奥利弗离开；真正重组海军部的"战线，让海务大臣们拥有更大权力，给第一海务大臣更大自由，使他能参与大战略的制定，以及以多种渠道与军官们沟通，而军官们最需要的是受到鼓励，为海军所有岗位和各个方面进言献策"[25]。海军部的重建让贝蒂"浑身冰凉"。"和以前没什么两样，除了一些新标签，以及用托西尔代替了图多尔，不过这似乎取悦了批评者，很明显这就是他们想要的。我们的系统没有错误，错的是运行系统的人。"[26] 下面的文件能让我们全面了解贝蒂的立场。

海军部的组织

1. 缺乏参谋体系——没有计划团队，没有执行力——在接到迅速下达的命令后，无法立即付诸实施。

2. 对积极的批评不够宽容，无法接受新思想和建议。结果就是毫无进展。研究思考不受鼓励。

所有进攻行动的建议都被有意搁置，或者被严厉批评，打回修改，而时机——最具决定性的因素——已经失去。

所有新建议都遭到了反对，海军部从不鼓励提建议。使用摩托艇袭击威廉港的建议被提出多次，但每次都被拒绝。

封锁泽布吕赫的建议被送回，并被要求提供更多细节——但是对那些提出概括性建议的军官却从未给予协助。

牵制性进攻方案也均被驳回。

具体事例：

（1）赫尔戈兰湾拦阻线——由大舰队司令提出，由于规模庞大，需要进行相应的准备。

海军部的回复指出了所有困难。基本原则在拖延之后才被接受，但是实施不力，只布设了稀疏的小面积雷区，与建议中一次性布设大规模雷场完全相悖。结果海区形势变得更复杂，同时敌人布雷舰（扫雷艇？）作业难度也降低了。

（2）以更具进攻性的方式使用我们迄今仅在沿海活动的潜艇——今年初由大舰队司令提出。

遭遇了可以想到的所有反对，久经拖延后（有关信件通常要六周才能得到回复）才被原则性接受。

（3）引入护航队体系。建议在考虑后被认定不可行。现在正在付诸实施，但是具体细节的制订和批准本应在七天之内完成，现在却因为运作管理和权力机制，需要数周时间。

3. 整改措施在于重组海军部参谋体系，和运行这套体系的权威人士。对上级负责的军官不仅必须从细节管理中解放出来，而且必须受到训练，使他们愿意脱离细节，在更大的范围内研究概念和方案。

4. 第二海务大臣必须成为总参谋长的左右手，对某个方面的作战行动全权负责，并且准备在总参谋长不在海军部时代行其责。第二海务大臣应置于DMD之下①。

应该建立其他负责各种作战事务的部门，海军大臣和总参谋长的工作范围不应包括负责某个具体的分支机构。

各个部门主管应辖有自己的参谋团队。

5. 参谋团队应有核心成员。必须有人负责计划的落实。这是整个问题的关键。

---

① 原注：DMD即部署处处长。本句应为：DMD应置于第二海务大臣之下。

海军部最近的重组仅影响到后勤供应部门。虽然试图引入负责作战的参谋体系，但没有任何实际效果，没有真正处理人员问题，采取的是阻力最小的措施，把同一批人换个头衔而已。[27]

海军参谋部历史分部的评价更显友善："不可能把这次（参谋部的）重组工作的结果完全量化，它们属于'无法测量的'范畴，但是可以认为变革的力度不小，来自海军参谋部的推动力，对反潜战产生了巨大的影响。"[28]

2. 护航队难题

5月和6月里，海运问题看起来和4月最黑暗的日子一样严峻。商船在5月损失剧减（比4月减少了三分之一）的势头未能在6月继续保持。6月的损失虽然比4月略少，但比5月增加了15%。这两个月中损失的商船几乎全是U型潜艇造成的。

英国商船损失（总吨位，括号内为船只损失数量）

	水雷	水面袭击舰	飞机	潜艇	总计
5月	28114（14）	819（1）	2784（1）	320572（106）	352289（122）
6月	19256（4）	3947（1）	3718（1）	391004（116）	417925（122）

英国的盟友在这两个月中的商船损失吨位分别为102960吨和126171吨。同一时期中立国的商船损失分别为137957吨和139229吨。英国、其他协约国和中立国的损失总数为：

	潜艇	总计
5月	549987（264）	593206（287）
6月	631895（272）	683325（290）

商船损失在5月急剧下降主要发生在西南航道和向西的航线——下降了超过50%——以及地中海。"其中肯定有部分原因是U型潜艇在5月的损失大增（7

艘潜艇在本土水域被击沉，而 4 月仅 3 艘被击沉），另外可能是因为商船在 4 月损失惨重，所以更严格地执行了海军部的航线指导政策。"[29]6 月，西南和西部航道的船只沉没数量上升了近 50%。只有地中海地区的较明显地下降了 27%。

＊　＊　＊

　　地中海上商船损失的减少可能是 4 月 28 日至 5 月 1 日，在科孚岛上召开的协约国海军会议的结果，会上讨论了如何更有效地保护商业航线[①]。会议提出的主要建议是：（1）商船将尽量使用海岸巡逻队的航线和中立国水域航行，附近有潜艇出没时则只在夜间航行。（2）会议在法国人喜爱的让商船沿固定巡逻路线航行，和英国人习惯的让商船在非巡逻路线上分散航行之间达成妥协。前者的方法只在有近岸航线可用时实施，而横跨开阔海域，例如马耳他和亚历山大港之间的航线，则使用英国的方法——但是重要船只（一次不超过三艘）则一路都有护航舰艇保护。（3）将建立一道横跨奥特朗托海峡的固定式拦阻网。（4）协约国最终意识到了集中指挥的必要性。将在马耳他建立司令部，指挥地中海上的所有航线、护航舰艇和巡逻队。

　　协约国的海军高层批准了会议的建议，前两项建议很快得到实施并发挥了作用。[30] 技术军官前往奥特朗托海峡，研究布设固定式拦阻网的可行性。7 月 24—27 日的协约国巴黎海军会议上，决定取消拦阻网计划，因为它无法得到水面舰艇的有效保护。一名意大利海军将领坚称，他绝不会让驱逐舰参与拦阻网的保护，从而危及意大利和奥地利主力舰队之间可能发生的海战。他不会拿任何一艘驱逐舰去冒险。第四项建议的落实也有困难，因为法国和英国都想主持新的指挥机关。巴黎会议上双方都做了退让：一名英国海军中将将被任命为英国地中海舰队司令和马耳他指挥机关的最高指挥，其职责是制定地中海上指挥体制、护航舰艇配置和商船航行的总体原则。但是为了不妨碍法国舰队司令在

---

　　① 原注：在这 4 天里，仿佛是为了证明会议召开的正当性，U 型潜艇击沉了 14 艘共 27000 吨商船。

指挥作战时对所有巡逻力量的部署，英国海军中将只在岸基司令部里工作。

6月20日，英国东印度舰队司令，海军中将罗斯林·维密斯爵士被指定为地中海最高指挥官。圣文森特曾称，地中海舰队司令应该由一位伟大的将领担任，而这也是维密斯一生的野心所在。但遗憾的是，他未能如愿，转而担任了第二海务大臣。8月26日，海军中将萨默赛特·高夫－考尔索普爵士接过了任命。这意味着英国重新设立了地中海舰队司令一职，自从1914年8月，海军上将米尔恩追击"戈本"号失败后被召回国，这一职位就不复存在了。至于高夫－考尔索普，一位曾经担任他的参谋人员的军官将他简明地刻画为："（他）不够自信——总是拖延和等待……有人说他是百分之九十的头脑加百分之十的主动性。"[31]

与此同时，5月22日，马耳他基地资深海军军官，海军少将乔治·巴拉德，开始建立由3—4艘商船组成的小型护航队，由几艘武装拖网船保护，来往于马耳他和亚历山大港之间。这些护航队的运行非常成功：从5月22日到7月16日，护航队的275艘商船中只有2艘被击沉。这套初步的体制是一种成功的尝试，但是一份战后报告指出："当时在很多协约国海军军官心中，还没有想到在地中海组建超过3—4艘商船的护航队。"

* * *

5月和6月商船损失的冰冷数字还没有完全揭示形势的严峻性。处于维修中的商船吨位也剧增了。1月31日，英国有131000吨商船（总吨位1600吨以上的船只）处于大规模修理中，而4月底这一数字达到了262000吨，6月底为454000吨。"不可能这样继续下去。除去正在建造和修理的船只，一方面商船因战事而损失，另一方面通过新建和移交来补充，但从2月1日开始，可用的远洋船只已经减少了十分之一，年度损失率将达到25%。以这样的损失速度，不管如何加速建造和更经济地使用，商船数量的安全冗余度很快就会消失殆尽。在解决所有其他问题之前，压倒一切的是要保护商船。"[32]

船运管制官异常悲观，他在6月一份预测性报告中明示，如果英国船运的月损失吨位为300000吨，到12月1日，将没有足够的吨位运载必需品。[33]麦克雷的统计人员向船运管制委员会出示的数字是（6月27日）：在以前的三个半月中，平均每周损失20艘远洋商船，但是后来每周的损失数量高于这个数字。直接为战争服务而从海外进口物资的商船为1300艘。如果每周损失20艘，一年将损失1040艘；如果每周损失25艘或30艘，年损失量将分别达到1300艘或1560艘。而下一个12个月中，新建商船的数量不会超过300艘。管制官说："从所有数字中得出的结论，是必须采取措施使得失获得平衡，此事已毫无拖延的余地。"如果以目前的速度损失下去，到1918年1月或2月，就将达到"不可减少的最低"月进口吨位，即1900000吨。"要弥补每周损失的20艘大型商船，就要每年在本土和外国新造4500000吨商船，很明显这对我们来说是一个无比艰巨的任务。当然，通过更有效的保护措施减少损失，和增加造船量的效果相同，但是形势已经非常严峻，要达到目的，必须立即采取一切可能的手段，增加造船量、加强海上保护，或者减少消耗。"[34]

贝蒂也满面愁云。"在我看来，海军部正在栽跟头，而且是大跟头。现在潜艇的威胁远非三个月前可比！！！他们可以将大量文职和军职人员派进海军部，但除非换掉几个最高指挥，彻底更新思想和采取最有力的手段，否则一切都于事无补。"至于"最有力的手段"，他肯定是指采取全面和定期的护航队体系。几周后他说："他们正在大量击沉我们的商船，而我们无能的海军部根本无法阻止他们，或者拿出任何方案将航线移出潜艇的活动海域。情况非常严重……"[35]

6月29日，首相在格拉斯哥的一次演讲中，向全国宣布，商船的损失虽然严重，但仍比海军部预计的损失吨位低数十万吨，而且海军已经开始"掌握歼敌之策"，很可能将摧毁越来越多的潜艇。他不过是以这种方式为自己壮胆而已。1917年第二季度，海军在本土水域发现潜艇325次，但只获得了6次"确定击沉"和13次"可能击沉"的战绩。[36]第一季度的战绩为10艘，第二季度实际击沉潜艇的数量为11艘（1艘为法国海军的战绩）。各月数据为：1月——2艘；2月——4艘；3月——4艘；4月——2艘；5月——7艘；6月——2艘。

但这一时期的护航队系统又处于什么状态呢？事情显然已在4月底敲定了。4月27日，杜夫上交了组织从直布罗陀发出的试验性远洋护航队的详细建议。

建议被立即接受，海军部第二天就通知直布罗陀资深海军军官，第一支护航队应在大约 10 天后发出。5 月 10 日，一支由 17 艘商船（平均航速 6.5 节）组成的船队离开直布罗陀，3 艘武装快艇将它们护送至西经 11 度，余下的航程由 2 艘特种勤务船护航。5 月 18 日，护航队在潜艇威胁区（距英吉利海峡 200 英里处）外，即将进入西部航道时与从德文波特出发的 8 艘驱逐舰会合，另外还得到了空中掩护（1 架来自锡利群岛的船身式水上飞机）。当护航队接近锡利群岛时，前往西海岸港口的 5 艘商船离开大队，由 2 艘驱逐舰护航行至斯茅斯（Smalls）并在那里解散（5 月 20 日）；同一天，11 艘前往东海岸港口的商船被余下的 6 艘驱逐舰护送至普利茅斯。它们于当晚由漂网船保护前往唐斯，5 月 22 日安全抵达唐斯后，再航行至各自目的地。试验获得了圆满成功。没有损失一艘商船，也没有发现一艘潜艇，所有商船都顺利地保持了自己在护航队中的位置，相比以前采取分散航线独立航行的商船，护航队提前两天抵达了英国。海军部询问了几名船长，他们一致认为，以商业运输的角度看，护航队体系非常实用。他们都强调，他们和船员都有安全感，而且一路上享受了比前几个月更多的睡眠。这次试验让杰利科感到"护航队至少是可行的"[37]。他其实低估了护航队的价值。但是，直到 7 月 26 日，第二支护航队才从直布罗陀出发——拖延了两个月，因此遭到了船运部的激烈批评。"如果海军部响应我们的强力敦促，在敌人有任何觉察之前就立即在所有航线上将护航队体系投入运行，我们完全可以认为，从后来护航队的成功经验看，其后两个月的损失将仅仅是体系大规模投入使用前损失的一小部分，那时敌人已经开始意识到我们正在做何努力。"[38]

5 月，护航队还取得了另外两项重要进展。5 月 1 日前后，海军部原则上接受了在大西洋上全面建立护航队体系的方案。5 月 3 日，他们向美国海军部发出询问，能否发出一支由 16—20 艘英国或其他协约国商船组成，并由美国驱逐舰保护的护航队开往昆士敦。美国海军对护航队并不热心。他们虽然愿意协助英国海军部试验性地运行一支大西洋护航队，但是英国驻华盛顿海军武官报告，美国海军高层"强烈"反对护航队体系，尤其是海军作战部长本森（Benson）。"海军部并不认为护航队体系的整体架构是值得尝试的。大量商船在军舰保护下编队航行，大雾、强风、人员经验的缺乏，以及商业航行特有的紧张感，都会增加航行的危险性，和编队无法保持队形的可能性。"美国海军部建议代之以试验性的小型护航队——每队 4 艘商船，由 2 艘驱逐舰护航。[39] 英国海军部一开始同意了美国人的建议，但是在 5 月 22 日又转而反对。5 月 24 日，一支由 12 艘商船组成的试验性护航队（9 节航速）从弗吉尼亚的汉普顿港群出发开往英国。其中两艘商船因航速较慢而脱离护航队——一艘被鱼雷击沉，另一艘抵达目的地。护航队开始由英国巡洋舰"罗克斯堡"号（舰长是 F. A. 怀特海德）保护，在 6 月 6 日到达危险区后又有 8 艘驱逐舰加入 [①]。在爱尔兰以南海域，6 艘前往西海岸的商船离开编队，在 1 艘驱逐舰的保护下开向斯茅斯，4 艘前往东海岸的商船则驶向波特兰。到 6 月 10 日，护航队中所有商船均安全抵达目的地。怀特海德向第一海务大臣报告，虽然遇到大雾和恶劣天气，但商船编队非常严整，而且他完全可以组织一支多达 30 艘商船的护航队。6 月另有 4 支护航队离开汉普顿港群：分别在 4 日、12 日、19 日和 25 日，队中分别有 12 艘、11 艘、18 艘和 20 艘商船。虽然有 1 艘商船被鱼雷击中，但没有任何船只被击沉。

与此同时，5 月 15 日，海军部召开了一次会议，决定成立一个大西洋商业护航队委员会，负责制订一个完整的定期远洋护航队计划。5 月 17 日，由四名海军参谋部军官和一名船运部代表组成的委员会成立。委员会于 6 月 6 日递交了报告，那时他们已经有了首批两支远洋护航队的成功经验。他们建议成立一套在大西洋上往返的定期护航队体系（每八天为一个循环），由巡洋舰担任远洋护航舰艇，而由驱逐舰负责在距英国 300—400 英里的海域内接应。远洋护航一共需要 52 艘巡洋舰或"武装护卫船"，另外需要 84 艘驱逐舰和类似舰艇。报告得到了杜夫和杰利科的批准（6 月 11、14 日）。后者的纪要称赞了委员会的建议："正确而且考虑周全，建议将随着形势发展，在配置必要的护航和相关舰艇后开始实施。"[40] 同一天在海军参谋部贸易处下成立了一个护航科，专门负责整套体系的引入与建立。但是海军部没有为获得护航舰艇付出更多的努力。

护航队的使用范围扩展得极其缓慢。直到当年底仍没有一个完整的体系在

---

① 原注：飞机和拖网船也在危险区内参与了护航。

运行，我将在后面的章节加以介绍。6月底的情况是：前往英国的定期护航队尚未开始。只有5月试验性的直布罗陀护航队，和5—6月那五支开往英国的北大西洋护航队。离开英国的商船仍未得到护航，所有南大西洋和地中海的商业航线也是如此。海军部原则上已不反对护航队，也准备进行试验。但是他们一直心不在焉。他们视护航队为最后的手段，怀疑它能否成功，而且对基于海上巡逻的贸易保护形式难以割舍。另外，有人再次提出，如果扩大护航队的运行范围，将无法为大部分大西洋贸易提供足够的护航舰艇。在这种态度的影响下，杰利科和杜夫不愿启动全面护航队体系，和付诸努力推进体系的发展。他们的确批准了在6月实施另外四支大西洋护航队的计划。但是决定性因素是需要为来自北美的油轮提供保护。[41] 由于燃油消耗的不断增加和商船在4月的严重损失，海军的燃油供应已极度紧张。6月初，只剩不到三个月的燃油储备，那已经是安全储备量的最低额度了。

护航科主管马尼斯蒂战后写道："杰利科对护航队的成功没有信心，但是他相信这是唯一的机会，他也准备承担做出决定的责任，并像他后来做的那样全力支持护航队计划。"有些证据可以证明海军高层当时的心态。7月13日的战时内阁会议上，首相指示海军部，研究本土水域驱逐舰支队的重新部署问题，以增加用于护航队体系的驱逐舰数量。杰利科第二天就上交了报告，称本土水域的218艘现代化和76艘老式驱逐舰都在执行重要任务（商船保护、大舰队反潜幕、多佛尔海峡巡逻），没有一艘可以离开岗位用于护航队。[42] 对于海军部5月15日的会议，杜夫有着非常明晰的表态：

对护航队体系进行全面研究之后，我在报告里称，引入护航队需要52艘巡洋舰用于远洋护航，75艘鱼雷艇驱逐舰用于危险区护航。要提供这些兵力，就要在其他方面做出巨大牺牲（意味着这些方面无法应对），而且需要加入美国海军的全部力量。我需要进一步指出，非全面地实施护航队体系将是愚蠢之举，因为它将占用我们用于巡逻的，力量已经非常薄弱的全部驱逐舰，让商业航线完全暴露给敌人。但是，内阁认为护航队是挽救我们的最后机会，我们将被迫部分地付诸实施……另外还要确保运兵船的安全，这使整个问题更加复杂。[43]

将近六周后，杜夫仍未拿出一套完整的远洋护航队方案。"体系将随着我们承诺提供的海军力量的增加而快速扩大……它们（护航舰艇）从哪儿来，只有老天知道；但是我最近一次去战争委员会（内阁）时发现，他们显然将护航队视作危急关头唯一的拯救手段，对立即扩大实施范围施加了巨大压力。除了油轮外，目前仍无法建立离开本土的护航队，但是其必要性已到了非立即实施不可的地步。我们尚未全面地考虑这个问题，但以我的观点，必须尽快实施每周一班从普利茅斯或法尔茅斯出发的护航队。"而且最明白的是一个月后他写道："到目前为止非常成功的大西洋护航队，令我对这种保护商船的手段感到非常乐观。不过那些大人物没有考虑到的是，护航队的低航速使其极易暴露在攻击之下，只要有一艘潜艇接近编队，就能击沉两三艘商船。"[44] 我们将看到，杜夫终于得以为扩展护航队体系，找到所需的远洋和危险区护航舰艇。

美国海军的疑虑肯定也是海军部迟迟不下决心的原因之一。他们还没有准备好与英国一起建立大西洋上的定期护航队，而是更愿意让装备武器的美国商船独立航行。不过杰利科总结称，问题的关键，是"到 7 月中旬，即使我们已经得到 18 艘美国驱逐舰的增援，以及一些自己新建的舰艇，也仅够每 8 天分别从纽约、悉尼（布雷顿角）和汉普顿港群等地开出的 4 支护航队之需……相对于护航队委员会要求的 52 艘（远洋）护航舰艇，我们在 7 月只有 21 艘可用"[45]。这里的根本问题是，海军部一直到 6 月，仍然大大高估了每周需要护航的远洋商船数量，而且尽管有了哈里奇、东海岸和跨海峡护航队的经验，他们仍高估了每支护航队所需护航舰艇的数量。当然，另外的原因是海军部不愿从大舰队和其他部队抽调更多的轻型舰艇。

尽管进近航线体系，以及巡逻与猎杀战术已经明显不能保证商船的安全，海军部仍然对这些过时的手段保持着信心，即使用于保交战的舰艇数量不断减少。到 6 月，护航队体系的范围已经开始扩大，执行猎潜任务的驱逐舰仅剩下爱尔兰海的猎潜支队，以及少量驻在昆士敦、德文波特和米尔福德港的驱逐舰和 P 型炮舰。海军发起了一次特殊的猎潜行动：从 6 月 15 日至 24 日，大批驱逐舰和潜艇（大约是大舰队驱逐舰力量的一半）集结在苏格兰以北海域，部署在已知的潜艇归港的各条航线上，力图击沉尽可能多的潜艇。海军官方史称："行动的结果只是为难以拦截潜艇提供了更多证据，即使海军知道它们的航线在哪里。行动中共发现敌潜艇 61 次，并发起了 12 次攻击。但所有攻击均没有击沉或击伤潜艇，甚至没有迫使 U 型潜艇将航线南移……海军部一方面承认行动结果令人失望，另一方面却坚称要尽快再次尝试，以更加全面地试行这种战术。"[46]

如果还需要海军部此时对全面实施护航队缺乏热情的证据的话，我们还有迪尤尔的证词，他于 5 月被派往作战处，为第一海务大臣和战时内阁准备"每周一次的海军总体形势评估，特别是反潜战发展的形势"[①]。"倾向（护航队）的评论被人从每周研究报告中删除，（1917 年 7 月）建议尽快将离开本土的商船编入护航队的字句被划掉，页边空白处的评论是，'这些船只被击沉，是因为巡逻舰艇被调遣至前往英国的护航队'。这种观点不仅错误，而且它显示了一种对航线巡逻体系的天真信念，商船被驱使着在这些航线上航行，就像羊群被赶向屠场一样。"[47]

首相认为，海军部在拖沓误事。"海军高级将领们至少已被'护航队派'说服，可能不是要全面实施，但至少要进行尝试。然而他们的行动既勉强又迟缓。他们就像一群没有被打消疑虑的人，因而行事加倍小心，而且流露出他们的预测将被实践证明的期望……这些令他们失望的成功（直布罗陀和北大西洋）刺激了这些海军将领，使他们陷入了阴郁的顽固心态。"[48]

海军部在扩大护航队范围方面的迟缓和不愿合作的态度，是首相对第一海务大臣完全失去信心的一个主要原因。当然还有别的因素。

3. 卡森离职

比弗布鲁克爵士说，首相高调宣传他对海军部的访问的一个结果，是"狠狠打击了"卡森的威望。"劳合·乔治有意安排直接面对海军最高指挥层的会面，并以胜利者面目示人。但是他已经失去了对卡森、杰利科，甚至整个海军部委员会的信心。"[49]他特别将矛头指向杰利科，希望用一位有乐观精神、新

---

① 原注：这是首相就4月30日的访问向战时内阁提出的建议之一。

思想和更有勇气的将领代替他——一位对护航队更有信心的海军最高指挥官，能更积极和更机智地实施反潜战，而且以更加正面的态度，对待舰队可能进行的进攻行动。

劳合·乔治对杰利科印象平淡，其实这是后者的本性。两人在性格上属于两种极端：一个善辩、热情、乐观、无情；另一个沉默内向、悲观、从不以冷面对人。汉奇说："在掌握最高权力的内阁成员眼中，他（杰利科）最大的缺点是流露在外的悲观主义态度。"他还补充道："我有时怀疑他的悲观态度，是故意用来避免让政客们迫使海军付出更大努力的。"[50] 这里根本谈不上"故意"。杰利科的悲观性格被很多同辈人提及。国王乔治五世、贝蒂、费希尔爵士、丘吉尔、威廉·罗伯特森（帝国总参谋长）、劳合·乔治、黑格、雷平顿，以及汉奇，都谈到过此事。虽然从他的海上指挥中可以看出蛛丝马迹，但在杰利科到白厅后，特别是在1917年春天，这种性格表现得非常明显。例如罗伯特森说："目前的海上形势……已到了最危急时刻，杰利科几乎每天都发出一切已经毫无希望的断言。"[51] 贝蒂说："连国王（访问大舰队时）也说杰利科太悲观和保守。"[52] 从根本上讲，是杰利科对海军态势贯穿始终的悲观情绪，以及他不愿引入，随后又不愿扩大护航队体系的态度，使首相转而反对他。卡森知道杰利科不断积累的沮丧情绪，试图以让他断续地获得休息时间来激励他。但是护航队问题终于使劳合·乔治下了决心。当杰利科同意实施护航队时，首相相信，这位悲观和热情不足的海军上将必须离开了。

还有第三个因素。劳合·乔治听取了舰队中少壮派的战略思想，因而批评第一海务大臣对使用具有压倒优势的舰队实施进攻战略的积极性不足。他认为海军部"有一种小心自卫的紧张气氛"，因为他们"极为担心"敌人的潜艇。首相对在赫尔戈兰湾实施进攻作战非常感兴趣。特别是他不理解海军部为什么不摧毁或削弱敌人用作潜艇和驱逐舰基地的弗兰德斯港口。他认为有可能找到方法将这些港口的出口完全封堵。西姆斯的观点和海军部完全相同。当劳合·乔治向他表达自己的想法时（4月17日），西姆斯指出，拦阻网、水雷和障碍物都不能解决问题。这些手段"从本质上讲需要海军力量持续地提供保护和维护，这是我们不甚了解和经历的。我最终通过描述我们将陷入的境地，成功让首相认识到这些手段的缺陷：为了维护我们设置的障碍，必须投入可以与敌人出动清除障碍的兵力相匹敌的力量，最终即使不是全部，我们的大部分力量也将被迫进入危险区域，成为敌人使用鱼雷和其他进攻手段持续攻击的目标，事实上这将造成对敌人极为有利的态势"。经常出现的坏天气将使困难大大增加，因为拦阻网和水雷都必须使用最重的锚，而障碍物可能在几小时内被冲走。锚链将无法固定障碍物，它们会被磨断。"（英吉利）海峡到现在都无法完全阻止潜艇通行，更不用说通向北方的宽阔水域。潜艇可以从雷区下方通过，也曾成功使用我们不知道的方法，躲过或切断拦阻网和障碍物。"[53] 后来首相转向了新的战术。舰队为什么不能使用重炮轰击弗兰德斯港口呢？我们将在后面讨论有关这一战术的不同意见。

杰利科没有掩饰他对首相海军战略思想的反感。得知劳合·乔治将要访问罗赛斯时，他提醒贝蒂：

他极易受别人的影响，也常常离题万里。跟他说话一定要小心。他是一个不可救药的乐观派，有一天曾非常认真地告诉我，就算来自外国的供应被全部切断，我们肯定也会有足够的食品！他相信那些符合自己观点的数字，而不管它们的来源。我们要始终坚持，防止展开次要行动。他现在对从海上实施巴勒斯坦战役非常着魔，根本没有希望使他意识到，每向那里派一艘舰艇都意味着海军用于保护本土的力量的流失。[54]

尽管劳合·乔治巧舌如簧，坚持要求更主动地使用舰队，杰利科仍不为所动。就像伊恩·科尔文（Ian Colvin）所说："这是来自经验的谨慎反抗来自无知的勇气。"海军参谋部认为唯一可能实施的行动是远程炮击和布雷。德国大口径岸炮具有极高的精度，海军炮击只能在尽量远的距离上进行，而且只能选择能见度良好的晴朗天气行动。但是劳合·乔治，像1914—1915年的温斯顿·丘吉尔一样，认为自己懂的比海军专家还多。

不过劳合·乔治在一个方面确实取得了小小的成功。他认同海军参谋中"进攻"学派的观点[①]。他 4 月 30 日对海军部的查访已经成功证实了，海军部组织中最弱的一环，是缺乏一个思想团队——来负责研究和制订大型作战计划。作战处的工作压力主要来自实时指挥正在进行的行动，这样就没有时间研究进攻行动的方案。劳合·乔治认为，这是除了海军部坚持固有的防御战略外，总是缺少海上进攻行动的另一个重要原因。首相和战时内阁为此向卡森表达了他们的不满。

卡森也感到，就算有风险，海军也应采取更多行动。因此他要求贝蒂考虑使用大舰队："尝试阻止德国潜艇的出入……商船的损失一直很严重，我也不怀疑，如果要挖至魔鬼的根基就得冒险——我是说当然要有周全的计划。"[55] 虽然没有将他的想法强加给海军将领，但卡森还是向杰利科提出建议："无须对这些批评（公众和官方）是否有理做深入的思考，当然我根本没有理会，我也很清楚，我们应该设法平息它们，我们需要考虑通过海军参谋部的研究和计划制订，不断推进和考虑在海上采取进攻行动的可能性。"他建议在作战处下成立一个特殊部门，其唯一任务就是研究和制订进攻作战的计划。[56] 杰利科根本不在乎卡森的想法。他向贝蒂坦承："为了一次'猛烈的海上攻势'，我们将有一个为时六个月的动荡期，海军大臣已经受蛊惑者的影响，要我成立一个特殊参谋部门，只研究进攻行动。这意味着我得接受任何让大舰队在南方水域作战的疯狂计划……我将不得不花时间考虑这些本来不值得考虑的计划。如果你能敲打一下海军大臣，反对拿大舰队冒险实施这些计划，就算帮了我的大忙。我认为说服他并不难。"[57] 他根本无法反对建立计划部门的建议，不管怎样这都可以减轻对海军部"整体上智慧不足"的批评。但是杰利科不准备让里奇蒙德（他肯定知道里奇蒙德并不是他的仰慕者，而且满脑子都是他讨厌的两栖行动的想法）掌控新部门，而这却是首相希望看到的[②]。杰利科也对新部门的功能提出了看法。

……看来对于谁应该负责制订进攻行动计划有一些错误概念。这应该是海

[①] 原注：里奇蒙德、汉奇和迪尤尔在这方面对他影响甚大。

[②] 原注：罗伯特森非常欣赏里奇蒙德，认为他是"一位具有总参谋部军官头脑的一流海军军官"，5 月 26 日，他提醒首相，里奇蒙德的价值在海军参谋部将会比在军舰上大得多。

军参谋部中某些高级军官的工作，包括我本人、海军副总参谋长和作战处处长。很明显，经验使我们比年轻军官更适合这项工作……另外，只有对当前的作战行动有相当的了解，才可能知道什么样的舰艇可用于执行任何特殊的进攻作战。当然制订详细的计划是另一回事，应由指定的参谋人员完成……同时我要指出，战争开始后我就一直在考虑可能实施的进攻作战，但是我能肯定地说，还没有出现哪种经过多次考虑后被认为可行的作战方案。[58]

7月16日，一个作战处下的计划科成立了。它的唯一职能就是制订计划，但是不能发起新计划（这让少壮派极为失望）。曾任前第一海务大臣亨利·杰克逊爵士助手的海军上校达德利·庞德（第4战列舰中队"巨人"号的前舰长），被任命为计划科主管。虽然他是未来的战时第一海务大臣（1939—1943年），也比同时代大部分军官更适合参谋工作，但不是一个理想的人选。庞德身材高大、心理素质强大、朴实单纯、稳健而严肃（有时也非常耿直），他的头脑清晰而有条理，有良好的判断力和很强的专注力，不管工作娱乐都精力充沛（他几乎不需要睡眠）。但同时他也过于固执、刻板和拘泥于细节；有些证据虽然有争议，但可以说明他像很多同代人一样，喜欢集中权力，不懂得如何使用助手。他的整个部门包括他本人、迪尤尔、哈利迪（Halliday，陆战队军官）、肯沃西，以及另一名军官，后两人是为第一海务大臣的一项特别任务，而于7月31日调至该部门的[①]。"第16科是海军参谋部的灰姑娘。"迪尤尔说。

汉奇在7月3日与首相见面后写道，首相"急于要除掉杰利科"。但是他必须小心谨慎。海军全部舰队，更不用说普通公众，都还没有对杰利科失去信心，尽管劳合·乔治在6月底视察大舰队后已经深知这一点。就连贝蒂，虽然多次批评他曾经的上司，但也向卡森承认，杰利科仍是最合适的第一海务大臣。[59]他试图激起杰利科的斗志，建议他"不要理会那些阴险小人的企图。你必须不惜一切代价坚守岗位，不要主动离开，因为那将是致命的错误。不

---

① 原注：迪尤尔继续负责每周报告，兼顾两项工作直到8月15日，海军中校贝哈雷尔在海军上校T. C. 克里斯（T. C. Crease）的协助下，接替了他的每周报告任务为止。

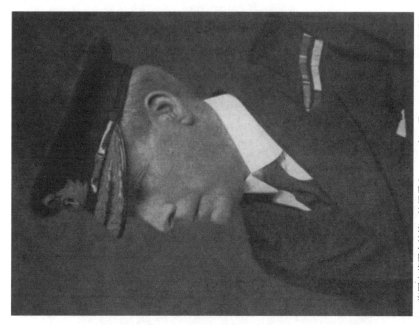

＜海军中将雷金纳德·培根爵士，1915 年 4 月—1917 年 12 月任多佛尔巡逻队司令（照片：D. C. 培根小姐授权）

＜海军上校 W. M. 詹姆斯，第 40 室主管，1917 年 5 月上任（照片：海军上将威廉·詹姆斯爵士授权）

＜ "伊丽莎白女王" 号上的群像（照片：帝国战争博物馆董事会授权）。自左向右：海军少将 W. E. 古迪纳夫；未知人物；贝蒂；比利时国王；第 2 战列舰中队司令；德·罗贝克爵士；比利时王后；第 1 战列巡洋舰中队司令，海军少将理查德·菲利摩尔；海军少将 O. 德·B. 布罗克爵士司令，海军中将约翰·德·罗贝克爵士；比利时王后；第 1 战列巡洋舰中队司令，海军少将理查德·菲利摩尔；海军少将 O. 德·B. 布罗克爵士

管报纸或任何人怎么说，都不要受他们的影响而行动。历史总是一遍遍重演，任何人占据了要职，早晚会有人想把他赶下台，现在报纸就被人用于这一目的。但是如果你完全无视他们的暗示和挑动，你的地位就很稳固……保持自信，去他的报纸和批评家”[60]。

杰利科则对危险有自知之明。

我可以想象有个要把我赶走的计划。那些正在这么做的人会说我太悲观了。这是因为我指出了集中力量进行反潜战的必要性，以及不能给全国供给粮食的巨大危险……我认为他们的第一步将是在报纸上诋毁我……我已经看到这种迹象。当然，如果把对国家的责任放在一旁，我很乐意离开，我已经受够了这些政客，但是以海军的观点，如果我还有用武之地，肯定不会主动辞职。我不贪慕虚荣，至少没有野心，但是我相信自己在这里还有点用，因为我同时具有海上和办公室里的经验。[61]

杰利科的未来很大程度上依赖于海军大臣的支持。卡森不会听取赶走杰利科的建议，也绝不会动摇对他的忠诚。他对海军上将非常尊重、敬爱和信任，而杰利科对他也一样。在卡森眼里，杰利科是（他遇到的）整个战争中工作最出色的人——博学、镇定、正直，让手下的军官充满自信……劳合·乔治先生的确对海军上将杰利科非常粗暴，第一海务大臣已经数次要求我接受他的辞呈。他说：“如果首相明显对一个人没有信心，那内阁最好能找一个他们信任的人。”我说：“我亲爱的海军上将，谁是你的内阁长官呢？”他回答：“当然是你，先生。”然后我说：“你可曾见过我对你没有信心？”他非常友善地回答，我们具有最愉快的合作关系。我说：“那么我亲爱的海军上将，我要告诉你本应对年轻海军军官说的话——‘继续吧’。”[62]

由于卡森拒绝当首相的打手，4月末或5月，劳合·乔治决定先将他解职。用比弗布鲁克的话说，“必须把杰利科的金钟罩移除”。除了这一考虑外，劳合·乔治除掉卡森“也是为了他本人好。他非常容易被挡在有效行动方案前的障碍所激怒。海军部需要一个更有精力，更足智多谋和更能把握细节的人来主持”[63]。

而且，需要有人"能习惯于将自己的意愿强加给手下"。劳合·乔治必须谨慎行事，因为海军大臣卡森在议会和报界都有非常强大的朋友，他可以成为反对党针对政府的可怕麻烦。

听到风声的海军上下都团结在卡森身后。海军上将比尔斯福德爵士和海军元帅海德沃斯·缪克斯爵士都在 5 月做出强烈反应，后者在利物浦（5 月 2 日）对听众说："我们认为爱德华·卡森爵士是海军认可的人。我希望你们制止这些（报纸的）想要把他赶下台的攻击……"卡森的朋友相信，很多对海军部的严厉批评，都缘于他是北爱尔兰统一党的领袖，他们想通过诋毁海军部而迫使卡森辞职。

陆军总司令，陆军元帅道格拉斯·黑格爵士，在将卡森解职一事中扮演了关键角色。他对卡森的管理能力非常不满，认为他作为海军大臣根本不称职。对于杰利科，黑格开始"非常喜欢他眼中的杰利科，虽然我并不把他当作一个有杰出能力和有决策魄力的人看待"[64]。1917 年春天，在与杰利科见面数次之后，黑格对他的印象大不如前。"……恐怕他给我的印象非常平庸——真的，我觉得他像一个老太婆！"在同一封信中，（他写道）格蒂斯"应该接替卡森，因为后者已经江郎才尽了"[65]。用劳合·乔治的话说，黑格"很欣赏杰利科作为技术性海军军官具有的丰富知识，但是他认为杰利科的头脑太死板、狭隘和保守"[66]。另外黑格对海军部在对付潜艇威胁方面的无能表现非常担心。6 月底，黑格发起了比弗布鲁克口中的"一场有组织的，精心策划的全面运动"，目的是把卡森和杰利科同时赶出海军部。首先是黑格于 6 月 20 日在海军部与格蒂斯进行了一番谈话，使他加深了对海军部高层的不信任感。他发现格蒂斯满腹怨言，完全不信任自己的同事与上级。"格蒂斯对海军部当下的状态非常忧虑。海军大臣（卡森）最近刚刚结婚，非常疲惫，把所有事务交由一群无能的水兵去办理！他说杰利科非常软弱，优柔寡断。只有一位将领（哈尔西）称得上称职。"[67]黑格承诺，他将安排格蒂斯与国王和首相的会面，让他有机会解释海军部正在发生的一切。同一天，杰利科就被判定犯有一级失职的罪过，完全落入了敌人的掌心。此事还与即将发生的第三次伊普雷战役有关。我们还需回溯一下历史。

从 1915 年 1 月开始，海军部就对重夺德国用作弗兰德斯潜艇基地的比利时港口产生了兴趣。但是陆军上将约翰·弗伦奇爵士却没有发动两栖行动，将德军从泽布吕赫和奥斯坦德赶走的计划。[68] 海军部曾多次鼓动陆军实施联合作战，或者独立行动。虽然陆海军参谋人员断断续续地对计划进行了几次商讨，但陆军始终反应冷淡。第一海务大臣因此在1915年底写道（在一封反映海陆军部关系的信中）："我们一直在努力劝说陆军沿比利时海岸推进，占领奥斯坦德，从那里我们就可以炮击泽布吕赫，但是他们却无动于衷，认为那是法国人的事情，我觉得他们根本不想为我们提供任何帮助。可以很明显地看出，陆军希望海军从背后支持他们，随时听从召唤，做任何他们需要的事情，却不想给予任何回报。"[69] 当1916年秋，U型潜艇的威胁剧增，德国驱逐舰还从泽布吕赫出发袭击英吉利海峡时，海军部再次施压，相信只有摧毁或占领敌人在比利时的海军基地，才能"有效清除"这些威胁。"这将解放大量轻型舰艇去其他海域执行任务，使英吉利海峡免受敌人驱逐舰的攻击和袭扰，而且可以反过来为我们提供一个用以保护荷兰贸易的驱逐舰前进基地。"[70] 海军大臣贝尔福跟进此事，向战时内阁递交了一份备忘录，强调使用潜艇、驱逐舰、水雷、鱼雷和火炮封锁奥斯坦德和泽布吕赫是不可能的，因为德国可以从内陆河道，或者"沿荷兰海岸曲折而行"，对它们进行补给。使用浅水重炮舰和飞机轰炸，已经削弱了它们作为海军基地的效用，但并没有摧毁它们。只有发动一次联合行动才能把德国人从比利时海岸赶走，并达到消除威胁的目的。[71]

1916年11月21日，战争委员会做出决议，希望"在可行的前提下"，发动旨在占领奥斯坦德和泽布吕赫的军事行动，至少要使这些港口无法再用作驱逐舰和潜艇基地。"委员会认为此属最重要的作战行动……"11月23日，在陆军部召开的一次高层会议上（参加者包括罗伯特森、黑格、杰克逊、奥利弗、培根），与会者对行动的价值统一了意见。12月1日，罗伯特森通知法军总司令、陆军元帅霞飞，英国政府"希望将夺取奥斯坦德和泽布吕赫作为下一年的作战目标之一"。霞飞原则上批准了计划。双方同意，1917年英军在西线的努力方向将是弗兰德斯地区，首要目的是遏制潜艇的威胁。具体计划将在随后几个月内制订。第一海务大臣提醒战时内阁，海军对新作战行动的特别兴趣在于：

德军占领和固守泽布吕赫和奥斯坦德大大增加了海军的困难。这些港口作为大批潜艇和驱逐舰的基地，对我们横跨海峡的航线和东南海岸持续造成威胁。它们的防御体系非常坚固，仅靠海军进攻绝无可能得手。比利时的运河系统，使驱逐舰和潜艇在不使用时可以行至布鲁日并得以保全，除了空袭，我们无法对那里发动攻击。如果德国军队沿法国北部海岸再推进半步，就会对我们的跨海峡交通形成致命威胁。[72]

1917 年 6 月 8 日，首相设立了一个研究战争政策的委员会，他自任主席，委员有寇松、米尔纳和史末资（他刚刚成为战时内阁成员）[①]。战时内阁将处理"日常问题"，新委员会则研究整体军事战略。它的第一个任务是考虑黑格提出的，由英军对德军在弗兰德斯的战线发动攻击的建议，其作战目标是至少清剿整个比利时海岸，迫使德军右翼大幅后撤。委员会向海军部询问，海军是不是无法采用密集炮击的战术，摧毁奥斯坦德和泽布吕赫的德国 U 型潜艇和驱逐舰基地（这样就可以大大简化作战过程），杰利科直截了当地让问题就此打住。他指出，通过海军炮击摧毁这些港口是不可能的，炮击必须依靠空中校射，以及出动浅水重炮舰在 12—14 英里的距离上开火。炮击只能对港内的舰艇造成破坏，摧毁岸基仓库和浮动船坞。战时内阁最近向海军建议使用战列舰实施炮击。但是"我（杰利科）肯定没有一位负责任的海军军官会建议采用这种方式，这几乎没有可行性。两个港口附近和通往它们的航道都布满了英德双方的水雷，在重型舰艇靠近之前必须展开大规模扫雷行动，即使那样，水深也不足以让战列舰直接看到目标"[73]。杰利科的坚定立场并没有令政客们增加对他的好感。"我让自己遭到了首相和其他人的憎恶，因为我坚持发动这一行动的必要性，而且不能是海军的单独炮击行动，或者以炮击行动为主，并且指出海上炮击永远不能把德国佬赶出泽布吕赫和奥斯坦德。"[74]

在另一份于 6 月 18 日递交战时内阁的文件中，杰利科提出夺取并占领奥斯坦德和泽布吕赫的极端重要性。两天后，他在一份报告中更加清晰地解释了自

---

① 原注：汉奇说，委员会秘书博纳·劳也是"事实上的委员"。

已的立场，只要敌人能够使用比利时基地，击败U型潜艇的前景将非常黯淡。黑格介绍了当时的情况：

今天揭示了一个极为严重和令人震惊的局势。在今天的（战争政策委员会）会议上，第一海务大臣、海军上将杰利科声称，由于德国潜艇造成商船的极度短缺，英国可能将在1918年无法将战争继续下去。这简直是给战时内阁和所有在场的人投下了一颗炸弹。应该对海军高层做出这种结论所基于的真实情况进行全面调查。与会人士无人赞同杰利科的观点，所有人似乎都对英国的食品储备量表示满意。杰利科的话是："对明年春天的计划没什么好讨论的——我们将难以为继。"[75]

劳合·乔治驳斥了"这一令人瞠目而又草率的声明"，但是他没能说服第一海务大臣。会后，杰利科告诉史末资，他甚至有可能低估了形势的危急程度。杰利科这种"投炸弹"的行为于他本人没有任何好处。汉奇写道："杰利科悲观的行为，已经引起了潘兴将军和其他美国人的不满，现在更是激起了愤怒。"[76]杰利科的声明出于他所确信的观点，而不是一时冲动。在接下来的几周内，他又重新提起清剿比利时海岸的紧迫性和必要性。"我说如果我们等到明年，就再也没有机会了，我们必须在冬天到来前占领比利时的北部海岸。"[77]

战争政策委员会从6月19日开始讨论黑格的计划，他也向委员会解释了行动细节，讨论一直持续到7月。一直到7月25日，英军计划展开攻击之前六天，战时内阁才最终批准了弗兰德斯行动——而劳合·乔治则非常勉强，而且顾虑重重。杰利科可能对计划批准起到了重要作用，因为他的观点对委员会大部分成员都产生了深刻影响。

海军在行动中的任务，将是在8月初，使用浅水炮舰将罗林森第4军的一个师送上岸，该师装备有大量坦克和一些火炮。坦克和火炮将使用特别设计的浮筏登陆，浮筏两侧各有一艘浅水炮舰，将其推送上岸。登陆点选在韦斯滕德（Westende）附近的比利时海岸，那里位于德军的侧翼，便于将他们逐出奥斯坦德、泽布吕赫和布鲁日。当英军在陆地进攻中推进到鲁瑟拉勒（Roulers）时，将向贝蒂发出开始登陆作战的信号，那将是在8月4日至8日之间。贝蒂则对海军的角色怀有疑虑。"似乎只要求海军将 24000 人和坦克护送上岸而已。他们提供的唯一保护措施将是施放烟幕——这种手段的有效性一直备受怀疑。而且敌人的抵抗将完全使用陆军火炮的密集火力压制。这听起来很乐观,但只要多加了解就知道很难实现。如果陆军火炮这么有效,就很难理解为什么必须要在距敌人防线很近的侧翼登陆,但当我们有了计划,这一切就都会清楚了。"[78] 麦登报告称,德·罗贝克(第 2 战列舰中队司令)以他 1915 年在加里波利获得的丰富经验,"极其肯定地认为,成功登陆是不可能的"[79]。这些担心并没有引起注意。杰利科不认为登陆行动会令公海舰队出动:德国人更有可能派出几艘轻巡洋舰和驱逐舰,因此英方并没有考虑增援蒂利特。[80] 这后来也成了一个学术问题。因为黑格的攻势从来就没有远至鲁瑟拉勒,海军根本没有参与第三次伊普雷战役〔或是另一个更为人所知的称谓:帕斯尚尔战役(Battle of Passchendaele)〕。黑格于 9 月 23 日取消了两栖行动。

清剿比利时海岸真的对攻势反潜如此重要吗?海军上校罗斯基尔的证据显示,弗兰德斯支队击沉的商船数量占了总损失的三分之一(1917 年 2 月至 5 月),公海舰队潜艇支队(主要以基尔和威廉港为基地)的战绩略超过三分之二,但是夺取弗兰德斯基地并不能对潜艇造成大的影响。如果陆军对奥斯坦德和泽布吕赫形成严重威胁,德国完全可能将两个潜艇支队移至基尔和威廉港。"这将在一定程度上影响他们的作战效能,特别是攻击海峡航运方面,但很难相信他们的战果会大幅减少……不应让潜艇战影响弗兰德斯的陆上战役……"[81]

但是罗斯基尔在另一部著作中的表述就过于偏激了,他称黑格坚持要将这场劳合·乔治后来称为"历史上最黑暗一页"的战役拖入秋天,部分原因是杰利科关于如果不拿下弗兰德斯就会输掉战争的"不祥预言"。[82] 杰利科从海军立场出发强力支持发动战役,以及对不把敌人逐出比利时海岸的后果的悲观预测,是陆军决定发动弗兰德斯战役的主要原因,也是劳合·乔治拒绝逾越陆军将领权限制止这一行动的主要原因①。但是随着战役的进行,越来越多地被其内在的

---

① 原注:贝当秘密透露了法国军队的哗变,以及他坚持要求英国对敌人施加最大压力,在促使黑格发动战役方面,至少和杰利科的理由一样重要。

力量支配，而偏离了原本的目标（奥斯坦德、泽布吕赫、鲁瑟拉勒）。问题的症结，如约翰·特兰尼（John Terraine）所述："根本上讲，弗兰德斯战役有两个目标：清剿比利时海岸，消除奥斯坦德和泽布吕赫潜艇基地的威胁，海军部夸大了这一目的的重要性；使用炮兵夺取或控制鲁瑟拉勒的铁路中心，那里是德军在西弗兰德斯的命脉……但是鲁瑟拉勒位于伊普雷的东北方向，奥斯坦德在其北方。攻取这些目标需要向不同方向推进，所以要同时达成两个目的，要么使用一支庞大的地面部队，要么敌人的实力非常薄弱。"[83]

我们必须回到主题了。6 月 25 日，黑格分别与劳合·乔治、寇松、贝尔福和阿斯奎斯单独会谈，向传教士一样向他们宣扬海军部极其令人不满的状态，敦请他们立即采取行动。[84] 第二天，唐宁街 10 号举办了一次早餐会。在场的有劳合·乔治、黑格、米尔纳和格蒂斯。海军部及其低效状态是讨论主题。格蒂斯把他 6 月 20 日告诉黑格的话做了复述。黑格这样介绍了会议结果："考虑了（劳合·乔治的）建议，以罗伯特森接替卡森，将杰利科和其他两三个'木头脑瓜'解职的问题也摆上了委员会的台面，等等……劳合·乔治说他已决心立即采取行动，以扭转事态，但尚不确定目前的最佳决定是什么。"[85] 黑格当天接洽了罗伯特森，但他拒绝考虑到海军部任职，因为那样他就不得不变成一个政客！这是个正确的决定，因为帝国总参谋长头脑清晰，是一位名副其实的战将，但他缺乏想象力，对政治也一窍不通。

6 月 28 日，黑格返回法国，比弗布鲁克爵士猜测了黑格在伦敦"搞阴谋"的"真正动机"。"也许他的确是出于内心的焦虑……或者又一次，他可能主要是为了转移对着他自己的矛头，几个月以来，劳合·乔治一直把将黑格解职作为主要目标。"[86] 我个人认为前者是真正的原因，同时他对杰利科的观点提出警告，而将首相和他自己拉入同一阵线，尽管两人在陆军战略上有很多分歧。

最后是米尔纳（L. S. 埃默里在《战时内阁的智慧之柱》中有精彩描述）提出了（6 月 26 日）一个简单而又巧妙的方案，解决了卡森的问题：任命格蒂斯为海军大臣，而将卡森提拔至战时内阁。"首相紧紧抓住米尔纳的计划。这带来了明显的解脱，避免了与卡森发生政治冲突的危险。"[87] 寇松和博纳·劳都表示支持劳合·乔治，麦克雷也在 6 月 28 日一封控诉海军部管理失职的信中表达了同样的态度。"……与商船船长和其他人进行的私人会谈,都讲到了当前的局势极其危险,除非立即对海军部采取措施,否则这些人将要拒绝出海。统计数据表明,当前海军统管的那些集中海区,已经成了商船真正的死亡陷阱,我们的人正在意识到这一点……商船界对海军部的信心正在瓦解,现在已不复存在。"麦克雷将信的副本交给博纳·劳,并附上了一句评论:"自上而下都渴望改变,必须面对这一局面。"[88]

劳合·乔治仍在犹豫,虽然倾向于格蒂斯,但他未对由谁来接替卡森下决心。6月底的几天,他一度非常想让汉奇来干这个差事,但是汉奇在米尔纳的支持下,说服首相放弃了这一想法。汉奇抗议说自己不适合担任海军大臣,米尔纳则让劳合·乔治相信,汉奇作为战时内阁秘书是"无可替代的"[89]。到7月3日,劳合·乔治已经决定由格蒂斯来接任,他于7月5日将经过慎重考虑的变革计划向国王做了通报。"他一直在为**改变海军部**绞尽脑汁。上周访问海军部时,他已经看到那里的问题,内阁也有同样的想法。约翰·杰利科爵士过于消极悲观:事情一旦不顺利,他'就很容易变得畏缩不前,满腹牢骚,说战争打不了几个月,等等,等等'……他想让 E. 卡森爵士进入战时内阁……他心目中(接替卡森)的人选是埃里克·格蒂斯爵士。"[90]国王没有提出任何反对意见。

7月6日,劳合·乔治动手了:当天夜里信使将一封信送交卡森,首相邀请卡森加入战时内阁。"我们需要你的洞察力、勇气和判断力。"①卡森的反应很冷淡。摇摆不定的首相退缩了,告诉卡森(7月7日)如果他愿意就可以留在海军部。最后,米尔纳在7月16日的一封信起到了催化作用,他坚称事态紧急,在变革一事上绝对无法再拖延,因为"我们等待得越久,事情就越可能泄露出去,报纸上会逐渐充满流言与批评,整件事将就此告吹"[91]。第二天,报纸上刊登了官方声明:卡森将进入战时内阁,格蒂斯入主海军部,丘吉尔将担任军火大臣,还有其他一些人事变更。格蒂斯于7月20日正式上任海军大臣。

格蒂斯"深知替罪羊手段的玩法,极不情愿接受政治任命。但劳合·乔治

---

① 原注:而且正如他告诉国王的,他们还需要卡森演说的天赋。没几个内阁成员能用口才吸引公众。

坚持（如此）"[92]。卡森对自己的职位变动很不满。一位内阁成员说，他"为此极为恼火，不像我之前的经历，他在变动发生之前根本没有与劳合·乔治商讨过，事情根本无须如此仓促，这对他来说犹如晴天霹雳"[93]。但是他内心中的爱国情怀抚慰了感情上遭受的重创。可以说，卡森在他的海军部工作即将结出硕果之际转调战时内阁，保守党报纸和海军都认为他的离职是国家的损失。他为自己建立了海军部和海军对他的信心与信任。蒂利特写道："想到卡森已经离开，我不禁伤感落泪……我认为他是这几年来我们最好的海军大臣，他的见地其实比很多人认为的充实得多。"[94] 自由党报纸却很高兴看到他离开——对付潜艇威胁必须有一个"新的方向或动力"。

卡森担任海军大臣的时间是里彭侯爵（1886 年 2 月至 8 月）之后最短的。虽然他在这几个月里必须面对可怕的困难，而且他也根本没有得到真正的机会去施展管理才能，但是他在晚年告诉妻子，尽管压力巨大，他在海军部任职的日子仍是人生中最快乐的时光之一。

随着卡森离开海军部，杰利科的未来将会如何呢？这将由格蒂斯来回答，而且很大程度上取决于未来几周和几个月的海战态势。

第二部

--- ★ ---

退潮：杰利科—格蒂斯时期
（1917年7月—1917年12月）

海军部的变革
（1917 年 7 月—1917 年 10 月）

———————————— 第八章 ————————————

作为海军大臣，格蒂斯无尽的活力很快渲染了每个部门。所有的困难和拖延都消失了。各方面工作都加快了速度。护航队体系终于有了全面施展的机会……反潜战也有了进展……最令人欣喜的是，所有这些行动背后都有真正的推动力。

——劳合·乔治，《战争回忆录》

（格蒂斯）当然对海军相当无知，虽然他对铁路很精通！

——杰利科致一位友人，1917 年 12 月 29 日

1. 格蒂斯的海军部

1917 年 7 月 20 日，格蒂斯正式上任。虽然这是他第一次担任内阁大臣职务，但他杰出的能力、无尽的精力、创造力、才智、勇气、管理的天赋和在众多领域的丰富知识早已为人所知，而且整个国家也对任命感到满意。其实由商人担任海军部的文职长官并不罕见。考多尔爵士、戈琛、乔治·哈密尔顿爵士和 W. H. 史密斯都是先例。

海军对格蒂斯的到来反响并不强烈。有人怀疑他是在不知情的情况下为丘吉尔做"铺垫"——一个骇人的前景！军方报纸希望格蒂斯不要再"伪装"成一位海军将官（他确实已经重新穿上了便装），也不要试图发表"有关战略战术的粗鲁和缺乏常识的看法"，干扰海军参谋部的工作。尽管如此，海军仍准备给予格蒂斯信任，特别是在他承诺不干涉海军战略之后 [1]。海军少将埃文－托

————————————

[1] 原注：剑桥大学让格蒂斯获得了代表大学的议会席位，使他可以在下院回答问题和阐述海军政策。

马斯在给他妻姐的信中写道："我们让了不起的埃里克·格蒂斯当了海军大臣——一个曾经的铁路助理经理——一个脑袋长得像子弹头的家伙，比那些烦人的政客更喜欢直盯着你的脸看。也许他挺适合我们。"[1] 即使那些不喜欢或不信任格蒂斯的人也毫不质疑他的能力和热情。

我们从可靠的来源了解到，格蒂斯对"海军部委员会缺乏有效的管理方式感到震惊——原则模糊、准备不足、没有会议纪要，整体上的管理非常业余"[2]。由此，加上其他原因，这位铁腕人物在上任第一个月就掀起了一场风暴。"格蒂斯花了很长时间才安顿下来，"汉奇回忆，"这不是一个他可以急于求成的职位，开始他有些急躁不安，怀疑有来自外界的干扰……"[3] 奥利弗发现海军部一片动荡。"自从东北铁路公司掌权，我们这儿已经天翻地覆，但是我们在忧心忡忡中努力做好工作。"[4] 不过贝蒂听说，"海军部的气氛已大有不同，一切都活跃起来了，连 J. R. J.（杰利科）都开朗起来，没有那么悲观了"[5]。

格蒂斯很快就学到了高水准的海军专业知识。西姆斯说："他在很短时间内就获取了海军形势的信息，这使他在主持国际海军委员会时，对当时的所有问题了如指掌。一些与会的海军高级专家告诉我，如果不是得知了事实，他们根本不会怀疑埃里克爵士不是海军出身。"[6]

曾经任东方铁路公司高管多年的阿兰·安德森爵士（Sir Alan Anderson），接替格蒂斯任审计官。格蒂斯将有关海军装备的商业管理责任分成两部分，审计官负责"设计和制造"，第三海务大臣哈尔西负责"设计要求"。这只是这一时期海军部人事和组织方面的重要改革之一。

W. 格雷厄姆·格林爵士自 1911 年起就担任海军部常设秘书。用贝蒂的话说，他是"那些半个死人之一"。当时的文职大臣秘书称他是个"干瘦的老单身汉，为工作心无旁骛，经验丰富，谨慎而又精细"[7]。他是一个工作狂（经常深夜两点才离开海军部），总是非常低调地完成自己的职责。曾在格雷厄姆·格林手下工作的文森特·巴德利先生（Sir Vincent Baddeley），认为他"是那一代人中最优秀的政府文员之一"。但是劳合·乔治对他没有信心。他从来没见过格雷厄姆·格林，但他深受汉奇对格林印象的影响。在按照劳合·乔治—汉奇 4 月 30 日报告的建议对海军部实施重组时，格雷厄姆·格林一直在拖后腿。汉奇为此勃然大怒，向首相提出了强烈抗议。《每日邮报》（5 月 2 日）肯定也领会了首相的意图，他们发现海军部的组织存在"严重缺陷"，对"我们成功应对潜艇战非常不利"。这是在将矛头指向格雷厄姆·格林，他"手中握有海军部的所有脉络，并且……影响力巨大的秘书处……比任何海务大臣，甚至可能包括第一海务大臣都具有更大的权力"。这其实非常过分。指控（5 月 5 日又重复了一次）根本就是无稽之谈，对海军部的工作方式完全无知。秘书是海军部委员会成员［虽然在 1921 年 10 月 31 日之前不是正式成员，即专员大臣（Lord Commissioner）］，但是他担任该职很大程度上是为了接触会议会志，并监督会议决定的落实情况。他的其他责任还包括各部门之间的协作，在管理方面充当顾问，以及制定文职层面的管理制度。格雷厄姆·格林一直在出色地履行自己的职责。至于有关潜艇威胁和他之间关系的批评，则根本无从谈起，不值一提。首相一度要求卡森将格雷厄姆·格林解职。卡森拒绝了，因为他对格雷厄姆·格林充满了信心。新任海军大臣则无法为格雷厄姆·格林的留任寻找借口，也无意抗争，7 月底，他要求海军部秘书递交辞呈。不过当奥斯温·莫里爵士（Sir Oswyn Murray）于 8 月 7 日接替格雷厄姆·格林时，大家对这个结果都非常满意①。

莫里已经与海军部打了 20 年交道，他曾在牛津大学有着辉煌的经历②，自 1911 年起，他担任海军部助理秘书。他担任海军部秘书一职直到 1936 年去世。了解情况的人都相信，他可能是当代历史上最优秀的海军部秘书："尽责、刻苦、高效而且绝对可靠……他从来不会显示出那种自我驱动的热情……在管理上我相信他彰显的是坚定、宽厚和公正。"[8]莫里给诺曼·麦克劳德（Norman Macleod）留下的第一印象，是"他面对最复杂和最困难的管理问题时，那种找到解决手段的能力……莫里展示的是希腊人称之为'epieikeia'的东西，即'甜美的合理性'，这使他在面对皇家委员会时或者在其他委员会会议上，每次都能使对方信服自己的观点……要想为与他不同的观点找到合适的理由简直难于登天"。

---

① 原注：丘吉尔则很高兴有机会让格雷厄姆·格林进入他的部门担任秘书。
② 原注：包括文学士初等考试优等成绩、文学士一级荣誉学位，以及在艾克赛特学院获得法理学学位。

172

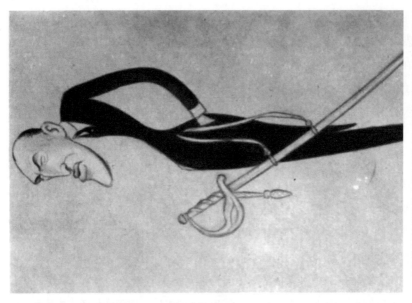

〈卡森爵士马克斯·比尔博姆所作漫画，国家肖像画廊董事会授权〉

〈爱德华·卡森爵士，1916 年 12 月—1917 年 7 月任海军大臣（照片：摄于海军部大楼，国防部授权）

∧ 埃里克·格蒂斯爵士，1917年5—7月任海军部审计官，1917年7月起任海军大臣（詹姆斯·麦克纳尔蒂画作，雷伊·格蒂斯先生授权）

杰利科认为，格雷厄姆·格林的离开预示了他自己的命运。他在 8 月告诉格雷厄姆·格林："我想我离退休也不远了。"[9]一个更强的预兆，是伯尼的退休。7 月 17 日，劳合·乔治将杰利科召至唐宁街 10 号，告诉他第二海务大臣伯尼和海军参谋长奥利弗必须离开。杰利科建议让伯尼留任，但他并不准备施加强力。奥利弗则完全不同。他在海军参谋部是杰利科的主要助手，而且自战争开始后第四个月任该职至今，对参谋工作非常熟悉。如果奥利弗离开海军部委员会，杰利科将不得不考虑自己的处境。

（杰利科回忆）首相就此提醒我，要像一名军官生一样遵守同样的原则，无条件服从命令。但是我告诉他，由于海军大臣易人，目前海军部委员会尚未成形，如果 H. 奥利弗爵士不能留任，我保留拒绝加入新一届委员会的权利。我们又进行了长时间谈话，但我拒绝改变决定。埃里克·格蒂斯爵士在会议不欢而散后不久再次试图劝说我，但我不为所动。最后我说，我将在第二天因公务前往大舰队，届时将就我的去留问题与 D. 贝蒂爵士和 C. 麦登爵士商谈……无论 H. 奥利弗爵士的去向如何。[10]

杰利科返回海军部后，再一次试图将伯尼留在海军部委员会，他称这是因为伯尼的海上指挥经验比其他任何将官都丰富，而且具有出色的判断力，第二海务大臣的职责是在第一海务大臣缺席时指挥作战，伯尼的作用无可替代。他还完全有资格履行舰队人事管理的日常职责。至于奥利弗，杰利科重申了他的立场。奥利弗对"战争各个方面都了如指掌……他的作用是无价的。他可以预估敌人任何行动的目的和可能的后果。我极少见到他失算的时候……而且他与陆军参谋部一直保持着的密切关系对有关陆军机动和其他军事行动都极其有益……我对将他调离当前的岗位感到极为忧虑。这肯定对海军行动的指挥最为不利，而且他的经验，使我目前不必为工作细节所缠身，而他一旦离开，我就将无法集中精力于更重要的军务"[11]。

事件最后以双方的妥协告终。奥利弗被允许留任，而伯尼则在 8 月 7 日被海军中将罗斯林·维密斯取代。杰利科未能留住他信赖的老朋友伯尼，他对此感到"极大的遗憾"，也为伯尼感到"非常惋惜"。"没有任何理由就将一个人从他正愉快从事的工作中赶走，这对谁都是极伤自尊的事情。"[12] 伯尼被解职是因为大部分人都认为，他已经力不从心，而成了一股阻力，而且这样一个人要是临时顶替担任第一海务大臣，不啻为一个危险。舰队中没有一位将官支持伯尼。[13] 这一事件标志了杰利科和格蒂斯之间的关系已经开始进入冰封状态。

2. 深化重组

劳合·乔治不敢以伯尼—奥利弗事件为由迫使杰利科辞职，这样会招致整个舰队的怨恨。而且格蒂斯也知道不能立即赶走杰利科，所以同意劳合·乔治的想法。劳合·乔治说："格蒂斯知道海军所有高级将领都信任杰利科，因此尽可能确保他的合作态度是积极有利的。他承诺，一旦发现杰利科难以合作或事事作梗就立即告诉我。结果他很快就觉察到，海军部的正常协作和工作效能都因个人因素而严重受阻，其中包括海军上将贝蒂……和海军上将杰利科之间缺乏融洽的互信……在向我征询意见后，格蒂斯决定设立副第一海务大臣的职位，负责增进大舰队、哈里奇舰队和海军部之间的合作。"[14] 这是9月和10月对海军部委员会进行重大改组的步骤之一。

9月10日，海军大臣签署了一份综合了格蒂斯的建议和杰利科的意见的备忘录，主要内容如下：

……当海军部委员会规模较大，要面对带有高度复杂性和多样性的广泛议题时，它的功能只限于有效处理数量有限的原则性问题。

今天它已不具有作战指挥功能……虽然作战指令日日夜夜都在以它的名义发出……实际上现在的海军部委员会从未指挥过海上作战，我认为它也不能实施指挥。但是，我作为海军大臣，对整个海军部委员会，和作为海军总参谋长的第一海务大臣，以及他的副手和助手未征询同事，就不断以海军部委员会名义用电报形式指挥，都非常不满……我认为海军参谋部和海军部委员会的功能和责任最好被明确地界定下来……（我的方案是）要通过授权和定义来加强海军部委员会的管理功能，同时要确定海军总参谋长的岗位和责任。换句话说，采取的步骤将使海军部委员会理论上作为一个集体的责任……更加实际地针对原则性事务，同时尽量解除它具体实施命令的不切实际的责任……（第二海务大臣的责任分工也不理想）虽然没有每天亲身参与作战指挥，但以他的资历以及海军传统，他的职责应该是为第一海务大臣分担责任，并在他不在时代行其责……我不认为明知第二海务大臣在工作中很少接触作战事务，却偶尔让他在某个晚上负责指挥作战是种理想的安排……海军参谋部制订作战计划的功能固然没有得到深化，但他们愿意，也应该具有这种功能（修改措施如下）。

首先我建议，日常作战和应执行的命令应以海军总参谋长的名义发出，这与现在帝国总参谋长的责任类似……我还建议，第二海务大臣在将来被冠名并实际上担当副第一海务大臣……

下一步，我建议海军部委员会的成员分为两个不同的委员会：

（1）作战委员会，成员包括——第一海务大臣和海军总参谋长、副第一海务大臣（后来副第一海务大臣成为作战委员会的代表）、海军副总参谋长、海军总参谋长助理，必要时第五海务大臣也可加入；（2）维护委员会，包括——第二海务大臣、第三海务大臣、第四海务大臣、海军审计官、文职大臣（1918年1月增设了一名第二文职大臣）、财政秘书，必要时第五海务大臣也可出席。海军大臣是两个委员会的主席……

另外，还建议在海军参谋部下设立计划处，"为作战委员会考虑和准备战略计划与海军政策问题"，以及"考虑和建议新型武器与装备的使用"（见下文）。在训练处下增设了一个部门，负责所有官兵在执行作战和参谋任务时的训练原则，兵员补充和单位建立，制定参谋职责，训练和组织，以及编纂手册和教材。商船机动处下成立的一个新部门将接管所有护航队、护航舰艇和航线的管理工作。

通过这些改革，希望达到以下目的：

（1）确保海军部委员会能集中处理重要军务和海军战略。

（2）将海军业务分散给作战或维护委员，在事务交由海军部委员会处理前由这两个委员会先行筛选。

（3）加强和改进海军参谋部的功能，为海上战争提供更有智慧、更广泛的想法和建议。

（4）明确和界定发布海军作战命令的责任，目前的程序允许不受制约地在没有整个海军部委员会，或任何合法机构授权的情况下发布命令，所以要对其进行规范和限制。

（5）实施的各项措施将不会在任何形式上，限制或剥夺海军大臣对国王和议会的责任。[15]

各项建议均得到内阁的批准，并在接下来的几周里开始实施。

将海军部的组织结构分成两个部分是杰利科对重组工作的重要贡献。他将作战委员会的职责定义为："它将处理海军战略问题和作战方针，以及其他与海军作为一支战斗力量有关的供应、装备、战斗力、部署和运用问题。"委员会每月开会两次，实际上涉及的主要是物资装备问题。维护委员会"处理有关人员和装备配置，以及重要物资的供应问题，并根据作战委员会的需要实施各项保持舰队战斗力的工作"。当委员会处理的项目极为重要时，会由海军大臣或委员会做出决定，将问题提交给整个海军部委员会讨论。

下级海务大臣的头衔都有所扩充，以明确他们各自的责任范围：第二海务大臣和海军人事主管、第三海务大臣和海军装备主管、第四海务大臣和供应与运输主管、第五海务大臣和海军航空兵主管。

重组工作的一部分，计划处的建立，令杰利科和格蒂斯的关系非常紧张。我们已经看到，杰利科在海军参谋部作战处下成立了一个计划科。当格蒂斯建议将这个部门提升为处级单位，与作战处分离时，杰利科"表示强烈反对，指出不能脱离作战处处长而独立地制订计划，因为计划部门将无法通晓舰队的日常行动，也无法掌握有关的可用于各种作战行动的舰艇信息，这样制订出来的计划将不可避免地引起混乱。我看到即使以辞职相要挟也没有用，所以只好妥协，提出虽然计划处处长独立于作战处处长，但两人应该紧密合作"[16]。接下来更糟糕的是，在维密斯的强力推荐下，格蒂斯任命海军少将凯斯（他自 6 月开始担任大舰队第 4 战列舰中队副司令）为计划处处长。出于"某些误解"，凯斯的任命没有得到杰利科的批准。杰利科对此"感到有些意外，因为我认为他从性格到头脑都不适合这个职务，虽然我当然知道他的其他优秀品质，但是委任令已下达，我也只好认可。海军部组织的运作不再顺畅，我发现自己的工作量也因必须不断同两个人打交道而增加了"[17]。

最后，为了贯彻格蒂斯报告中一个关键的建议，10 月 23 日颁布的一道皇家制诰，引入了一项重要革新。自当日起，第一海务大臣作为海军总参谋长，在向舰队发布有关作战行动和舰船机动的命令时，要对海军大臣负责，所有命令均应以第一海务大臣的名义发出。"发布这些命令的责任不属于海军部委员会，除非问题被提交到委员会，因为除非作战命令出自海军部委员会的决定，否则在皇家制诰的规定下，发布命令的责任在于海军总参谋长和海军大臣。但是制定（召开每周一次的海军部委员会会议的）程序，是要保证无论何时，只要形势需要，重要的作战行动都应提交到整个海军部委员会讨论。"[18]换句话说，除非有关作战行动的事宜被提交到海军委员会，否则该委员会不必集体为作战行动负责。皇家制诰扫清了丘吉尔时代造成海军部混乱和举步维艰的一个因素。[19]

那么什么才是影响更深远的改革呢？完成从 1917 年 5 月开始的重组改革，"是为了将工作分散，交给紧密合作的各个部门完成，以明确章程的形式赋予海军参谋部执行力，使之能够应对工作的多样性和复杂性"[20]。

就在这时，根据 9 月 10 日的备忘录，维密斯被提升为副第一海务大臣，除履行第二海务大臣原有的人事工作外，还开始承担参谋工作（这完全是格蒂斯的意见）。但是维密斯发现自己一人无法同时肩负两项工作，作为第二海务大臣，他没有时间研究参谋事务，于是他说服海军大臣，让他全职担任副第一海务大臣处理参谋事务，而另外任命一名军官作为第二海务大臣。9 月 27 日，维密斯选中了海军中将 H. 利奥波德·希斯爵士接替他的第二海务大臣职务，后者虽算不上聪慧无比，但也能力出众①。而维密斯恰好比希斯更资深，所以交接工作非

---

① 原注：里奇蒙德说他"肩上扛着一颗南瓜，而不是脑袋"。他将在1918年对希斯有深入的了解。

常顺利，这样第二海务大臣就完全脱离了作战指挥职责。维密斯的工作集中于参谋事务，这也包括监督海军计划处的工作。

贝蒂对维密斯的新任命感到非常高兴。"他看起来很善于把握不同的情况，而且他丰富的见识也有助于他的决策，我们在所有重要事务上都有共识，现在我对未来更有信心了。但是海军部过去的管理失误肯定已经到了非常悲惨的境地。"[21] 杰利科的支持者则心存疑虑，相信这是排挤杰利科计划的一部分。麦登就警告杰利科，这是在引进"备胎"。杰利科也认为副第一海务大臣就是某种备胎。他认为根本没有必要设立这一职位，因为作为海军总参谋长，他已经有了海军副总参谋长和海军总参谋长助理两位助手。"我和贝蒂、麦登商谈后才同意设立副第一海务大臣的职位。这一想法来自埃里克·格蒂斯爵士，他将此举视为应和首相反对 H. 奥利弗爵士留任海军部的措施……其意图是在我缺席时，海军上将维密斯，而不是 H. 奥利弗爵士，可以在战争委员会中充当我的代表。"[22] 他拒绝将自己的任何职责转交维密斯。后者则在 12 月向杰利科抱怨，他"仅仅是对一些完全无用的文件发表额外的点评而已"[23]。

杰利科的担心并非空穴来风。格蒂斯"一直焦躁不安，真正的问题在于，他和劳合·乔治对第一海务大臣仍然不满意"[24]。为什么会有这样的问题？某些因素和事件，沉重打击了杰利科在很多方面所坚持的海军战略观点。这包括：（1）反潜战的失败已明白无疑；（2）海军部坚持的防御战略；（3）几周内发生了两支斯堪的纳维亚护航队的悲剧；（4）11 月 17 日赫尔戈兰湾的失败行动；（5）多佛尔海峡一直漏洞百出。这些原因，加上个人因素，以及报界的喧噪，使杰利科在年底被迫离职。

进攻方案
（1917年7月—1917年12月）

———————————— 第九章 ————————————

1917年秋天，整个海军部都笼罩在令人沮丧的气氛中。任何积极的行动，任何进攻作战方案，都遭到顽强的抗拒，需要使用强力才能推进。人们开玩笑地称之为"光荣战争"，继续下去就会变得"更好"。

——海军少校 J. M. 肯沃西（当时在计划处任职），《水兵、政客与其他》

提及1917年出现的各种进攻计划，是为了澄清一个事实，即每一种可能用以瘫痪或摧毁敌舰队的方案都经过了详细考虑。

所有方案均未被采用的原因，是在具体考虑之后，或者根本无法实施，或者一旦实施就会危及我们在大洋表面的海权。

——杰利科，《潜艇威胁》

1. 布雷及其他方案

由于反潜战的形势难以令人满意，1917年最后几个月里，海军部和大舰队也出现了多个进攻作战方案（特别是来自新成立的计划处）。海军部认为，凡涉及大舰队的方案都不可行，主要是因为这些方案都需要在敌方水域展开搜索行动。这种迫使敌人战斗的战术，极有可能失败，或者充其量以几艘舰艇被水雷击沉收场。如果发生战斗，受创的英国军舰几乎没有机会逃走，而德国舰艇则可以返回基地。另外，仅仅靠大舰队的存在，和它名扬天下的备战状态，就足以达到一场舰队决战的战略目标，即建立和维持水面控制权。不过攻势布雷又另当别论。

布雷作战的目的，是在敌潜艇到达开阔海域前就将其摧毁，但1917年上半年，英国的布雷行动既没有规模，也没有达到理想效果：只有两艘潜艇被击沉，一艘在赫尔戈兰湾，一艘在多佛尔海峡。但是到了 7 月，随着杰利科以最快速度利用交付使用的水雷，加强赫尔戈兰湾雷场，它们开始对 U 型潜艇形成了真正威胁。8 月中旬起，水面舰艇和潜艇在赫尔戈兰湾和多佛尔海峡实施的布雷行动，已经成为主要的反潜手段之一。布雷行动的原则，是将水雷布设在紧邻中立国水域的海区，希望潜艇在出入这些水域时触雷，还有就是在敌潜艇疑似使用的航道上布雷。

1917 年下半年，英国在多佛尔海峡和赫尔戈兰湾共布下了超过 20000 枚水雷。仅在 1917 年，就在赫尔戈兰湾布下了 76 处雷场，15686 枚水雷，与之形成对比的是：1914 年，0 处；1915 年，9 处雷场，4538 枚水雷；1916 年，17 处雷场，1782 枚水雷。从 8 月 31 日到年底，共有 6 艘潜艇在赫尔戈兰湾触雷沉没。从 9 月开始交付海军的，大量改进后的水雷（仿自德国水雷），同时大量增加的布雷舰艇（改装轻巡洋舰和驱逐舰，使其具备布雷功能），另外加上海军情报处收集的精确情报，都是水雷战在赫尔戈兰湾和其他海域成功的原因，特别是在泽布吕赫外海和潜艇驶往西方的航线上。1917 年，共有 22 艘 U 型潜艇在本土水域被水雷击沉（其中 1 艘毁于德国人自己布下的水雷），除了 3 艘外均是在下半年损失的。1917 年在所有海域被水雷（包括德国水雷）击沉的潜艇达 26 艘，是 1916 年被水雷击沉的潜艇数量的两倍，占了协约国全年用各种手段击沉的 65 艘潜艇中的 40%（损失包括因搁浅而放弃的潜艇）。随着赫尔戈兰湾内水雷威胁的增加，从 1917 年 4 月开始，返回基地的 U 型潜艇不得不绕经卡特加海峡；到 1917 年底，潜艇出海也经常使用该海峡。

若要在赫尔戈兰湾持续有效地布雷，有一个难以克服的重大障碍：敌人的扫雷艇坚持在雷场中清扫出航道，并设置浮标或其他标记[1]。从 1917 年初直到战争结束，英国布雷舰和德国扫雷艇在赫尔戈兰湾内针锋相对的行动成了北海海战的重要特征。从 1917 年末至次年初的冬天开始，布雷舰逐渐占了上风，英军布雷的效率开始超过德军将它们扫除的效率。

---

[1] 原注：这在多佛尔海峡是不可能的，因为英国海军能在雷场附近巡逻。

1917 年，一个更具野心的布雷计划浮出水面：布设一道从奥克尼群岛到挪威，距离大约为 250 英里的雷障，以阻止德国潜艇从"北方"出入北海。此方案（1916 年由海军中将培根提出）相当诱人。这样 U 型潜艇的活动将被限制在北海（除了那些敢于冒险穿过多佛尔海峡的潜艇），因为雷障太靠北方，德国扫雷艇无法到达。但是在 1917 年，水雷和布雷舰艇数量不足使该计划只存在于理想中。西姆斯与海军部讨论北海雷障时被告知："如果我们连布设横跨宽度只有 20 英里的多佛尔海峡雷障都没有足够的水雷，又如何能布设 250 英里长，横跨北海的雷障呢？"[1] 由于水域面积巨大，水深也很大（360—960 英尺），需要大量的特种水雷才能完成。现有的水雷均为触发式，不适用于北海雷障。必须发明一种新型水雷，并且立即投入大量制造。

美国自投入战争后，就对北海雷障计划有特别的兴趣。诺思克里夫爵士在一次对美国的官方访问中，报告了当时美国海军的观点："我们在反潜战方面的无所作为，就像爱尔兰问题一样危害极大。"美国海军的建议包括用一道连续的水雷拦阻网封堵北海的北方出口，或者在北海南北两端布设连续的雷障，作为"停止或减轻损失的可能手段"[2]。

当海军参谋部计划处宣布雷障具有可行性后，海军部在夏末开始完全转变心态。在 9 月 4—5 日的协约国伦敦海军会议上，杰利科将此方案摆上台面。方案在会议上得到一致肯定，但要求"在一种性能优良，可靠性高的水雷得以大量制造之后"再实施计划。杰利科并没有得意忘形，因为他非常清楚获得所需的水雷并非短时间能办到：他的数字是至少 100000 枚。[3]11 月 2 日，在美国做出大量制造用于雷障的新式水雷的保证后，英美两国政府同意启动计划。新型的"天线"水雷可以布设在任意深度。一根细长的铜线从水雷延伸至距水面几英尺处，并由一个小型金属浮标固定。潜艇只要触碰到天线的任意部分，就会产生电流引爆水雷。一道天线式水雷的效果大约相当于五道触发式水雷。当然这只是理论上的效果。

海军部和大舰队的观点是，布雷只能对潜艇的活动造成困难，但不能彻底解决问题，因为水雷只是一种临时性障碍。海军部和大舰队很多军官还在考虑其他进攻方案——目的是打破海上僵局，消除潜艇威胁。基本的想法是通过炮击或封锁赫尔戈兰湾内的主要港口，将公海舰队瘫痪或摧毁在其基地内，这样也能解决潜艇问题，因为公海舰队是潜艇顺利实施作战的强大后盾。它们的协同使扫雷艇能够顺利作业。如果摧毁公海舰队，甚至只要将其严重削弱，英军的布雷行动就可以封死德国基地的所有出口，或者迫使德国布设防御性雷场，但赫尔戈兰湾将成为英国舰艇的天下。

一个在 1914—1915 年提出的计划再次浮现，占领和据守赫尔戈兰湾内的一个或多个岛屿（赫尔戈兰、博尔库姆和苏尔特是三个最常提到的目标），作为飞机和轻型舰艇的前进基地，并由老式战列舰（舰体上加装抵御水雷和鱼雷的"膨出部"）提供支援。这支力量将对敌人的基地实施近距封锁。计划的目的是通过轻型舰艇的攻势作战，迫使德国使用大量 U 型潜艇支援其轻型舰艇部队，而无法实施贸易战。但是更大的目标，是迫使敌人投入一场主力舰队之间的决定性战斗，因为公海舰队可能出动，以支援反封锁的轻型舰艇。如果德国重型舰艇不现身，英国的前出力量就可以逐渐蚕食德国的轻型舰艇，最后得以在德国基地附近布雷而不受干扰。这样，U 型潜艇也将被封死在港内。

丘吉尔在担任海军大臣时，对该计划极为热心，他在 7 月底向海军部谏言，对赫尔戈兰湾实施攻势作战，最终占领博尔库姆、苏尔特和赫尔戈兰岛作为基地。海军部研究了占领各个岛屿的计划。海军计划科科长（当时还没有升格为计划处）总结称，计划是"要找到战斗和迫使敌人战斗的手段，以震慑敌人的海军力量，继而对通向其港口的所有航道实现比目前完善得多的封锁"，同时，"封锁敌人港口的最终目标是阻止其潜艇出动"。丘吉尔建议的，实际上是要恢复以前战争中英国海军实施的，以及大战头六个月他一直想开展的近距和攻势封锁战略。但是丘吉尔在海军战略方面的冒险计划并没有引起海军部的兴趣。[4]

杰利科明确地声称，海军部反对任何夺岛计划，虽然建议来自海军部以外，但海军参谋部已做了研究。在近岸水域布雷会有困难，因为"当前水雷的设计，无法将其布设在深度不足 6 英寻的海域，而一艘潜艇即使在低潮时刻，也可以通过深度 3—4 英寻的水域，所以无法阻止潜艇获得出入航道"。至于夺岛方案，一旦夺取赫尔戈兰岛，就会面临敌人持续的海空进攻，"除非我们的近岸舰艇部队能在那里保持足够的力量，抵挡敌人的攻击，否则实施这一计划具有相当大的困难"。博尔库姆岛非常难以夺取，一旦拿下该岛，其锚地将面临来自空中和大陆上远程岸炮的猛烈轰炸。苏尔特岛也有同样的问题。即便能成功封锁德国在北海上的基地，也只能减轻潜艇的威胁，而不能彻底消除，因为敌人可以利用基尔作为潜艇的出动基地，虽然从那里到作战海区的航程较长，但我们无法实施封锁。封锁波罗的海出口几乎是不可能的，除非我们能在厄勒海峡和大贝尔特海峡保持一支封锁舰队；或者，在卡特加海峡建立一个海军基地，保持一支能与敌人出动反击我封锁舰艇的力量作战的舰队。

其他困难包括用于近距封锁的轻型舰艇的短缺，以及美国和法国海军不愿借给英国组成近岸中队的战列舰。[5]这些观点也将用于反对仲夏出现的一个更具野心的计划（见下节）。

劳合·乔治和丘吉尔都很欣赏的一个计划是只依靠海军炮击摧毁德国海军基地。这也是威尔逊总统在一次演讲中提到的方案（1917 年 8 月）："我们正在整个牧场猎杀胡蜂，却置蜂巢于不顾。没人知道如何直捣蜂巢并将其摧毁，而我对明知道巢穴在哪儿却满世界捕杀胡蜂的举动非常失望。"[6]海军部高层认为仅靠海军炮击是不可行且危险的。德国基地有强大的，隐蔽巧妙的岸炮保护，其射程超过了口径最大的舰炮，而且固定在地面，不像舰炮那样处于移动状态。根据西姆斯的计算，"我们的军舰对抗这种岸炮，就像一个盲人格斗士面对视力正常，而武器比他长一倍的敌人"。贝蒂则对劳合·乔治炮击赫尔戈兰岛的计划提出疑问："……达到这样一个对战争影响效果还不得而知的目的，我们要付出多大代价？行动之后谁去据守，要提供什么样的保护？有一些非常重要的问题需要回答。"[7]

2. 封锁行动

英美海军从各方面得到的建议（从 1917 年春开始），都是将阻止潜艇出海作为反潜战的最有效手段，以胡蜂为例，就是要堵住蜂巢的孔——用水雷和其他方式封锁德国的河口和波罗的海出口，使潜艇无法出动，海上的潜艇也无法返航。

得知美国代表将在协约国伦敦海军会议上"强力敦促在德国水域采取进攻或封锁行动"后，7 月 31 日，第一海务大臣要求作战处计划科"考虑在不计代价的前提下，将封锁潜艇在港作为唯一有效的反潜战手段是否可行"。计划科为此成立了一个委员会，由前第一海务大臣亨利·杰克逊担任主席（他当时担任格林尼治海军学院院长）。杰利科并没有掩饰自己对该方案的反对态度，"完全是负面的——为了证明什么也做不了……他们必须弄出点什么东西，表示事情已经研究过了"[8]。杰利科要求制订一个具体的计划，8月18日提交。[9]

这是一个封锁德国潜艇可以使用的所有德国沿海出口（易北、亚德、威悉和埃姆斯河口）[①]以及波罗的海出口的大规模计划。有效封锁或禁锢敌重型舰艇，要先于封锁U型潜艇，因为如果不能阻止公海舰队的干扰行动，就不可能针对潜艇有效地封锁河口。这意味着首先要封锁亚德河和威悉河的出口。如果封锁成功，德国在波罗的海和其他港口的舰艇就会与威廉港的主力舰队分割开来。下一个重要步骤，是封锁易北河口，这相当于封锁了基尔运河在北海一端的出口。出于谨慎，重要性略低的埃姆斯河口在行动开始时就将用大量水雷封锁。封锁的主要方式，是将装满水泥的老式军舰（商船不能用于此目的）横置在河口并凿沉。为了使沉船行动顺利进行，必须首先夺取和据守岸基防御强大的万格罗格岛（其重型岸炮可以覆盖亚德河口的主要航道），以及赫尔戈兰岛[②]。赫尔戈兰岛可以在封锁行动结束前，用作英国支援舰队的临时基地。而且必须首先拿下赫尔戈兰岛，因为如果德国人占据着该岛，对万格罗格岛的进攻就很难得手。

海军希望对赫尔戈兰岛的"决定性进攻"能吸引公海舰队出动，从而打一场海上会战。这又引出了与德国舰队在他们的水域交战的老大难问题。

我们认为避免在赫尔戈兰湾进行舰队决战是明智的，因为这种行动会让敌人占据诸多优势，特别是如果舰队在海上遭遇，而德国人战术性地将我舰队诱入赫尔戈兰湾。如果我舰队首先出现，将他们从内陆水域吸引出来，我们处于外海，而他们的机动被限制在河口那些错综复杂的航道上时，就可能削弱这些

---

① 原注：最主要的港口是亚德和易北河口，因为U型潜艇的建造和维修船坞都在这些河道内。

② 原注：岛上的重型岸炮可与万格罗格岛上的火力协同，"虽然两座炮垒相距遥远，但当我们的舰艇通过两岛之间的海域时，几乎没有可以躲避打击的火力死角"。

优势。如果双方都处于开阔水域，那么来自水雷和潜艇的威胁就完全不同了，即使我们最近采用的水雷保护装置（风筝式扫雷索），已使重型舰艇驶过雷区时的危险性大大减小了，也仍然可能对我们不利。

风险必然存在，必须准备接受这种行动带来的重大损失，但是双方舰队的实力对比于我们极为有利，在我们的优势被削弱到危险程度之前，可以承受比德国更大的主力舰损失，虽然封锁敌人港口的主要行动可能不得不因此而放弃。

但是，如果不冒险投入上述作战行动，就不可能以封锁河口和运河的方式阻止德国潜艇出动，在行动计划细节的制订中，没有发现其他原因会导致封锁行动失去可行性。

封锁了河口的主要航道，又如何能阻止潜艇离开基地呢？在研究并放弃了固定障碍（水泥障碍）和固定障碍与水雷相结合的方案后，委员会认为，考虑到封锁线的长度和水深，唯一可行的方案是单独以水雷构成一条拦阻线。因为无法在河口的浅水处和岸炮的威胁下维持一道雷障，所以计划在万格罗格和赫尔戈兰岛之间，以及赫尔戈兰岛和佩尔沃姆岛［Pellworm，艾德（Eider）河口］之间构筑三道雷障。雷障长度为 43 英里，共需要 21000 枚水雷。但仍必须夺取赫尔戈兰岛和万格罗格岛。如果不能守住万格罗格岛，敌人就可以在临近该岛的浅水区轻易开辟出一条航道。在使用水雷封锁埃姆斯河口的航道前，必须夺取博尔库姆岛和于斯特岛，但这可以在行动的最后阶段实施。

"如果让波罗的海的大门敞开，只封锁北海上的德国海军基地，对于反潜战是无济于事的。"至于最有效的关闭波罗的海出口（大小贝尔特和厄勒海峡）的手段，"却由于大小贝尔特海峡的巨大面积和厄勒海峡北端的海水深度，而不可能使用沉船，只能使用水雷（7500 枚 H 型水雷）……持续封锁波罗的海出口，要依靠协约国在附近维持一支优势力量，以防德国反击"。奥胡斯湾（Aarhus Bay）北端的卡劳湾（Kalo Bay），锚地优良，入口狭窄，可以有效防御潜艇袭击，将成为一个极佳的海军基地——如果丹麦人允许使用的话。

报告并没有推荐任何方案。它只是制订了极为详细的计划，讨论了其中的问题，并得出如下结论："如果天气良好，并辅以运气，整个行动有可能在 10 天内完成……"但是杰克逊仍然认为计划的风险太大。他在委员会报告的前言中写道：

必须考虑一旦努力失败会出现何种后果，以及行动初期对这些要塞的进攻可能会损失大量"主力"舰艇和驱逐舰，如果按既定目标将行动继续下去，我们的舰队将被削弱到与敌人的实力相当，甚至更弱。水面舰艇的主动性将从我方转移到敌人手中。敌人就有可能采取同样战术进行反击，将我方舰队封锁在罗赛斯，使他们获得所有大洋上的全部制海权。那样除了潜艇，敌人的水面袭击舰也会很快出现在所有水域的商业航线上。英国本土也会有遭到入侵的危险。

所以，必须仔细权衡失败风险与获胜机会……

对赫尔戈兰湾内及周边要塞详细研究的结论是，德国人的部署是为了在对湾内基地的防御战中，为他们的舰队提供最大限度的火力支援，即使不计舰队，这些要塞也构成了全欧洲抵御海上入侵者的最佳防御工事之一。[10]

杰利科和海军参谋部认为计划不可行的理由如下：（1）在海军能够保证对距峭壁顶端一段距离处实施弹幕射击，并保证所需的射击时间前，陆军不会考虑攻占赫尔戈兰岛。海军则不会考虑出于实施弹幕射击的需要而将舰艇派至岛上岸基榴弹炮的射程之内。（2）陆军认为他们可以夺取万格罗格岛，但由于该岛距大陆太近而无法据守。（3）在敌方密集火力下不可能将阻塞船准确置于预定位置。（4）阻塞线将被沙洲隔断，即使是高潮时潜艇也无法通过这些沙洲，但是德国人可以在阻塞线末端的沙洲上开挖人工渠供潜艇使用。[11]（5）杰利科写道："对于这些行动，我们无疑需要盟友的协助，为阻塞德国河口和支援阻塞行动而提供舰船。而当我们将方案介绍给美国、法国和意大利的代表时，他们表示无法提供必要的舰船。"[12]波罗的海的出口"将继续可为敌人所用，因为要封锁出口，就必将侵犯丹麦和瑞典的中立"[13]。最终美国海军部给出了结论，认为攻势封锁德国水域的计划不可行（10 月底或 11 月），而英国海军部作战委员会也同意了他们的观点（11 月 20 日）。

为了回应杰利科提出的，要他考虑"将潜艇封锁在港，作为唯一有效的反潜战手段是否可行"，贝蒂让麦登进行了调查。麦登的结论（8 月 7 日）是，使用阻塞船封锁深度较大的埃姆斯、亚德、威悉和易北河口不可行，而建立水雷拦阻网也不可能，因为需要周边所有中立国的协作。最后的评论指出了所有封锁计划中最显著的缺陷：封锁线后方没有真正的海上力量。敌人不会被雷场封在港内，除非雷场得到实力优于敌人的舰队的保护，而且在与敌人反击力量的交战中还会葬送大量驱逐舰和其他舰艇。到 9 月底，封锁行动已经胎死腹中。但是在贝蒂将自己的锦囊妙计拿出之前，这一方案还有一线生机。

3. 海军的空中攻势

贝蒂深知 U 型潜艇对海运的威胁严重影响了大舰队乃至整个海军的任何攻势战略。他写道："没必要对遏制潜艇所必需的诸多因素进行总结，但是道出其中的要点也无妨：让美国与我们合作将使我们更强大，更能确保胜利（若美国不参战，法国将在明年春天后难以为继）。事实上无论在哪里，如在亚德里亚海上发动猛烈的海上攻势，或是在巴勒斯坦沿岸发动海陆联合行动，有价值的海军攻势都会受到潜艇威胁的干扰。目前所有协约国的经济和工业状况都陷入困境，已经危及军事战略，并削弱了它的有效性。"[14] 最有效的反潜手段是封锁潜艇基地的出口。而只有阻止敌人清除障碍，各种封锁手段才能成功。只要德国在赫尔戈兰湾内的海军力量，优于任何英国可以长期留在湾内保护障碍的兵力，英国就不可能有效遏制 U 型潜艇的活动。

贝蒂一心要试验鱼雷机的潜力，他认为成功的封锁行动，在于大胆地使用海军航空兵：对敌海军基地进行持续的大规模空袭。"它不仅是攻击德国舰队的可行手段之一，也是将我们的海权转为积极行动的方式之一。"[15] 他强烈支持海军部海军航空兵总监（第五海务大臣），后者一直强调鱼雷机的"巨大优势"，"如果能大规模运用……在一次海战行将结束时，利用渐暗的光线发动攻击，例如，使用 24 架鱼雷机从东方进攻，将极为有效并且很难反击。黎明时分对锚泊在库克斯港、希利格港群的舰艇，或其他敌方基地发动进攻，将有很大把握取胜"[16]。贝蒂深受里奇蒙德和飞行中队指挥官拉特兰（"日德兰的拉特兰"）的影响，积极倡议大规模使用鱼雷机，突袭德国公海舰队，并将其瘫痪在港内，航母将搭载鱼雷机出动，直到德国基地处于鱼雷机的打击范围内。除了使用鱼雷机，飞船也可以参与作战。因为它们的作战半径可达 600 英里，可以不依靠航母，直接从英国海岸起飞。8 月 24 日，贝蒂在"伊丽莎白女王"号上与第一海务大臣和海军作战处长（霍普）的会谈中提出了以上建议。"在黎明时分，针对敌人的轻型舰艇和船坞，使用鱼雷机发动的大规模攻击，伴随着大型飞机（飞船）投放 230 磅炸弹，是最难抵御的。如果能使用同样手段攻击敌人的重型舰艇，造成的破坏将使它们无法参与基地附近的海战，这样就可以采取下一步措施了。"[17] 会议上杰利科和霍普都对鱼雷机的战斗力提出了质疑：它仍属于遥远的未来，这种飞机不得不在距海面只有 15 英尺的高度投放鱼雷，它们根本不能保证在希利格港群发现全部公海舰队，而且没有足够的装备供行动使用。奥利弗确信，大舰队司令的建议中"需要的装备远不是现在能够获得的"[18]。

面对反对意见，贝蒂声称空军部（真正的空军部，它已于 1916 年 12 月成为一个独立部门）成立的原因，就是对首先满足海军和陆军的要求达成了共识。"迄今为止，问题在于对海军航空兵的要求没有一个既定的政策……大舰队司令因此敦促，应该尽快以任何一种空中进攻计划为基础考虑海军航空兵的需求；同时要明确地将旨在瘫痪公海舰队的行动置于高度重要地位，他毫不怀疑（空军部）会尽最大努力为此提供必要装备。"[19]

贝蒂在 10 月重提空袭德国海军基地的计划，而且要求扩大考虑范围。"使用建议中的规模持续发动空中攻势，将迫使敌人采取更积极的防御手段。敌人可能会动用规模越来越大的舰队，攻击我们的航母及其掩护力量，包括使用他们的重型舰艇，这样就会出现我们一直求之而不得的机会。因此，我建议海军参谋部对全部计划进行准备，一旦得到必要的航母、飞机、鱼雷和炸弹后，就立即投入行动。"[20] 在 10 月 10 日与维密斯的讨论中，贝蒂加大力度推进计划。维密斯同意，只要可能就尽早发动空中攻势，但是他还是就建议中的症结对贝蒂泼了冷水，那就是航母的短缺。1918 年春天前，只有能携带 20 架鱼雷机的"百眼巨人"号能做好准备。飞机方面的形势不错：制造中的 100 架鱼雷机将在春天具备战斗力，而只要向战时内阁施压，正在为 1918 年的西线攻势建造的 100 架昼间轰炸机也有可能转交给海军使用。简而言之，海军到春天最多能发动一次规模相对较小的空中攻势。到 1919 年形势将完全不同，可以由海军参谋部、空军部和战时内阁全面考虑计划。[21]

海军部对贝蒂的回应首先集中在他计划中的改装商船上。"即使机翼能够折叠，这些飞机（鱼雷机）的整体尺寸也相当庞大，只有非常大型的船只才能装载足够数量的飞机，以及所需的起飞设备。实际上，能否找到八艘这样的船只都不得而知，另外，现在无论如何都不能考虑从商船队中抽调这样的高速船只。还有，重建和改装所需船只将占用大量船坞作业量，而目前的劳力资源都被严格限制在各种新舰船的建造，以及因鱼雷受损舰船的修理上。"此外，由"布谷鸟"式飞机携带的鱼雷，"射程短，攻击威力不足；用鱼雷机攻击敌人的主力舰也尚未经过演练，不够成熟，其价值颇令人怀疑"。海军部不同意这样一种观点，即"在目前条件下，空中力量是对敌人舰船和基地发动攻击的最佳武器"；但是，"在未来发展这种攻击战术的可能性正在全面考虑中"。贝蒂的参谋长承认，海军部的"理由非常充分，现有鱼雷机的技术水平还不值得从其他任务中紧急调用八艘大型船只"[22]。在 1917 年剩下的时间里，很少有人再提及海军的空袭计划。

* * *

在研究了各种为击败潜艇而设计的进攻方案之后，海军部发现它们"或者不可能成功，或者一旦实施就将危及我们的水面制海权"[23]，1917 年底，海军部的决策者最终决定仍然将舰队的基本角色定位于防御：控制英国及盟国的商业航线，保卫本土，抵御入侵，保证向法国运送增援部队，护航美国军队运兵船，布设雷障阻止敌人突破封锁，通过集中巡逻舰艇和风筝气球部队，以及最大限度地利用海军力量加强拦阻线的有效性，实施积极的攻势反潜战。但是没有主动冒险的行动，包括在波罗的海区域。

4. 波罗的海攻势

战争初期，费希尔爵士曾设想在北海布满水雷，然后将大舰队的战场转移至波罗的海；但是，就像杰利科后来总结的那样："（困难在于）我们连该计划所需水雷的百分之一都没有，而且不管怎样，在没有保护的雷场中总能扫出可用的航道。在舰队能够通过大小贝尔特海峡之前，必须控制两侧的海岸。所以无法真正地推进计划。"[24] 虽然费希尔离职后，波罗的海攻势计划无论在海军部，还是在内阁战争委员会都受到冷落，但是它仍不时重新浮现。贝尔福担任海军大臣时也发现有必要再次否决这一计划。

对一些固执的人来说，这一方案具有很强的吸引力；我怀疑这是否会得到任何有实战经验的海军官兵的认可。通往波罗的海的常规航道（厄勒海峡），因为深度太小，大型舰艇无法通行。所有航道的南端或德国一端，无一例外都密布着水雷；而且所有航道都在基尔要塞的重型岸炮火力范围之内；若要强行突破，不遭受重大损失是不可能的。海军付出的代价将比在达达尼尔还要大——而且即使成功，获得的军事价值也不能与夺取君士坦丁堡相比。[25]

1917 年秋，海军部考虑了一些小规模的波罗的海行动，目的是缓解德国海上攻势（如果这成为现实）给俄国造成的压力，或者防止德国海军将俄国波罗的海舰队的部分舰艇据为己用。海军部最初认为俄国的三月革命[①]是有益无害的：也许是俄国海军复兴的契机。这种希望很快就破灭了，因为传来了有关波罗的海舰队陷入混乱的不祥报告——军官被杀害或囚禁，以及其他无视纪律的现象。海军参谋部对形势的初步分析指出：

现在最重要的，是立即在波罗的海舰队重建纪律和秩序，如若不然，一旦波罗的海的海冰融化，不仅对俄国，对我们也将出现全面的灾难性后果……里加陷落，或者德国在芬兰登陆都有可能，如果无法立即进行全面的海军协作，这种情况就更有可能出现。德国人突破封锁芬兰湾的雷场虽然很困难，但不是

---

① 译者注：原文如此，一般称为"二月革命"。

不可能，到那时，如果俄国舰队还像现在一样一片混乱，就将任由德国摆布，许多俄国主力舰可能会投降并被用来对付我们。[26]

这一形势评估促使杰利科（得到战时内阁批准）要求英国政府致电俄国，紧急要求他们的舰队恢复秩序，并准备在海冰融化时实施布雷行动。他担心俄国人不会做此准备。为帮助俄国，杰利科要求贝蒂（4 月 12 日）在 4 月的第三周至 5 月中旬之间，也就是破冰季节，不时派出一个战列舰中队，或战列巡洋舰中队到合恩斯礁一带活动，以图将公海舰队牵制在北海一侧。贝蒂于 4 月底派出战列巡洋舰，到小渔民沙洲（Little Fisher Bank，位于日德兰沙洲以西）外活动——一方面执行掩护布雷行动的任务，另一方面也为了执行杰利科的命令。

虽然俄国波罗的海舰队纪律涣散，但他们仍然圆满完成了在芬兰湾布雷的行动，到春天，危机的根源消除了。但局势到 10 月再次恶化，因为德国军队占领了里加湾入口处的萨列马岛（Oesel）。这将俄国在芬兰湾内重要的海军基地瑞威尔（Reval），甚至俄国首都彼得格勒都置于德军的攻击距离之内（资料图 1A）。到月底，德军已完全控制了里加湾。一份海军参谋部递交战时内阁的报告总结了那里的势态：

> 俄国人已经失去了除汉科（Hangö）和哈普萨卢（Hapsal）以外所有前哨基地，形势迫使他们或者战斗，或者龟缩在瑞威尔或赫尔辛基的雷场和岸炮保护范围内。如果瑞威尔陷落，他们将被迫退往喀琅施塔得（Cronstadt）。那时俄国人的情况将和赫尔戈兰湾内的德国舰队相似，唯一的区别是，德军的岸炮体系非常强大，我们无法在他们的海岸占据一个前进基地；而俄军的岸防体系则很虚弱，德军将可以在俄国领土上占领一个重要的前进基地。另一方面，德军有可能在冬季停止这一方向上的大规模行动，只在占领的岛屿上留下兵营，而舰队中的主力舰只将由老式战列舰和巡洋舰代替，虽然海军总兵力仍保持不变。[27]

俄国临时政府希望，当德国舰队将近三分之二的主力（包括 12—16 艘战列舰）都在波罗的海时，英国舰队能抓住这个有利时机发起进攻。俄国总理克伦斯基知道突入波罗的海要冒很大风险，但"鉴于英国舰队出现在波罗的海，将立即使俄国局势发生急剧变化，为此而冒险是值得的"[28]。

1917 年初秋，杰利科指示计划处研究派一支舰队进入波罗的海的方案，其目的是缓解德国从海上对俄国施加的压力。如果报告认为方案可行，他准备让罗杰·凯斯担任舰队司令。但是计划处认为，使用重型舰艇进入波罗的海难以成功。杰利科完全同意报告中的结论。他后来以报告为依据反对波罗的海行动：

> 根本原因是，长期占据波罗的海是不可行的，除非一开始就击败公海舰队，或者封锁易北河口，这样才能有一支足够强大的兵力进入波罗的海，增援俄国海军，同时据守大贝尔特海峡，抵挡住公海舰队。行动需要大量扫雷作业，而守卫大贝尔特海峡的舰队要准备在白天和在狭窄水域内抵御猛烈的空中和水下攻击，以及敌驱逐舰在夜间发动的攻击。
>
> 以迫使公海舰队出动，与我舰队决战为目的突入波罗的海，虽然可行，但涉及要在波罗的海和北海同时动用舰队，因为如果我们的舰队在波罗的海而不在北海，公海舰队可能不会与我在波罗的海交战，而是进入北海，切断我们与法国的联系，并全面控制我们的海域。
>
> 还有一种方案，是为潜艇能进入波罗的海而突破厄勒海峡。我们可能会为此损失数艘驱逐舰，而且鉴于当前俄国的形势，即使派潜艇进入波罗的海也没有积极的意义。[29]

海军部愿意为援助俄国而做的，就是派几个中队的舰艇在北海巡航，以期吸引德国海军的注意力。当俄国海军武官敦促英国采取更有力的行动时——"在大小贝尔特海峡进行武力展示……迫使德国舰队返回北海"——杰利科在 10 月底将军舰派到了波罗的海入口。在轻巡洋舰的掩护下（战列巡洋舰和第 2 战列舰中队在后方远处支援），一支由驱逐舰和潜艇组成的力量开入卡特加海峡中部，击沉了德国辅助巡洋舰"玛丽亚"号，以及大约 10 艘渔船。但是这种武力展示的力度不足以影响德国在波罗的海的海上战略。

的确很难看到英国如何才能付诸更多努力。正如英国驻俄国海军使团团长，海军少将维克托·斯坦利（Victor Stanley）对俄国海军总参谋长所说的，即使抛开其他所有考虑，如果英国舰队进入波罗的海，德军可能会立即撤往基尔运河，然后用几艘阻塞船封锁英国从波罗的海离开的退路。英国舰队将被困入陷阱。[30]

随着布尔什维克于 11 月 7 日发动革命，俄国很可能退出战争，而俄国波罗的海舰队也极有可能被德国控制。英国海军部对此极为关注。为阻止 4 艘俄国无畏舰落入敌手，海军部考虑派正在波罗的海活动的 6 艘老式潜艇，进入喀琅施塔得港，用鱼雷击沉俄国战列舰。该计划的一个缺陷，是港内水深较浅，水面也很平静，德国人可能会很快将沉没的军舰打捞出水，并用船坞设备令其恢复战斗力。最终在 11 月 23 日，战时内阁[31]批准了海军部的行动方案：（1）将英国在波罗的海的潜艇摧毁；（2）鼓励俄国驱逐舰逃出波罗的海；（3）"如有可能，鼓励那些仍然忠于协约国的俄国官兵自行摧毁波罗的海舰队的其他舰艇（尤其是 4 艘无畏舰）……"最后，"内阁授权海军部，批准英国驻俄国海军代表在需要时施以财力，努力促成上述目标"，言外之意就是实施贿赂。

对英国公众而言，更不用说英国舰队，海军部不愿意采取任何实质行动来帮助一个垂死的盟友，是毫无战略观念的行为，而其中的交易更是令人不齿。格蒂斯在下院的声明（11 月 1 日）也没有出奇之处，他说舰队突破波罗的海的入口——难度很大——实属"疯狂之举"，因为德国人肯定会发动反击，占据并加强拱卫厄勒海峡和大小贝尔特海峡的丹麦岛屿，使英国舰队陷入困境。"如果突破成功，我们在波罗的海的舰队很快就会因重要的交通线被切断，而逐渐失去战斗力。"格蒂斯断言，没有哪位高级海军军官会支持此类行动。

时至年底，情况已经明了，德国已没有必要在波罗的海保持大规模舰队——来自俄国的威胁已经不存在了——因此他们在战争中第一次能够"自由择机"，将全部海上力量集中在北海。展望前景，威胁还不止于此，因为德国可能得到了至少一部分俄国波罗的海舰队的舰艇，这是新年之初英国海军高层重新评估英国海军战略的原因之一。

5. 海军战略中的北方中立国

英国与中立国的关系依旧紧张。协约国的目标——从中立国获取他们需要的大量原材料，同时阻止这些原材料流向德国——与中立国争取最大利润的愿望相冲突。如果封锁荷兰和斯堪的纳维亚半岛，这些国家会很快屈服，虽然协约国肯定会失去一些至关重要的物资，例如挪威的铁矿石和鱼类，还有大量中立国商船，英国依靠它们为自己和盟国运输煤炭及其他货物。因此，英国的政策是希望与这些国家签订对自己有利的商业条约，以规定这些国家有固定比例的重要出口物资输往英国，同时通过"黑名单"和削减补给设施来加强对条约的监督。后者是一种非常重要的杠杆，因为北方中立国的物资供应也来自海外，他们的商船在长途航行中也经常需要补给。

封锁德国是协约国最强大的武器，英国报界不断有人大声疾呼要勒紧绳索。封锁"仍有严重疏漏"，这是来自《每日邮报》（1917 年 3 月 20 日）的指责。"大量食品仍不断流向敌人……德国确实不再直接进口食品。但是我们允许中立国船只运载化肥和饲料进入中立国，例如荷兰和丹麦，这些都是食品的原料，从那里生产出食品再输入德国。"《每日邮报》特别指出，问题在于外交部对封锁政策的掌控——"外交部干扰的魔咒"。这一责任应该转交给海军部，相信他们才能堵住漏洞。当然，一旦美国加入协约国，问题的严重性就会大大减轻。

封锁德国的一个副产物，以及英国自 1916 年秋以来防御战略中极为重要的因素，是海军部和陆军部担心，封锁的压力可能迫使德国入侵丹麦的日德兰半岛，控制那里的粮食和畜牧业。或者德国因怀疑丹麦将加入协约国而入侵丹麦，以拒协约国势力于该国之外。英国政府一直在考虑，一旦事态紧急，能给予丹麦何种帮助？1916 年 10 月的一份联合参谋报告承认，出于海军的原因，援助丹麦是不可能的。"向丹麦运兵的航线距德国主要海军基地不到 200 英里，德国舰队可以择机全部出动。英国海军将不得不为了保护交通线，在海上维持一支比整个德国海军更强大的舰队。德国还可能动用全部潜艇力量……来攻击我们的掩护舰队和运输船，我们会因受到潜艇攻击损失大量舰艇，与此同时却没有机会给予敌人相应的打击。"[32]1917 年夏天，一个战时内阁委员会研究了北方中立国的状况，认为对于丹麦，英国无法对其提供陆海军支援。[33] 这之后便极少有人提及丹麦问题了。

荷兰问题与此类似。虽然荷兰是中立国，但对英国的重要性堪比一个盟友。

英国从荷兰获得了大量食品，还有有关德国的情报。荷兰人还经常允许英国船只深入其内陆水域，奥利弗说："他们也会提出抗议，荷兰海军武官经常来找我，问题也总是能友好地解决。"[34] 因此海军部的意见是，不必理会荷兰。虽然敌方物资禁运委员会（Restriction of Enemy Supplies Committee）主席罗伯特·塞西尔爵士努力劝说战时内阁对荷兰采取严厉措施，但内阁总体上同意海军部的立场。如果荷兰被迫加入同盟国，或者如英国担心的，德国以夺取斯海尔德河口为目的侵犯荷兰的中立权，那情况就将完全不同。这意味着（除了英国损失食品供应外）德国将控制荷兰海岸，获得更多的潜艇和驱逐舰基地，而且也增加了入侵英国和干扰英国跨海峡航线的可能。每当出现德国入侵荷兰的可能，例如在1916 年春天，陆海军参谋部就不得不制订阻挡敌人的方案，因为仅靠荷兰人根本无法抵抗德军的进攻。

1917 年夏，英国又开始考虑德国入侵荷兰的可能性。这是因为英国预期协约国在弗兰德斯的军事行动——第三次伊普雷战役将取得胜利。如果敌人被赶出泽布吕赫，他们极有可能（或者如贝蒂，以及白厅的海陆军策划者相信的）试图夺取斯海尔德河口，并在那里建立潜艇基地。一份新的陆海军联合参谋报告认为，荷兰加入协约国并不会带来巨大的军事利益（反而会占用军事资源），但还是制订了一个一旦有事发生，就夺取并据守瓦尔赫伦岛的计划，目的是阻止敌人使用斯海尔德河口。报告认为，如果荷兰没有敌意，行动就是可行的：在足够的海军力量支持下，只要一个混编旅就可以拿下该岛。如果荷兰反抗，唯一可行的方案，就是将敌人逐出卡德赞德（Kadzand）地区，这样也可以拒敌于西斯海尔德（West Scheldt）外。[35]

贝蒂认为，荷兰加入同盟国将是一场"绝对的灾难"，如果加入协约国，那么后者将在海空方面得益"巨大"。他看到荷兰的形势可以用来实现英国舰队两个重要目标：迫使公海舰队战斗和消弭"我们受到的最大威胁"，即德国潜艇。他敦促制订计划和准备军力，一旦有"任何明确证据"表明荷兰将加入敌方阵营，就占领荷兰，或者在他们愿意加入协约国时予以协助。他的最终目标，是在荷兰建立强大的海军和空军基地。"持续的进攻行动（派遣轻型舰艇进入赫尔戈兰湾和使用飞机轰炸埃森、汉堡等地），最终将迫使敌人出动重型舰艇。

德军的指挥体系将被扰乱，为了加强防御，他们只能撤回潜艇，这样海上主动权就将落入协约国之手。"[36]

贝蒂在白厅只得到了有限的支持。即使在荷兰友好接受的情况下，陆军总参谋部也不愿承诺投入大量兵力（敌人陆路交通的优势是原因之一），陆军最多能发动一次佯攻性质的登陆。外交部则认为决不能侵犯荷兰的中立权——它肯定会抵抗——除非德军已踏入荷兰国境。在贝蒂和海军计划处看来，这将错失夺取瓦尔赫伦岛的机会，因为英军开始行动时肯定已经太晚了。"大舰队司令（向庞德）指出，我们必须对敌人的行动做出预判，外交部和海陆军共同努力的方向，应该是在德军进入荷兰边境之前就使它加入我们一方，并且确保我们的军队能先敌抵达。根据官方提供的情报，他认为这并非不可能，只要我们能摒弃心胸狭隘的观念，尽量慷慨地对待荷兰，例如在煤炭供应方面。"[37] 两天之后贝蒂对此施加了更大的压力。

如果我们有足够强大的信念和决心，荷兰将更可能与我们并肩战斗，而不是与我们为敌……我们必须时刻预判敌人向斯海尔德的运动……我认识到外交部的观点，是在敌人跨过荷兰国境前不要轻举妄动。由此造成的拖延将是致命的……这是外交部主导军事战略的例证，而这也是大错特错的。我还了解到任何情况下，我们都只能动用小规模兵力。这也是错误的。我们的兵力必须强大，而且得到强有力的支持，这样规模的兵力将迫使敌人派出大量海军力量前来干预。我们的军队应该由一支强大的英国海军力量，有可能是大舰队，从北方提供支援。总而言之，关键是我们要预判敌人的行动，并准备凭借一支实力足够的军队进入荷兰。这样的行动将发展成一次大规模战役，需要有强大的海上支援。很明显，我们应等到不得不采取预防性措施，阻止敌人入侵时再展开行动。[38]

贝蒂决心努力推动荷兰行动。他向海军大臣指出，危险在于德国采取行动，而荷兰未予抵抗就屈服乞和。"他强调，必须在此事上采取强有力的外交手段，我们决不能允许外交政策主导海军和陆军战略，无谓地等待，直到为时已晚。我们应该告诉荷兰，如果它不想抵抗德国，就应该在德国行动时立即加入协约国，而协约国的策略将是占领荷兰的殖民地，并在海尔德（Helder）建立海军基地（目的是对重要的德国据点发动空中和海上攻势），或者考虑在弗里西亚群岛、泰尔斯海灵岛或阿默兰岛设立基地。"[39]

10 月底，根据战时内阁的指示，计划处制订了计划，当德国入侵荷兰，企图夺取斯海尔德河口时，英国将派遣一支小型联合力量（以海军的浅水重炮舰和炮艇为主）到瓦尔赫伦岛。11 月的局势"使这一问题不再具有紧迫性"，海军部于 12 月 3 日将此结论通报给战时内阁。已收到"可靠情报"，有大批荷兰军队进驻瓦尔赫伦岛。对海军部来说，这充分说明："只要荷兰还没有加入同盟国，它就将抵抗任何攻打岛屿的行动。在这种情况下，似乎已无必要做进一步准备……"[40] 另外的考虑是，如果弗兰德斯战役中英军未能将敌人逐出泽布吕赫，那么他们也不太可能尝试夺取斯海尔德。

从 1916 年秋开始，挪威又成了一个特殊难题。它决定（由于潜艇击沉了挪威商船）禁止交战国潜艇通过它的领海（1916 年 10 月 15 日），这引起了德国的强烈抗议。英国外交部认为，如果挪威被迫与德国达成某种协议，对英国直接和立即的影响将"几乎无法估量"，因为这将导致英国再无法得到挪威和瑞典的铁、钢、硝石、锌、铝，以及其他军火部需要的重要物资，而且还会损失可用于向法国运输煤炭及其他协约国贸易所需的挪威商船吨位。英国人的结论是，为了协约国的利益，挪威决不能向德国投降，即使这意味着与它开战。[41] 外交部显然高估了大舰队的能力，认为英国海军可以介入，以保护挪威不受德国入侵。陆军部指出，英国在挪威南部没有一个能容纳一支实力优于公海舰队的海军力量的基地；而主力舰离开将削弱大舰队；"另一个巨大的危险是，这支力量有可能在能够得到支援之前，就被优势之敌切断退路"[42]。海军部则再次研究了，如果挪威屈服于德国的意志，而德国因此获得巨大的海上战略优势时，英国又处于何种态势。现在的计划（12 月），是如果德国对挪威宣战，就将一个舰艇中队（轻型舰艇）派往克里斯蒂安桑（Kristiansand），执行商业袭击任务，或者攻击敌人的舰艇。但是德国并未出手，它并没有将战争扩大的意愿。

贝蒂在上任大舰队司令后，又为挪威的形势增添了一个新元素。由于对德国"狼"号袭击舰于 11 月 30 日进入大西洋非常恼火，他向海军部抱怨（12 月

15 日），他既不能拦截袭击舰，也不能检查违禁品，除非允许舰队进入挪威领海执行搜索任务。为了能够采取这些行动，他宁愿看到挪威参战；不管挪威与德国为伍还是加入协约国，对英国都是有利的。同一天，他向外交大臣坦率地道出了自己的想法：

> 我想告诉你。德国的战争行为是残酷无情的，根本无视任何国际法……这导致中立国都惧它三分。它行事随心所欲。中立国也不在乎我们，它们畏惧德国，所以不会让我们帮助它们。盲目地遵守国际法……不是在帮助我们赢得战争，而是让我们输掉战争。只要利用受到保护的中立国海域，敌人想出动多少袭击舰都可以，也能大量输入违禁品，将战事拖延下去。他们已经宣布要不择手段地打下去，更无情、更肆意地践踏国际法，而我们却在以一种仁慈的态度打仗。
>
> 我们绝对应该要么公开宣布将进入他国领海拦截和搜索船只……要么不经宣布直接动手。我们的行动对挪威人造成的伤害，最多是尊严的损失，而这与德国人每天给他们造成的重大物资损失相比，根本不值一提。现在难道不是我们展示强硬姿态的时机吗？……
>
> 想象如下情景。一艘为 U 型潜艇提供补给的德国供应船在挪威沿海被追击，它躲入挪威领海避难，因此受到了大量商船被这艘供应船协助的潜艇击沉的国家的保护。如果国际法的运用到了这种地步，那肯定就得修改或者废除了。我真希望你能原谅我的唠叨！！ [43]

几天后，"白尾雕"号的逃脱再次向英国强调了采用有效行动，严密监视他国领海的重要性。

海军部同意贝蒂所说的，由于中立国受到德国无情的对待，挪威应该对德国船只关闭领海，而由于它过于胆怯或弱小而不能独立行事，英国在道义上应该对它提供帮助。但是由于担心对其他中立国，特别是瑞典和美国产生消极影响，侵犯挪威领海被认为是不可行的。这可能会引起某些有赖于挪威的物资输入的中断，与瑞典的贸易也会被切断。这就是 1917 年 1 月 29 日战时内阁做出的决定。鉴于侵犯他国领海，例如西班牙和瑞典领海，会危及英国的利益，"我们无意主动破坏挪威的中立权"[44]。

与此同时，战时内阁和陆海军部，并没有忽视一旦德国入侵挪威，应对其提供何种援助的问题。1917 年大部分时间里，英国都在认真研究对策，因为德国针对挪威的霸权行为（使用 U 型潜艇捕获挪威船只，以及丹麦向挪威运输肉类的船只等），曾数度几乎迫使挪威投入战争，虽然它本身极不情愿这样做。不能指望挪威主动参战，因为它非常惧怕德国，特别是来自德国的空袭，可一旦发生它也只能被迫向德国宣战。海军参谋部和陆军总参谋部都不愿看到挪威以盟友身份参战。挪威的海陆军实力根本不足以自卫，军事压力将由协约国军队承担。英国海陆军都怀疑一旦挪威要抵抗德国的入侵，英国是否能保护挪威不受空袭，或者在挪威占据一处海军基地。

到 1917 年 9 月，由于"局势和敌人潜艇战的发展"，海军部的态度开始发生转变。9 月 3 日，第一海务大臣向战时内阁暗示："在挪威建立一个海军基地将对攻势反潜极为有利，现在这一局面已经形成，但时机尚未到来。"[45] 他对此非常谨慎，因为他在 9 月 7 日向战时内阁报告，挪威一旦加入协约国，英国就必须在挪威的海军基地保持一定数量的舰队，而且大量用于护航队和保护西方商业航线的轻型舰艇就必须调往挪威水域，以保卫英国海军使用的基地。[46] 秋天，海军参谋部制订了计划，一旦必须援助挪威，就立即占领克里斯蒂安桑，作为一个大舰队特遣中队的前进基地。站在海军的立场上，出于以下几点原因，实施该计划是有益的：（1）引诱德国人攻击该中队的交通线可能最终导致一场大舰队和公海舰队之间的决战；（2）可以阻止基地为德国舰队所用，并为在斯卡格拉克的反潜战提供一个基地；（3）可以更轻易地攻击试图通过挪威领海的 U 型潜艇和袭击舰；（4）英国中队将处于攻击德国运输船和交通线的最佳位置，最可能的地点是克里斯蒂安尼亚（Kristiania，现在的奥斯陆）附近的弗雷德里克绍湾（Frederikshald Fjord）。这一行动极有可能诱出公海舰队。[47]

在大舰队和海军部看来，政府处理北方中立国，特别是荷兰和挪威的死板政策，使海军在战略上无法发挥主动性和加强贸易保护，甚至无法引诱公海舰队出动。大舰队在困局中只会更加难堪。但从政治家们的角度看，必须承认他们已预见到贝蒂的计划很可能使英国陷入混乱：他想开辟另一个战场，虽然勇气可嘉，对鼓舞士气也很重要，但在紧张局势中再引入新战事，极可能导致战略错误。

*   *   *

大舰队军官的愁闷情绪在整个 1917 年不断积累，到年底时，斯卡帕湾和罗赛斯几乎笼罩在骚乱的阴影下。一些激进的军官，如里奇蒙德和德拉克斯，在海军部的维密斯、凯斯和迪尤尔等人的支持下，对白厅缺乏"进攻精神"表达了极度不满。里奇蒙德认为海军部高层在浪费机会，刻薄地称他们为"无知的冒牌货"，而迪尤尔则相信海军部进行的是"可以想见的最无能的管理"。德拉克斯对贝蒂的秘书写道："上帝肯定会救我们的，但对海军部就别指望了。"他请求贝蒂"担起推荐（或任命）那些能挽回局势的贤才的责任"[48]。

很好理解少壮派的躁动心态：长期居于防御地位绝不会带来好心情。但是那种总是引出不切实际的方案的进攻精神也丝毫没有价值，例如封锁德国港口或波罗的海出口的计划 ①。另一方面，在亚德里亚海和东地中海采取两栖行动，以及更积极地使用飞机，则是对舰队更合理的运用，值得更全面的研究，但这些计划在海军部都未获重视。至于使用海军航空兵发动攻势，则将问题带回到 1915 年。海军在建造一艘真正的航空母舰之前已经浪费了两年时间。可以说如果海军部在 1915 年就重视航母，贝蒂在 1917—1918 年不断敦促的，对公海舰队发动空中鱼雷攻击的计划，就有可能在 1918 年实现。如果战争初期海军部委员会的工作更加和谐高效的话（我特别要提到 1915—1916 年的贝尔福—杰克逊体系），情况就会大为不同，当然早期那些巨大的技术困难仍然存在。

---

① 原注：当然，这些计划并非出自最聪慧的少壮派军官。

有关赫尔戈兰湾布雷的备注

戴维·伍德沃德（David Woodward）在他对德国官方史的研究中得出结论："学者们越来越贬低英国在赫尔戈兰湾布雷的价值，至少是新型和高效的 H2 型水雷于 1917 年 9 月装备海军之前的时期，但是德方记录明确地显示，他们在英国开始实施布雷行动时，就将其视为重大威胁。英国水雷有效发挥作用的证据，是德军在 1917—1918 年的赫尔戈兰湾扫雷行动中，共损失了 28 艘驱逐舰和鱼雷艇，大约 70 艘扫雷艇和武装拖网船，以及至少 4 艘潜艇。"[49]

护航队在行动

（1917 年 7 月—1917 年 12 月）

海运量在 6—9 个月后，就将达到能为协约国输送足够食品、军火和其他必需物资的最低限度了。

——杰利科给作战处的纪要，1917 年 7 月 31 日

（潜艇战）是我们要应对的，也是决定战争胜负的最大问题。如果它们（U 型潜艇）真正占了上风，我们的陆军就将等同于没有。

——贝蒂致杰利科，1917 年 7 月 22 日

协约国在 1917 年取得的最大胜利，就是逐渐遏制了潜艇的进攻。这是战争中真正具有关键意义的事情，海上前线成了陆地战局决定性的侧翼战场。

——劳合·乔治，《战争回忆录》

1. 远洋护航队的扩大

7 月初，格蒂斯（当时仍是审计官）已经制订出他的商船建造计划。他的目标是每年在英国船厂建造 310 万吨商船，相当于战前最后一个和平年，1913 年造船量的两倍。格蒂斯知道目标在 1919 年以前是不可能实现的。他期望 1917 年的总造船量能达到 156.6 万吨（6—9 月 119 万吨，而到 5 月已完成 37.6 万吨产量），或者比航运管制官的预期造船量高 30%。而英国在 1917 年实际完成的商船建造量为 116.3 万吨（总吨位）。1917 年 11 月，原计划 1918 年建造 230 万吨商船的计划被下调至 180 万吨，因为钢材和劳力的短缺（还有其他因素），显然已无法实现原计划中 1918 年的造船量。以 1917 年 9—11 月商船的平均月损失量计算，修改后的造船量仅略多于远洋商船损失的三分之二。费勒总结了

当时的情况："这样即使在 1917 年最有效地利用资源，也会出现商船的净损失。由于事关战后商业海运的恢复，年造船量最终达到 300 万吨的预期曾令人激动不已；但是有证据表明，在造船量增加的效果发挥作用之前，战争就可能已经分出胜负了。从海外购买商船弥补商船不足的希望最终破灭后，预期造船量的降低就更显得危机重重。"[1]

杰利科还在继续他减少陆军海运需求的不懈努力。1917 年 10 月 9 日，他在递交战时内阁的一份文件中重申了他的立场：在近东展开的另一场军事行动，占用了大量商船，以及大量执行保护任务的小型舰艇，这已危及用以进口英国和盟友必需物资的运输，而且由于保护力量不足，正常海运中也出现了更严重的损失。虽然理由不同，但他同意帝国总参谋长罗伯特森的意见，应该将军事力量集中在西线，而东方战场上的陆军应采取防御态势。这种战略对海军的反潜战其实助益不大：美国人即将为把兵力投送至法国提供运输和护航方面的协助，而让英国有更多商船用于进口物资，也可以让英国为盟友供应煤炭和小麦，帮助他们熬过冬季。[2]

其他各种手段，包括将航运集中于航程较短的北美航线上（基奥扎·莫尼的计划），以及大幅削减进口，都对节省吨位起到了作用。纽博尔特称："这些手段已经……给了我们喘息之机，但是很明显，它们只是权宜之计；损失大大超过补充，最终将吃掉这些特殊手段节省出来的吨位，而当下的勉强喘息也将变成全国性的窒息。"[3]唯有护航队体系能够保证快速和持久地减少商船损失率。

我们已经看到，第一批试验性护航队已经分别于 5 月 10 日从直布罗陀，以及 5 月 24 日从汉普顿港群起航，6 月又从汉普顿港群开出了 4 支护航队，护航队的先驱者们都信心十足地认为，扩大护航队体系能击败 U 型潜艇，但是直到 6 月，海军高层仍在犹豫。7 月，出现了扩大护航队体系的一个重要因素，就是美国态度的转变。西姆斯对扩大护航队的不懈努力，以及第一批护航队的完全成功（6 月共有 5 支护航队 71 艘商船横跨大西洋，且无一损失），最终使美国海军部转而支持护航队体系。西姆斯乞求美国海军部长："如果不能立即实施英国海军部建议的护航队体系，并应用到所有商船，迫使潜艇为了攻击商船而与反潜舰艇对抗，那就是自杀行为。"[4]6 月 29 日，西姆斯给海军部长发去一封语气强烈的信件，在信中坦率地指出，"如果商船损失如过去的四个月那样继续下去，协约国又不愿被迫接受于己不利的和平协议，就将面临可怕的境地"[5]。但是就在他发出信件三天后，事情终于尘埃落定。"我一直以最大努力敦促我们的海军部……直到昨天终于传来了有关护航队的回应……我很高兴地看到，我们的政府现在展现了帮助实施护航队体系的意愿。"[6]

7月，定期的北大西洋至本土方向护航队体系（护航队交替开往英国东西海岸港口）正式建立，分别是7月2日从汉普顿港群，7月10日从悉尼和布雷顿角（编入来自加拿大港口的商船，8月增加了从哈利法克斯出发的护航队），及7月14日从纽约（来自费城以北美国大西洋港口的船只）发出的。汉普顿港群护航队每4天发出一支，其余护航队每8天发出一支。7月共有13支本土方向护航队横跨大西洋（部分在8月抵达）。在包括46艘油轮在内的245艘商船中，只有1艘被鱼雷击中并沉没［8月6日在托利岛（Tory Island）］，商船损失比为0.41%，吨位损失比仅为0.38%。

虽然到7月中旬已开通了北大西洋至本土方向的定期护航队，但在地中海和南大西洋上仍无护航队，而且尽管护航队委员会建议，实施护航队之初就应同时开通本土方向和海外方向的护航队，**所有驶离英国的商船仍在独立航行**。导致进一步扩大护航队的决定性因素是商船的持续严重损失。7月初，诺曼·希尔爵士[①]警告战时内阁，最后的远洋运力正在迅速耗尽。战时内阁、海军部、船运部和船主代表召开了一系列会议（7月12、13、20日），在最后一次会议上得出的结论是，除非能迅速减少进近海域的商船损失，否则海运将完全崩溃。会后海军部开始准备冒险使用更小型的驱逐舰执行护航任务，而他们原本认为这种舰艇安全性不足，同时试验性地使用拖网船为低速船只护航（主要是从地中海开向本土的船只）。海军部的准备更加完善了，因为在各方面的努力下，护航舰艇的数量已大大增加，而且一个更密集的驱逐舰建造计划也即将开始实施[②]。

更急迫的问题是海外方向商业航线，因为到8月中旬，已有证据显示敌潜

---

① 原注：港口与运输执行委员会主席，该委员会是管理港口和海港的最高权威机构。
② 原注：该计划的目标，是到1918年底增建110艘驱逐舰，另外还将增建45艘护卫舰和60艘大型高速拖网船。

艇将攻击目标从本土方向船只转向了海外方向船只。"开始更多考虑的是本土方向船只的危险，因为它们较为集中，更容易被潜艇发现，同时它们未掌握最新的有关潜艇威胁的信息，也因为它们通常处于满载状态，比海外方向船只价值更高，后者常常是空载船只。例如，本土方向船只在 4 月受到的威胁是海外方向船只的两倍以上，但到 8 月这个比例已经被反转了。"[7] 潜艇自然喜欢攻击没有护航的船只；但另一个事实是，有组织的本土方向护航队并没有那么容易被发现。

8 月，U 型潜艇击沉的船只大部分是海外方向船只，这证明护航队体系是成功的，杜夫敦促第一海务大臣，需要立即建立海外方向远洋护航队。他有一个特别的理由。"我要求立即组织海外方向护航队的主要原因，是为了在恶劣天气到来之前，让尽可能多的商船获得随护航队航行的经验。"[8] 在护航队问题上，杰利科已不再有丝毫怠慢，从 7 月下旬开始，他就全力扩大和增强护航队体系。他虽心怀内疚，却仍坚定地从第 2 巡洋舰中队抽调了 3 艘巡洋舰，并向贝蒂解释说："我知道你也意识到了全面引入护航队体系的极端重要性……"[9] 8 月 11 日，海军部决定建立海外方向护航队，两天后就开出了第一支护航队。根据海军投入的护航力量，这次护航队的扩大范围有限，按照护航队委员会的建议，海外方向护航队将在驶出危险海区后解散，而随行的驱逐舰将用于护航一支本土方向护航队（见本卷第十章，第二节）。这一时期，已经开通了来自直布罗陀的本土方向护航队（第一支定期护航队于 7 月 26 日起航）。到 10 月中旬，由于直布罗陀进近航线上的损失较大，又开通了从英国到直布罗陀的低速（7.5 节）海外方向护航队。

远洋护航队在不断证明自身的价值。7、8 两月，本土方向护航队的将近 600 艘商船中，仅有 3 艘被鱼雷击中（其中 2 艘沉没）。另外有 6 艘商船在脱离护航队后被击沉。海外方向护航队的约 200 艘商船中，仅损失了 3 艘。这些令人鼓舞的结果促使海军部将护航队体系扩大到南大西洋，U 型潜艇已开始在那里活动，并在亚速尔群岛—卡纳里群岛一线不断取得战果。9 月 22 日，第一支塞拉利昂护航队（高速）起航，8 月 11 日，第一支达喀尔护航队（低速）起航。到 9 月底，已经发出了 83 支远洋护航队；在参加护航队的 1306 艘商船中，有 1288 艘安全抵达，仅有 18 艘损失，而其中又有 8 艘是在脱离护航队后被击沉的。

这一时期，在 55 支海外方向护航队的 789 艘商船中，仅有 2 艘被击沉。纽博尔特将 9 月视为大战的转折点。

与此同时，地中海的形势却极度危急，通过地中海和地中海内的定期护航队 ① 还没有开始运行。船只损失并非问题中最严重的因素。有 56 艘商船在 4 月被击沉，而 8 月的损失已降到 20 艘；但是损失的减少主要是靠降低运量实现的。"北非海岸各港口间的夜间航行，以及意大利沿海的类似航运都需要等待护航舰艇，但护航舰艇的抵达和船只的起航都没有固定时刻表，结果造成惊人的拖延。船只在塞得港等待 8 天或 10 天已是常事，有些开往意大利的意大利商船，甚至要在出发港口等待 3 个或 4 个星期。从直布罗陀到塞得港的行程耗去 30—32 天也很常见。" 10

从 8 月起，维密斯和地中海舰队司令高夫－考尔索普就呼吁建立地中海内的试验性护航队。但是杰利科在 8 月 14 日的一次海军部会议上声称，他们的建议无法实现，理由是缺乏护航舰艇，不过他告诉高夫－考尔索普继续推进计划，并在实地考察后对能采取什么措施递交一份报告。9 月初，协约国伦敦海军会议建议，一旦资源允许就在地中海全面实施护航队体系。麦克雷更是竭力敦促，在 9 月 11 日写给格蒂斯的信中，他要求根据"试验性护航队的显著成功"，在地中海发展护航队体系。这之后不久，海军部开始行动了。从 10 月开始，在局部航线上实施了护航队，10 月至 11 月，来往于塞得港的航线全程都以护航队形式运行。10 月 3 日，开通了第一支从英国开往塞得港的护航队，11 月 16 日，第一支本土方向护航队从塞得港起程。

地中海内的地区护航队的护航和航线，均由海军少将 J. A. 弗格森（J. A. Fergusson）在马耳他掌控，他是地中海巡逻队的英方指挥官（海军部则指挥通过地中海的护航队）。弗格森朴素优秀，但在工作上心不在焉。1918 年 4 月，他被海军准将 G. H. 拜尔德（G. H. Baird）接替（头衔变更为地中海商船机动处处长），后者则是一名能力极强的军官。

---

① 原注：从 5 月开始，开通了一支从马耳他至塞得港，规模有限的护航队。

高夫－考尔索普对护航队并非信心十足。它"充其量是一种威慑手段，而不是可靠的防御体系"，他预测，"如果敌人获得经验和战术技巧，这一体系所能提供的保护能力就会下降，真正的解决手段还在于加强进攻，假以时日，我们也就不需要这些防御手段来保护商船了"[11]。但就在他写下这些断言时，护航队正在证明自己。11月，护航队的381艘商船（大约占地中海航运的40%）中，仅有9艘损失——相比以前，这是巨大的进步。不仅如此，从1916年3月开始，远东贸易（东经100度以东）船舶被迫绕经好望角航行；1917年4月，连来自孟买和卡拉奇的船只也要采用这条航线。虽然这样减少了损失，但造成运力的严重下降。来自印度的船只如果重新经地中海航行，将大大节省时间，以往需要130艘商船绕好望角航行的运量，经地中海航线只需90艘商船就能完成，这样就节省了40艘商船的运力可做他用。

令英国人极为失望的是，地中海护航队的大部分舰艇都出自英国海军。法国海军参谋长已经同意将所有法国护航和巡逻舰艇与英国舰艇合并使用。"但是这一计划根本没有完成，虽然一些护航队由英法舰艇联合保护，但英国舰队司令从来就没有通过驻马耳他的法国海军指挥官直接控制过任何法国反潜舰艇。"意大利人则更喜欢独立行事。他们"从不掩饰他们不愿派反潜舰艇与我们协同作战。他们没有做出任何承诺，直到战争结束都拒绝将任何舰艇交由协约国联合指挥，除了几乎可以忽略不计的一两条特别的护航队航线外，他们也不愿为协约国护航队提供协助。他们的所有行动都限于保护自己的沿岸航线"。"考虑到确保煤炭和谷物源源不断地运抵意大利港口对他们的利益至关重要，这一现象就更难以理解了。"[12]地中海海军战略总是因为国家和个人之间的钩心斗角，政治和国家体面的计较，以及意大利政府保留其轻型舰艇以时刻准备好保卫亚德里亚海沿海城镇不受奥地利舰队袭击的要求，而显得肮脏龌龊。

1917年11月，远洋护航队体系已经全面实施，但是沿岸航线（不要与沿岸贸易混淆，见本卷第十章，第四节）仅有斯堪的纳维亚护航队和东海岸的局部航线护航队在运行。护航队委员会建议建立一个沿岸连锁护航队体系，但是由于远洋护航队的集结和分散港口都会尽量靠近主要港口（如果不在主要港口的话），这一建议被忽视且从未实施过。

当护航队体系全面投入应用时，海上平均有16支本土方向护航队，其中3支在本土潜艇危险区（西部航道、爱尔兰海或英吉利海峡），它们均由驱逐舰护航。在海上的海外方向护航队平均有7支，其中4—5支在本土危险区。需要强调的是，护航队系统同时保护中立国商船——它们和英国及其他协约国船只具有完全相同的权利。

2. 组织

6月25日成立的海军参谋部贸易处下属的护航科，是护航队的中心组织机构。它由10名参谋人员组成（后来增至15人），办公地点设在海军部大楼的地下室，科长是舰队主计官H. W. E. 马尼斯蒂（来自参谋部贸易处），他也是"护航队组织主管"。作为一个独立科室，护航科直接对海军总参谋长助理杜夫负责（通过他的海军助理，海军中校亨德森）。1917年9月，护航科并入新成立的海军参谋部商船机动处，它直接向商船机动处处长负责（海军上校F. A. 怀特海德），后者也在海军总参谋长助理的领导下工作。护航科从组织架构上将护航队管理从贸易与作战部门剥离，而将其置于与护航科紧密协作的海军情报处和航运部护航科（主管是诺曼·莱斯利）的统一指挥之下。后者管理所有需要护航的商船的人员雇佣、目的地、货物和补给。海军部护航科则部署护航舰艇，并在护航队从集结到抵达目的地的过程中指挥所有商船，指定它们的航线，指引航道，并在规避危险区时下达分散指令。

护航队组织工作中，一个极为重要的角色是海图室，由干练的海军中校J. W. 卡林顿（J. W. Carrington）掌管。他们的职责是规划护航队的路线，确定护航队和潜艇的位置，指挥护航队迅速转向，避开报告发现潜艇的海区，有时这是以让船只分散独立航行的形式进行的。海军部大楼X号房间（一个巨大的，位于这幢可以向西俯瞰骑兵卫队阅兵场的建筑底层的绘图室）的整个西侧墙壁上，是一幅本土水域护航队海图（6×9英尺），上面标注着每一处发现敌潜艇的地点。根据发现时间，将潜艇位置标注为红色（今天）、灰色（昨天）和蓝色（前天）。这幅海图可以被视作护航队体系的核心……它给出了护航队运作的整体图景。海军部的午夜时分，大西洋上的本土方向护航队准时抵达会合地H，并在距克利尔角 200 英里处由护航舰艇接手。气动管道里，第 40 室发来的信筒叮当作响地落下，掉到一个金属篮中——是 U-65 号可能的方位，以及拦截自 U-69 号的电报。它们的位置很快被标注在海图上，距用红色丝线标注的，正在驶来的护航队航线仅有几英里距离。接下来是一番急切的商讨。海军少将杜夫或海军上校 W. W. 费希尔可能会加入讨论。海军中校雷金纳德·亨德森，或主计官海军中校 H. W. 马尼斯蒂也会参与。但在任何时候这一切都发生得极为迅速。15 分钟内，一份电报就发给护航队指挥官。他将在凌晨 1 时收到电报，整支护航队将急转航向。待黎明时分，两艘潜艇浮出水面时，护航队早已远离它们了。[13]

一项不引人注目的革新，在 1917—1918 年的反潜战中发挥了重要作用。这就是更广泛地使用海军参谋部秘密情报和破译部门第 40 室拦截的德国无线电报。[14] 对于第 40 室的重要性，曾担任该部门主管（对海军情报处处长负责）的一位军官写道：

我们密切监视着公海舰队的一举一动。潜艇在海上时经常密集通信，有趣的是，是我们让他们相互联系的。我们不间断地在威廉港和布伦斯比特尔外扫雷航道的尽头布雷。每一艘从大西洋返航的潜艇都要发电报报告它击沉的商船吨位，以及它在某日某时抵达扫雷通道尽头时的具体位置，以便与扫雷艇会合，或者接收前往其他位置的通知。如果它们不报告返航的行程，就可能误入雷场。当我们布设从苏格兰以北至挪威的雷障时（1918 年），出动的潜艇在通过雷障后都会发出平安通过的电报。为了在大西洋上发起集中攻击，必须有大量的通信信号往来，凭借我们设在沿岸的大量监听站，包括在设得兰群岛和冰岛的监听站（大约有 40 座无线电定向与监听站），我们可以通过定向确定他们的位置——通常也能破译电文。德国人更新密码手册后我们在一段时间内举步维艰，但是我们幸运地在一艘坠毁的齐柏林飞艇和一艘沉没的潜艇上找到了新手册，所以空白期只持续了很短时间。我们的人在重构密码手册时干得很出色，但过程很漫长，因为德国人从不直接使用手册中的密码组，而是先为它们加密。德国人使用的普莱费尔密码（Playfair type）——方形纸上是编有号码的字列，文字竖写横读。如果我们有密码手册，那就要找出给字列排序的密钥。

第 40 室就潜艇预期出现在商业航线上的时间，以及它们何时离开，何时返回向反潜处发出警报。但比这更重要的是，潜艇在大西洋上频繁以无线电联系。一般会有几艘潜艇集中向一支护航队发起攻击，但是要成功实施，它们必须交互信息。这些信息由测向与监听站截获，我们就可以警告反潜处，后者再命令护航队大幅转向以避开这一海区。通过规避潜艇集中的海区，几支宝贵的护航队躲开了打击。格蒂斯对这些护航队安全抵达极为满意，亲自跑来见我和 R. G. H. 亨德森（杜夫的助理），并说已经将我们晋升为海军上校（1917 年 10 月）。军官晋升一般每半年一次，这种即刻晋升两名海军中校的情况应该是极其少见的。

我认为，如果没有第 40 室的情报，击败潜艇将会困难得多，耗时也会长得多。[15]

但是在 1917 年，这座情报圣殿却和海军情报处的其他情报科室毫无往来。第 40 室没有向情报处第 14 科——德国科开放，后者主要处理有关德国海军的情报（它的组织、中队、海岸和港口、舰艇和军官），也没有向情报处 E1 科——敌方潜艇科开放，它主要监视 U 型潜艇的行踪，记录各艇的活动史。

与德国科的合作本来可以对第 40 室大有益处，第 40 室也可以为德国科提供无价的情报，但是它们不被允许一同工作……E1 科的例子也极为相似……所有受到攻击的（来自英国和中立国）船只信息，以及发现和攻击 U 型潜艇的报告都会发往 E1 科，并被及时定位和记录。另一方面，第 40 室从德方获取情报，而对英方的报告一无所知。它接收潜艇的无线电报，可以识别每一艘潜艇，知道它们出航的时间。E1 科则根据英方的报告追踪 U 型潜艇在大洋上的航迹，但是两个部门却无法合作共事。[16]

第 40 室的运行方式并非来自偏激的心态，而是出于对它的情报和获得情报的手段被泄露的担心（不过这些有关 U 型潜艇的特殊情报均向法国海军参谋部通报，并且标注在海图上交给法国海军最高指挥机关）。尽管如此，保密政策还是严重阻碍了对 U 型潜艇活动的深入研究。

1917 年 5 月，第 40 室终于成为杰出的海军情报处处长，雷金纳德·霍尔手下的一个部门，霍尔将其列为情报处下的一个科室（25A），由海军中校 W. M. 詹姆斯主管。[17] 每当击沉一艘潜艇的信息传到海军情报处时，霍尔总是转向他的一位年轻助手伦纳德·威洛比（海军上尉，皇家海军预备役部队），冲他喊："威洛比，去拿朗姆酒来！"

这一具有积极意义的变动的直接结果，就是第 40 室截获的所有秘密情报都可以与海军参谋部护航科分享，并且可以标注在海军部大楼 X 号房间的护航队海图上。"这是人们第一次可以同时看到护航队航迹与最新的潜艇信息，由于护航队指挥官的座舰备有无线电，这样就可以立即指挥护航队转向，避开危险海区。"[18]9 月，海军情报处的第 14 科和 E1 科也开始可以接触到第 40 室的情报。后者（大约在此时被重新命名为第 25B 科）与绘图科同处一室，协同工作，"追踪每一艘潜艇的活动，根据之前来自海上的报告和该科室积累的经验，'分析'每一份情报"。E1 科科长，舰队主计官 E. W. C. 思林（E. W. C. Thring）到 1917 年已经成为预测 U 型潜艇行动的专家。法国人叫他"勇敢的思林"。

通过艰苦的工作和不懈的坚持（他的一位同事写道），他积累了数量巨大，后来被证明具有无量价值的信息，我只能说，他在极短时间内就获得了关于敌人正在如何活动的，不可思议的"灵感"。面对一张标有被击沉商船位置的海图，他会说："那个……那个……和那个是某某号潜艇干的，它还剩多少多少鱼雷，以及多少多少燃料。"他对很多 U 型潜艇艇长的特点十分了解（他保存有这些艇长的照片以及有关他们的职业记录），他的预测也异乎寻常地准确。他的很多情报来自第 40 室，但是使他达到如此成就的远不止于此。[19]

每一个用于护航队集结的本土和海外港口都驻有一个海军指挥小组，负责护航队的组织，航行时的编队，以及向船长下达秘密指示。每支护航队都有自己的指挥官（Commodore），由海军军官或经验丰富的商船船长担任，指挥官所在的商船将挂起代表海军准将的小燕尾旗（Broad Pennant），他将负责导航与护航队的总体指挥，而护航舰艇的资深海军军官负责船队的安全。

本土方向护航队如果驶往爱尔兰"以北"，将在北海峡（North Channel）外解散；如果驶往爱尔兰"以南"，则在斯茅斯（往爱尔兰海和布里斯托尔海峡港口）和圣凯瑟琳角（往海峡和东海岸方向）解散。海外方向护航队的集结港口均在西海岸：班克拉纳［Buncrana，后来改在拉姆拉什（Lamlash）］、昆士敦（1918 年初改在米尔福德港）、德文波特和法尔茅斯。船只独立进入各个集结港口。1918 年 3 月和 6 月，利物浦和绍森德也分别成为集结港。

本土方向的大西洋护航队在整个行程中都呈编队航行并有舰艇保护（通常是一艘巡洋舰，因为大西洋上已没有敌人火力强大的水面袭击舰），海外方向护航队只能由一艘驱逐舰护航，在本土潜艇危险区内编队航行（反潜护航区域位于西经 12 度和西经 17 度之间）。护航舰艇在黄昏时分离开（商船也在那时分散独立航行），随后在夜间驶过中间区域（60—100 英里），于黎明时分与一支本土方向护航队会合。护航舰艇一开始就能熟练地按时刻表在预定海区与护航队会合。护航驱逐舰一直身兼两职，因为没有足够的护航舰艇可以分别为本土方向和海外方向护航队护航。军舰以及舰上的官兵一直都处于紧张状态。

开往直布罗陀的海外方向护航队在一艘护航舰艇（特种勤务船）保护下保持编队航行，在圣文森特角与一艘来自直布罗陀的反潜护航舰艇（护卫舰、鱼雷艇、武装快艇）会合，这艘舰艇是完成保护一支发自直布罗陀的本土方向护航队到英吉利海峡外的任务后赶来的。从直布罗陀发出的本土方向护航队有一艘远洋型特种勤务船保护，到达本土危险区后则得到拖网船和一两艘驱逐舰的增援。穿过地中海的护航队（英国—塞得港）在驱逐舰离开后就没有任何军舰保护，航行至斯帕特尔角（Cape Spartel）以西才与护航舰艇会合。从那里开始由一支护航力量保护直至抵达塞得港。地中海护航队的护航舰艇通常由 1 艘驱逐舰、2 艘护卫舰和 4 艘拖网船组成，但第一支护航队完成任务后，拖网船就因为太慢而不再参加护航任务。

海军中校沃特斯写道："19 世纪末和 20 世纪初，对海军战略最大的误解之一，就是毫无道理地相信，护航队中船只数量越多，面临的危险就越大。"[20] 杜夫和亨德森很快就察觉到这一教条的错误，前者评论道："看起来只要能得到适当的保护，跨经任何危险区的护航队的规模越大，商船的损失就越小；如果能将每天进入英国的所有商船编入一支庞大的护航队，那么在海上活动的潜艇就只能对它攻击一次，而在一支驱逐舰部队的保护下，与现行护航队体系相比损失几乎可以忽略不计。"[21] 这种观点在海军部并没有得到普遍认同，刚开始引入护航队体系时，原则上还是以小规模编队运行——这是以前战争中采用的标准。

第一支从汉普顿港群出发的护航队的规模被限制在 12 艘商船；到 6 月底，商船数量的上限为 20 艘；9 月，商船数量增加至 26 艘。增加船队规模需要海军部的批准。后来发现有必要将数量限额提升至 36 艘，编入更多数量的商船则需要海军部的特别许可，因为从 9 月开始，除了航速太慢（7—8 节）和速度接近 20 节的商船外，所有船只都被编入护航队。护航队的一般规模是 20—25 艘商船。最大的一支（HN73，1918 年 6 月 18 日从纽约出发）编有 47 艘商船。在潜艇危险区内的"驱逐舰护航力量"（驱逐舰或其他适于护航的舰艇——P 型炮舰、护卫舰或拖网船）的编成为：超过 22 艘商船，8 艘护航舰艇；16—22 艘商船，7 艘；少于 16 艘商船，6 艘。出于救生需要，运兵船护航队（开始时单独组织的）的船只被限制在 14 艘以下，并有较大规模的驱逐舰力量保护。由于没有足够的驱逐舰或 P 型炮舰供所有护航队使用，往返于直布罗陀的本土方向和海外方向护航队，以及来自达喀尔的本土方向护航队，在本土水域的潜艇危险区内，由 2 艘驱逐舰或 2 艘护卫舰加 8—10 艘拖网船护航。这些都是航速 7—7.5 节的低速护航队。拖网船非常适合掩护慢速护航队。只有 1 艘拖网船在与护航队会合时发生意外而失踪。拖网船还是非常理想的救生船只。尤其值得一提的是，这些由混编护航力量保护的低速护航队，损失并不比有驱逐舰保护的高速护航队大。

远洋护航队开始运行后，空中护航和支援也经常成为行动的一部分。由于续航力有限（离海岸不超过 100 英里），以及受天气影响，飞船、飞机，特别是飞艇，通常用于在远洋护航队前方巡逻和提供近距掩护。另外得到空中护航的，还有法国煤炭贸易护航队、穿过北海峡（位于北爱尔兰和苏格兰之间）的护航队、拉恩（Larne）和斯特兰拉尔（Stranraer）之间的航线，以及福克斯通和布洛涅（Boulogne）之间的跨海峡航线。软式飞艇承担了大量巡逻和护航任务。它们与飞机相比有一个重要的优势：可以与护航队保持同行。当时有一个说法，当飞艇加入护航队时，"其他人都可以去睡觉了"。空军官方史称：

飞艇航速低，机动性差，不能指望它去击沉一艘潜艇（事实上，它们在战争中也确实没有击沉一艘潜艇）。一旦发现飞艇，潜艇艇长总有时间从容下潜，避开危险。但是这并不是说飞艇不可怕。它会召唤水面舰艇以深水炸弹攻击潜艇，它也可以通过目视或观察油迹，来跟踪潜艇在水下的航迹。潜艇只能小心地尝试再次浮出水面。如果它再次上浮，并处于飞艇或水面舰艇的打击距离内，它将再次面临攻击，很可能被击沉。事实上，U 型潜艇艇长看待飞艇，就像罪犯看待警察一样，通常都会敬而远之。不用"行动"，只要"在场"，它们就拯救了很多商船。潜艇一次次地被迫下潜以逃避追踪，结果就是只能以极低的水下航速前进，几乎不可能进入鱼雷攻击阵位。[22]

1917 年，数百支得到空中护航的护航队中，只有一支遭到 U 型潜艇的攻击，只有一艘商船被击沉。

航空兵刚开始只是断续参加护航队行动。1917 年 7 月，英国计划将空中力量增加一倍，结果发现这个目标并不现实，虽然到 1918 年 1 月 1 日，已有 291 架水上飞机和飞船、23 架飞机以及大约 100 艘飞艇在本土水域执行反潜任务。直到 1918 年夏天，空中力量才得到全面的发展。

由护航舰艇携带的风筝气球，用于在近岸水域协助搜索潜艇。就像它们在舰队行动中一样，气球会引起 U 型潜艇的注意，暴露护航队及其航向，所以风筝气球主要用于与驱逐舰一起执行猎潜任务。

3. 问题

海军一度坚持强调的，成功实施护远洋护航队"无法克服"的困难并没有成为现实。商船在保持护航队中的位置时确实经历了一些困难①。但是他们的技术足以让商船保持阵型并做 Z 字航行。新的通信设备、动力舱电报装置、对船员进行的保持阵型和反潜作战的训练，都进一步减小了难度。但是在护航队中

---

① 原注：护航队的阵型为每列不超过5艘商船，列与列之间相距6—8链，后来为4—5链，同列中的商船前后距离为3链，后来改为2链。

航行并不像享受一顿野餐。在一部经典的航海著作中，作者这样描述了护航队中的氛围和险境：

在夜间保持阵型熄灯航行成了我们的惯常做法。相撞的危险始终存在。在黑暗中，我们常常看不到指引我们前进的导航船。白天可以通过调整航速准确地保持位置，夜晚却无法这样做。最好的方法是保持前一个时期发动机的平均转速，同时仔细观察一艘姊妹船的船艏浪。有时我们会与一支开往相反方向的护航队相遇，激动人心的一幕就开始了。散布在海面的商船各自改变航向以避免相撞，场面一片混乱，这绝对是最奇妙的景观。在地中海上发生的一段插曲值得永远铭记："我们离开马耳他向东航行，那个夜晚伸手不见五指，我们成功避让了一支开往西方的护航队。只有老天知道为什么会平安无事。我们的船不得不全速倒车躲开另一艘船。它在我们的侧后方和我们一起往东航行了一个半小时。然后它用旗语发来信号：'嗨！你好！你这是去哪儿啊？''萨洛尼卡。'我们回答。'老天爷，'它说，'我要去直布罗陀。我的护航队到底在哪儿？'"[23]

大西洋本土方向护航队一个特有的优势，是有机会在进入危险区之前练习如何保持阵型——在一周至十天内，每天至少训练一个小时。如果在这段时间内能获得熟练的驾船能力，无法或难以保持阵型的情况，就只会发生在航程的开始阶段。

另一个未得到证明的反对意见是"太多鸡蛋装在同一篮子里"的理论。"有将近20支护航队遭到攻击（到9月底），即使敌人的攻击得手，也绝不会出现反对护航队的人预计出现的大量损失；通常一支护航队只会损失一艘船，从来没有出现过损失超过两艘船的情况。"[24]

另一个，也许是整个护航队体系中最主要的问题，是因在集结港口组织护航队和将全部商船降速至最慢一艘的航速而损失的时间①。当护航队体系的组织优

---

① 原注：最开始有船只无法与护航队保持一致航速，结果未能及时赶到与护航舰艇会合的地点，或者一艘护航舰要离队照顾那位"慢性子"。

化后，这些缺点基本上被克服了。对第一个问题，解决方法是：（1）商船在集结港口装货；（2）使用直达航线到达分散点和卸货港口，无须在昆士敦或法尔茅斯"请求命令"。对第二个问题的解决手段是：（1）组成航速不同的护航队；（2）将航速相同的船只编入同一护航队；（3）使用直达航线——船只不再转港；（4）持续运转——商船不停运。另外，护航队的定期化也有助于解决港口拥堵现象。

到 1917 年 9 月中旬，本土方向护航队的组织已经以航速 / 目的地为基础。低速、中速和高速护航队已投入运行。北大西洋上的慢速（8.5—10 节）和中速（10—12.5 节）护航队交替开往东西海岸港口；高速护航队（12.5 节以上）只开往西海岸港口。南大西洋上，有从达喀尔开出的低速（10 节以下）和从塞拉利昂开出的高速（10 节以上）护航队，它们在西部航道分开，分别前往东西海岸港口。直布罗陀的本土方向护航队包括 7 节和 11 节两种，交替开往东西海岸港口。

为远洋护航队提供防范水面袭击舰的护航舰艇是不成问题的。第 2 巡洋舰中队被拆散使用，另外还改装了很多商船执行护航任务（这些"征用护航商船"是装有 3—4 门 6 英寸舰炮的货轮），还有来自北美—西印度中队的巡洋舰和第 10 巡洋舰中队的辅助巡洋舰（北方巡逻队）。后两支力量是在美国参战后才开始执行护航任务的。在设得兰群岛和法罗群岛以西巡逻的第 10 巡洋舰中队，一直负责拦截试图将货物运给敌人的中立国——美国的船只。来自美国的货物大多数进入北方中立国。随着美国成为盟友，第 10 巡洋舰中队存在的理由就消失了。它目前的主要任务是拦截敌人的水面袭击舰，这是它以前从未成功完成的使命。1917 年 11 月 29 日，这个力量被严重削弱的中队终于被撤裁，它的 17 艘武装拖网船加入了反潜作战和护航队行动[1]。官方贸易战史写下了该中队的墓志铭："第 10 巡洋舰中队的结局并非黯淡无光……中队和它的商船船员赢得了整个国家的感激。"这些勇敢的船只（中队力量从未超过 25 艘辅助巡洋舰和 18 艘武装拖网船）和船员在北方大海"无尽的迷雾和强风"中[2]圆满地完成了任务，前后两任指挥

---

　　[1] 原注：此后北海的封锁任务就由大舰队的轻型舰艇部队承担，但是对敌人的贸易封锁主要依靠禁运体制和与中立国船主的协议来实施。

　　[2] 原注：对气候的描述来自基布尔·查特顿（Keble Chatterton），谜团在他的帮助下得以解开。这一海域的天气实际上非常多变。

官分别是海军少将德·柴尔（de Chair）和海军少将塔珀。他们若是回溯自己中队的历史，会发现它实施了"世界上规模最大的封锁行动"：总共拦截了 8905 艘船只，武装押解了 1816 艘船只，登临检查渔船 4520 艘。

前往纽约的远洋护航队通常由美国海军护航（轻巡洋舰）；前往直布罗陀的护航队，一艘特种勤务船或一艘美国海岸警卫队的炮艇就足以保障安全。1918 年，北大西洋护航队还经常得到一艘美国战列舰或装甲巡洋舰的支援。

比远洋护航更困难的，是为潜艇危险区的护航提供驱逐舰。1917 年底，杰利科已经在认真考虑将大部分大舰队舰艇留在基地，只保留一支"机动力量"，包括战列巡洋舰部队和一个战列舰中队。他想调出原来执行巡逻任务的 17 艘驱逐舰和 4 艘驱逐领舰（大约一个驱逐舰支队），去参加护航队的反潜行动。美国舰队来到欧洲水域（1917 年 11 月）一事减少了这项策略的风险。贝蒂是绝不会同意的：大舰队必须保持最强实力。杰利科离开海军部时，还没有做出任何决定。

虽然进度缓慢，但随着更多舰艇的到来——它们来自美国[25]和其他单位（朴次茅斯、多佛尔和大舰队），更不用说商船都加装了 6 英寸舰炮——护航驱逐舰的问题正在得到解决。1917 年 7 月，远洋护航队有 91 艘反潜舰艇，即 64 艘驱逐舰、11 艘护卫舰、16 艘 P 型炮舰；1917 年 11 月，这一数字达到 170 艘，三类舰艇分别有 102 艘、24 艘和 44 艘；1918 年 4 月，总数为 195 艘，三类舰艇有 115 艘、35 艘和 45 艘；1918 年 9 月，总数为 150 艘，三类舰艇有 116 艘、16 艘和 18 艘。美国人最初的小小贡献就足以做出对护航队有利的舰艇部署。爱尔兰海岸指挥官，海军中将贝利后来被问到，第一批美国舰艇抵达昆士敦对他的指挥有何影响，他回答道："完全不同了。"

他们到来之前，我们用于保护前来海峡和爱尔兰海的商船的舰艇，只有 13 艘燃煤动力护卫舰和几艘拖网船，偶尔也会有 1 艘驱逐舰。它们不仅要保护商业航线，现在和当时还要暂停巡逻任务去保护高价值船只前往海峡入口或利物浦，在海峡入口处，会有来自德文波特的驱逐舰来接替护卫舰。它们还无法像燃油驱逐舰那样持续航行，因为加煤需要一天时间，如果天气不好则耗时更长。所以在最终引入护航队体系时，这些护卫舰根本不可能参加护航任务。[26]

英国为所有护航队提供了70%的驱逐舰和61%的巡洋舰，美国提供了27%的驱逐舰和35%的巡洋舰，法国提供的比例分别是3%和4%。[27]

护航队附带的一个重要优势，是给了商船船长和船员一种新的安全感。如果一艘商船被击中，其他邻近的商船可以确保实施救生任务。另外，救生拖船经常会伴随海外方向护航队驶过危险区，然后迎接本土方向护航队。而且在护航队中，拯救一艘被鱼雷击伤的商船的机会比以往更大，因为实施攻击的潜艇会遭到护航舰艇的反击，无法再发射一枚鱼雷或用火炮结果受伤的商船。[28]

一位海军军官在一篇名为"北大西洋护航队内幕"的文章中，指出了有趣的一点："在实施护航队体系的时期，我们非常幸运地得到了天气的眷顾，而以前天气似乎总对德国人有利。护航队在夏天从来没有遇到浮冰，而海上雾气的浓度，总是足以让护航队正常航行，同时又让潜伏的潜艇难以行动。"

最重要的是，实际结果很快证明了护航队的有效性。

4. 效果

9月，可投入作战的U型潜艇数量达到了战时最高峰，共有139艘。10月，每天在海上活动的U型潜艇平均数量达到56艘，是1917年最后8个月里最高的：5月47艘，6月55艘，7月41艘，8月46艘，9月55艘，11月39艘，12月48艘。[29]德国的大型远洋潜艇是一个新的威胁。大部分"巡洋潜艇"（U–151号至U–157号）水下和水面排水量分别为1870吨和1510吨，能够携带18枚鱼雷，并装备两门5.9英寸舰炮，有的装备两门3.4英寸舰炮。第一次远洋作战中，U–155号在大西洋上持续活动了105天（1917年5月24日至9月4日），展示了惊人的续航力，这期间它航行了10220英里，其中只有620英里是水下航程。它在这次巡航中击沉了52000吨英国及其盟国，以及中立国商船（10艘机动货轮，7艘帆船）。巡洋潜艇有非常可畏的一面——它就像会下潜的"海鸥"号。它们将潜艇战的疆界一直推到非洲西北海岸，所以必须扩大护航队体系的范围以应对这种新威胁……虽然德国的"巡洋潜艇"声名远扬，其实它们配不上此等盛誉。尽管如此，这些大型潜艇向协约国预示了，如果出现排水量两千吨、三千吨和四千吨的"远洋潜艇"，海上贸易战会是什么面貌。如果1917年和1918年计划中的巡洋潜艇大量服役，到 1919 年，贸易战的范围就可能到达圣劳伦斯河和美国海岸，甚至到达开普敦、加勒比海和拉普拉塔河。[30]

6 月，商船的月损失达到第二高纪录：英国损失 417925 吨（122 艘），其他协约国损失 126171 吨（79 艘），总计 544096 吨（201 艘）。而当年余下月份的损失如下：

英国商船损失

	损失于水雷	损失于水面舰艇	损失于潜艇	总计
7月	44927（11）	—	319931（88）	364858（99）
8月	17651（6）	1608（1）	310551（84）	329810（91）
9月	22335（9）	—	173437（68）	196212（78）*
10月	13324（6）	1159（1）	261649（79）	276132（86）
11月	18754（8）	—	154806（56）	173560（64）
12月	23608（8）	2284（1）	227195（76）	253087（85）

★ 包括 1 艘被飞机击沉的 440 吨商船。

英国的盟国在同一时期的损失为：

7月	111683（72）
8月	128489（63）
9月	119086（64）
10月	127932（53）
11月	87646（42）
12月	86981（46）

英国及其盟国，以及中立国的总损失为：

	损失于潜艇	总计
7月	492320（210）	546911（227）
8月	489806（178）	511317（188）

续表

	损失于潜艇	总计
9月	315907（149）	345239（160）
10月	429147（150）	458496（169）
11月	259521（113）	292682（128）
12月	353083（149）	394115（168）

　　7 月和 8 月的损失，虽然有所减少，但仍然令人担忧，不过 8 月之后的损失率就开始明显下降。英国商船在 9 月损失的吨位比 8 月低 40%，而且只有无限制潜艇战开始到 8 月的月平均损失的一半。9 月，商船总损失（英国、其他协约国及中立国）比 8 月低三分之一，而且是 2 月至 8 月的月平均损失的大约一半。即使英国商船在 10 月的损失有所增加也不足以拉响警报：增加的 80000 吨损失中，一半来自地中海（9 月损失 27000 吨，10 月损失 68000 吨），那里还未启动本土方向护航队。而 276000 吨的月损失也远低于之前任何一个德国实施无限制潜艇战的月份。1917 年最后一个季度，英国的损失——702779 吨（235 艘）——略高于最危急的第二季度损失的一半：1315496 吨（413 艘）。很明显，最危险的阶段已经过去，虽然商船的损失仍然超过了新补充的吨位。

　　商船损失的急剧下降，并非像当时人们想象的那样，是因为摧毁了大批 U 型潜艇。不过反潜战确实得到了加强，特别是布雷行动，使击沉潜艇的数量在 1917 年最后 4 个月，与德国新建潜艇的数量相同：

	击沉U型潜艇数量	新服役U型潜艇数量
7月	7	11
8月	5	12
9月	10	8
10月	6	13
11月	8	5
12月	8	6

　　施平德勒强调了 1917 年中，**"活跃"或作战潜艇的数量**与潜艇损失数量的

关系，其比率并不比前几年高——只有 1917 年最后 6 个月内的比率较高，即 65 艘潜艇中损失了 44 艘。[31]

商船损失大幅降低，既不是因为水雷，也不是因为任何其他旧的反潜手段。船只损失下降的速度直接与编入护航队的商船数量的增加速度相关。到 1917 年 10 月底，护航队体系已明显获得了成功——虽然商船损失吨位仍高得令人不安，但对潜艇战的遏阻效果已经显现。在航船只的损失率已经证明了这一点。本土方向一共发出了 99 支护航队，1502 艘商船。在以护航队形式航行时，仅有 10 艘商船（0.66%）被鱼雷击中。如果将离开护航队后被击沉的另外 14 艘商船计入（天气原因或船长违背了命令），损失率也只有 1.57%。到 1917 年 10 月，77 支海外方向护航队的 1052 艘商船中，损失率只有 0.57%。全部护航队的损失率为 1.23%，仅有 4 月黑色两星期里损失的二十分之一（当时出航的商船有四分之一被击沉），是整个 4 月损失的十六分之一。到年底时分，人们对护航队的最后一丝疑虑也被打消了。

此时海军部正在评估护航队体系的效果。9 月，格蒂斯担任审计官时建立的统计处（Statistics Department）开始交出数据和图表。奥利弗嘲讽了这一举动：

> 东北铁路公司（格蒂斯和贝哈雷尔）接手管理后，我们这儿已经底儿朝天了，但是我们一直很担心自己的工作。格蒂斯对统计着了魔，他雇了四十个人整天忙着画图表，制作满是百分比数字的平衡表。不幸的是，担心上个月发生了什么事，显然无助于现在和未来，只是浪费了大量时间。这也许更适合人寿保险公司或铁路公司。和去年相比，我们无法迅速完成工作，大部分事情都严重拖延，但是他们在写写画画上就成绩斐然。[32]

但是，如果没有统计处提供的资料，护航队体系就根本不可能有效运行。

1918 年 1 月 15 日，海军部统计处处长递交了一份"全面回顾"，总结了自无限制潜艇战开始，到 1917 年底的潜艇战和反潜手段的效果。[33] 数据分析了 500 总吨以上英国商船的情况。以下是其中一些重要数字：

遭受 U 型潜艇攻击的次数。 1917 年 2 月，英国商船在本土水域遭到攻击

138 次，损失 65 艘；到 4 月，遭到攻击 217 次，损失 124 艘。到 7 月，这两个数字下降至 145 次和 74 艘，到 12 月则进一步下降至 126 次和 67 艘（11 月的损失最小，为 43 艘）。2 月至 7 月，平均每月遭到攻击 170 次，8 月至 12 月，平均每月遭到攻击 111 次，下降了 35%。[34]

但更显著的是：

U 型潜艇攻击导致的损失。第一阶段（2 月至 7 月）平均月损失 85 艘商船，第二阶段（8 月至 12 月）平均月损失 60 艘商船，比第一阶段下降了 30%。

在特定水域和贸易航线上的损失。本土水域的月损失，第二阶段比第一阶段少损失 25 艘（44 艘对 69 艘）；外国水域的月损失，第二阶段仅比第一阶段少损失 4 艘（24 艘对 28 艘）。统计数字还显示，本土水域损失的减少几乎都发生在西部航道的大西洋航线上，即"锡利—法斯内特—托利三角"（Scilly-Fastnet-Tory Triangle）。在第二阶段，这里的月损失比前 6 个月减少了 90%（月损失比为 3 艘对 30 艘）。"这只能有一种解释，"沃特斯和巴利不无道理地总结道，"那就是远洋护航队的启用。"

损失与距海岸距离的关系。商船损失的分布如下：

	低于10英里	10—50英里	50英里以上	总计
2—7月	74（20%）	91（25%）	200（55%）	365
8—12月	110（58%）	65（34%）	17（8%）	192

换句话说，在护航队体系全面投入应用之前，U 型潜艇主要在远海活动，特别是爱尔兰西南海岸和锡利群岛的西南外海。它们可以深入大西洋 300 英里击沉商船。远洋护航队让潜艇难觅目标，到 10 月，已使它们放弃了西部航道，而在爱尔兰海近岸和靠近英吉利海峡的海域作战。这里的船只（除了海峡内的法国煤炭贸易船只）仍在独立地沿着巡逻航道航行。1917 年最后几个月，仅有几艘商船在远海（距海岸超过 50 英里的海域）被击沉；而在护航队建立之前，商船在远海损失极为惨重。而接近年底时，近岸水域的损失十分严重，很多商船在爱尔兰以南、约克郡沿岸、斯塔特角外海、利泽德（Lizard），以及兰兹角附近被击沉。也就是说，护航队迫

使 U 型潜艇集中攻击航运防御体系中最薄弱的连接点，即在沿岸水域（以及护航队体系建立之前的地中海）未得到保护的商船。潜艇还希望在这些水域找到从护航队中离开的商船，以及正在驶往护航队集结港口的商船。[35]

正如巴利和沃特斯指出的，当时局面中有一个谜团。"肯定有一种充满迷惑和痛苦的反思，远洋护航队在大西洋和西部航道已经证明能够成功遏制 U 型潜艇对远洋商船的攻击，对保护跨海峡和斯堪的纳维亚贸易也很有效，但同样的遏制手段却没有迅速地应用在近岸航线。虽然护航队采用了集中力量的原则，但人们在近岸行动中仍然顽固坚持将反潜力量分散的做法。"[36]

损失和参加护航队商船数量的关系。到 1917 年底，参加护航队的商船共计26404 艘，其中仅损失 147 艘，或 0.55%。商船数量及具体损失情况如下：

	本土方向护航队	海外方向护航队	总计
大西洋航线	2445	2039	4484
横穿地中海航线	19	62	81
斯堪的纳维亚—勒威克，亨伯	—	—	6155
法国煤炭贸易（跨海峡）	—	—	15684
总计	—	—	26404
地中海地区护航队（来自1917年12月的反潜处月度报告）	—	—	902

	损失			损失率		
	本土方向	海外方向	总计	本土方向	海外方向	总计
大西洋航线	26	12	38	1.06%	0.59%	0.85%
横穿地中海航线	3	3	6	15.79%	4.84%	7.41%
斯堪的纳维亚—勒威克，亨伯	—	—	74	—	—	1.20%
法国煤炭贸易（跨海峡）	—	—	29	—	—	0.18%
总计	—	—	147	—	—	0.55%
地中海地区护航队（来自1917年12月的反潜处月度报告）	—	—	17	—	—	1.90%

英国海外贸易，500 总吨以上英国商船，参加护航队之前、离开护航队三天之内，以及从护航队掉队后的损失情况。

地区	参加护航队之前	护航队解散后	掉队船只	总计
斯堪的纳维亚、东海岸和北海	2	3	1	6，15%
英吉利海峡	7	3	2	12，30%
布里斯托尔海峡和爱尔兰海	4	5	2	11，27.5%
西部航道	—	1	3	4，10%
其他海区	—	5	2	7，17.5%
总计	13，32.5%	17，42.5%	10，25%	40，100%

掉队船只占了损失的四分之一，而有三分之一的损失是在商船参加护航队之前，超过 40% 的损失发生在护航队解散之后。将近三分之一的损失发生在英吉利海峡，这说明潜艇最有可能在那里攻击未得到护航队保护的商船。与此类似的是，爱尔兰海和布里斯托尔海峡的损失说明英国近岸水域是商船最有可能损失的海域（这也被损失与距海岸距离关系的统计数据所证实）。在这些水域，只有极少量或者根本没有护航队。其中透露的信息是毋庸置疑的——必须发展近岸护航队。

另一组统计数据也明确地指向同一结论：见以下**护航队和独立航行商船损失比**。虽然到 1917 年 12 月，88% 的海外贸易商船都加入了护航队，但是就在 12 月，独立航行商船 12% 的损失率超过了护航队商船损失率的 4 倍，当 20% 的海外贸易商船独立航行时（9 月），它们的损失率是护航队商船的 17 倍。数据还显示，护航队商船的损失率一直保持在较低水平，大约为 1%，这还要考虑到 U 型潜艇主要在近岸水域活动，在那里是很难或完全不可能改变航向的。在实施护航队体系的 4 个月中，所有参加护航队的英国海外贸易商船的损失率为 0.75%，而独立航行商船的损失率为 5.7%。简而言之，1918 年前，本土水域和大西洋的商船损失几乎全部来自在英吉利海峡、爱尔兰海和东北海岸外独立航行的商船。

显而易见，护航队体系才是商船损失大幅减少的主要原因，而不是其他反潜手段，例如强化布雷、大规模制造深水炸弹、为商船安装武器，或者反潜巡逻等。

施平德勒也有同样的观点。"这些数字",即1917年12月前的护航队统计数据,"体现了护航队体系的决定性胜利"。[37] 由于商船集中组成护航队航行,潜艇很难发现目标(这一点被护航队的支持者们忽略了,使得护航队被迫通过护航和编队机动来加强保护)。"由12艘或20艘商船组成的船队,相比同样数量但分散航行的商船,可视度要低得多,潜艇发现船队的机会,比发现按不同航线和时刻表分散航行的一艘或多艘商船少得多。"[38] 另外海军部可以通过无线电,通知护航队转向,避开任何危险海域。"护航队体系的一个优势,是它能向船队提供潜艇位置和活动的情报。它迫使潜艇用更多时间搜索目标,与其他潜艇联系,以及与指挥部联系来锁定护航队。我们可以通过破解这些通信内容,迅速改变航向,或者增援受威胁的护航队——简单地说,就是在受威胁船只遭到损失前,第一时间加强力量实施反击。"[39] 如果一艘潜艇发现了一支护航队,除非它正好处于可以发动攻击的方位,否则就极难在不被发现的情况下进入合适的攻击阵位。如果潜艇被发现,它就很有可能立即遭到护航舰艇的攻击,或者护航队会改变航向避开它。施平德勒写道:"英国方面有关护航队体系成功的具体细节,被返航的潜艇艇长们上交的报告所证实。U型潜艇对商船成功发动攻击的机会已经大大减少了。"[40]

与此同时,对水雷的反制措施也在取得进展。所有大型军舰和商船都装备了风筝式水雷保护装置,这极大地提高了这些舰船防御锚雷的能力。扫雷部队的扩充也是一个重要因素。到1917年底,正规扫雷舰艇的数量已经达到726艘。1917年扫除的水雷数量大约为4000枚,是1916年的两倍。扫雷行动的进展也得益于德国在1917年下半年损失了大量布雷潜艇:44艘潜艇中有18艘被击沉。这也可以解释扫除水雷的数量为何逐渐下降——1917年2月至7月,月平均扫雷397枚,而1917年8月至1918年12月,月平均扫雷284枚。1917年2月至7月的6个月里,55艘英国舰船被水雷击沉;8月至12月,只有34艘被水雷击沉。

德国的布雷行动一直持续到大战结束,新式水雷和新的布雷作业形式(例如让布雷潜艇跟随英国扫雷艇,在刚刚清扫过的区域布下新的水雷),要求英国不断更新扫雷战术。但是水雷已不再是商船损失的重要因素,特别是对大战最后一年中的英国商船。1918年前10个月里,仅有10艘英国船只,不到20000吨,

贸易		9月		10月		11月		12月		总计	
		数量	损失率	数量	损失率	数量	损失率	数量	损失率	数量	损失率
美洲、直布罗陀、达喀尔	护航队	766	0.52%	722	0.78%	750	0.40%	715	1.26%	3003	0.7%
	独立航行	86	8.14%	66	12.12%	62	1.61%	88	5.68%	302	7.0%
独立航行与护航队损失比①		1:15.5		1:15.5		1:4		1:4.5		1:10	
全部英国海外贸易	护航队	1038	0.38%	1036	0.77%	1047	0.76%	1011	1.10%	4132	0.75%
	独立航行	261	6.51%	158	9.49%	150	1.33%	142	5.00%	711	5.70%
独立航行与护航队损失比		1:17		1:12.5		1:1.7		1:4.5		1:7.6	

因水雷而损失。而在1917年前10月里，有97艘，255100吨商船被水雷击沉。

第一次世界大战中的整体军事形势，无疑是由潜艇战来决定的。而德国政府和德国海军对潜艇寄予的全部希望已经破灭了。他们悲观地意识到，本来要迫使英国在6个月内乞求和平（他们也是这样告诉德国民众的）的无限制潜艇战，到8月1日，已经无法达成其首要目标了，而这甚至发生在护航队体系全面投入运行之前。"海军上将霍岑多夫大肆吹嘘的5个月取得胜利的誓言，却成了摧垮德国士气的定时炸弹……造成了前线潜艇部队的极度紧张，和对潜艇建造项目的漠不关心；同时公众看到，协约国在1917年损失了数量极其巨大的商船，却未造成英国崩溃，从而逐渐产生了幻灭的感觉。"[41]7月，德国中央党领袖埃茨贝格尔（Erzberger）在国会批评政府以虚幻的美好前景误导国家。他的演说，真实反映了逐渐增长的，对战争的不安情绪，特别是对潜艇战结果的失望，这在国会掀起了要求停

---

① 译者注：原文如此，应该为"护航队与独立航行损失比"。本表中"全部英国海外贸易"对应的损失比也应是"护航队与独立航行损失比"。

战的政治运动（7月19日）。潜艇战未能产生决定性结果，也可能是1917年7月和8月公海舰队爆发骚乱的因素之一①，而这一事件也为英国所得知。其实早在1917年冬天之前，德国陆军司令部就已经对潜艇战失去了信心，并决心在陆地上赢得战争。

随着越来越多的U型潜艇被击沉，以及商船损失吨位的逐渐下降，"潜艇艇员的士气开始显现出崩溃的迹象——经常发生逾期归队和装病现象"。因此，"军官们不得不仔细留意因经验生疏而不断出现的事故，新兵还必须表现出对老兵和经验丰富者的尊重，因为他们正变得越来越稀缺，必须小心满足他们的愿望"。此外，"潜艇维护和大修的间隔时间也越来越短"。[42]

1917年秋天，海军部已经明显不再对海运形势感到绝望了。格蒂斯在9月的伦敦海军会议上宣布，"护航队体系肯定已经获得了成功"。杰利科也做了同样表示。这也确实是他第一次表露出乐观态度。他在给战时内阁的一份文件中（10月9日）提到，潜艇威胁将在1918年春天之后被"彻底控制"。整个秋天，有关潜艇和海运的官方公告充满了谨慎的乐观情绪。同样的口吻也出现在海军大臣在议会所做的演讲中。

格蒂斯从来就未能与下院建立起和睦关系。艾迪逊（Addison）评论说："他似乎天生不善于处理这种关系。"格蒂斯11月1日在议会的第一次演讲就是证明。他选择宣读自己的演讲稿，虽然口齿清晰，但也有些单调寡然，"就像董事会议上的一位公司经理"。但是他陈述的事实，以及从中总结的教训，在一小时二十分钟的演讲中，让大批听众怀着兴趣屏息聆听。他最重要的阐述是："9月，大西洋贸易的所有商船中，90%编入了护航队，而自护航队系统投入运行后——它在很长时间内都受到了批评——通过危险海区的护航队的损失率是0.5%，即二百分之一。"他还指出，商船损失依然十分严重，但是应该已经度过了最坏时刻。1917年，英国输出的货物吨位出现巨幅增长，前9个月的输出吨位比1916年同期增长了123%。海军大臣在热烈的欢呼中回到自己的座席，而阿斯奎斯也向他

---

① 原注：骚乱的直接原因是配给不足和纪律过于严酷，以及主动出击被禁止后，只能进行单调乏味的沿岸巡逻行动所引发的不满。

祝贺，称这是他听到的"对海军管理和政策做出的最清晰和最详尽的报告之一"。
海军大臣的报告没有肆意的吹嘘，也没有对战局的盲目乐观。相反，他平静地
请求整个国家，为"漫长的战争之路"做准备。不过他的演讲整体上是乐观的。
12 月 13 日，他在下院再次发表了生意经般的声明，承认海军击沉德国潜艇的速
度还落后于德国建造潜艇的速度。虽然仍有差距，但是潜艇损失和建造的曲线
正在相互接近。尽管如此，演讲清晰地透露出一个信息，即潜艇威胁即使还没
有彻底消除，也处于可控状态，英国和其他协约国的商船损失还在继续下降，
商船建造和反潜战的趋势也是令人满意的。[43]

　　劳合·乔治战后称："由于我们保护商船的努力不断取得成功，商船建造
量的不断增加，海运效率的不断提高，增加本土粮食产出计划的顺利实施，被
德国人视为最优先计划的封锁英国的行动，到 1917 年底已经在事实上破产了。
协约国损失依然严重，但到 1917 年底，我们知道德国对我们的封锁不会成功。"[44]
这是劳合·乔治的事后聪明。其实当时他和大部分的报界及海军人士一样，根
本无法确定 U 型潜艇的威胁已经被大大削弱了。因为就在 10 月，贝蒂还向"伟
大的格蒂斯"抱怨了他对潜艇威胁仍未得到遏制的失望之情。"我实在看不出
情况怎样才能得到改善，除非敌人长驱直入，把海军部一锅端掉……"[45] 西姆斯
也在当时报告："现有的很多迹象都显示危机已经过去，但必须承认商船损失
速度仍快于建造速度，只要潜艇战的形势依旧严峻，协约国在稳妥地对胜利充
满信心之前，就仍然面临着很多严重的问题。"当年底，他说："总的来说，（潜
艇战的）形势即使不算危急，也依然应该被视作严峻。"[46]

　　那么为什么当时没有意识到潜艇战的根基已经被摧垮，或者最坏的情况已
经不复存在了呢？就像前面提到的，商船的损失依然严重。另外，很多海军军
官和外界人士，尚没有认识到护航队已经彰显出来的有效性。其中，他们依旧
视护航队为一种"防御"手段，而"防御"一词一直带有损贬的含义。连里奇
蒙德这样优秀的海军军官和历史学者都说："巡洋作战和护航队都是有用的防
御手段，但起不到足够的保护作用，因为它们过去面对的军舰要比潜艇容易对
付得多。"[47] 同样睿智的迪尤尔则写道："在贸易战中防御潜艇进攻的方法，
都称不上成功，因为敌人的潜艇肯定能在不太遥远的将来使我们输掉战争。护

航队、水雷、水听器等，都只能暂时减缓损失的速度……"[48] 丘吉尔在 7 月的海军战略文件中（见本卷第九章，第一节），也将护航队视为"纯粹的海上防御手段"之一。海军部也没有对这些针对护航队的错误观点加以指正。1917 年 6 月，反潜处将商船护航队列入"纯粹防御性手段"名单。

杰利科在伦敦海军会议上宣布，护航队体系"可能成为遏制潜艇进攻的成功的防御手段"，他给人留下的印象是，海军部战略仍以"攻势"作战为基础。的确，即使在护航队体系全面投入运行后，海军部还在使用猎潜支队在爱尔兰海和西北航道执行反潜任务，以及 1918 年在北海拦截开往苏格兰以北的潜艇。纽博尔特对此解释说："护航队的成功是通过避免与敌人接触达到的，它将驱逐舰和护卫舰从攻势作战中抽调出来执行护航任务。当护航队遭到攻击时，护航舰艇发动反击，一次又一次通过进攻将损失减至最小；然而，尽管护航驱逐舰击沉或击伤了几艘敌潜艇，还没有一艘潜艇是在与护航队的直接对抗中被击沉的。"[49] 简而言之，护航队体系的效果要看它直接击沉潜艇的数量。以这个标准衡量，护航队体系的确运作不佳。但是，我们现在知道，在护航队投入应用的前 6 个月，1917 年 7 月至 12 月，虽然护航力量只是海上巡逻兵力的一小部分，护航舰艇击沉的潜艇却与巡逻队一样多，为 4 艘；如果算上为独行船只护航的舰艇击沉的潜艇，则有 6 艘。[50]

另外在海军内部有种观点，认为护航队的有效性在未来几个月里不会延续下去。首先，冬季的雾霾和恶劣天气将增加在护航队内操船的难度（同时也给敌人的活动造成困难）。人们的确"越来越能感觉到"，可能有必要在 1 月和 2 月暂时恢复巡逻体制。[51] 其次，英国预计德国会对护航队体系做出强烈反应，派出一艘或更多战列巡洋舰，在一艘用大型高速邮轮改装的煤船伴随下，到大西洋与新的巡洋潜艇协同作战，粉碎那里的远洋护航队。冬季的北方水域，每天的黑夜时间超过 20 小时，想拦截水面袭击舰几乎是不可能的。海军部一直认为德国人会做这样的尝试（例如在 1914 年，海军部派一艘战列巡洋舰掩护加拿大的运兵船护航队），而在 8 月底更是对此格外小心。这样一支袭击舰队可以在商业航线上活动很长时间：估计除了从俘获的船只上获得补给的时间外，可长达 6 周到 8 周。10 月，德国轻巡洋舰队成功袭击了一支挪威护航队，显示了小股袭击舰兵力一旦进入公海所能造成的破坏。[52]

综上所述，在 1917 年行将结束之际，英国海军以及政府都没有真正意识到，反击 U 型潜艇最有效的方法已经找到，而潜艇威胁最终将被遏制。商船损失依旧严重，护航队似乎并非最终解决方案。在公众看来，最紧迫的需要是增加船运能力，这样才能拯救国家。例如，《泰晤士报》（12 月 14 日）拥护海军大臣的请求（下院，12 月 13 日），认为需要"'船只，许多船只，更多船只'……英国已经受潜艇之害良久，而政府阁员们却经常不重视这一威胁。的确，它的力度在加强，但是只要我们同心协力，就能够也必将打败它"。

本土水域：一场灾难
（1917 年 10 月—1917 年 12 月）

――――――――― 第十一章 ―――――――――

北海上的失败（10 月 17 日事件）……在很多方面都是长久以来最令人惊惧的事件之一。我们相信，这是护航队第一次在军舰的保护下遭到袭击并损失惨重……可以说，无论是海军本身的能力，还是人员的士气，人们对海军部的管理已不再像以前那样有信心了。相反，对此早已存在着深切和广泛的忧虑。

——《每日新闻》，1917 年 10 月 23 日

我对护航队遭袭感到沮丧（10 月 17 日，12 月 12 日）。非常遗憾，但袭击护航队比保护它们更容易。

——海军准将雷金纳德·蒂利特致他的姐姐，弗朗西丝·蒂利特，

1917 年 12 月 14 日

1. 10 月 17 日事件
（资料图 4）

1917 年秋发生的两次事件，引起了对海军部政策的强烈批评，其中包括对海军部是否正在有效行使各项职责的严肃思考。斯堪的纳维亚护航队确已获得成功，但是它们却面临一些大西洋和地中海护航队所不具有的危险：

（1）它们航行的海域极易受到敌人水面舰艇的袭击。

（2）本土方向护航队的集结港位于中立国。

（3）护航队主要由中立国船只组成。

（4）由于有中立国船只，以及护航队使用的港口距敌人较近，不可能执行常规保密程序。

（5）护航队的航程较短，而整个航程都处于危险区内。[1]

9月底开始的恶劣天气（通常会不间断地持续到年底）让德国人看到了机会。一些主要发自潜艇的报告，显示在设得兰群岛和挪威之间，沿勒威克—卑尔根航线，大型护航队正在运行。舍尔决定使用水面舰艇对其发动突然袭击。战略上的目标，是通过迫使英国加强对斯堪的纳维亚护航队的保护来支持潜艇战。德国人的优势，是其多个海军基地位于护航队航线的一侧，使他们可以在难以察觉的情况下抵达航线的东端。受命执行袭击任务的，是轻巡洋舰"布鲁默"号（Brummer）和"布雷姆斯"号（Bremse）。它们的高航速（34节）、作战半径和与英国巡洋舰特征相似的外观，都使其特别适合此次任务。

10月17日，2艘德国轻巡洋舰在勒威克以西65英里处，反复袭击了一支向西航行的，由12艘商船组成的斯堪的纳维亚护航队（2艘英国船、1艘比利时船和9艘斯堪的纳维亚船），船队由驱逐舰"玛丽玫瑰"号（指挥舰）和"强弓"号（Strongbow），以及2艘武装拖网船保护。德国巡洋舰击沉了英国驱逐舰，然后毫不留情地击沉了护航队中的大部分商船（全部9艘中立国商船，总吨位10248吨），然后毫发无损地离开。[2]"强弓"号有4名军官和41名水兵获救，而"玛丽玫瑰"号上仅有2名军官和8名水兵幸存。后者的舰长也随舰沉没。英国驱逐舰面对优势之敌，尽管明知无望获胜还是拼死一战，终于令3艘商船得以逃脱。这是一场英勇的，但也是灾难性的战斗。

到底是哪里出了问题呢？有几个原因，过度保密是其中之一。驱逐舰不知道敌巡洋舰已经出动，也不知道英国巡洋舰和轻巡洋舰已出动搜索它们。[3]早上6时05分，位于护航队后方的"强弓"号（"玛丽玫瑰"号位于护航队前方6—8英里处）在左舷前方2罗经点方向发现了2艘可疑船只，当时刚好天亮，能见度不超过4000码。"强弓"号显然把它们当成了英国轻巡洋舰（它们经过伪装，故意模仿英国海军"克利奥帕特拉"级巡洋舰①），它向对方发出三次识别询问信号，这是用一部小型探照灯以高速莫尔斯密码发出的识别信号。第三次询问后，正在高速驶往护航队的德舰才回应了一个欺骗性的信号。"强弓"号立

---

① 译者注：有的资料也称为"卡罗琳"级（Caroline class）巡洋舰。

即发出警报。舰员抵达战位之前，"布鲁默"号就在略超过 3000 码的距离上率先开火（6 时 15 分）。德舰的前两次齐射就打断了"强弓"号的主蒸汽管，导致它被迫停船，同时无线电室和设备也被击毁，使它无法发出求救信号。英舰在不到 2000 码的距离上遭到猛烈打击并受重创。德军巡洋舰随即将舰炮转向护航队，很快击沉了 9 艘商船。7 时 15 分，听到炮声后返回的"玛丽玫瑰"号，在 2000—3000 码距离上与德舰展开激战，但因实力悬殊而被击沉。最后，德舰将炮口重新转向"强弓"号，意图将其结果——英舰战至最后一门火炮被打哑——随后向东南方向返航。"强弓"号的舰长为了阻止军舰被敌人俘获，命令向发动机舱和锅炉舱注水，军舰最终于 9 时 30 分沉没。"玛丽玫瑰"号也打了一场最能体现英国海军传统的英勇战斗。海军作战处处长称："这是你能想象的，最像'复仇'号一战的壮举，战至最后，副舰长仍在命令炮手击沉敌舰。"帕肯汉姆则认为，整个战斗"为海军赢得的荣誉绝不逊于理查德·格林威尔爵士的殉国一战"[4]。护航队中的两艘拖网船未受损伤。其中一艘营救了"强弓"号上的大部分幸存者。

袭击发生时，两个英国巡洋舰中队正驶向斯卡格拉克海峡，另有三个中队，以及"勇敢"号和"光荣"号，在多格尔沙洲以北。如果驱逐舰能用无线电发出遇袭警告，英国舰队就可能在白天拦截两艘德国巡洋舰。质询法庭上的一个焦点问题，就是尽管"玛丽玫瑰"号已经识别出巡洋舰为敌舰，却未能用无线电向勒威克报告。[5] 还有人质疑它为什么没有发射鱼雷，毕竟它处于良好的发射阵位。它的舰长显然忘了自己还有这种武器。"强弓"号的战斗发生得极其突然，它迅速被击中，未能发出任何无线电信号。[6] 未能发出报告护航队遇袭的无线电报的结果是，英军轻巡洋舰中队无法及时实施拦截。距战斗最近的海军将官（奥克尼和设得兰群岛司令官 F. E. E. 布罗克），直到 17 日下午 3 时 50 分才得到第一份遇袭报告——拦截自驱逐舰"马米恩"号（Marmion）①的电报，这份电报原本是发给护航队指挥官的。几经拖延之后，贝蒂终于在下午 4 时至 5 时之

---

① 原注：它是保护发自勒威克、向东航行护航队的护航舰艇，下午1时30分遇到从袭击中逃出的武装拖网船"伊莉斯"号（Elise）。

间得知了护航队被歼灭的消息，那时德国袭击舰已经在返回的路上了，在 10 月 17—18 日的长夜中拦截它们的机会已经不存在了。尽管如此，贝蒂还是做出了轻巡洋舰和巡洋舰中队在夜间拦截德舰的部署。

海军部发布有关此事件的官方公告后，报纸给予了强烈批评。当然，不能指望斯堪的纳维亚护航队永远安然无恙。保守派报刊，如《旁观者》《晨邮报》《每日电讯报》，和主要军方媒体《陆海军公报》《海陆军记事》等，都提到了这一点。他们的观点属于理性的传统派，海洋的面积巨大，根本无法完全阻止几艘敏捷强大的袭击舰偶尔利用黑夜和大雾出动，使自身在一段时间内不被察觉，然后粉碎一支护航队和它的护航舰艇①。这也是格蒂斯 11 月 1 日在下院表达的观点。他指出，北方水域的护航队体系已经得到了完善的保护：从 4 月开始，往来于斯堪的纳维亚的商船已经超过 4500 艘。而这是第一次有商船损失于水面袭击舰之手。

另外，正如《海陆军记事》所言，此事本身并没有太大的战略意义，它丝毫没有让德国从英国海军施加的日益增长的压力中有所解脱。纽博尔特也认为："虽然德国人干得很漂亮，但袭击肯定令德国海军参谋部有些失望。行动的意图明显是要恐吓斯堪的纳维亚的商船船长，虽然袭击实施得迅速而猛烈，但船长们没有被吓倒。事实上，这次袭击甚至没有干扰到斯堪的纳维亚贸易的时刻表。"[7]

贝蒂的第一反应是"我们的运气不好"，他立即从 10 月 17 日的事件中汲取了教训。他要求所有大舰队驱逐舰支队指挥官，"向所有驱逐舰军官灌输接到命令后立即准备战斗的重要性，以及在明白无误地确认对方的友舰身份前，将所有船只认定为敌舰的必要性"。有人可能还以为日德兰海战中这样的教训已经够多了！贝蒂还发布了如下指示："当护航队受到敌人水面舰艇袭击时，护航驱逐舰应发出分散航行的信号……驱逐舰本身，在尽最大努力毁伤敌人的同时，不应与优势之敌交战。它们要利用速度与敌人保持安全距离，护航队分散后，驱逐舰就无法保护商船，但也不要无谓地冒险。它们最重要的职责，是

---

① 原注：1940年11月，"贾维斯湾"号在保护HX84护航队时与袖珍战列舰"舍尔"号的战斗，是英国海军一系列战例中最近的一个。

立即使用无线电报告敌人的实力与位置。"[8]

10 月 22 日，海军部召开了一次有贝蒂出席的会议。11 月 5 日，一份全面改进斯堪的纳维亚护航队的详细建议被递交到海军部。11 月 10 日，在朗霍普召开的一次会议对这些建议进行了研究。当德军第二次对斯堪的纳维亚护航队进行水面袭击时，贝蒂还警告海军部，应将斯堪的纳维亚护航队置于有效的巡洋舰保护下。但是在那之前，英国海军在赫尔戈兰湾实施了一次不成功的行动。

2. 11 月 17 日行动

（资料图 5）

英军在赫尔戈兰湾密集的布雷行动，使大舰队有了最后一次狠狠打击公海舰队的有利时机。返航的潜艇，在抵达设得兰群岛附近时都会发出电报，报告它们抵达一条特定扫雷航道入口的时间，以便与一个扫雷艇支队会合。英军则不断地在这些航道的末端布下雷场，结果是扫雷航道不断地向北海延伸。最终，德国扫雷艇发现自己要在距亚德 150 英里处作业——也就是说它们已处于英国舰队的打击范围内。为了顺利进行扫雷作业，德军不得不为这些扫雷艇和支援舰艇派出掩护兵力，以防英国驱逐舰和轻巡洋舰的袭击。掩护兵力起初由半个驱逐舰支队，以及一两艘轻巡洋舰组成。到 1917 年 6 月，德军有时使用战列舰在赫尔戈兰岛附近提供支援，而从 1917 年 11 月开始，支援扫雷艇部队成为公海舰队的主要任务：经常有一个战列舰中队前出到很远的距离。

贝蒂从 1917 年 8 月开始，就看到了这一态势下的种种可能性。到 11 月，海军情报处已经为海军部实施一次诱捕行动，积累了足够的有关敌人扫雷和掩护兵力的情报。由于德国海军已经命令一支庞大的扫雷艇部队在行动日进入英国海军即将扫荡的海区，计划的时机与兵力部署都似乎是无懈可击的。

德国舰队包括三个扫雷艇半支队，两个驱逐舰半支队和 2 艘来自其他支队的驱逐舰（共 8 艘驱逐舰），一个破障船队（9 艘防爆拖网船），以及一名海军少将率领的掩护部队，包括第 2 侦察群（4 艘轻巡洋舰），以及在赫尔戈兰岛附近提供支援的 2 艘战列舰。大舰队打击力量包括第 1 巡洋舰中队［轻型战列巡洋舰"勇敢"号（海军中将 T. D. W. 纳皮尔的旗舰）和"光荣"号（两舰各有 4

门15英寸主炮），及4艘驱逐舰]，第6轻巡洋舰中队［4艘轻巡洋舰（海军少将亚历山大－辛克莱尔坐镇"卡迪夫"号）以及4艘驱逐舰]，第1轻巡洋舰中队［4艘轻巡洋舰（海军准将"矮子"科万坐镇"卡列登"号，贝蒂说："好吧，我肯定如果科万发现了敌人，**绝不会让他们逃走！**"）及2艘驱逐舰]，第1战列巡洋舰中队［4艘战列巡洋舰（海军中将帕肯汉姆坐镇"狮"号，他也是此次行动的总指挥）]，加上"新西兰"号战列巡洋舰和9艘驱逐舰。在几小时航程以外，还有作为支援力量的第1战列舰中队（6艘战列舰和11艘驱逐舰）。关键角色是我们在日德兰海战中见识过的一位将领——高大英俊的纳皮尔。他虽然是个全才，但难称睿智，也缺乏主动性。他指挥的两个轻巡洋舰中队和第1巡洋舰中队，是计划要与敌人接战的力量。而计划就像纽博尔特总结的那样，是要让巡洋舰力量横扫北海，直到横跨赫尔戈兰湾雷场外缘大约一半距离的某处。它们将从德军布设在北海中部的大型雷场的西侧和南缘通过，并在到达指定位置后向北北西方向扫荡。第1战列舰中队将在德国雷场东侧和英国雷障的西北角连线中央的开阔水域提供支援。巡洋舰将在早上8时抵达会合点，战列舰中队也将同时抵达指定的支援位置……

中队指挥官接到的指示，是要打击雷障外缘或附近的一支敌舰队，如果发现敌人，英国中队可能要被迫进入雷场追击。如果这样做，它们的行动显然将受到这些据认为正好位于其作战区域的雷场的限制。[9]

11月16日下午4时30分，英国舰队离开罗赛斯；7时整，巡洋舰中队正在向赫尔戈兰湾的雷障开进。第1巡洋舰中队为先锋，航向正东；第6轻巡洋舰中队在第1巡洋舰中队左舷1—2英里处；第1轻巡洋舰中队在第1巡洋舰中队后方3英里处。帕肯汉姆的战列巡洋舰位于纳皮尔的旗舰左后方约10英里。海上能见度大约7.5英里，海面平静无浪，风向偏西，风力2级。早上7时30分，在英舰右前方发现了敌舰，敌航向西北，7时37分英舰开火。战斗完全出乎德国人的意料。他们的驱逐舰和扫雷艇立即施放浓密的烟幕，到7时51分德国舰艇已从英军视野中消失。冯·罗伊特知道面前是一支实力比他强大得多的英国舰队，于是在7时53分命令转向东南，希望穿过英国雷场寻求己方战列舰的支援。纳皮尔在报告中称："我们的中队改变航向，试图穿过烟幕，偶尔可以清晰地看到一艘敌轻巡洋舰，但总体上他们在烟幕中很难辨认，只能瞄准烟幕中的炮口闪光开火。"[10]直到8时11分，纳皮尔才知道敌人正在退向东南方向。他认为德舰正在清扫过的航道上航行，所以自己发动追击也应该是安全的。纳皮尔报告称，行动至此"变成了距离从15000码减少至10000码的追击，敌人仍在施放烟幕，其航线可能是一条清扫过的航道，因为我们经过了一个可能用于标注安全区边界的柱形浮标"。

当德舰重新施放烟幕时（8时20分），纳皮尔的射击开始找到了准头。大约8时35分，当纳皮尔接近B线（他在他的海图上画了这条线——一条想象中越过会合地点12英里的线，并标注着"至少是我认为的英国雷场的边界，如果有必要就可以跨过"）[11]，被惊扰的罗伊特再次从烟幕中消失。纳皮尔并没有继续追击——敌人有可能改变了航向——而是带领中队于8时40分向左舷转了8罗经点，即向东北方向前进。科万和亚历山大－辛克莱尔也随之转向。8时52分，纳皮尔从渐渐消散的烟幕中看到，敌人并未转向，他立即向右转8罗经点恢复追击。由于之前的向左转向，他损失了5英里距离，只能在最大射程上恢复射击。只有第6轻巡洋舰中队和"卡列登"号的6英寸舰炮可以有效发挥火力。9时15分，敌人驶出了英舰射程。大约9时，战列巡洋舰"反击"号（第1战列巡洋舰中队司令，脾气火爆的海军少将R. F.菲利摩尔的旗舰）加入了纳皮尔舰队，后者是帕肯汉姆于8时派来支援第1轻巡洋舰中队（科万）的（除了"反击"号，第1战列巡洋舰中队其余舰只并未投入战斗）。但是在9时08分，帕肯汉姆认为已经与敌人脱离了接触，命令巡洋舰中队放弃追击，在计划中的会合地加入他的舰队。[12]但是纳皮尔无视召回命令，继续追击了12英里。

转折点出现在9时32分，纳皮尔已经到达G线，即他的海图上标着"危险区"（一处面积很大的雷场）的边界线，纳皮尔不知道其中是英国还是德国的水雷（实际上是1915年英军在赫尔戈兰湾中心布下的水雷），但他认为这是一道无法逾越的障碍。他命令中队向右急转。从发现德舰开始，英国三个巡洋舰中队实际上已经在独立行动。纳皮尔似乎一直都没有发出任何作战命令。但是现在，9时40分，他向第1战列巡洋舰中队和第1、第6轻巡洋舰中队发出命令："战列巡洋舰和巡洋舰不应继续深入雷场。轻巡洋舰自行处置并报告行动。"9

时 49 分他又向"反击"号发出命令:"重吃水舰艇不应深入雷场。"两个轻巡洋舰中队并不知道这一海区的情况——他们的海图上未标有雷场——所以继续前进,紧盯德国轻巡洋舰,跟随它们进入雷场。"反击"号则在后方不远处"跟随尾迹前进"。他们都希望追上德舰并彻底粉碎敌人。科万后来说:"我们当时真的对结果满怀希望。"

罗伊特也抱有同样高的期望,因为他意图将英军舰艇引向德国轻巡洋舰和战列舰的利齿。

"到此时为止(他在战斗报告中写道),我们一直在冷静地战斗,一切都很正常。每个人都坚守着岗位,在军舰的机动中执行每一道命令。尽管敌舰大小口径舰炮的齐射,炮弹的爆炸,带来了巨大的压力……我们却被高涨的热情所鼓舞,心中只有一个想法:歼灭敌人。这一时刻已经到来,平静终于让位给如火的期待。只剩下几分钟就要决定敌人的命运了。"冯·罗伊特的意图是引诱敌人向东追击,穿过英德双方布下的雷场,这样就将置敌于德国轻巡洋舰和战列舰之间。如果敌人向北或西北方向撤退,就只能通过雷场……他们将因水雷受到严重损失。如果敌人向西撤退,就会直接面对德国战列舰。[13]

英国舰队并没有如罗伊特所愿的那样上钩。德国和英国舰队都希望在 10—15 分钟之后粉碎对方。大约 9 时 50 分,大口径炮弹开始溅落在英国轻巡洋舰周围,东南方向出现了德国战列舰。它们是接到罗伊特与敌交战的报告后赶来的无畏舰"皇后"号和"皇帝"号。亚历山大-辛克莱尔立即脱离战斗,命令两个中队左转 16 罗经点。"反击"号掩护英舰队向西北方向撤退,撤退过程非常顺利。它们跟随在纳皮尔中队后方,下午 1 时过后不久,全部英国舰队已在返回罗赛斯的路上。

11 月 17 日的海战,是大战中最后一次大型舰艇之间的战斗,在英军看来,这是一次惨败。只有费希尔爵士,因为对他屡遭诟病的轻型战列巡洋舰的表现("暴怒""勇敢"和"光荣"三舰在舰队中的外号分别是"无助""无望"和"无用")感到满意,而认为行动是成功的。称其为惨败不仅是因为英军具有压倒性的优势，却未能完成切断敌巡洋舰和扫雷艇的退路并将其歼灭的任务，而且英方的伤亡比德方还严重。德军的舰炮火力多次对英舰形成跨射，虽然只命中了 7 次——全部击中了轻巡洋舰（德国人认为他们观察到了 18 次命中）。德国轻巡洋舰只被命中 5 次，只有"柯尼斯堡"号受伤较重，9 时 58 分，"反击"号的一枚炮弹击穿了它的三座烟囱，造成严重破坏，并在一个锅炉舱上方爆炸。它于 12 月 15 日完成修理工作。德国的扫雷艇部队在战斗中损失了一艘巡逻艇。

罗伊特施放的烟幕成功阻碍了英舰的观察与测距，加上迫近雷场与赫尔戈兰湾，给英方的追击造成很大困难。纳皮尔认为："行动的突出特点，是炮术被人工和自然烟雾所困，与理想情况相差甚远，这在未来的战斗中可能会成为常态。"妨碍英舰火炮精确射击的，还有德方在整个战斗中的防守战术。德舰经常呈 Z 字航行，还偶尔做出转向脱离机动。"Z 字航行成功地让我们的火炮无法发挥作用，它造成了方向偏差，在效果上让人感觉是测距出了问题。"另外，英舰发射的大部分炮弹（3170 枚 4 英寸和 6 英寸炮弹中的 82%）都是苦味酸装药通常弹，炮弹"似乎无法伤害敌舰的重要部位"[14]。"反击"号舰长也强调了这些原因对炮术的影响："由于弥漫的雾霭和敌舰施放的烟幕，我们只能瞄准敌人的炮口闪光开火。也因为这一情况，我们无法观测到炮弹的落点……另一个妨碍射击的因素，是敌潜艇的出现（见下文），我们缺乏必要的驱逐舰幕，这使我们不得不从提高射击精度上分心来对付这一威胁。"[15]

由于战斗转化成一场追击行动，轻巡洋舰和战列巡洋舰都没有机会发射鱼雷。有处于有利阵位的驱逐舰从 6000 码距离上发射了 2 枚鱼雷，"有可能击中了目标"。其实鱼雷全部失的。德国轻巡洋舰和驱逐舰在 13000—16000 码距离上发射了 8—10 枚鱼雷，其中 1 枚可能击中了轻巡洋舰"加拉提亚"号（第 1 轻巡洋舰中队），但没有爆炸。德国潜艇没有参加战斗，虽然英军相信 U 型潜艇在战斗中发射了鱼雷。"勇敢"号报告它在德国舰队中发现了数艘 U 型潜艇，"反击"号也声称发现了 2 艘。

极度失望的贝蒂批评纳皮尔在发现敌轻巡洋舰时，没有立即命令第 1 巡洋舰中队转向接敌，以便让它们处于"大舰队战斗指令"所称的战略位置，即敌人与其基地之间。"在战斗开始时诸这一努力，就可能成功地切断敌人的退路，迫使他们进入第1、第6轻巡洋舰中队,甚至是战列巡洋舰的有效射程。"这里贝蒂肯定指的是(同时也是海军部重点批评的),纳皮尔在7时30分至8时之间向左舷(北)的转向,虽然那里距任何雷场都有20英里之遥。另外,当战斗发展成一场追击时,纳皮尔中队本应利用其高速(超过30节)来缩短与敌舰的距离。但是,"勇敢"号和"光荣"号在追击时只有25节。贝蒂还发现英国舰队在8时40分转向8罗经点放弃追击,这一举动是"非常不幸的"。

至于积极的一面,贝蒂称赞菲利摩尔在轻巡洋舰面对敌战列舰撤退时,给予了它们"决定性的支援"。"他的行动无疑对敌人的增援力量起到了遏制作用,否则我们的轻巡洋舰会遭到重大损失。"他还夸奖了亚历山大-辛克莱尔与科万(帕肯汉姆也赞扬了他们)"在困难条件下熟练和坚定地指挥各自的中队……尽管有战列巡洋舰部队司令(帕肯汉姆)于9时08下达的归队命令,仍抱定坚持追击的决心,而且他们勇于承担无视命令的责任。该命令的意图,是对他们完成任务后在何处归队做出指示"[16]。

我们也很同情纳皮尔,他在返回基地时还认为自己干得不赖,一切都考虑得万全周详。

不知你是否有过(他写道)这种脊背发凉的感觉——经历了一天刺激而力竭的狩猎,你满怀欣慰地回来——家里人立即问收获如何。一阵突然而来的晕眩,你被迫承认只打中了几只野鸡和兔子,还让它们带伤跑了!这就是11月19日我们回到港口时的心情——和那场烂得不行的日德兰海战差不多。我们曾以为可以把它们全部打沉,结果却发现这很难做到,特别是在烟幕中,除了炮口闪光什么也看不见。但是,我更愿意相信它们狠狠地挨了一击,虽然我认为我们永远也不会知道细节了。我觉得,肯定干掉了两艘驱逐舰和一艘潜艇。[17]

对上述第一个批评,即7时30分至8时之间纳皮尔全队向北转向,他的解释是合理的。他从烟幕中望见敌人似乎转向西北方向,横跨他的舰艏,企图向西逃窜。直到8时过后几分钟,他才意识到敌人正在逃向东南方向。关于第二个批评,即未使用最高航速追击,贝蒂后来发现纳皮尔的军舰航速根本不足以快到追上敌人，或者穿过烟幕。这里假设他以轻巡洋舰的航速前进，而不是"勇敢"号和"光荣"号的航速。但是人们普遍认为纳皮尔应该自行追击，即用两艘战列巡洋舰全速追击。霍普、奥利弗、维密斯、杰利科和格蒂斯都为纳皮尔感到遗憾，因为他没有发挥自己中队的最高航速，与敌人接近到决定性距离。杰利科发现，纳皮尔在战斗初始阶段没有靠近德国轻巡洋舰是"令人费解的"。[18]

海军部要求纳皮尔解释这"令人费解"之事——为什么他没有将航速增至25节以上——他的回答是：

没有明显的理由要进一步提高航速。发现敌人时，航速由22节增至25节，这是基本的原则，而降速总是比提速要容易。

但是需要进一步增速的唯一理由就是要靠近敌人，在第一次提速后不久，我发现敌人的航向与我相反，所以提速似乎是不必要的。另外第6轻巡洋舰中队正在以小角度横跨我的舰艏，如果我提速，那支中队会妨碍我的机动……

大约7时50分，就在敌人被烟幕遮挡之前，它们，或者至少其中两艘舰艇，正在向北航行。这时我转向正对敌人开进，第二次清晰地观察到敌人是在7时57分，三艘敌轻巡洋舰正在向西航行，航向几乎正好与我相反。我也立即转向直取它们，而它们似乎在转向16罗经点的过程中再次消失在视野中。

我的主要考虑是穿过烟幕，看清真实势态，但是能见度一直很差，正如我在1917年12月16日报告中描述的那样：偶尔在烟幕中看到转向中的敌人——主要是通过炮口闪光。

纳皮尔在识别敌人航向，以及他们随后的撤退方向上的困难，充其量只能部分解释他的决定。奥利弗简练的评论指出了纳皮尔辩解中的弱点："海军中将的解释，可以说明他在战斗初始时的机动，却无法解释从8时59分开始射击，到舰队抵达C线后转向，并放弃战斗之间，为何没有提高航速。这也许可以从他12月16日报告第7段的评论中找到答案，即有证据显示他没有意识到当时正在进行一场追击战。"[19]

经过全面研究，海军部委员会于1918年1月31日结束了调查，得出了和贝蒂一样的结论，"虽然当时的情况肯定给正确判断势态造成了困难，但我认为轻巡洋舰部队司令官在指挥中出现了判断错误"[20]。2月8日，纳皮尔收到了海军部的结论，调查也就此结束。

如果"勇敢"号和"光荣"号能用最高航速追击，战斗结果很可能对英方有利。如果纳皮尔以"全速"追击，两舰可以达到34节或35节，至少也是32节。"光荣"号在它的航速校验试航中的平均航速达到31.25节。这些结果"显示在设计吃水量下（它的航速）可以轻易达到32节，这也在它服役期间被证实"[21]。"勇敢"号没有进行航速校验试航。海军参谋学院在一门课程中（1930—1932年）曾详细讨论过这一阶段的战斗，参加课程的不仅有纳皮尔的儿子，还有当时任菲利摩尔旗舰官，也是"光荣"号上一名海军上尉的寇松-豪。海军上校克雷斯维尔是这次战斗的主讲教官，他看到："寇松-豪让大家认识到，那一天在'反击'号的舰桥上充满了进攻精神，旗舰长'老姜'博伊尔（以及后来的科克和奥雷里）都全力支持菲利摩尔。但是大家都不理解纳皮尔为什么一直没有将航速增至25节以上。一个主要的解释是，作为一名轻巡洋舰指挥官，他一直习惯于将25节作为战斗航速，而忘了在他需要时可以把航速提高到什么程度——这个解释似乎过于牵强了。"[22]

纳皮尔的经验表明，应该为舰队装备飞机并在战斗中使用飞机实施观察（如果在大型军舰上装备观测飞机，就可以从敌人的烟幕上方为舰炮校射），以及通过减轻重量和更频繁的入坞维护来增加轻巡洋舰的航速。贝蒂从战斗中得出以下教训：（1）第6轻巡洋舰中队的航速低于第1轻巡洋舰中队，也"肯定逊于"德国轻巡洋舰，这需要进行调查；（2）需要"从进攻和防御两方面"对运用烟幕进行试验；（3）需要更多地演练在战斗条件下的Z字航行；（4）需要探索飞机在战斗中的应用，"为展开有效协同，应在限定时间内进行有关试验"。[23]

海军部调查的一个结果，是揭示了关于持续向舰队通报赫尔戈兰湾雷场位置的方法的，被纽博尔特称为"危险的偶然"的状态。英国北海雷场的延伸部分，对英国舰艇活动的妨害程度至少是和德国雷场一样的。面积巨大的英国雷场并非连续布设，而是呈区块状，从日德兰海岸到荷兰领海靠近泰瑟尔岛（Texel）的水域划出一条半圆形弧线，成为英国舰船的障碍。如果雷场信息没有及时向所有海军舰艇中队指挥官更新，就会极其危险。海军水文部门每个月都会发布显示赫尔戈兰湾内英国和德国雷场最新情况的海图。大舰队司令会收到一份海图的副本。虽然海图不会在舰队内传阅，但帕肯汉姆也会有一份最新副本，或者至少看过海图。但是海图的重要性在纳皮尔那里就完全不同了。贝蒂直白地批评了帕肯汉姆。他应该向各中队高级军官提供所有雷场的全部信息。"交给轻巡洋舰部队司令的海图，虽然显示出雷场的位置，但信息并不完整，对此战列巡洋舰部队司令应负有责任。"[24]亚历山大 – 辛克莱尔和科万也没有获得任何更新过的信息。只有贝蒂有一份显示德军在赫尔戈兰湾雷场内扫雷航道的海图副本。纳皮尔应该会接受官方史的评价："如果他掌握雷场情况和通过雷场的德国航道的信息，就像后来向他提供的那样，他就可能预见到德舰的撤退航线，也就肯定可以更积极地追击敌人。"[25]或者，就像麦登当时说的："如果海军部期望我们越过雷场追击，那么所有相关军官，包括轻巡洋舰部队指挥官，等等，必须得到海图。我将此观点告诉了舰队司令，他也表示同意；如果当时有海图，就能了解形势，也就可以跟得上那些扫雷艇，不过轻巡洋舰跟随轻巡洋舰应该是安全的，这和跟随能越过雷场的轻型舰艇航行是两回事。"[26]海军部立即采取措施，直接向大舰队各舰艇中队指挥官提供定期修订的，包含所有雷场信息的特别海图。

这是一个提供了大量思考素材的有趣日子。11月17日的失败，发生在日德兰海战之后将近18个月，它暴露了参谋工作、作战协同和炮术方面的严重缺陷，让人们对海军部产生了诸多疑问。

3. 第二次护航队事件

12月12日，舍尔再次攻击了斯堪的纳维亚护航队，这次的目标，是向东航行的1艘英国船和5艘中立国商船（8180吨），护航舰艇包括2艘驱逐舰［"山鹑"号（Partridge）和"佩柳"号（Pellew），后者是指挥舰］和4艘武装拖网船。10月17日的袭击发生后，时而有一两艘装甲巡洋舰被指派到勒威克—卑尔根航线附近巡逻。12月12日，"掩护力量"是装甲巡洋舰"香农"号［舰长 V. B. 莫尔蒂诺（V. B. Molteno）］和"米诺陶"号（第2巡洋舰中队，旗舰为"香农"号），以及4艘驱逐舰，它们正在勒威克和挪威之间的护航队航线上巡逻。

当德舰发动袭击时，装甲巡洋舰在护航队以西60英里处，航向正东。

德方力量是4艘现代化驱逐舰（第3驱逐舰半支队）。由于一部探照灯出现故障，"山鹬"号从发出识别询问信号（信号于上午11时45分发出），到德舰回应错误而判断其为敌舰，共花了10分钟时间，致使德舰一直靠近到不足5英里。11时55分，德国驱逐舰发动攻击，护航队当时正向东接近比约纳峡湾（Bjornefjord）入口西南25英里处的会合地。2艘英国驱逐舰被德舰分割，各自为战。"山鹬"号不知道装甲巡洋舰队也在海上，只是在战斗开始之前向大舰队司令发出了紧急报告。但它的战斗报告中并没有说明敌方的实力和组成。

英国官方史的记载是："英国驱逐舰无法与对手匹敌，而且它们处于下风位置。西南风在炮手面前卷起巨浪，遮挡了他们的视线，而且'山鹬'号和'佩柳'号位于两道长浪之间的波谷中，只能看见敌舰的桅杆和烟囱顶部。德舰则充分利用了自己的优势，而且它们的火力一如既往地非常精准和快速。"[27]除了"佩柳"号在一阵骤雨的掩护下带伤逃走外，所有舰船均被击沉。战斗于中午12时40分结束。

"香农"号截获了"山鹬"号发出的第一份电报，12时15分又截获第二份电报。由于德方干扰，电报内容并不完整，但足以清晰地表明敌驱逐舰正在比约纳峡湾入口西南25英里处。"香农"号对第一份电报立即做出了反应，将航速增至20节向战场驶去，同时让驱逐舰在前方警戒。驱逐舰幕大约于下午2时抵达现场，用了半个小时营救幸存者。那时德国驱逐舰已经踏上返途两个半小时了。追上敌人是不可能的。贝蒂于12时25分收到"山鹬"号的第一份电报[①]，他命令第5战列舰中队，战列巡洋舰部队和第2、第4轻巡洋舰中队升火，因为他相信公海舰队有可能出动。不久后，他收到了同样由"香农"号转发来的，"山鹬"号的第二份电报，表明德国出动的是驱逐舰部队，于是他命令（下午1时03分）第3轻巡洋舰中队［"查塔姆"号、"亚茅斯"号和"博肯海德"号（舰长是L. C. S. 伍尔科姆）］开往报告中敌人的位置。该中队属于面向南方的监视舰队，

---

① 原注：由于敌人的干扰，电报未能直接发至斯卡帕湾，而是由"香农"号转发给他的。

正在挪威西南海岸和博夫比约（Bovbjerg）之间，向南南东的博夫比约方向巡逻，处于护航队东南大约85英里。但是中队在午后不久已经截获了"山鹬"号发给贝蒂的第一份电报（伍尔科姆于12时25分收到电报），随即向北拦截德国袭击舰。整个下午中队都在向北扫荡。如果德国驱逐舰按原路返回赫尔戈兰湾，英国轻巡洋舰就极有可能与它们相遇。但是德舰通过斯卡格拉克海峡返航了。纽博尔特认为它们"很有可能"于下午大约5时通过了英国轻巡洋舰中队的后方，而这也是英方海图显示的结果。

到底是哪里出了问题？英国海军立即成立了质询法庭（斯特迪、德·罗贝克和古迪纳夫）。贝蒂作为主要证人，对护航舰艇的组成负有完全责任，但他并不对护航队的行程负责，那是由海军部决定的。法庭相信"护航舰艇已经尽了最大努力保护护航队，战术运用得当，人员士气可嘉"，结论是："这一不幸事件的原因，是之前证明了的，护航队指挥体系面对高速水面袭击舰，无法有效保护船队的问题的继续，证据显示，责任过于分散，没有出于指导目的下达过明确命令。""责任分散"具体是指：大舰队司令负责调遣护航舰艇以防范水面袭击舰，奥克尼和设得兰群岛司令负责护航队的反潜，而海军部则为护航队的系统运行负责。质询法庭的主要建议是：（1）让大舰队司令手下的海上指挥官，而不是奥克尼和设得兰群岛司令，对护航队实施控制并直接负责。后一位置上的军官无法令人满意地监督指派给他的任务。（2）改进护航驱逐舰上的无线电设备。12月12日的战斗中，由于德军的无线电干扰，驱逐舰未能保持无线电联系，"山鹬"号发出的电报未能抵达勒威克和朗霍普，尽管"香农"号及其僚舰截获了信号。（3）使用装甲巡洋舰加强护航力量。[28]

"我们遇到了最坏的运气，"贝蒂哀叹道，"'香农'号和'米诺陶'号本应在发现西向护航队后，于12时与护航队会合。我不知道为什么它们没能做到。我从没想到德国佬会把驱逐舰派到这么遥远的水域，而第3轻巡洋舰中队在向北航行时与它们擦肩而过。"[29]正如贝蒂意识到的（也是质询法庭得出的结论），根本问题在于，同时掩护在海上的一支向西航行和一支向东航行的护航队是极其困难的，因为可供调遣的驱逐舰只够掩护其中一支护航队。这里的原因，是海军部要求，一旦公海舰队升火待发，大舰队也要时刻准备出动。最好每次只派出一支庞大的护航队，同时有强大的舰队提供支援。这也是麦登的观点。

1917 年 12 月 15—20 日在海军部，以及 1918 年 1 月 8—9 日在罗赛斯分别召开了会议，决定从 1 月 19 日开始，实施新的斯堪的纳维亚护航队体系。该体系的主要特征是：（1）海军部将负责护航队的管理，包括对护航队路线的选择，以及为规避水面袭击舰或潜艇而进行的航线调整，并将情况通报给大舰队司令和苏格兰海岸司令。大舰队司令负责提供和部署支援力量，并向海军部和苏格兰海岸司令通报；苏格兰海岸司令在海军部对护航队体系的指导和决定的基础上，负责在北纬 58 度以南水域，指挥斯堪的纳维亚护航队规避水雷和潜艇。（2）护航队改为每三天发出一次（3 月初每四天发出一次，4 月底每五天发出一次），以避免两支护航队同时出现在海上的情况。这使大舰队不必再频繁派出支援力量，为其大大减轻了压力。（3）护航队的西部集结港由远在北方的勒威克改为梅西尔（Methil，位于福斯湾），虽然护航队将因此更靠近德国基地，但商船不必向北集结，航程缩短了 80 英里，节省了 10—12 小时的时间。（4）护航队附近将总保持一支重型支援力量。通常至少包括一个战列舰中队——到 6 月底减为一个轻巡洋舰中队，后来改为两艘装甲巡洋舰。这些手段足以解决问题吗？这样分散力量，就像贝蒂很快意识到的那样，是不是"一次极大的战略冒险"？因为总有可能出现一支比得到加强的掩护力量更强大的德国舰队发动突然袭击。海军上校罗斯基尔评论："防范突袭的唯一希望，依赖于海军部能够预先得知德国人的意图和行动。尽管我们的海军情报工作在整个大战期间表现优异，海军部还是无法做出万全保证。"不过我们将会看到，新的护航队体系取得了巨大成功，尽管 1918 年 4 月 24 日，舍尔在一次幸运的出击中狠狠凌虐了英国掩护舰队，使贝蒂的预言成真。

"对整个体系注定会有一番激烈争论——人们对这类事件根本没有耐心。"海军中校贝莱尔斯说得没错。12 月 17 日，海军将护航队损失事件向下院做了通报，下院议员则提出了很多问题，再次掀起了对海军部管理方式的质疑，而海军部陷入这种质疑时日已久了。12 月 18 日，《每日邮报》称事件是"一次耻辱性的反击"。《每日新闻》则称其为"一次灾难，不仅（让英国）颜面尽失，而且引起了公众的极大不安"。《帕尔默尔公报》断言，事件紧接着上一次灾难发生，"公众急需在我们的商业保护方面重拾信心"。

4. 多佛尔海峡的疏漏

（资料图 7）

多佛尔海峡防御始终漏洞百出，这在杰利科的一部传记中被称为"终极危机"。已经退休的海军中将雷金纳德·培根自 1915 年 4 月开始，就担任多佛尔巡逻队司令。他曾是费希尔手下最有才华的年轻军官，精力充沛，在海军技术方面颇有建树。作为一名鱼雷专家，他是英国潜艇的先驱者，曾担任潜艇部队首任司令（1901—1904 年）、第一艘无畏舰的舰长（1906—1907 年），以及海军军械处处长（1907—1910 年）。奥利弗称他是"我所知道的最能干和最聪明的军官"，汉奇也称赞他"天资过人、精通技术、富有激情"。[30] 不管培根天赋如何，他却是一位难以相处的人，作为领导者不善于激励下属，而且因为"培根信件"一事，从来没有摆脱过海军内部对他的质疑。[31] 有不少军官认为，让培根重新升起将旗是海军的耻辱。培根的另一个问题是海军上下对他的痛恨：他是个唯我独尊的自大狂。从 1917 年10 月开始担任他的旗舰长的埃文斯，说他的上司"计划和实施了很多我不太熟悉的工作"。当培根离职时，他告诉自己的继任者，没什么可以向他交接的——他的所有经验，只收藏在自己的头脑里。[32] 最后，多佛尔巡逻队和哈里奇舰队的关系非常糟糕。蒂利特从不买培根的账，也对他的多佛尔海峡战略不以为意。

多佛尔海峡一直问题重重，尽管有机动巡逻和水雷拦阻网，弗兰德斯的 U型潜艇还是一直在海峡畅行无阻。1917 年最后几个月，U 型潜艇平均每月在海峡击沉大约 20 艘商船。海军情报处处长告诉时任计划处处长的凯斯，仅在 10月就有超过 30 艘潜艇通过了海峡。情报来自一份有关水雷拦阻网的德国报告，报告是在 UC–44 号（它于 1917 年 10 月被布设在沃特福德外海的德国水雷炸沉）事件后用于安抚紧张情绪的。报告显示，从 1916 年 12 月 30 日至 1917 年 6 月 6 日，潜艇共通过海峡 190 次，主要是在夜间以水面状态通过的。德国潜艇只报告了 8次触网，和 8 次因躲避巡逻队而被迫下潜的事件。显然，拦阻网在阻止潜艇通过海峡上没有起到任何作用。

培根早就知道拦阻网没有发挥作用，虽然他相信它在吓阻敌人和限制敌人的行动自由方面还是有用的。早在 1917 年 2 月，他就建议补充布设一道瓦恩滩—格里内角（Varne Shoal–Cape Gris Nez）深水雷障，以封闭英吉利海峡（后来在他的建议下，雷障又从瓦恩延伸至福克斯通附近）。海军部接受了他的方案，一旦有足够的新式水雷就立即开始雷障的布设。但是布设任务直到 1917 年秋天才完成。同时，培根的注意力被吸引到弗兰德斯海岸实施的登陆行动上来：夺取弗兰德斯，占领德国海军基地，就可以解决潜艇问题。当登陆计划实施无望，而改进型水雷开始大量装备时，培根再次把目光从比利时海岸转向海峡。10 月 8 日，海军部正式批准了深水雷障计划，并于 11 月 21 日开始实施。12 月底，布设工作完成，但增补水雷的工作一直持续到大战结束，那时已经布设了超过 9000 枚水雷，雷场布设在低潮线以下 30—100 英尺的深水中，共有 20 道雷障。

与此同时，在 1917 年的最后两个月，多佛尔司令部和海军参谋部之间发生了一场冲突。11 月 13 日，格蒂斯设立了一个由凯斯担任主席的海峡拦阻委员会，研究如何加强海峡的拦阻能力。针对构建深水雷障的最佳方案，很快出现了两个观点。对于雷障的必要性没有争议。海军计划处和海峡拦阻委员会（实际上是计划处的创造物）希望对雷障进行高亮度照明，并昼夜不停地实施近距巡逻，迫使潜艇潜入雷障。照明将使用安装在特殊固定船只（由灯塔船改装）上的探照灯，在这种船只投入使用之前，将使用照明弹和巡逻舰艇上的探照灯照明。培根强烈反对这种照明方案：它只会照亮巡逻舰艇，暴露拦阻物。他希望潜艇撞上水雷被击沉，而附近没有任何姊妹艇可以汲取教训。他在 11 月 23 日提出的方案，采用了完全不同的照明系统：使用海峡两岸的大功率探照灯[①]，同时布置 3—4 艘浅吃水，有膨出部，安装有探照灯和火炮的船只，沿海峡分散锚泊。探照灯将为巡逻舰艇提供照明（但巡逻舰艇本身不会被照亮），并照亮任何以水面状态航行的潜艇。拦阻委员会反对这项建议，因为准备这种探照灯船至少需要两个月。凯斯写道，他们"等不起，那些特种船只和装置都需要制造。就在 10 月，289000 吨商船在大西洋，62500 吨商船在海峡被潜艇击沉，其中大部

---

① 原注：格里内和福克斯通各三部，其中一部照射方向固定，两部照射方向可变。

分潜艇都是通过多佛尔海峡进入大西洋的；虽然当时大西洋上的损失有所减少，但海峡内的损失情况依旧严重。封闭海峡的需要极为迫切"[33]。

培根反对在拦阻网处实施大规模巡逻，因为他没有足够的舰艇执行这一任务——它们都在忙于其他工作。而且巡逻时使用探照灯和照明弹极为危险，只会招致敌人强大的驱逐舰部队袭击巡逻舰艇。所以他告诉凯斯（11 月 20 日），他建议在雷场布设完毕后，只布置一支由 5 艘 P 型炮舰组成的巡逻队。

还有两个次要问题。一个涉及浅水水雷。培根希望布设两道雷障，位于水面以下 8 英尺，用来阻止潜艇以水面状态通行。凯斯则认为水雷会危及巡逻舰艇，而且由于整个海域在夜间都会被强大的照明设备照亮，只靠深水水雷就足以挡住潜艇。

另一个涉及水雷拦阻网。多佛尔司令部希望用巡逻舰艇上的探照灯和照明弹加强和改进拦阻体系。海峡拦阻委员会则认为拦阻网根本没用，应该拆除。委员会的观点源于海军情报处的报告，估计到 11 月 14 日（不包括 7 月，当月的数据缺失），德国潜艇在 1917 年已经 253 次通过海峡。而且当年在海峡内被击沉的 4 艘潜艇都不是水雷拦阻网的功劳。

还有一些明显且重要的问题。有关采用何种拦阻系统的争论，其实源自培根对委员会的"插手"非常敏感，他相信这已超出了他们的职能范围。他后来称委员会是"第五只轮子"，和"一个业余委员会，对目前海峡的形势一无所知"，它的所作所为完全像"一个不负责任的委员会在胡闹"。[34] 事实是，委员会中没有任何一位成员有在多佛尔海峡或英吉利海峡作战的经验。培根尤其憎恶委员会试图干扰他手下舰艇的部署，他坚信这是属于多佛尔前线指挥官的特权，只需要与海军部配合协调。杰利科在这个问题上也支持培根。

培根的性格由此进入了我们的视野。的确，这是一个性格如何影响历史的经典事例。11 月底，培根连续去信海军大臣。"我致函是要声明，如果海军部全心支持我的计划，提供所需装备并照此实施，我们必能封锁海峡，但如果计划因照明船方案或对损失舰船的无端恐惧而遭到阉割，失败则将不可避免。我自认为……比任何其他军官都更了解海峡的情况……如果海军部对我有信心，我对最后的结果也不会有任何怀疑。"几天后他又写道："只要海军部稍做努力，整个计划就能在两个月内完成，海峡也将完成封锁，但除非尽全力维持，否则一切努力将付诸东流。"维密斯则被这些信件激怒："我认为这揭示了海军中将培根不可理喻的心态，也说明任何封锁海峡的方案，只要不是源自多佛尔司令部，就根本无法实施……经过两年半徒劳无功的封锁潜艇行动（实际上未能对潜艇起到约束作用），我认为写这样的信是完全不可接受的；海峡安全的极端重要性，使海军部委员会必须以最大的审慎态度研究考虑。"结果培根毫无顾忌地显露自己暴躁的一面，让他在这场争论中自掘坟墓的行为更加不可收拾。他再次致函海军大臣："我承认我喜欢自己的方式。我承认在一些事情上我很固执。但是我熟悉情况，而且我总是对的！！我承认我受不了傻瓜……对那些一知半解的人来说我根本没用。过去几年我见过很多这样的人，我希望他们把我当恶魔看待，而我已经让（拦阻）委员会气急败坏了。不过现在都过去了……"[35] 实际情况可**不是**这样。

培根怀疑委员会的一个目标，是要将他解职，而让凯斯入主多佛尔司令部。这种感觉并非空穴来风。奥利弗就认为，凯斯担任计划处处长后，"就因为潜艇不断通行于海峡，而处心积虑要把培根从多佛尔司令部赶走"[36]。看起来凯斯的确是在大搞一场搬掉培根的运动，虽然奥利弗关于凯斯真正的动机源自培根在海峡指挥无方的断言是有失偏颇的。凯斯这么做还有一个原因。

我们的阶段性报告（11月29日）是对培根和他全部工作的最强指控。我们要让多佛尔海峡对潜艇构成威胁，但是培根却在那里给我们制造了困难，我担心海军部委员会不会把他开掉。当我们到多佛尔时，他对我们根本不屑一顾，表面上似乎全心全意想要帮忙——其实不是。无论如何他脾气很暴躁，简直愚不可及。他要花时间才能完成整个工作，与此同时我想要封锁奥斯坦德和泽布吕赫。这是可以做到的……一个人不用对自己负责，催别人做事当然轻松——我这里可没有这样的人。[37]

凯斯认为，他"已别无选择，只能为了那些开展反潜战而必须采取的措施付诸一战"，因为"现在很明显，那位将军无意采用探照灯或照明弹"。[38]12月初海军情报处的一份报告给了他巨大的支持：报告显示，从11月1日到12月9日，确定有35艘潜艇，另外还可能有15艘潜艇通过了海峡，自从深水雷障开始布设（11月21日），有21艘潜艇通过了海峡。这些数据，加上12月第一周就有11艘商船在海峡内被击沉，让事态来到风口浪尖。12月14日，海军部命令培根"以最快速度"在深水雷障附近开展强有力的巡逻，必要时可以减少其他方向上的兵力，同时暂停提供建议中安装探照灯的特种灯塔船，而让巡逻舰艇"间歇性地"使用探照灯（P型炮舰和驱逐舰）及照明弹（漂网船）。[39] 培根为此写了一份很长的回复（12月15日），但海军部并没有买账。他总结说："整件事情在不断妥协中困难重重，但必须依靠实际经验来实施，而不是靠先入之见。"[40]"我怀着极大的尊重做出上述声明，事实很明显，最好将海峡的防御任务交给熟悉当地情况，富有经验，并对多佛尔海峡的指挥负有全权责任的将官，而不是让一个对当地情况陌生，毫无经验和责任的委员会去胡闹。"[41] 他的确于12月15日加强了雷场的巡逻，并在第二天开始对老的南古德温—斯诺（South Goodwins-Snouw）拦阻网实施照明，但在新的拦阻网区域并未这样做。12月18日，他被召到海军部，在第一海务大臣办公室参加了一次高级别会议。结果是杰利科明确命令培根，在深水雷区开展昼夜巡逻，并按海军部12月14日下达的指示实施照明。培根在第二天依令行事。效果是立竿见影的。12月19日晚，UB-56号因雷场巡逻舰艇的探照灯和照明弹而被迫下潜，结果闯入雷场触雷爆炸。

培根的辩解书却对这次成功的反潜作战很不屑：

伦敦想出来的照明系统，是用照明弹把巡逻路线上的舰艇照得雪亮（其实那里最好保持在黑暗中），同时也致盲了舰上的瞭望手（他们的眼睛应该极为小心地不为周边的强光所干扰），而且与（岸基）探照灯相比，照明的范围非常有限。运用这种荒诞手法的结果，就是只有4艘潜艇在夜间被雷障击沉。想想吧！虽然在我的指挥下，雷障布设完成之前只有1艘潜艇在夜间被击沉，但是之后6个月里，由于使用了一无是处的照明和巡逻体系，只有4艘潜艇在夜间被击沉，而同一时期有9艘潜艇在白天被击沉。最后探照灯被迫按照我当初的方案来安装，但是已经太晚了……如果他们不横加干涉并全力支持我，我们肯定会更早地击沉更多潜艇。[42]

但是海军部的态度当时就像凯斯说的那样："U–59 号（UB–56 号）是对计划处坚持敦促实施，而雷金纳德·培根爵士拼命反对的方案的最强有力的支持。U–59 号实际上决定了海军中将培根的命运，因为海军大臣埃里克·格蒂斯爵士，一直在以极大的兴趣关注多佛尔海峡的战斗。"[43] 杰利科在此事上并不完全认同海军大臣的观点，这也成了他离职的催化剂。

杰利科离职
（1917 年 12 月）

———————————— 第十二章 ————————————

……杰利科是以一种与他作为一位伟大水兵和战士的身份极不相称的方式被解职的。

—————阿奇博尔德·赫德爵士，《谁去了那里？》

看起来，当公众因为炮声停歇下来而失去了太多耐心时，我们中的一些人就要成为牺牲品。

—————西姆斯致杰利科，1917 年 12 月 29 日

法国人说我们英国人找替罪羊的水平比他们还差。法国报纸上所有对杰利科离职表示遗憾的文章，都说明了这一点。他们不无道理……

—————伊舍爵士致德比爵士，1917 年 12 月 29 日

未来书写历史时，你无须担心对你的评判。

—————阿斯奎斯致杰利科，1917 年 12 月 31 日

1. 背景

1917 年底，人们对海战形势产生了一种病态的不满。正如著名海军记者和《每日邮报》主笔 H. W. 威尔逊所说："所有人都对当前的海军部彻底失去了信心。如果它不能很快倒台，就会带着整个国家一起毁灭。"[1] 海军上将贝利在 12 月访问过海军部后写道："看到伦敦那些人都笼罩在一片惨淡愁云当中，我简直惊呆了。我觉得当下的形势对我们最有利……我们在伊丽莎白女王时代打败了西班牙，解除了海上压力，我们还能再干一次，如果我们能再冒几次险，像德雷克那样撩

几次敌人的胡须就更好了。"[2]不过有一个难题：海军没取得什么显著成就。报纸上的一些重量级文章，都把原因归结于海军部。人们认为海军部使海军强大的战斗力屈从于一种无法想象的"防御"或"被动"角色，除了封锁，在进攻战略上毫无想法。商船损失仍然居高不下，令人焦虑，政府只公布每周英国、盟国和中立国商船损失数量，而拒绝公布损失吨位，也一直为人所诟病。秋天的护航队事件和 11 月的赫尔戈兰湾行动几乎成了最后几根稻草。

10 月 23 日，自由党报纸《每日新闻》总结了对海军部的几项批评。"（我们要海军部）提供更多的证据，证明谨慎不是用来掩盖短视、消极和思想匮乏的。一想到波罗的海已经成为德国的内湖，我们却无法向潜艇的老巢发起攻击，就令人沮丧不已。我们确信潜艇威胁已经被控制，于是安心睡大觉。它还没有得到控制，这么想的人一定住在傻瓜乐园里……我们提出的问题，是已经问过千百遍的问题。我们的指挥机关里，有最出色的天才和最优秀的机制吗？"保守党的《环球报》和《星期六评论》发出了同样的批评。三位退休军官也公开炮轰海军部：海军上将 W. H. 亨德森和雷金纳德·卡斯腾斯通过报章，海军中校卡莱恩·贝莱尔斯则通过议会发言。舰队中的少壮派也一直在发动旨在促使海军部实施重大改革的运动。海军上校德拉克斯写道："里奇蒙德和我都坚信，唯一能拯救我们的，就是清除海军部中的老人帮，让权力掌握在'智者'手中。那样，通过伦敦的这些人和舰队司令之间的紧密协作，我们将战无不胜……我们本要拯救国家于灾难，但现在（我们的努力）简直就是最低档次的小报水平，这真是可悲。"[3]针对第一海务大臣和他对海军部管理工作的攻击，是民众喜欢刻薄对待海军军官的明例。另一个戏剧性的例子，是 1759 年公众对海军上将霍克的指责，他们甚至吊起了他的雕像——引用马汉的话，"就在艰苦的努力将要获得巨大成功前的一刻"（基伯龙湾）。

不可避免地，一直没有消弭的要求费希尔爵士复职的呼声再次响起——这也是最后一次了。在幕后推动的乔治·兰伯特（得到了来自《每日邮报》和《每日新闻》的帮助），试图劝说格蒂斯，让费希尔"控制发动机"。虽然年事已高，但费希尔将是有希望实施海上攻势的人。"一个人是不是大人物，要看他能否带领一群小鱼掀起大浪。"[4]老水兵本人倒是心里装满了进攻方案，他的主要目

标是石勒苏益格 – 荷尔斯泰因，而且要使用敌人无法阻挡的"两栖河马"，每艘这样的船只能装载 500 人，而他准备在 5 个月内造出 1000 艘。不过他本人很清楚，自己注定要保持在"被流放和被抛弃的状态"。

杰利科和海军部也并非孤立无援。两份最有影响的保守党报纸，《晨邮报》和《每日电讯报》，以及自由党报纸《每日纪事》，都表达了对海军部的信心。两份主要的军方喉舌，《海陆军记事》和《陆海军公报》、卡森，以及很多退休海军将领，如缪克斯、布里奇、奥特利和比尔斯福德，都抨击了那些"无知的批评"，并对那些向第一海务大臣发起的"懦夫式的"攻击表示不屑。但是海军部的批评者却坚持己见，并发起更猛烈的炮轰。

领衔猛攻杰利科弱点的，是诺思克里夫爵士的《每日邮报》。罗伊·詹金斯曾这样描述了这位拥有巨大影响力的报业大亨："在广播出现以前，以读写为主的时代，议会也因政党结盟混乱不堪，议员席位很难因选举而易人，因此难以形成有效的代表性，诺思克里夫的影响力在很长一段时期内，比任何报商都大。他的两份喉舌（《泰晤士报》和《每日邮报》）让他在伦敦报业市场政治倾向的两端都获得了统治性地位。它们对阿斯奎斯连珠炮式的，不容辩解的抨击（1916 年秋）……对损毁他的政治地位起了很大作用。"[5] 把"阿斯奎斯"换成"杰利科"，就是 1917 年秋的情况。美国海军部长曾经记录了在华盛顿召开的一次会议。"与诺思克里夫爵士进行了会谈，他带有明显的沮丧情绪，他说希望我们能在英国海军屁股下面点一把火。杰利科唯一的想法就是要保存那支大舰队。"[6] 诺思克里夫的敌意可能主要源自杰利科在 1915 年的某一场合，拒绝同意让一位《每日邮报》记者，采访当时驻扎在因弗哥顿的大舰队的一个舰艇中队，以编写直接来源于军舰的海军新闻。以诺思克里夫对自己和旗下报纸的膨胀心态，他自然会从那时起对杰利科心生怨恨。报业大亨心怀敌意，还有另一个直接原因。杰利科讲述了这样一个故事：

1917 年的一天，诺思克里夫来到海军部，与 E. 卡森爵士谈论拉姆斯盖特（Ramsgate）遇袭事件，爱德华爵士请我也参加会谈。诺思克里夫先于爱德华爵士到达，我接待了他。他用恶言抨击多佛尔的海军航空兵，说他们应该阻止敌人的袭击，还说他们组织工作极差，等等。当时担任海军航空兵司令的海军准将戈弗雷·佩因也在场，他在回复诺思克里夫时并没有剖析细节，也没有讲述理由（正如他平素的那种火暴脾气！！），只是指出海军航空兵并没有假装进行空中防御。他们在多佛尔是出于完全不同的目的。对付攻击陆上目标的敌机是陆军的责任，而海军航空兵只可能提供协助。我想诺思克里夫把第一海务大臣和海军航空兵司令搞混了，他在会谈后写给 E. 卡森爵士的信中对我恶语相加，爱德华爵士向我展示了这封信。事实是，谈话以佩因为主，批评也主要是针对他的指挥。尽管如此，诺思克里夫的报纸以后却不断地对我展开攻击。[7]

无论怎样耐心解释，《每日邮报》还是从 9 月开始大力抨击海军领导人。它坚持认为海军严重失职。10 月 19 日，在指出"这是波罗的海上耻辱的一幕"后，它要求海军大臣"认真考虑白厅最近的变革是不是已经过头了"。一位主笔在 10 月 30 日发问："海军部出了什么毛病？"文章给出的答案，是杰利科的能力只限于管理，他不是一个战略家，所以不是"正确位置上正确的人"。两天后的一篇文章称："我们水兵的英雄主义和奉献精神是无可比拟的，但是除非有正确的战略方向，否则他们的卓越品质也无法产生最佳效果。世界上最强大的海军，似乎已经因指挥失当而折翼。我们的战略方向——本应由第一海务大臣负首要责任——在过去几周内，已经导致在三个不同战场上发出了虚弱的警报。"这里列出的是：里加湾，"英国海军未能展现出支援我们盟友的努力"；第一次护航队事件，"两艘德国巡洋舰在距我们海岸不远处，击沉了两艘驱逐舰和大量护航队商船，然后逃之夭夭"；以及潜艇战，"商船损失再次逐渐增加"。[8]

可以肯定的是，报纸连续不断的抨击损害了杰利科的威望。这种情况一直持续到来年春天。现在不同的是，接替卡森的新任海军大臣已经对他的最高军事顾问失去了信心。另外，劳合·乔治对杰利科的不信任并没有随时间而消散。据称他谈到杰利科时对诺思克里夫这样说："你干掉他，我来收尸。"[9]11 月 19 日，海军元帅海德沃斯·缪克斯在下院发言时，谴责了劳合·乔治对杰利科的攻击，而首相没有做出任何回应。国王后来称首相"一段时间以来一直在向杰利科捅刀子，并希望出现变革"[10]。贝蒂对杰利科的态度则一直是矛盾的[11]，但他的看法与缪克斯一致。他对《每日邮报》"丑化海军部，特别是针对杰利科的无耻行径"感到非常愤怒，而且认为"内阁中有人在幕后指使。可能是劳合·乔治，否则这一切都应该是不允许出现的"。[12] 杰利科则肯定"是诺思克里夫鼓动首相，要除掉我，于是首相又去向格蒂斯施压，后者则想避免麻烦，试图从海军部脱身又不成，而这正中诺思克里夫的下怀"[13]。

杰利科将劳合·乔治对他的敌意归于这些原因："我一直支持将我们的军事努力集中在西线的战略，我也批评东方的第二战场牵制了我们的海军和海运力量，并在其他地区造成严重损失，这肯定令劳合·乔治先生（他是坚定的东方主义者）对我不满，也肯定是使我在 1917 年底离开海军部的一个因素。第二个原因，是我在 1917 年反对徒劳的炮击行动（包括炮击赫尔戈兰岛）……"[14] 这些指控都是真实的，而且我们还应该加上 1917 年在护航队问题上的分歧，两人性格的不合，以及劳合·乔治相信海军上将已经江郎才尽了。"我从骨子里知道杰利科已经被耗尽了，而且相信我们只有采取新的措施才能坚持下去。"[15]

纽博尔特相信，杰利科在指挥大舰队时经受的紧张和压力，以及在海军部的超负荷工作，使他的身心都极为疲惫，这是他离职的决定性原因。杰利科"背负了三年半海上战争的重担。这是前所未有的压力……经常与他在会议桌前见面的人肯定都能看出来，压力正在严重损耗着他，继续下去对他不公平，对海军也不利"[16]。作为一位战时指挥官，良好的健康和耐力，以及冷静平和的心态，都是极为重要的。很多证据显示，杰利科在 1917 年身体很健康，精神上也没有极度紧张。他的大女儿非常清楚地记得，杰利科在 1917 年没有生过病，也没有听见任何关于他健康状态的讨论。奥尼尔夫人（Mrs. O'Neill）一直与她的姨妈杰利科夫人，保持着密切联系，她记得在 1917 年，杰利科夫人从未担心过海军上将的健康。奥尼尔夫人说："虽然日理万机，但他像往常一样容光焕发，思维敏锐。"[17] 曾经担任海军大臣的麦肯纳，也不认为杰利科在 1917 年已经操劳过度。"说杰利科经受着压力的折磨，这我可是头一次听说，简直是无稽之谈。我经常看到他，他肯定没有显露出任何过劳的迹象。"[18] 德雷尔当时与杰利科联系紧密，他也确证了这一点。"他的身体很好，每天早上早餐前都在院子里跑大约一英里。他的思维像以往一样活跃和敏捷，他的决策能力和创造力也丝毫未损。他才 58 岁。"[19]

从医学角度可以说，杰利科在担任第一海务大臣的一年中，并没有处于糟糕的健康状态。他至少有三次因病告假（流感、神经炎和一次重感冒），还有一次是医生坚持让他休息了几天。但是这些都不是重病或慢性疾病，他一直活到 76 岁（1935 年去世）。在我看来，劳累才是主要原因，即"身体和精神过度操劳而引起的疲惫"。休·利唐医生（Dr. Hugh L'Etang）评论说："疲惫是雄心、不苟，或空想者的最终命运。"这里的"不苟"就适用于杰利科，因为他事必躬亲。极度的身体压力还要加上极度的心理压力。战争开始后的 28 个月，杰利科作为大舰队司令一直处于重压之下，他要部署舰队，全力备战，他一直在两个相反的因素之间寻求平衡。一个是他深知，他可以在一个下午输掉战争；另一个是大众和舰队的一部分人都在设想，如果他指挥得力，就会出现第二次特拉法尔加海战，一举歼灭公海舰队。但这是一支没有战斗经验的舰队，还有很多全新的因素需要考虑，所以真正达到平衡是不可能的，除非公海舰队执意出动自取灭亡。后一种情况是极为不可能的，虽然杰利科试图相信有这种机会，以缓解两难处境下的压力——即使设想有这种可能，也将是时机对公海舰队最有利，而对大舰队恰恰相反。作为第一海务大臣，他感到从 1914 年到 1916 年，压力在逐渐增加。指挥一支对他极为忠诚仰慕的舰队是一回事，在战争最关键一年里行走于白厅的丛林又是另一回事。1917 年，杰利科在身心两方面都极为疲惫。正如贝尔福所说："杰利科现在可能过于劳累了。这是肯定的。自从战争爆发，没有人比他工作更勤奋。"[20] 过度劳累的人从来不会处于最佳状态，因为这会严重影响判断力。简而言之，杰利科作为第一海务大臣，处理问题的能力已经被三年来积累的身心压力所削弱，压力还带来了一个副产品——他的消极情绪不断加重，总是从最黑暗的一面看待问题。

不管怎样，首相对杰利科缺乏信心的根本原因不是他的健康状况——这最多是一个间接因素。首相相信，杰利科治下的海军部一派昏昏欲睡之态。他任命格蒂斯担任海军大臣，可能就是想激励杰利科。米尔纳的阐述可以看作对劳合·乔治心态的呼应：

我们的人员精良出色，可是海军战略却远不如人意。以我的全部经验来看，每一项重大进展，都是在来自外界的压力下达成的。他们在护航队问题上拖延了多久？别忘了还有水雷。他们现在以开放心态看待以潜反潜的手段了吗？还有很多很多……如果不是卡森、你，还有格蒂斯，我们会前进一步吗？我们现在确实在艰难前行，但是步子必须加快。德国人肯定在准备让我们震惊的新招数。我们必须立即做出反击。[21]

8 月，首相来到舰队，向多位海军将官打探他们对杰利科能力的看法。比尔斯福德得知，"有些人建议由这些将官中的一人来接任第一海务大臣"[22]。

杰利科的命运最终还是掌握在格蒂斯手中，尽管没有首相的支持，海军大臣不敢擅自做主。海军大臣解除第一海务大臣的职务，在法律上没有问题，这可以追溯至 1869 年的皇家制诰。前面已经提到，当劳合·乔治任命格蒂斯为海军大臣时，后者明确表示要杰利科留任。他"要求不能立即让杰利科离职。格蒂斯知道海军的高级军官都十分信任杰利科，因此尽可能确保他的合作将是极为有利的。他答应如果发现无法与杰利科合作，或者杰利科有令不遵就立即向我报告"[23]。

早期的摩擦是关于皇家海军航空兵未来的争论。海军和陆军对飞机的争夺不断升级，海军对黑格用几个海军航空兵中队执行纯粹的陆军任务极为不满，更直接的是，公众对德军在 1917 年夏天数次成功轰炸伦敦怨气冲天，促使内阁下令对空中作战问题开展调查。劳合·乔治是调查委员会名义上的主席，实际上的掌门人是精明能干的南非陆军中将简·克里斯蒂安·史末资，他集军人、律师与政治家于一身，同时也是帝国战时内阁成员。委员会的第一份报告（7 月 19 日）主要针对空袭的防御组织工作。更重要的第二份报告（8 月 17 日，实际上一周前已经完成）被认为是海军航空力量发展的转折点。报告建议将皇家海军航空队和皇家飞行队合并为一个新的军种，即后来的皇家空军，并设立空军部和空军参谋长职位。空军参谋部将"不时把空军单位调配给陆军和海军，用于执行必要的陆上和海上任务，这些空军单位在行动期间受各自隶属的海军和陆军指挥"。换句话说，除了作战期间，海军的飞机和相关人员将由不同的部门（空军）统辖，而不由指挥海上行动的部门（海军）指挥。史末资委员会对未来空中力量的主要指导方向是战略轰炸，如果存在完全独立的海军和陆军航空队，建设战略轰炸力量是不可能的。

委员会的建议引起了不满。正如黑格指出的，这在根本上是错误的，"背离了指挥与训练统一的原则"[24]。杰利科也强烈反对史末资的建议。他这样表达了自己的感受："这主意对我来说简直荒唐可笑，我在所有场合都对它表示了最强烈的抗议。"[25] 而格蒂斯无视他的最高军事顾问的反对，转而听取贝蒂的意见，这也让杰利科非常愤怒，而贝蒂则同意史末资委员会的结论（8月15日）。他看不出为什么"皇家飞行队或任何其他空中力量不能去执行大部分海军航空队目前正在执行的任务"。一周后，贝蒂读到了一份海军参谋部对委员会建议的批评，批评认为建议"在根本上是错误的"，贝蒂则指责海军部"在展望军事指挥的前景时过于狭隘"。[26] "从那时起，"杰利科说，"虽然我反对，但埃里克·格蒂斯爵士却拥护那个建议，或者仅仅是微弱地反对它。"[27]

8月24日，格蒂斯在战时内阁宣布了深受格蒂斯—贝蒂观点影响的海军部的立场。"海军部深刻地认识到，一支没有完全隶属于海军的空中力量，在与舰队或分舰队联合行动时会出现协同困难和责任上的局限性……为空中力量建立第三个内阁部门将增加目前联合行动中存在的，也是海陆军同时关切的复杂性……空中攻势肯定有独立于海陆军的光明未来。但是，如果空中作战在海上展开，却不属于海军行动，也不由海军指挥，就会失去可行性。"海军部希望皇家海军航空队保持现状；但是他们也准备接受史末资报告中的基本原则，并提出了一些保险措施，例如，由空军部为舰队提供飞行器，而由海军继续训练自己的飞行员和观察员。战时内阁原则上接受了报告，并准备立法以实施计划。[28] 我们将在最后一卷中介绍此事的结局。这里我们主要关注的，是格蒂斯和杰利科的关系：有关海军航空兵的争议是首批风暴警报之一。下一个是第一次护航队事件。

10月26日，在首相的内阁办公室里召开了一次特别会议，应格蒂斯的提议，海军大臣和他的两位前任，卡森和贝尔福，专门讨论了杰利科的离职问题。格蒂斯后来将会议称为"证明我12月24日（21日？）给你的建议，是我经过审慎考虑才做出决定的证据"[29]。我们不知道在这次会议上发生了什么，但一个事实是，格蒂斯声称是时候让杰利科离开海军部了，第一海务大臣几乎一手造成了"玛丽玫瑰"号的灾难。汉奇解释说："海军部的质询似乎表明，杰利科得到了高度机密但绝对可靠的情报，称德国最近可能袭击挪威护航队，而他没有采取行动。格蒂斯认为这证明了杰利科萎靡不振，他想用海军上将维密斯取代杰利科。"[30]

格蒂斯很有可能（贝尔福当时认为）因为那时正值报纸论战的高峰，所以推迟了要求杰利科辞职的计划。他不希望给人留下受报纸批评的压力而行事的印象。另外，格蒂斯为人宽厚，一时无法下决心把杰利科赶走。"……我的失败缘于勇气不足，"他告诉里德尔爵士，"而且我想回法国搞运输。我不喜欢承担与维密斯和其他海军部将领打交道的责任。"[31]也就是说，格蒂斯推迟做出这个令人不快的决定，希望另一位海军大臣来承担责任。

年底前几周的一系列事件成为冲突的源泉，并终于导致了最后摊牌。首先是纳皮尔在11月17日行动中的指挥问题。在回应贝蒂的作战报告时，杰利科提出让纳皮尔解释他的机动，并指出贝蒂报告中有几处地方未能清晰解释他的命令。"E.格蒂斯爵士同意了，但是他在对舰队的一次访问中，从贝蒂那里得知，贝蒂并不认可纳皮尔的指挥，格蒂斯很明显是想找一只替罪羊，于是立即开始批评纳皮尔。随后一周左右，E.格蒂斯爵士显得十分急躁，频繁地提及此事，希望加快报告的出台，并且说他认为海军上将贝蒂在试图保护纳皮尔，这使他（格蒂斯）更加下定决心要把纳皮尔当替罪羊。我说这样不公平，他必须要等到最后的报告完成再采取行动。"[32]

挪威护航队第二次遇袭让格蒂斯与杰利科已十分紧张的关系雪上加霜。[33]被触怒的海军大臣要求杰利科（12月15日）立即下令建立由高级将官组成的质询法庭，并将成员名单上报他批准。法庭将弄清所有事实。如果杰利科拒绝下令成立法庭，格蒂斯将让费希尔爵士主持质询。杰利科对此提出强烈抗议，说这只会引起舰队的反感。"我简直不敢相信他会认真提出这种建议。这会让舰队的军官对海军部丧失信心。费希尔爵士自1902年前后就没有担任过海上指挥职务了，他对现代海战绝对没有任何经验，更重要的是，海军不相信他的判断力和公正性。"他建议给贝蒂发一封电报。"海军大臣改动了我的电文，显得对贝蒂十分冒犯（我并不知情），而且随后又以他个人名义发给贝蒂一封语气更加强硬的电报，说只有进行一次全面的调查质询才能让公众满意！"以下是12月15日发给贝蒂的第一封电报（由奥利弗署名）的内容，下划线所标出的是格蒂斯对杰利科草稿的改动部分，由本文作者所注：

234. 紧急

我的830。要求你立即下令成立质询法庭，调查所有有关12日斯堪的纳维亚护航队所遭遇突袭的情况，包括为何缺乏足够的保护，以及敌人舰艇为何逃脱。

有必要获得的重要信息是，护航队防御水面舰艇袭击所需的部署，以及保护所及的范围。

应任命一位大舰队将官主持质询，参加法庭的军官名单应于星期一（12月17日）电告海军大臣批准并在议会中向公众宣布。一旦做好成立质询法庭所需的必要安排，在名单获得批准后，你便可以在罗赛斯开始运作。

第二天，格蒂斯交给杰利科一份他将在下院就遇袭事件发表声明的草稿。

声明（杰利科自传的备注）谴责了D. 贝蒂爵士，而且认为护航队的损失是一场本可以避免的，最可怕的灾难。我反对使用这样的字句，做了大量修改才送回去。[34] 我的修改大部分被接受，但不是全部，宣读时（下院，12月17日）也未取得良好的反响。接下来的星期六（12月22日），我在罗赛斯探访舰队时，发现D. 贝蒂爵士对我看到的，E. 格蒂斯爵士发给他的第一封电报异常震怒……我告诉海军上将贝蒂，我回去后会告诉海军大臣，我同意他（贝蒂）的观点，电报（特别是以私人名义发出的那一封）是带有侮辱性的。我回去后对海军大臣讲了这番话，他很不喜欢我的坦率……我离开海军部后，他给贝蒂写了一封致歉信。[35]

下一个事件是关于在新年为杜夫授奖的。杰利科建议授予他二级巴斯勋章（KCB）。

格蒂斯与我讨论了此事，问我向他授勋是因为他在舰队还是在海军部的工作。我回答说是后者。他说他不喜欢杜夫的为人，我说推荐他是因为他的工作而不是为人。格蒂斯又说他不喜欢杜夫对待他的方式，也不喜欢杜夫在一些纪要中的用语。我说，我担心他还没有意识到，这些下级海务大臣都是他的同僚，不是他的属下，清晰坦诚地表达意见，既是他们的权利，又是他们的职责，他们也当然把他当作一位负责的内阁大臣看待。在进一步谈话之后，他同意将杜夫列入推荐名单。[36]

最后，是多佛尔海峡问题，这最终直接导致了杰利科被解职。虽然海军部与多佛尔司令部在 12 月 18 日已经达成了和解，但是格蒂斯、维密斯和凯斯认为，只要培根还在多佛尔当司令，那里的前景就不乐观。用凯斯的话说，"事倍功半"仍在继续。因为培根维持水雷拦阻网的策略，让他无法派遣足够的舰艇到深水雷场巡逻。12 月 20 日，维密斯在海军部的一次会议上对此进行了决定性的干预，一位军官称之为"在奥林匹斯山的众神间引起了动荡"：

情报部门（维密斯写道）完美地向我证明了敌人成功突破了海峡而没有遇到任何挑战。另一方面培根爵士坚称它们未能通过，他的拦阻网体系在发挥作用，证据是他的管区没有船只遭到鱼雷袭击。我向他指出，敌人通常不会在自己希望顺利通过的海域作战，而是在别的海域大肆活动，他无法反驳我的观点，只能对其视而不见。到 12 月底，我坚持要将问题提交海军大臣和第一海务大臣，我的意见是，培根的反潜措施并不成功，我们应该尽一切手段阻止敌潜艇通行，并且更换指挥官，如果还不行，就继续换人，直到找到能完成任务的人为止。[37]

杰利科不同意将培根解职：培根总是以最快速度执行海军部委员会的意图，他是最适合这一工作的人选，而且他已经"在多佛尔巡逻队做出了无价的贡献"。另外，忠于朋友是杰利科的缺点（或优点）之一。维密斯"感到事情陷入了僵局，海军大臣发现他的两位首席技术顾问在此事上的意见完全相悖，而这首先是第一海务大臣的责任，但我知道，他同意我，一个官阶较低军官的意见"[38]。格蒂斯的意见是，如果培根必须被解职，那么敌潜艇随意通过海峡的情况必须结束，杰利科也必须离开。可以肯定的是，阻止将培根解职，是杰利科离开海军部最直接的原因。[39]

杰利科后来确定地说道："所有这些事件，以及首相与我的分歧，导致了我被解职。"他可能还会加上第二次护航队灾难事件的质询法庭报告，其中将批评的矛头直指海军部，贝尔福认为，"杰利科和格蒂斯两人之间肯定有无法调和之处"。

格蒂斯本人则有其他更全面的考虑。1918年3月，他本来要在下院针对卡森将要做出的，为杰利科辩护的演讲做一次回应发言，但后来这次发言没有进行，而他的发言稿中就有关于将杰利科解职的动机的声明："我作为审计官与杰利科爵士密切协作了两个月，而作为海军大臣更是与他每天共事达五个月，之后我不情愿和遗憾地得出结论……杰利科爵士未能显示出积极的适应力，和有效的决策力。"[40]同时，格蒂斯认为杰利科让自己陷入了大量琐碎的办公室工作，他告诉贝尔福（1918年3月7日），杰利科"具有丰富的经验和才干（可能这本身就是原因的一部分），但是按你的观点，分权在现代条件下是必要的，他就很难做到分权"[41]。这是有关格蒂斯动机的直接证据。在10月26日内阁办公室的特别会议和11月24日之间，他与杰利科曾讨论时局，并"告诉他，他（格蒂斯）认为自己与杰利科在海军参谋部的组织和军官任命方面的意见无法达成一致，所以为了国家利益，其中一人应该离开海军部"[42]。

12月21日，格蒂斯通知战时内阁，他极其希望从海军部卸任，去从事海陆运输的协调工作。但内阁根本未予理睬："鉴于严峻的船运形势"，他是不可或缺的。劳合·乔治转述了当天晚些时候，格蒂斯对他说过的话：

> 他（格蒂斯）已经得出结论，如果海军上将杰利科继续担任第一海务大臣，他就无法在海军部尽责。博纳·劳、格蒂斯和我随后讨论了整体形势，格蒂斯解释说，他与杰利科关系很好，也极为尊重他，作为文职官员，无意在技术事务上僭越各位海军将官的职责，但他感到和杰利科一起工作没有进展。另一方

面，维密斯会给年轻人更多机会，他与贝蒂的关系也很亲密。在他担任海军部副第一海务大臣期间，维密斯在计划处和海军部其他部门都对思想活跃的军官起到了激励作用。

博纳·劳和我都同意，现在是做出改变的时刻了。我们实际上早就有了这种想法，但希望给格蒂斯机会，让他自己定下决心，经过六个月的尝试，他得出了与我们一致的结论——道格拉斯·黑格爵士也这样想……黑格此时正好在伦敦，他也坦率地表达了希望有所改变的意见。[43]

2. 辞职与后续

格蒂斯后来写道："我以我能想到的，对情感造成最小伤害的形式向杰利科爵士做了通报——这对我是一项极不愉快的工作。"[44]12 月 24 日，杰利科收到了这样一封如晴天霹雳般的信件：

经过仔细考虑，我认为更换第一海务大臣是最佳选择。我向你保证，此意见并非草率得出，其中也包含着我个人的巨大遗憾和勉强。

我已向首相征询意见并获得了他的同意，我正请求面见国王以当面陈述建议。首相要求我向你通报，鉴于你杰出的服役经历，他将向陛下建议，将你加封为世袭贵族。

我认为，你会希望我以信件形式向你传达此决定；但如果你希望面谈，我将随时恭候。我们在合作期间一直保持着极为和睦的关系，所以通知你这一决定令我万分遗憾。

格蒂斯的信在平安夜 6 时[①]被送达杰利科手中。杰利科当晚回复："你没有说明此举的理由，但我认为是因为对我缺乏信心。在此状况下你会意识到，我的工作将难以为继，接下来我也许会提名我的继任者，但你也可能有不同意见。

---

① 原注：那时一个他的大舰队舰长代表团刚刚离开海军俱乐部，他们在那里将一个精致的银质"铁公爵"号模型送给杰利科，作为舰长们对他的尊重和敬爱的象征。

因此我非常愉快能尽快卸任，如果你希望海军上将维密斯临时接替我的职位，我将以休假名义离开，以加快交接过程。"格蒂斯也在当晚回复，接受杰利科让他休假的建议。格蒂斯于 12 月 25 日用电话向劳合·乔治通报了杰利科辞职的消息，劳合·乔治的反应是："这是件好事。"

圣诞节当天，格蒂斯乘汽车前往桑德林汉姆（Sandringham），以获取国王对人事变动的恩准。国王"十分震惊，但还是表示同意，希望一切都向好的方面发展"。国王致信杰利科，说他"带着极大的遗憾"批准了此事。[45] 他也同意加封杰利科世袭贵族，并由格蒂斯于当晚通报了杰利科。维密斯于 12 月 27 日正式上任。

杰利科虽然当众显得平静而自制，但在私人通信中他没有掩饰自己的真实感受。他告诉朋友和同事，自己并没有辞职，而是被"粗暴地解职"或者"踢开了"，而且根本没有任何理由。但他对从这份"不愉快的工作"中解脱出来并不感到遗憾。首先，就像他告诉贝蒂的那样："（我认为被解职的原因是）最近不得不反对（格蒂斯）对待高级军官的做法，你本人也在其中，虽然我知道，公众会被告知我已经过于疲惫，缺乏进攻精神，等等。我更倾向于认为，真实原因是我不同意让一个独裁者像管理一家铁路公司那样来管理海军！"[46] 他"唯一担心的"，是维密斯"不能勇敢面对他"，若如此"预示前景将有巨大危险"。[47] 一个月后，虽然他仍对自己为何出局不明就里，但根据卡森与其他人透露给他的消息，杰利科推测"这是由于诺思克里夫给首相的压力被转移到了格蒂斯身上"[48]。

12 月 27 日早上，消息犹如一枚炸弹在报界爆开了。海军部声明的结尾是："希望他的从军生涯和经验，能在以后用于另一个重要职位上。"杰利科事先看过了声明，他认为最后一句"毫无必要"，看起来好像是要安抚自己。但这消息并非完全出人意料，因为早在 9 月就有传言称第一海务大臣不久将会退休。《泰晤士报》和《每日邮报》自然兴高采烈，后者宣称，"他作为第一海务大臣，遭到我们反对的唯一和充足的理由，是海军战略在他手中正在失去主动性、灵活性和前瞻性"。《旁观者》和《星期六评论》也表示欢迎，后者称，"我们认为，无论是舰队司令还是第一海务大臣，约翰·杰利科爵士都不算成功……我们知道海洋之广阔，所以需要一位巨人来统领"。《晨邮报》《每日电讯报》《环球报》《每日快讯》和《观察家》则对杰利科的头脑和判断力不置可否，虽然《晨邮报》在 1918 年 3 月 7 日曾说杰利科"受到了最粗鲁的对待，整件事情丑陋无比"。在政治光谱的另一端，《威斯敏斯特公报》和《每日纪事》的态度模棱两可，而《每日新闻》《国家报》《新政治家报》以及带有一些保留的《曼彻斯特卫报》也欢送杰利科离开：海军部最近几个月的表现并没有对国民信心起到鼓舞作用，国家需要更积极的海军战略。少数表示遗憾的报刊有《海军》（海军联盟的机关报）和《陆海军公报》。《海陆军记事》则未明确表态，保持了一种明智的冷静。

杰利科的离任让海军上下感到震惊。很多高级将领对他的遭遇感到非常愤怒。有些人，像贝蒂（让很多人想不到的是还有国王），对杰利科受到"无情"对待的关切，要大于对他离职的关切。贝蒂听到杰利科离开时感到"完全出乎意料"。"你的离职，显然保持了海军部踢走那些一生为国效忠的军人的一贯方式，"贝利写道："所以他们最终还是把你除掉了。其实我为你高兴，你为职位所困，但仍表现出你对他们和他们的阴谋诡计无所畏惧。"朴次茅斯基地司令科尔维尔说："我就知道那些政客早晚会这么干。老兄你受到的屈辱对待简直让我难以言表，海军大臣在信里连个理由也不给！！……唉，这帮政客让我想起了整天刨起花草，就为了看看根长啥样的孩子。"伯尼则认为杰利科的离职"完全是一桩丑闻，而且极其恶毒"；德·柴尔和蒂利特也感到"非常震惊"；莱韦森感到"仿佛我们海洋帝国的一根支柱被粗暴地踢开了"；麦登形容自己的感受是"病变的、爆炸性的、非常痛苦的"。米尔福德港爵士（巴滕贝格的路易斯亲王，曾任第一海务大臣）无法"用言辞来表达我的厌恶和屈辱！……我们现在被一帮律师和记者统治着"。其他一些退休海军将领，如布里奇曼和卡拉汉也写下了类似的文字，与海军关系密切的文职官员同样如此。卡森非常生气，丘吉尔听到消息时感到"极其遗憾"，格雷厄姆·格林感到"伤心和沮丧"，汉奇感到"万分遗憾……我想说我非常欣赏你在对抗潜艇威胁，及赋予反潜战全新面貌时，那种化解困难的手法"。西姆斯感到"情绪十分低落……特别是正值你的所有反潜手段显现确定无疑的胜利前景之时"[49]。

大舰队的大部分海军上校和下级军官也都有同感，都对杰利科受到的不公待遇感到愤怒。"又一位伟人被污浊报纸的海洋吞没了……在英国只要是个绅士就不可能成功。"这是海军少校奥斯瓦尔德·弗鲁文的反应。[50] 麦登认为:"（军舰上的官兵）对你被解职比他们的上级更加恼火……贝蒂永远不能取代你在他们心中的位置,虽然他也深受喜爱和尊重。上周日一位牧师将你被抛弃比作基督被抛弃,他形容那些政客是些只会取悦别人的傻瓜。"[51]

大舰队的少壮派对此当然喜出望外。"杰利科完了,"里奇蒙德说,"通向胜利之路上的一个障碍现在被扫除了。"[52] 海军部内的反应注定是两极化的。有些军官认为杰利科受到了不公正的对待,其他人则认为早该这样。

自由党领导人阿斯奎斯、麦肯纳和朗西曼对杰利科离职感到不快,但认为就此事在议会中施压是无济于事的,因为他们知道不可能获得任何有价值的结果。杰利科也同意:"在战争没有结束的时候,保持沉默才更有尊严。"尽管如此,下院在 1918 年 3 月 6 日还是就海军部在杰利科离开时的状况,进行了几个小时的激烈辩论。辩论并没有让公众看清真相,因为格蒂斯在为自己辩护时,以他特有的沉稳,没有道出实施人事变动的任何理由。

内阁想用封爵来平息对解除杰利科职务的批评,却进一步引起海军的怒火。麦登向大舰队将官征询了意见,结果只有莱韦森认为杰利科应该接受加封。"其他人都认为这是耻辱。A. 威尔逊爵士在被解职时（1912 年）拒绝接受爵位,可作为一个先例。"[53] 麦登与他们所见略同。爵位"此时突然而来,请不要从格蒂斯手中接受它——不能让全军感到他们最信任的人可以被随便踢开,再用一个爵位来安抚"[54]。但是杰利科已经接受加封（12 月 26 日）,成为斯卡帕的杰利科子爵,他认为这是对海军的褒奖,没有权利拒绝;另外接受爵位后,"如果有人对海军有什么不利或愚蠢的举动",他会有一个发声的平台;最后,"是为我的孩子们着想,因为历史可能永远也不知道真相,会说我明显是被合理地踢走的,因而没有任何荣誉可言"。[55]

海军部委员会的军职成员,除一人外（希斯、哈尔西、托西尔、佩因、奥利弗和杜夫）都赶到维密斯那里,对杰利科的离职提出抗议,因为他们都非常爱戴杰利科,感到他"就像一位家庭女佣一样,事先不知情就被赶走"。出于同情和抗议,他们首先考虑了集体辞职。但很快又改变了主意,因为正如哈尔西说的,他们意识到,"我们不可能让您回来,却可能给国家造成巨大伤害"[56]。

几天后，由于格蒂斯声称他得到了贝尔福和卡森的支持——虽然这与后者的声明相悖——这些军官递交了辞呈。杰利科明智地提醒他们，辞职对国家有害无利，格蒂斯会把不熟悉海军部的人召集来，按照他的意志行事，另外委员会的文职官员（李顿、普雷蒂曼和麦克纳马拉）也恳请他们以国家利益为重，留在海军部。最后，格蒂斯坚称（1 月 4 日），"各级海务大臣的任命与解职，完全属国王和王国政府管辖"，军官们这才收回了辞呈[①]。还有另一个角度的因由。杜夫后来写道："这是一次组织失败的行动。我认为我们应该集体辞职，而理由就是杰利科灾难性的离职。我们的意愿实际上被曲解成海务大臣可以干涉第一海务大臣的任命或解职，这完全置我们于错误的立场，而且很快被政客们所利用。"[57]虽然海军部的气氛非常紧张，但到 1 月 5 日已恢复了平静。哈尔西仍愤愤不平，他告诉杰利科，永远也不会让格蒂斯进他的家门。

杰利科对自己在战争的关键时刻被闲置自然感到失望。格蒂斯很理解杰利科的心情，这也能解释他为什么热心于为他再找一份差事。1918 年 4 月 3 日，他希望杰利科担任朴次茅斯基地司令（德文波特司令部），接替亚历山大·贝瑟尔爵士（Sir Alexander Bethell）[②]。当杰利科意识到，为了让位给他，贝瑟尔将无法完成通常为三年的任期，而被迫提前 18 个月离职，他还是决定推辞任命，尽管维密斯极力劝说，贝瑟尔也建议他接受这一职位。他在写给海军大臣的信中说，他无法接受任命，因为"这要在一位兄弟将官的正常任期结束前就剥夺他的职务，而据我所知那位军官正在出色地履行职责。我接任大舰队司令时的情形让我更深刻地意识到了这一点"[58]。我们还将看到，杰利科在夏天差一点成为地中海舰队司令。而此事未果也断绝了他重返海上指挥岗位的最后希望。1918 年，杰利科把大部分时间用在撰写他的《大舰队，1914—1916 年》一书（1919 年初出版），以及有关海军战时角色的公开演讲上。为了制订一个英帝国海上防御计划，杰利科于 11 月 18 日同意率领一个特别使团，出访加拿大、澳大利亚和新西兰。

杰利科作为第一海务大臣不如当大舰队司令那样成功。很长一段时间内，

---

① 原注：杜夫说："他们是在违背自己意愿的情况下留任的。"
② 原注：这也被很多人认为，是政府试图平息因杰利科离职而开在海军部掀起的批评风暴的手段。

他将削减除法国往来于英国外的海运量视为解决潜艇威胁的唯一方案，同时消极地寄希望于那些他积极发展的各种无效手段。他在研究护航队体系的价值方面动作迟缓，甚至在体系启动之后仍然如此，从而造成了极大风险；然而一旦改变了认识，他便立即全力以赴扩大护航队，并提高其有效性。护航队的成功依赖于大量必要装备的投入，这也是他的功劳。离开海军部时，杰利科欣慰地得知，德国潜艇战的根基已经被拔除。他是一位高尚的伟人，受到所有属下的真诚热爱。不过，他最终离开海军部的情形，和 1910 年费希尔爵士离开的情形相似。改变的时刻已经到来：白厅和舰队中一些举足轻重的人对他失去了信心，更不用说首相、海军大臣和部分报纸了。这样说并不是要对将他解职的那些肮脏手段示以宽容。1918 年海战形势对英国更加有利，部分原因是海军大臣—第一海务大臣之间，以及第一海务大臣—大舰队之间建立了更良好的关系。

此时海军部还发生了其他变化，海军总参谋长助理奥利弗于 1 月卸任，去担任第 1 战列巡洋舰中队司令（弗里曼特尔接替了他的职务）。奥利弗的离开与杰利科被解职没有关系，这是杰利科和贝蒂在 12 月初就安排好的。贝蒂最初想把哈尔西调来，但后来换成奥利弗，因为杰利科说海军部不会放走哈尔西——他是无可替代的——所以他推荐了奥利弗。"……他不仅指挥舰艇绝对一流，而且具备炮术方面的丰富知识，对新事物也能快速领会。"维密斯和埃弗雷特都曾与奥利弗共事，他们"观点与我（杰利科）完全一致。我不想把他一直留在这里，这会毁了他的前途。霍普已经工作了一段时间，维密斯和凯斯的到来也让奥利弗终于有机会离开"[59]。

培根成了杰利科的"陪葬品"——至少杰利科和他的朋友们是这样认为的。12 月 8 日，培根被立即召回，并于 1 月 1 日被他的主要批评者凯斯接替。A. K. 威尔逊和丘吉尔等人都为奥利弗和培根的离开感到遗憾。"这简直是疯了，"前海军大臣认为，"他们是不可替代的——特别是奥利弗，他的岗位极其重要。"[60] 威尔逊认为培根"是从事那项特殊工作的最佳人选。我想奥利弗也要走了，这样我们将一下失去海军中三个最优秀的人"[61]。黑格也对培根离开感到遗憾，因为海军中将一直"全心全意地"与陆军合作，从没出现过任何隔阂。培根本人则平静和很有风度地接受了被解职的命运，对任何人都未有微词。他认为自己在三年中的成就自有评说，从 1915 年到 1917 年，穿过多佛尔海峡的 88000 艘船只中，只有 5 艘被鱼雷击沉，1 艘被火炮击沉——这里指比奇角（Beachy Head）和唐斯之间受交通管制的海域。

三年来，我们用大炮和头脑与敌人战斗。刚开始海峡是敌人的巨大机遇和英国的危机，但后来变成与我们利益攸关的船只的相对安全之地。这种变化，是多佛尔巡逻队坚持不懈努力的结果。我们与在法国的陆军的联系从未间断，尽管有敌人的驱逐舰、潜艇、水雷和飞机，我们的商船仍然自由地往来于泰晤士河，安全性与和平时期没什么两样。我们完全可以宣称，1915—1917 年间，多佛尔巡逻队对占据着比利时海岸的敌人实施了虎口拔牙，让这些德国基地的潜在价值在战争剩下的时间里荡然无存。[62]

培根没有提到的，是 U 型潜艇不断地穿过海峡，抵达英国的海上运输大动脉。但是，从其他方面看他的指挥是成功的，而且他肯定为 1918 年多佛尔拦阻网的成功做出了贡献。深水雷障也是他的主意。1918 年的成功不是仅靠密集的巡逻体制，而是雷场与巡逻**配合**的结果。后来培根在多佛尔海峡的成就没有得到官方的真正认可，他完全有理由提出强烈抗议，除了大舰队司令外，多佛尔巡逻队司令是海军在战争中要求最严格，条件最艰苦的指挥岗位。

1917 年是以北海上的逆境，和从任何与战争有直接相关的角度讲，都是英国最受尊敬的海军上将的退休结束的。但也有更鼓舞人心的一面，德国通过无限制潜艇战摧毁协约国海运的终极努力失败了。尽管协约国的损失依然严重，潜艇威胁最终还是得到了遏制。美国投入海上力量的效果逐渐显现。11 月，一个美国战列舰中队加入大舰队，并交由贝蒂指挥。协约国的封锁对德国的士气，特别是对德国民众士气的影响，正在产生决定性的效果。

杠杆总是有两端。新年伊始，在 1918 年获得陆战决定性胜利的机会似乎还很遥远。意大利和俄国摇摇欲坠，法国已经流尽了鲜血。英国和美国有可能不得不靠它们自己将战争进行到底。整个协约国集团正越来越依赖于英国海军，但是很多海军军官和民众都认为海军的努力未能满足形势的需要。海军部和舰队中极少有人认为战争最早能在 1919 年前结束。海军最精干的上校之一，担心德国潜艇在 1918 年春天将"为击败我们而施以最大努力。他们极有可能迫使我们在接受英国出现饥馑和中断将美国军队输往法国之间做出选择。无论哪一个都会造成毁灭性的结果"[63]。

1917 年底，战争双方在杠杆两端的资本和信用度都是大致相等的。即将到来的又将是困难的一年，这种前景使人们很难意识到，杠杆的平衡将在 1918 年底前被打破。那时，英国人得以心情舒畅地回忆起阿贝·西哀士（Abbé Sieyès）在恐怖统治（雅各宾专政）之后写下的话："我活下来了。"

注释

第一章 背景：海军航空兵的兴起

1. Donald Macintyre, *Wings of Neptune: the Story of Naval Aviation*（伦敦，1963 年），第 20 页。

2. Carson, 'Memorandum of Conversations with the Commander-in-Chief of the Grand Fleet on Board H.M.S *Iron Duke* on the 8th and 9th of January, 1917'; Beatty MSS. 德国海军的硬式飞艇为"齐柏林"式，或者"舒特－兰兹"式，主要为前者，但常以"齐柏林"代指所有德国硬式飞艇。需要提醒读者的是，德国至少比英国提前四年就开始发展硬式飞艇了。

3. 《泰晤士报》军事记者雷平顿的报道，1917 年 10 月 10 日；海军少校 Charles à Court Repington, *The First World War, 1914—1918*（伦敦，1920 年，2 卷本），第二卷，第 13 页。

4. 'The Uses of Airships for the Navy (British)', 1917 年 9 月 20 日；空军历史分部。同一份文件回答了对飞艇遭受飞机进攻时脆弱性的批评，因为飞艇中弹后极易起火，海军部声称，美国将向英国供应氦气，这是一种可以取代氢气的非易燃气体。氦气是一种惰性气体，但其密度是氢气的两倍。

5. Walter Raleigh 和 H. A. Jones, *History of the Great War. The War in the Air*（伦敦，1922—1937 年，6 卷本及 1 卷附录，除第一卷外均为 Jones 所作），第四卷，第 42 页。"北海"型飞艇也用于与大舰队协同行动，但没有"海岸"型那样成功。

6. Robin Higham, *The British Rigid Airship, 1908—1931*（伦敦，1961 年），第 146—147 页。德国人在建造齐柏林飞艇时采用完全相反的手段，同前，第 147 页。"蜉蝣"号是一艘大型试验性飞艇，由于结构强度不足，它在被拖出艇库，准备进行处女航时（1911 年 9 月），遇到强烈侧风而造成龙骨断裂。

7. Douglas H. Robinson, *The Zeppelin in Combat*（伦敦，1962 年），第 348 页。

8. 杰利科致贝蒂，1915 年 8 月 7 日；Beatty MSS。

9. 1917 年春天行将完工时，它舰艏的 18 英寸舰炮被拆除，加装了一座机库，机库顶端一直延伸至舰艏，构成一块长 228 英尺，宽 50 英尺的起飞甲板。它于 1917 年 7 月服役。

10. Desmond Young, *Rutland of Jutland*（伦敦，1963 年），第 59 页。

11. 空军上将 Arthur Longmore 爵士, *From Sea to Sky*（伦敦，1946 年），第 69 页。

12. 海军上尉 H. A. 威廉姆森在 1915 年夏天提交了一份"舰岛"式航母设计（他想用一艘远洋邮轮来改装）。当时这个建议太超前，1916 年休特终于被说服，接受了"百眼巨人"号——一艘全通甲板航母的设计。威廉姆森坚信："如果设计被接受，而且建造工作由一位像 1939—1945 年的比弗布鲁克那样有推动力的人来主持，我们在 1916 年就会有一艘实用的航母了。在这样一艘航母上，所有那些旷日持久的起飞和其他试验，都是不必要的。"1968 年 7 月 22 日空军上校 H. A. Williamson 给作者的备忘录。"竞技神"号的设计非常接近威廉姆森的建议，但是出现得太晚。舰岛式航母设计最终被所有国家的海军接受。由于向海军部贡献了这项建议，威廉姆森获得了 500 英镑的巨额奖励！

13. 1918 年 2 月 5 日纪要；Admiralty MSS。

14. Young, *Rutland of Jutland*, 第 55 页。从战斗舰艇上起飞的飞机将返回陆地着陆，如果离岸太远，则需要降落在驱逐舰侧方的海面上，以便对飞行员实施营救。

15. 英国海军似乎一直固执地认为，德军会使用齐柏林飞艇引导，在开阔海区布雷。航速 60 节的齐柏林飞艇有可能发现大舰队，但布雷舰无法跟上飞艇。大舰队的担心可能缘于 1914 年"大胆"号的损失，以及对布雷舰能于极短时间内在大面积水域布雷的不切实际的想法。由于舰队装备了风筝式扫雷具，他们本应在 1917—1918 年丢掉这种恐惧。不管怎样，感到尽可能安全总是好事。

16. 一次军舰对抗齐柏林飞艇的成功战例发生在 1916 年 5 月 4 日：轻巡洋舰"加拉提亚"号和"法厄同"号，在 E-31 号潜艇的协助下，在合恩斯礁以南 10 英里处击落了 L-7 号飞艇。皇家海军航空队共击落了 7 艘飞艇，皇家飞行队击落 5 艘，皇家空军（自 1918 年 4 月 1 日开始）击落 4 艘，防空火炮击落 4 艘。英军共击落 21 艘飞艇。德国在对英国的空袭行动中，因非战斗因素损失了另外 6 艘飞艇。海军航空兵击落的飞艇中，有 3 艘战绩为舰载机取得——1917 年 8 月 21 日从"亚茅斯"号上起飞的 1 架索普维斯"幼犬"式击落 1 艘，1918 年 7 月 19 日"暴怒"号对岑纳的袭击中击落 2 艘。

17. 休特的文件和海军部纪要存于一份名为"有关发展和使用携带鱼雷的水上飞机建议的后续政策"的卷宗；Admiralty MSS。奇怪的是，只有资质平平的航空处处长，海军少将 C. L. 沃恩 – 李（C. L. Vaughan-Lee）对使用鱼雷机发动攻击的想法反应冷淡，他本人并非飞行员出身。他声称："对一艘装甲薄弱的舰艇发射鱼雷，和对一艘装备火炮的高速装甲舰艇发射鱼雷，完全是两码事，尤其要注意，水上飞机作战时不得不下降到距海面几英尺的高度……"

18. *Land, Sea, and Air: Reminiscences of Mark Kerr*（伦敦，1927 年），第 281 页。

19. 海军上校 S. W. Roskill, 'The Role of Maritime Forces: Lessons of World War I and II', 1960 年 3 月在帝国国防学院所做的未出版的讲座。

第二章　贝蒂的大舰队

1. 海军少将 William S. Chalmers, *The Life and Letters of David, Earl Beatty*（伦敦，1951 年），第 205 页，这里描述的是贝蒂担任战列巡洋舰队司令时的状况，但同样可以应用在他担任大舰队司令时期。

2. 贝蒂致妻子，1916 年 12 月 29 日；Beatty MSS。

3. 贝蒂致妻子，1916 年 12 月 5 日；Beatty MSS。

4. Leslie, *Long Shadows*（伦敦，1966 年），第 209—212 页。

5. 贝蒂致妻子，1917 年 6 月 27 日；Beatty MSS。

6. 贝蒂致妻子，1916 年 12 月 23 日；Chalmers, *Beatty*，第 285 页。

7. 贝蒂致妻子，1917 年 5 月 22 日；Beatty MSS。帕肯汉姆的一些问题来自他有严重弱点的旗舰长。罗杰·贝克豪斯（Roger Backhouse）仪表堂堂、工作勤奋、聪明，但是，就像当时有人描述的那样，"从来没有人像罗杰·贝克豪斯那样极度自恋"。无论什么事情，他都依自己的习惯从细枝末节抓起，从来不用参谋人员，最后导致他在担任第一海务大臣时健康状况恶化，英年早逝（1939 年）。战列巡洋舰中队指挥官是：第 1 中队，海军少将理查德·F. 菲利摩尔（接替布罗克）；第 2 中队，海军少将亚瑟·F. 莱韦森（接替帕肯汉姆）。我们介绍过二人。"躁动菲尔"·菲利摩尔是一位才华横溢的海上指挥官，有着辉煌的履历，包括在福克兰群岛海战和达达尼尔战役中指挥"不屈"号。

8. 他们分别是：杰利科得力的参谋长（为保证舰队指挥的连续性，他随后成为舰队副司令，并接替伯尼担任第 1 战列舰中队司令），第 4、第 5 战列舰中队司令。其余战列舰中队指挥官是：

海军中将约翰·德·罗贝克（接替杰拉姆），第 2 中队；海军中将赫伯特·L. 希斯（接替德·罗贝克），第 3 中队（驻泰晤士河）。

9. 贝蒂致妻子，1917 年 4 月 1 日；Beatty MSS。

10. 麦登致杰利科夫人，1918 年 2 月 17 日；信件为已故杰利科伯爵夫人所有。

11. 日记，1917 年 9 月 22 日；Arthur J. Marder, *Portrait of an Admiral: the Life and Papers of Sir Herbert Richmond*（伦敦，1952 年），第 274 页（以下引为标题）。

12. 蒂利特致凯斯，1917 年 6 月 22 日；Keyes MSS。

13. 贝蒂的备忘录，'Tactical Investigations'，1917 年 6 月 6 日；Sturdee MSS。

14. 见 *From the Dreadnought to Scapa Flow*，第三卷，第 221—227 页；日德兰海战时实施的 GFBO，同前，第 4—32 页。以下引用的 GFBI 和 GFBO，除非特别声明，均来自 1917 年 3 月 12 日的版本。1918 年 1 月 1 日颁布的 GFBI 中的诸多不同之处在注释中介绍。

15. GFBO，1917 年 4 月 16 日（第 7 章，第 17 段）。

16. "舰长会议纪要"，对"舰队司令意图"的总结（1917 年中）；Bellairs MSS。乐观、机智和人见人爱的海军中校罗杰·M. 贝莱尔斯，是贝蒂参谋部的成员。关于分队战术思想，在 18 世纪就有过类似的长期争论。经验丰富的战术家们的基本意见与贝蒂一致——集中全部主力，直到敌人主力"被击垮或逃跑"。有些海军将领有不同意见 [安森和博斯科恩（Boscawen）]。他们在投入战斗前不会考虑任何分队战术，但在个别敌舰被击垮时——而不打算等到敌舰队整体被击垮——他们就会使用分队战术。只要战斗已经打响，他们就时刻准备放弃集中原则。但是，他们按这种战术思想对战斗训令的修改，后来都被取消了——特别是霍克，虽然人们曾认为他是一位非常激进的改革家。

17. 日记，1917 年 6 月 29 日；*Portrait of an Admiral*，第 263 页。

18. 1918 年 1 月 1 日的 GFBI 中，删除了"面向撤退中的敌人转向"之后的字句，并加上了如下内容（来自 1917 年 6 月 16 日颁布的 GFBO）："战斗中有可能出现需要快速做出决定的情况。这种条件下，可能出现'靠近敌人开火'的命令，可理解为无视鱼雷威胁，尽一切努力靠近到决定性的舰炮射程。"

19. GFBO，1917 年 4 月 16 日（第 7 章，第 10 段）。

20. 贝蒂致蒂利特，1917 年 5 月 26 日；Tyrwhitt MSS。

21. 分别引自"舰长会议纪要"和 GFBO，1917 年 8 月 25 日（第 13 章，第 4 段）。

22. "舰长会议纪要"。同样原则可见于 1917 年 3 月 12 日的 GFBI。经修改后也出现在 1918 年 1 月 1 日的 GFBI 中。这里强调的是将摧毁整个德国舰队作为首要原则。"基本作战原则是迫使全部德国舰队投入战斗并歼灭之。可能影响到战果的是'战斗时间'。很明显，如果光线渐暗或临近雷场，就不可能全歼敌舰队，那么所有战术都是为了歼灭敌人的一部分，而不是继续与其整体作战。这种情况下，关键时刻将会发出集中全舰队火力于敌人一部分的命令，很有可能是敌舰队的后卫分队，这时便不向敌人其余舰只开火。"（第 1 章，第 3 段）

23. GFBO，1917 年 11 月 22 日（第 27 章 a，第 1 段）。

24. GFBI，1918 年 1 月 1 日（第 8 章，第 3 段）。其实日德兰海战时制定的 GFBO（*From the Dreadnought to Scapa Flow*，第 3 卷，第 225 页）也有类似的积极内容。

25. GFBO，1917 年 3 月 26 日（第 27 章，第 13 段）。这一规定与 1916 年 10 月 26 日杰利科的修订版 GFBO 相同。见 *From the Dreadnought to Scapa Flow*，第三卷，第 226 页。但是英国海军的夜战技术几乎没有进步。

26. 从 1916 年 8 月至 1918 年 5 月，17 艘 K 级潜艇装备了海军（K-18 号改称为 M-1 号）。这些有两座烟囱，由蒸汽机推进的潜艇实属革命性设计，也是大战期间建造的最大和最快的潜艇。它们其实是一种潜水驱逐舰：水下排水量 2560 吨，长 338 英尺，装备 2 门 4 英寸舰炮，一门高射炮和 8 部鱼雷发射管（18 英寸），水面和水下航速分别达到 24 节和 9.5 节，而当时最快的传统型柴油机动力潜艇的水面和水下航速则分别为 19 节和 9.25 节（它们是 1916 年底开始装备舰队的 J 级潜艇，1918 年开始服役的 L 级潜艇，水面和水下航速分别为 17.5 节和 10.5 节）。

27. 贝蒂致杰利科，1917 年 3 月 26 日；Jellicoe MSS。

28. GFBI，1918 年 1 月 1 日（第 12 章，第 12、13、16、17 段）。

29. GFBO，1917 年 4 月 16 日（第 7 章，第 24 段）。

30. 同前（第 7 章，第 4 段）。在 1918 年 1 月 1 日的 GFBI 中（第 2 章，第 1 段），最后两句被合并为："信号可能难以辨认，任何情况下命令中的机动都可以在执行信号发出之前就开始实施。"

31. GFBI，1918 年 1 月 1 日（第 5 章，第 8 段）。

32. GFBO，1917 年 8 月 9 日（第 24 章，第 14 段）。

33. GFBO，1917 年 7 月 24 日（第 22 章，第 3 段）。

34. 同前，见 *From the Dreadnought to Scapa Flow*，第三卷，第 56 页。

35. GFBO, 1917 年 4 月 16 日（第 7 章，第 28 段），收入 1918 年 1 月 1 日的 GFBI 并做如下修改：“当将领或指挥官……无法辨认或接收信号时……”

36. GFBI, 1918 年 1 月 1 日（第 5 章，第 10 段）。见 *From the Dreadnought to Scapa Flow*，第二卷，第 139—140 页。

37. 贝蒂致卡森，1917 年 1 月 13 日；Beatty MSS。他已经就“正确的战略”强调过自己的观点，即最大限度地加强第 10 巡洋舰中队。卡森的 'Memorandum of Conversations with the Commander-in-Chief……8th and 9th of January, 1917'。2 月 15—16 日，在“铁公爵”号上的会谈中，贝蒂再一次向来访的卡森表达了同样观点。

38. 贝蒂致杰利科，1 月 27 日；杰利科致贝蒂，1917 年 2 月 4 日；Jellicoe MSS。

39. 查特菲尔德爵士致《泰晤士报》的信，1936 年 3 月 13 日。

40. “巴登”号的两艘姊妹舰于 1914 年开工：“萨克森”号和“符腾堡”号，各装备 8 门 15 英寸主炮，它们分别于 1916 年 11 月和 1917 年 6 月下水。但两舰均未能完工。

41. 实际情况是：“马肯森”号，1914 年开工，1917 年 4 月下水；“斯佩伯爵”号，1915 年开工，1917 年 9 月下水；“艾特尔·腓特烈王子”号，1915 年开工，1920 年 3 月下水；“俾斯麦亲王”号，1915 年开工，未下水；“约克代舰”号、“格奈森瑙代舰”号和“沙恩霍斯特代舰”号，1916 年开工，未下水。最后三艘装备 8 门 15 英寸主炮，之前的军舰装备 8 门 14 英寸主炮。“兴登堡”号装备 8 门 12 英寸主炮。

42. 贝尔福致科宁厄姆·格林爵士（Sir Conyngham Greene，驻东京大使），1917 年 11 月 15 日（给战时内阁的打印本）；副本在 Admiralty MSS。

43. 见 *From the Dreadnought to Scapa Flow*，第三卷，第 215—219 页。第一批能够击穿装甲并在重要部位爆炸的新型炮弹，到 1918 年 4 月才开始装备大舰队，可供给主力中队 30% 的弹药。

44. Carson, 'Memorandum of Conversations with the Commander-in-Chief…8th and 9th of January, 1917'.

45. 贝蒂致妻子，1917 年 7 月 9 日；Beatty MSS。

46. 贝蒂致蒂利特，1917 年 1 月 16 日；Tyrwhitt MSS。雷金纳德·蒂利特爵士在整个大战期间担任哈里奇舰队司令（轻巡洋舰和驱逐舰），该舰队直接隶属于海军部，但如果与大舰队一起出海就须与贝蒂协同。如果公海舰队出现在北纬 53 度以北且双方舰队可能交战，这种情况就会出现。蒂利特直到 1918 年 1 月才晋升为将官（战时海军少将）。他虽然有些凶悍，但他的官兵总是对他充满了敬重与忠诚。这封信是对蒂利特用沉船阻塞泽布吕赫的方案的回应。

47. 贝蒂致妻子，1917 年 3 月 1 日、5 月 24 日、5 月 31 日；Chalmers, *Beatty*，第 289、316—317 页。杰利科也对与公海舰队一战的可能性不乐观。德国人很可能"在目前的局面下，采取严密防御的姿态，如果他们进入北海，目的也可能是将我们的主力舰诱入预设的危险海域，以水雷和潜艇消耗我们的力量。最明显的方式将是偷袭，或者佯装偷袭东海岸……为此我们应将大舰队保持在合恩斯礁以北海域，直到敌人的行动迹象完全显现，这就会给我们在其归途将其拦截的好机会"。杰利科给战时内阁的备忘录，"英国海军战略"（GT-1272），1917 年 7 月 1 日。所有引用的给战时内阁（GT 系列）和战争委员会（G 系列）的备忘录，均来自公共档案馆的内阁文件集（Cab.24）。海军部 MSS 和其他收录给战争委员会或战时内阁备忘录的来源不在其中。

第三章 新战略与新人：普勒斯与白厅（1916 年 12 月—1917 年 1 月）

1. 备忘录更重要的内容收于海军上将 Reinhard Scheer, *Germany's High Sea Fleet in the World War*（伦敦，1920 年），第 248—252 页。

2. 海军部早先已经探得德军的意图。"现在可以肯定（高度机密情报）德国将宣布从 2 月 1 日起封锁我们所有海岸，他们将击沉划定海域内的所有船只。"杰利科致贝蒂，1917 年 1 月 25 日；Beatty MSS。

3. 从 1915 年 1 月 29 日至 1917 年 2 月 1 日，共有 544 艘英国商船被击沉，其中 269 艘被鱼雷击沉，这其中又有 148 艘，即占总数 27% 的船只是未经警告被击沉的。R. H. Gibson 和 Maurice Prendergast, *The German Submarine War, 1914—1918*（伦敦，1931 年，第二版），第 123 页。杰利科指出，1915 年和 1916 年中，未经警告被潜艇击沉的商船分别占总损失数量的 21% 和 29%，而实施无限制潜艇战的头四个月里，这个百分比是 64%。Jellicoe, *The Crisis of the Naval War*（伦敦，1920 年），第 38 页。

4. Archibald Hurd 爵士, *History of the Great War. The Merchant Navy*（伦敦，1921—1929 年，3 卷本），第三卷，第 17 页。

5. 整个大战期间，在役 U 型潜艇月平均数量（不包括因长期修理而退役的潜艇）、一线潜艇月平均数量、各月份在海上活动的潜艇数量、每月单日海上活动潜艇的最大数量等统计数字，来自施平德勒的《德国潜艇战官方史》，以及德国海军部 'Standort- und

Bereitschaft der Kriegs- und Hilfsschiffe'（摘自国防部海军历史分部副本）。这些资料（以下引为 Spindler, 'Hand-Materials'）可能是为了编纂他的 *Der Handelskrieg mit U-Booten* 最后一卷而制，但他生前未能完成。在海上活动的 U 型潜艇总数和具体部署（总以当月 10 日为例）可见 R. H. Gibson 和 Maurice Prendergast, *The German Submarine War* 第 354—355 页，数据来自德国海军中将，1917—1918 年任潜艇部队指挥官的 Andreas Michelsen 所著，*Der U-Bootskrieg, 1914—1918*（莱比锡，1925 年），并与 Spindler, 'Hand-Materials' 的数据一致。

6. 莱韦措未具日期的文件；German Minister of Marine MSS。盖尔曾在德国海军担任潜艇支队指挥官，后来成为海军潜艇办公室下属某部门主管。

7. Oliver MSS.

8.《晨邮报》的采访，1934 年 9 月 24 日。

9. Beaverbrook, *Men and Power, 1917—1918*（伦敦，1956 年），第 150 页。

10. *War Memoirs of David Lloyd George*（伦敦，1933—1936 年，6 卷本），第三卷，第 1170—1171 页。

11. 杰利科致海军上将亨利·布拉德沃丁·杰克逊爵士（第一海务大臣），1916 年 10 月 8 日；Jackson MSS。

12. 杰利科致贝蒂，1917 年 3 月 26 日；Beatty MSS。

13. 日记，1917 年 7 月 12 日、9 月 21 日；Dewar MSS。

14. 卡森夫人与作者的一次谈话，1960 年 2 月 23 日。

15. 费希尔致 E. G. 普雷蒂曼，1916 年 12 月 27 日；Arthur J. Marder, *Fear God and Dread Nought: the Correspondence of Admiral of the Fleet Lord Fisher of Kilverstone*（伦敦，1952—1959 年，3 卷本），第 408 页（以下引为标题）。

16. 海军上将普雷斯顿致作者的信，1963 年 1 月 8 日。

17. 贝蒂致妻子，1916 年 12 月 15 日；Beatty MSS。

18. Graham Greene 的备忘录，'Admiral of the Fleet Sir Cecil Burney', 1935 年 1 月 23 日；Graham Greene MSS。

19. 贝蒂致妻子，1917 年 6 月 4 日；Beatty MSS。

20. 日记，1917 年 6 月 5 日；*Portrait of an Admiral*，第 256 页。

21. 战时内阁和帝国战时内阁的会议纪要存于公共档案馆 Cab.23，仅以 WC 或 IWC 加会议序号为文件名。

第四章 激战 U 型潜艇（1916 年 12 月—1917 年 4 月）

1. 海军部呈递帝国战争委员会的报告，'A General Review of the Naval Situation'（GT-227），1917 年 3 月 24 日。

2. 'Naval Policy in Relation to Mercantile Shipping Losses from Submarine Warfare, and the Effect on the Strategical Situation'; Admiralty MSS. 英国在地中海有 37 艘驱逐舰、35 艘护卫舰和 183 艘拖网船，全部用于护航和巡逻任务。"撤回陆军部队当然不能将这些舰艇全部调为他用，因为仍有部分舰艇要执行保护航线、护航军舰和其他重要船只的任务。"同前。

3. 'A General Review of the Naval Situation'（GT-277）.

4. 杰利科致战时内阁的备忘录，'The Naval Situation with Reference to the Submarine Danger'（GT-611），1917 年 4 月 27 日。英国驻法国陆军司令黑格，以及帝国总参谋长罗伯特森，在将杰利科转变为纯粹的"西线主义者"方面产生了影响，虽然可以预见海军有合理和足够的理由拥护这一原则。

5. IC-21（公共档案馆 Cab.28：协约国作战会议——会志与决议）。

6. 我认为应当在此处适时讨论 1917—1918 年使用的所有更为重要的反潜手段。有关 1914—1916 年的反潜手段，见 From the Dreadnought to Scapa Flow，第二卷，第 349—364 页。

7. 海军上将 Frederic Dreyer, The Sea Heritage: a Study of Maritime Warfare（伦敦，1955 年），第 215 页。

8. 日记，1917 年 1 月 9 日；Portrait of an Admiral，第 228 页。

9. 这里和本卷其他有关潜艇损失的数据来自：海军部历史分部，'Chronological List of German U-boat Sunk in First World War, 1914—1918', 1954 年（这是最后核准的列表，一份副本藏于国防部海军历史分部）；Gibson 和 Prendergast, The German Submarine War, 1914—1918；Eric Gröner, 'Schiffsverluste der Kaiserlichen Marine, 1914—1918', Marine Rundschau, 1964 年 2 月（德国海军部于 1934 年发布的一份官方列表的翻版）；海军少将 Arno Spindler 的官方历史, Der Krieg zur See, 1914—1918. Der Handelskrieg mit U-Booten（1932—1966 年，5 卷本），内容为 1917—1918 年的第四、五卷；Robert M. Grant, U-Boats Destroyed（伦敦，1964 年）。这些资料并不具有同样的权威性。

10. Jellicoe, *The Submarine Peril*（伦敦，1934 年），第 14 页。

11. 海军中校 John Creswell, *Naval Warfare*（伦敦，1942 年，第 2 版），第 157 页。

12. 海军部技术史分部，专刊 TH7（1919 年），*The Anti-Submarine Division of the Naval Staff, December 1916—November 1918*，第 20 页。技术史专刊收藏于国防部海军图书馆。虽然不少历史权威，包括纽博尔特（《海军作战》）、海军参谋部专刊等，都指出"跨海峡拦阻网"中有"水雷指示网"，但证据显示这些反潜网并没有设置浮标。

13. Bacon, *The Dover Patrol, 1915—1917*（伦敦，1919 年，2 卷本），第二卷，第 399 页。

14. 细节和使用方法，见 *From the Dreadnought to Scapa Flow*，第二卷，第 351 页。

15. Gibson 和 Prendergast（*The German Submarine War, 1914—1918*，第 186—187 页）夸大了早期水听器的作用。他们声称水听器对敌潜艇艇员造成了"士气和心理上的影响"，这是完全错误的。

16. 海军上校克雷斯维尔致作者，1962 年 10 月 24 日。英国潜艇也装备了水听器，用于在潜望镜观测距离以外，或在潜望镜深度以下，定位水面舰艇和以水面状态航行的，以柴油机为动力的 U 型潜艇。这些水听器安装在艇壳上，其中两个分别装在艇艏两侧的孔中，这样在探测到敌舰艇噪声后，左右摆动艇身，直到艇艏两侧的水听器探测到同样的声强，就可以确定敌舰艇的方位。有人曾声称可以通过水听器，而不是潜望镜瞄准来发射鱼雷！

17. 海军中校 M. G. 桑德斯致作者，1963 年 2 月 19 日。

18. ASD, 'Monthly Report No. 18, October 1918', 1918 年 11 月 1 日。这些报告收录于海军图书馆，被编成一卷，反潜处，*Monthly Report, 1917—1918*。这里的结果并不包括"鱼"支队（特殊编成的猎潜支队）和"海豚"式水听器取得的战绩。对 1918 年 5—9 月的 49 艘"鱼"水听器猎潜艇的作战分析表明，它们发动的共 31 次对潜攻击中，有 3 艘潜艇"可能受到了轻伤"。海军计划处，'Analysis of Fish Hydrophone Hunts', 1918 年 10 月 12 日；Dewar MSS。一份海军计划处文件称水听器在大战期间协助击沉了 3 艘潜艇。'Future Anti-Submarine Policy with Special Reference to Hunting Tactics', 1918 年 10 月 30 日；Admiralty MSS。海军进行了由飞机、飞船和飞艇使用水听器探测水下潜艇的试验，但结果均不理想。

19. P. K. Kemp, *H. M. Submarines*（伦敦，1952 年），第 102—103 页。同见 *Portrait of an Admiral*，第 276—277 页。

20. 技术史专刊，*The Anti-Submarine Division of the Naval Staff*，第 9 页。到停战时，辅助

巡逻队被划分给 27 个区域或岸基指挥部。

21. 见 *From Dreadnought to Scapa Flow*，第二卷，第 357 页，第三卷，第 273—274 页。

22. Julian Corbett 爵士和 Henry Newbolt 爵士，*History of the Great War. Naval Operations*（伦敦，1920—1931 年，5 卷本，第四、五卷由纽博尔特所著），第四卷，第 348 页。

23. Hurd，*The Merchant Navy*，第三卷，第 36 页。

24. 贝蒂致海军部，1917 年 2 月 6 日；Bellairs MSS。他之前在"铁公爵"号上与海军大臣的会谈中就透露了这种想法，1917 年 2 月 8—9 日。

25. 埃里克·格蒂斯爵士对 'Visit to the Commander-in-Chief, Grand Fleet, 16 June, 1917' 的批注，1917 年 6 月 18 日；Admiralty MSS。杜夫也坚信潜艇对抗潜艇的有效性，列出了在反潜巡逻中使用潜艇的几大优势。"敌潜艇永远也不会知道自己是否已经被跟踪，所以它只能有如下行动：（a）继续呈下潜状态，或者（b）继续以中等速度（8—10 节）和 Z 字航线航行。如果敌人采取（a），我们的目的也达到了。如果是（b）：（1）它的艇员将处于持续紧张状态；（2）它的发动机一直在运转，实际上意味着它在两次出航之间需要更长的维修时间；（3）它的自持力将因为燃料消耗增加而降低；（4）如果一直呈水面状态航行就更可能被发现，所以它将尽量避免这种状态。无论它何时想发动攻击，不论成功与否，都会感到看不见的潜艇正在接近，这将使它强烈相信，要保证安全，最好是保持水下状态。"杜夫于 1917 年 3 月 25 日给贝利一份备忘录 'Protection of Sea-Going Trade……'（1917 年 3 月 15 日）的纪要；Admiralty MSS。战争最后一年，士气作用是需要特别考虑的因素。官方技术史引用了 UC-38 号潜艇（1917 年 12 月 14 日在伊奥尼亚海被一艘法国驱逐舰用深水炸弹击沉）俘虏的审讯报告作为证据。"一些战俘提供了明确的证据，称他们在以水面状态航行时，非常害怕可能有下潜状态的敌潜艇出现。这种手段除了能攻击 U 型潜艇外，还能极大地挫伤敌人的士气。"技术史专刊 TH1，*Submarine v. Submarine*（1919 年），第 14 页。有趣的是，虽然此事被报告和记录，但它产生的是误导性的乐观。只要潜艇指挥官的意志足够坚定，不论那些战俘如何恐惧，都是无关紧要的。

26. 文件第 7 号，'Chronological List U/Bs Sunk by British S/Ms'；Barley-Waters MSS。另外还有以下数据：1917—1918 年共有 564 次接触，摧毁 U 型潜艇 19 艘，即每 29.7 次接触取得 1 次战果。技术史专刊 TH1，*Submarine v. Submarine*，第 15 页。

27. 1916 年 11 月 10 日奥利弗的备忘录；Admiralty MSS。汉奇曾在 1915—1916 年数次敦促在北海布设大规模雷场，这是北海雷障的前身，而后者并未取得显著成功。

28. Carson, 'Memorandum of Conversation with the Commander-in-Chief…8th and 9th of January, 1917'; 贝蒂致杰利科, 1917 年 1 月 22 日; Beatty MSS。1 月 31 日, 贝蒂将建议中水雷的数量从 80000 枚降至 54000 枚锚雷和 5700 枚沉底雷, 在距亚德 50 英里处布设成一道 155 英里长的雷障, 雷障由两道间距 30—60 英尺, 深度差 40—50 英尺的水雷组成。

29. 杰利科致贝蒂, 1917 年 2 月 4 日; Beatty MSS。

30. Newbolt, *Naval Operations*, 第四卷, 第 343 页。

31. 英国鱼雷的质量还是让人有所期待。1917 年 2 月, 助理鱼雷总监, 海军上校杜马离职（麦登认为他“是个重大障碍”）, 这对问题改善是积极因素。4 月, 一个新的鱼水雷处成立了, 由海军少将爱德华·菲兹杰拉德阁下担任处长, 向第四海务大臣负责。发展一种可靠的鱼雷也颇为费时。直到 1917 年 8 月, 英国鱼雷的质量仍十分不堪, 以至于一位潜艇指挥官向一艘“不动靶”般的 U 型潜艇发射鱼雷时, “他的鱼雷像一只海豚上下跳跃, 最后一头扎向目标的下方”。Repington, *The First World War*, 第二卷, 第 18 页。

32. 'A Report of Shipping Control during the War. The Work of the Transport Department and Ministry of Shipping up to the Armistice, 11th November, 1918'（无日期）; 拷贝自索尔特爵士收集的文件。一个委员会做出的对炫目迷彩的报告（1918 年 7 月 31 日）, 总结称它并未提供给商船宣称的那种保护, 但对船员士气的鼓舞作用证明了它的合理性。Admiralty, 'Statistical Review'（见第五章, 注释 2）, 第 21 页。

33. C. Ernest Fayle, *History of the Great War. Seaborne Trade*（伦敦, 1920—1924 年, 3 卷本）, 第三卷, 第 96—97 页。

34. Jellicoe, *The Crisis of the Naval War*, 第 43—44 页。

35. Newbolt, *Naval Operations*, 第四卷, 第 288—289 页。

36. 奥利弗的备忘录, 'Question of a Naval Conference between France, Italy and Great Britain', 1916 年 12 月 29 日; Admiralty MSS。

37. 1917 年, 协约国在地中海部署了庞大的海上力量。能够用于反潜战的舰艇包括 147 艘驱逐舰、75 艘鱼雷艇、200 艘拖网船、68 艘潜艇, 以及 79 艘护卫舰、炮艇、武装登临检查船, 等等。但是这些轻型舰艇中的大部分, 到反潜战得到重视时都在执行其他任务: 作为协约国舰队的一部分, 它们主要用于监视实力孱弱的奥地利和土耳其舰队。

38. 卡森致贝蒂, 1917 年 1 月 15 日; Beatty MSS。

39. 海军上将 William James 爵士, *A Great Seaman: the Life of Admiral of the Fleet Sir Henry F. Oliver* (伦敦, 1956 年), 第 158 页。

40. 1917 年 2 月 21 日, 杰利科呈递战时内阁的文件的附录, 文件名为 'Naval Policy in Relation to Mercantile Shipping Losses from Submarine Warfare, and the Effect on the Strategical Situation'; Admiralty MSS。

41. 下列是仅有的能有效用于此目的的舰艇。P 型炮舰是航速 20 节的小型驱逐舰 (573 吨), 装备 1 门 4 英寸舰炮, 1 门 2 磅速射炮和 2 部 14 英寸鱼雷发射管。护卫舰航速 17 节, 排水量 1250 吨, 装备 2 门 12 磅舰炮, 后期装备 2 门 4 英寸舰炮。它们都具有优秀的适航性。武装拖网船可以迫使潜艇下潜, 但航速太慢, 不能发起快速攻击[①]。摩托快艇 (1917 年初有超过 500 艘) 在冬季不适合执行巡逻任务。

42. Newbolt, *Naval Operations*, 第四卷, 第 347—348 页。

第五章　反潜战的失败 (1917 年 2 月—1917 年 4 月)

1. 虽然海上的 U 型潜艇不多, 但与 1914—1916 年相比已大大增加 (月平均最大数量为 1916 年 10 月的 30 艘)。1914 年 8 月至 1917 年 1 月的 30 个月里, 海上活动的潜艇月平均数量只有 12 艘。1917 年 2 月至 12 月的月平均数量为 46 艘, 1918 年 1 月至 10 月为 44 艘。1917 年 2 月以前, 海上潜艇的日最高数量为 49 艘 (1916 年 10 月, 具体日期不详), 之后为 70 艘 (1917 年 10 月 13 日)。无限制潜艇战开始的头几个月里, 商船损失剧增是与海上潜艇的数量紧密相关的, 而与战争局势、潜艇作战的有限或无限形式关系不大。船只损失示意图可见本卷末资料图 3。

2. 可以拿这些数字与 1916 年最后几个月的损失相比较, 见 *From the Dreadnought to Scapa Flow*, 第三卷, 第 270 页。本卷引用的船只损失来自珍贵的海军部统计处的 'Statistical Review of the War against Merchant Shipping', 海军部, 1918 年 12 月 23 日[②]。赫德 (*The Merchant Navy*) 与费勒 (*Seaborne Trade*) 的官方历史也使用了这一来源。它的数字与议会文件 1919 年第 199 号, 'Merchant Shipping Losses' 中的数字相同, 除了 'Statistical Review' 中的记录只到 1918 年 10 月 31 日, 而议会文件则记录到 1918 年 11 月 11 日, 并且记录了损失船只的船名。具体来说后

[①] 原注: 一种大型高速拖网船, 13 节护航拖网船, 于 1917 年初开始装备, 但建造速度太慢, 整个 1917 年只有一艘建成。

[②] 原注: 之后引用为 Admiralty, 'Statistical Review'。这是一份存于海军图书馆的副本。

者多记录了被水面袭击舰击沉的 1 艘商船（1622 吨），被潜艇击沉的 2 艘商船（共 10195 吨），和被水雷击沉的 1 艘商船（3030 吨）。

3. 杰利科呈递战时内阁的文件，'Shipbuilding Programme to 1918', 1917 年 1 月 28 日（1 月 31 日付印）；Carson MSS。他估计 5 月的损失为 420000 吨，实际损失为 593206 吨。3 月 24 日，他估计 6 月的损失"可能达到 700000 吨"，实际损失为 683325 吨（但那时护航队体系已开始实施）。

4. Admiralty, 'Statistical Review', 第 9 页。附录 F（第 24 页）收录了所有数据。海军部的损失吨位数据与附录 A 中的数据稍有差异。德国人所相信的他们击沉的商船吨位数据收于 Scheer, *Germany's High Sea Fleet in the World War*, 第 261 页。此书完成于 1919 年 9 月，那时英国和其他协约国的商船损失数量还未向德国人公开。

5. Spindler, *Der Handelskrieg mit U-Booten*, 第四卷, 第 511 页。

6. Fayle, *Seaborne Trade*, 第三卷, 第 52 页及第 53 页的表格。

7. 同前，第 67 页。

8. 54 艘的数字来自英国官方，引自海军少将西姆斯致美国海军部的一封电报，1917 年 4 月 14 日；海军少将 William S. Sims, 'The Victory at Sea'（伦敦，1920 年），第 374 页。3 月 17 日，杰利科声称，1 月 1 日以来有 11 艘敌潜艇被"确认击沉"，真实数字是 10 艘。另有 10 艘被列为"很可能击沉"。"我从来不大相信只具可能性的数字，而只计算那些因抓获俘虏和看到潜艇残骸而确认的战绩。"杰利科致贝蒂，1917 年 3 月 17 日；Beatty MSS。官方统计敌潜艇损失有四类："确认""很可能""可能""几无可能"和"不计入潜艇损失"（或"不列入"）。

9. Newbolt, *Naval Operations*, 第四卷, 第 368 页。

10. 坡伦一度对杰利科极有成见。杰利科战后写道："他不止一次将海军拒绝他的发明归罪于我。"坡伦在大战前 10 年曾发明了一种火控设备，海军部在试验之后没有接受。对坡伦公平的是，皇家调查委员会因亚尔古钟而将 30000 英镑发明奖授予坡伦，这项发明曾被剽窃并用于海军部的"海军上校 F. C. 德雷尔火控平台"（1912 年）。

11. J. L. 加文致卡森，1917 年 1 月 24 日；Carson MSS。

12. 斯科特致劳合·乔治，1917 年 1 月 29 日；Lloyd George MSS。

13. 麦登致杰利科，1917 年 2 月 21 日；Jellicoe MSS。贝蒂认为，反海军部运动中最坏的部分，就是"费希尔归来的危险。就算他年轻十岁我也不在乎，但是这疯子现在已干不出任何好事"。贝蒂致妻子（1917 年 4 月）；Beatty MSS。关于贝蒂在 5 月转变立场的叙述，见本卷

第七章，第一节。

14. 杰利科致贲希尔，1917 年 2 月 13 日；*Fear God and Dread Nought*，第三卷，第 428 页。

15. 贲希尔致汉奇，1917 年 4 月 23 日；同前，第 454 页；汉奇爵士日记，1917 年 4 月 29 日；Hankey, *The Supreme Command*（伦敦，1961 年，2 卷本），第二卷，第 650 页。

16. 贝蒂致妻子，1917 年 1 月 1 日；Chalmers, *Beatty*，第 286 页。海军少将查默斯这样评价杰利科和贝蒂："像所有伟人一样，他们有各自鲜明的特点，但谁也不会怀疑贝蒂在杰利科手下任职时及其之后对他的忠诚。"贝蒂经常就日德兰海战公开批评杰利科，但我尤其质疑"及其之后"的说法，这无视了贝蒂在 1917 年杰利科担任第一海务大臣期间，对他的反潜战政策，以及白厅缺乏进攻精神提出的越来越多的批评。杰利科也知道贝蒂的观点。另一方面，贝蒂从来不会让自己被试图将杰利科排挤出海军部的势力所利用。

17. 贝蒂致妻子，1917 年 2 月 6 日，4 月 25、27 日；Beatty MSS。

18. 卡森致贝蒂，1917 年 3 月 26 日；Beatty MSS。

19. 杰利科致贝蒂，1916 年 12 月 23 日；Beatty MSS。

20. 'Naval Policy in Relation to Mercantile Shipping Losses from Submarine Warfare, and the Effect on the Strategical Situation'; Admiralty MSS.

21. 海军部呈递帝国战争委员会的文件，'A General Review of the Naval Situation'(GT–277)，1917 年 3 月 24 日。

22. IWC3.

第六章 商业护航队的建立（1916 年 12 月—1917 年 4 月）

1. 纽博尔特的观点在他的著作正式出版前经历了大幅变化。丘吉尔曾评论说，"很明显，故事中的重要人物毫无顾忌地对事实修修剪剪"。因此，研究杰利科战后对海军部的评论是很有启发性的，见 'Errors in *Naval Operations*, Vols. IV & V', Jellicoe MSS。其中包括他对第四、五卷（1927 年？）部分章节的评论。'General Remarks on Revised Chapter I [of Vol. v] on the Submarine Campaign'（1928 年 7 月 30 日），对第一章第二次修改版的评论（1929 年 4 月 4 日），兼有纽博尔特对同一章的备注，以及对纽博尔特备注的评论（1929 年 8 月 8 日）。注意《海军作战》第四卷于 1928 年出版，第五卷于 1931 年出版。

2. 海军上校 Alfred T. Mahan, *The Influence of Sea Power upon the French Revolution and*

Empire, 1793—1812（波士顿，1894 年，2 卷本），第二卷，第 217 页。

3. 他的经典的 *Some Principles of Maritime Strategy*（伦敦，1911 年），第 274 页。

4. 海军上校 H. H. 史密斯致海军部，1916 年 10 月 21 日，以及海军部纪要，1916 年 11 月 6 日；Admiralty MSS。

5. 唐纳德·麦克劳德致海军部，1916 年 11 月 6 日；Admiralty MSS。

6. 马耳他资深海军军官和穆德罗斯基地司令致海军部，1917 年 2 月 2、4 日；杰利科致马耳他资深海军军官的电报，1917 年 2 月 3 日；Admiralty MSS。巴拉德战后告诉里奇蒙德，他刚到地中海服役时（1916 年 9 月）就敦促采用护航队，说他并没有要求更多的小型舰艇。"……海军部反应冷淡，直至最后对他进行了斥责。"日记，1919 年 3 月 11 日；*Portrait of an Admiral*，第 362 页。

7. 贝蒂致卡森，1917 年 4 月 29 日；Beatty MSS。同见贝蒂致卡森，1917 年 4 月 30 日；Chalmers, *Beatty*，第 448 页。

8. Jellicoe, *The Submarine Peril*，第 7 页。纽博尔特（*Naval Operations*，第三卷）称，"在讨论护航队可行性的其他议题时……他（杰利科）也表示了反对，说护航队的目标太大"。纽博尔特的初稿中有关战争委员会讨论的内容，包括杰利科评论中的，"他们实际上希望（在护航队中）给每一艘商船配备一艘驱逐舰，这其实和让商船单独航行是一样的，而后者才是更好的方案"。陆军上校戴利·琼斯在报告中记录了这句话，但杰利科后来把这句话从他自己的笔记中删除了。他声称他不记得自己说过这句话，而且他还坚称从来没有拿到过琼斯的报告；汉奇也支持杰利科，称不得引用那句话。"如果一定要保留那句话，我认为应该说明，我实际上是在表达商船在保持各自位置方面的困难。" Jellicoe, 'Errors in *Naval Operations*'. 在纽博尔特的终稿里，这句有争议的话被删掉了。

9. 海军参谋部专刊 33 号（1927 年），*Home Waters——Part VII. From June 1916 to November 1916*，第 240 页，这里并没有标明作者。但是纽博尔特在他写的关于杰利科对《海军作战》批评的评论中注明这是杰利科所说。Jellicoe, 'Errors in *Naval Operations*'.

10. 杰利科致韦伯和奥利弗，1916 年 12 月 24 日，以及他们二人 1916 年 12 月 26 日和 1917 年 1 月 6 日的备忘录；Admiralty MSS。

11. 海军参谋部专刊，*Home Water. From June 1916 to November 1916*，第 240 页。

12. 海军参谋部作战处，'Remarks on Submarine Warfare, 1917'; 技术史专刊 TH14（1919 年），

The Atlantic Convoy System, 1917—1918，第3页。杰利科写在海军部记录中一份样张上的备注，证明他已经看过手册并接受了其中的结论。

13. 杰利科自传中的备注；Jellicoe MSS。类似表述可见他的 *The Submarine Peril*，第111页。

14. Jellicoe, *The Crisis of the Naval War*，第111—112页。Newbolt, *Naval Operations*，第五卷，第6—7页，其中介绍了驱逐舰的情况，与海军部在年初的看法一致。

15. 数字引自 Newbolt, *Naval Operations*，第五卷，第387—388页。数字代表了每天舰艇的平均数量，而不是实际可出动的舰艇，因为这里假设舰艇都没有处于维修或改装工作中（虽然纽博尔特给出了这一数字，即54艘，或者20%的舰艇）。数字也不包括支队领舰或隶属于潜艇支队的驱逐舰。

16. Jellicoe, 'Errors in *Naval Operations*'. 18艘美国驱逐舰的数字是不准确的。见第十章，注释25。

17. 对于前者，杜夫在4月19日对朗霍普会议上（4月4日）为斯堪的纳维亚贸易建立护航队的建议评论说："……力量非常薄弱的舰艇就足以阻吓潜艇的攻击，这并非什么新奇的观点。我本人则完全反对，我相信护航队中每艘商船必须配备两艘舰艇……一支护卫不足的护航队在白天通过同一片海域必定成为潜艇最容易获取的猎物。"Admiralty MSS. 纽博尔特写道（*Naval Operations*，第四卷，第383页）："当时海军部的主流观点是如果商船被编入护航队，护航舰艇的数量必须是商船的两倍。但很多建议不认同，这的确不新奇，他们认为较薄弱的护航力量就是足够的。"杰利科在对纽博尔特初稿的评论中对此强烈反对。"得出这一论断，是因为海军少将杜夫在一份纪要中确实（这么）说过……但决不能因此断定他在纪要中表达的就是'海军部观点'。他肯定<u>不想</u>这样做。"另外，杜夫的观点"似乎是指斯堪的纳维亚护航队，因为他提到<u>护航队在白天通过同一片海域</u>……很明显，大西洋护航队将不会<u>在白天通过同一片海域</u>"。纽博尔特则坚持己见，杰利科的评论"不成立，历史学家不会认为海军少将杜夫（在纪要中）如此设限，这是杰利科爵士本人的观点"。Jellicoe, 'Errors in *Naval Operations*'.

18. 'Meeting Held at Admiralty on 23rd February, 1917' 报告，Bellairs MSS；WC91会议纪要，1917年3月8日。

19. 杜夫报告，1918年8月19日；Duff MSS。

20. *Pull Together! The Memories of Admiral Sir Lewis Bayly*（伦敦，1939年），第239页。

21. 我们看到贝利在3月建议在少数商业航线上建立固定和强大的巡逻体制——没有提到

护航队。贝利的备忘录，'Protection of Sea-Going Trade Leaving and Approaching British Isles'，1917 年 3 月 15 日；Admiralty MSS。

22. 麦登致贝蒂，1917 年 5 月 1 日，贝蒂将信交给杜夫供第一海务大臣参阅；Admiralty MSS。1916 年 11 月 13 日，在伯尼举办的晚餐会上，大舰队高级军官也以缺乏护航舰艇为由反对护航队。海军准将 G. von Schoultz, *With the British Battle Fleet: War Recollections of a Russian Naval Officer*（伦敦，1925 年），第 227 页。

23. 杰利科后来称以最慢船只航速航行和港口拥挤是推迟引入护航队体系的主要原因。Jellicoe, *The Crisis of the Naval War*，第 102 页。实际上当时海军部主要考虑的是护航舰艇不足，以及商船船长和海军的反对意见。

24. W. K. Hancock 和 M. M. Gowing, *History of the Second World War. British War Economy*（伦敦，1949 年），第 124 页。

25. 当时的英国铁路由私人公司运营（虽然政府在宣战之后就立即接手控制了铁路系统），整齐划一的铁路系统完全是外国才有的概念。类似的是，港口和很多码头也是私有的，与商船航线"绑定"在一起。统一的港口设施也是外国才有的。这些因素，加上大批熟练码头工人入伍参战，都使和平时期的工作节奏被战争打乱，船运效率严重下降。

26. Newbolt, *Naval Operations*，第五卷，第 9 页。

27. D. W. Waters, 'The Philosophy and Conduct of Maritime War'，第 1 部分，1815—1918 年，*Journal of the Royal Naval Scientific Service*，1958 年 5 月。这是一份受限刊物。

28. Norman Hill 爵士等, *War and Insurance*（伦敦，1927 年），第 52—53 页。

29. 已故海军中将迪尤尔，当时是海军中校，晚年变得尖酸刻薄，总是从消极一面看待每一件事，文字也常常有失偏颇。不过他仍是同时代海军军官中最具洞察力的人之一，他的作品包含了大量史实，和对历史学家极有价值的深刻剖析。迪尤尔是里奇蒙德最得意的门生，也很像他：聪明、尖刻、固执、自以为是，极度鄙视愚钝的人，在海军历史学家那里口碑不佳。他为人冷淡——这是他与里奇蒙德的不同之处。晚年他曾伤感地感慨，他希望自己待人能够更亲切友好，但这并非他的天性。迪尤尔因 1928 年的"皇家橡树"号事件而被终结了职业生涯。因为他已处于最资深海军上校之列，所以被允许担任另一职务几个月，以获得晋升海军少将的资格（凑满海上指挥资历）。他没有被委任其他职务，只是按程序晋升海军中将。第二次世界大战中，他重返现役，在海军参谋部历史分部工作。

30. 西姆斯致美国海军航海局局长（海军少将 L. C. 帕尔默），1917 年 5 月 1 日；O.N.I. Register，US Navy Department MSS。

31. Dewar, 'The Defence of Shipping'（可能为 1946 年），第一卷，第 13—14 页；Dewar MSS。索尔特爵士（1917 年任船舶征用处处长）在给作者的信中说："我一直相信拖延采纳护航队体系的主要原因，是海军上将杰利科已经精疲力竭，不愿再承担更多责任。对他来说护航队和保护措施肯定意味着额外的责任，如果商船分散航行而不在护航队中，他是不会感觉到这种责任的。"

32. Sydenham of Combe, *My Working Life*（伦敦，1927 年），第 349 页。

33. 杜夫对护航队的评注，约 1929 年；Duff MSS。此后引为"杜夫评注，1929 年"。

34. 见本卷第六章，第三节。

35. 海军参谋部专刊 34 号（1933 年），*Home Waters——Part VIII. From December 1916 to April 1917*，第 180 页。同时期的 ASD "月度报告 1 号，1917 年 5 月"（1917 年 6 月 1 日）评论道："（4 月）获得的经验为全面引入护航队体系提供了强大的证据……"

36. 1916 年 8 月前，挪威商船损失最惨重的一个月共被击沉 13 艘，瑞典损失最大的一个月有 9 艘商船沉没。1916 年 10 月，挪威损失了 56 艘商船，瑞典损失了 29 艘商船。

37. 海军参谋部专刊，*Home Waters. December 1916 to April 1917*，第 182 页。

38. 会议报告被附于海军上将布罗克致贝蒂的一封建议信中，1917 年 4 月 5 日。引用的有关此次会议的所有资料，包括海军部对建议的评论，存于一部海军部文件集中，题目为 'Protection of Traffic Between British and Scandinavian Ports'。

39. 杰利科事后否认是贝蒂的评论促成了海军部批准引入护航队体系（纽博尔特《海军作战》第四卷，第 383 页和劳合·乔治《战争回忆录》第三卷，第 1158 页中有这样的断言），称他的建议只适用于斯堪的纳维亚贸易。Jellicoe, 'Errors in *Naval Operations*' 和 *The Submarine Peril*，第 104 页。严格地讲，这也许是对的。但是贝蒂在信中的确把护航队体系视为一种战略手段。另外，贝蒂不止一次建议为往来英国的所有商船建立护航队。他似乎还将护航队推荐给海军大臣，但没有（以书信形式）向第一海务大臣建议。但是杰利科不可能不知道贝蒂支持全面的护航队体系。

40. Newbolt, *Naval Operations*，第四卷，第 15—16 页。杰利科评论道："……也许海军部各部门主管在考虑这些问题时，诸多疑虑对他们造成了心理上的影响。"Jellicoe, 'Errors in *Naval Operations*'.

41. 但是杜夫对巡逻体制的信心已经不足了。3 月 25 日，他写道："经验已经证明按路线巡逻无法遏制水下活动的潜艇。"可见杜夫对贝利备忘录 'Protection of Sea-Going Trade Leaving and Approaching British Isles' 的评论。

42. Jellicoe, 'Errors in *Naval Operations*'.

43. 杜夫评注，1929 年。第三个原因是最重要的（到 4 月底，已经有 18 艘美国驱逐舰准备或正在开往英国），但是杰利科（1934 年 9 月 21 日《晨邮报》的访谈）和杜夫（特别是一份 1931 年备忘录中，'General Remarks on Convoy', Duff MSS）战后都强调了第一点——美国加入协约国之前，从美国出发的护航队不能利用美国港口集结、组织、武装和补充燃料。由于英国有很大一部分物资来自美国，依靠加拿大和英属西印度群岛港口集结商船组成护航队，将造成拖延和组织困难，严重影响护航队的有效性，在公海上集结护航队是不可行的，并可能造成重大损失，因为各种因素都可能影响商船和护航舰艇的会合。而事实是，战时大部分英国海运并非从美国港口出发。从墨西哥湾和美国南部港口出发的商船完全可以在百慕大或牙买加港口集结，那些从北方港口出发的商船可以在加拿大的哈利法克斯集结——第二次世界大战中，护航队在美国参战之前就是这样操作的。最后，杰利科与杜夫的观点并没有涉及为何反对将那些不参加美国贸易的船只组成护航队。不管怎样，如果美国的中立地位是如此显著的障碍，为何杰利科在给战时内阁的所有文件中都没有提到呢？杜夫对美国参战影响的评论见本卷第六章，第三节。

44. 杰利科致驻华盛顿英国海军武官，1917 年 4 月 9 日；US Navy Department MSS。

45. J. A. Slater, *Allied Shipping Control*（牛津，1921 年），第 122 页。

46. WC125，1917 年 4 月 23 日，以及附录 II。

47. Jellicoe, 'Errors in *Naval Operations*'.

48. Sims, *The Victory at Sea*，第 9 页。

49. Jellicoe, *The Submarine Peril*，第 70—71 页，以及接受的访谈，*Morning Post*，1934 年 9 月 21 日。

50. 'The Submarine Menace and Food Supply'（GT-519），1917 年 4 月 22 日，存于 WC125。其中唯一的新元素是呼吁美国提供驱逐舰和巡逻舰艇。4 月 11 日，美国承诺将尽快派出 6 艘驱逐舰，随后还将支援更多舰艇。

51. Newbolt, *Naval Operations*，第四卷，第 380 页。

52. 杰利科致苏格兰海岸司令，海军上将弗雷德里克·哈密尔顿爵士，1917 年 4 月 25 日；Hamilton MSS。

53. 海军参谋部专刊，*The Naval Staff of the Admiralty: Its Work and Development*（1926 年），第 76 页。国防部海军历史分部似乎存有一份副本。

54. 因此劳合·乔治写道："他们出现战略失误的原因，是船运办公室里任何一个办事员都不会搞错的数学问题。然而，它却令海军部委员会的高官们困惑无比，且迷失方向达数月之久……海军部从没有检查过他们那些古怪的数字。他们认为不可能为进出我们港口的护航队提供足够的护航舰艇，如果以他们手中的船只数量来计算，确实能得出海军的力量远远不够的荒诞结果。"*War Memoirs*，第三卷，第 1146—1147 页。见船运部，*The System of Convoy for Merchant Shipping in 1917 and 1918*（1919 年），第 1 页；复制自海军上校史蒂芬·罗斯基尔和索尔特爵士的资料。诺曼·莱斯利是这些出版物的作者。

55. 卡森致麦肯纳，1917 年 3 月 27 日；Carson MSS（贝尔法斯特）。

56. 海军上校 Bertram H. Smith, 'Lloyd George and Earl Jellicoe: the Facts of the Matter', *British Legion Journal*，1935 年 2 月。在此期间，史密斯在海军参谋部贸易与商船机动处工作。应指出，海军部数据对关键的商船损失率起到了最小化的作用：一周损失 40 艘远洋商船（截至 4 月 22 日最后一周），相对于 5206 艘进出港船只来说并不算是灾难。但实际上，是 280 艘进出港的远洋商船中损失了 40 艘。正如卡森于 2 月 13 日向下院公布的数字："18 天内（2 月的前 18 天）进出（英国港口）船只（净吨位 100 吨以上）达 12000 艘，这绝对不像损失惨重，或在海上被扫荡的样子。"

57. Hankey, *The Supreme Command*，第二卷，第 576 页。

58. Lloyd George, *War Memoirs*，第三卷，第 1172 页。

59. 贝蒂致妻子，1916 年 12 月 7 日；Beatty MSS。

60. 贝蒂致妻子，1917 年；Beatty MSS。

61. Lloyd George, *War Memoirs*，第三卷，第 1173 页。

62. Hankey, *The Supreme Command*，第二卷，第 640 页。

63. 备忘录出现在 Newbolt, *Naval Operations*，第五卷，第 10—14 页。有理由相信备忘录是基于亨德森提供的材料撰写的。

64. 日记，1917 年 2 月 13 日；Hankey, *The Supreme Command*，第二卷，第 647 页。

65. Jellicoe, *The Submarine Peril*, 第 112 页。杰利科不仅竭力批评纽博尔特对这次会议的评论，也反对他引用汉奇备忘录。"我记得曾与劳合·乔治先生共进早餐，但不记得当时发生了什么。而且我肯定没有看到记录当时情景的报告，我强烈反对拿这种从来没有给任何当事人看过的记录当依据，来评判谁对谁错。"而且"这份文件不应该被引用"，因为"根据我的理解，历史学家应该只是用官方文件来撰写官方历史"。纽博尔特则回应说："历史是用官方文件编纂的，但是使用那些真实性并没有被官方文件推翻的证据，是无可指摘的……无论如何，反对引用莫莱斯·汉奇爵士备忘录的理由是不成立的。文件是根据首相的命令撰写的，体现的是他作为内阁领袖的观点。文件应他的要求，并当他在场时向战时内阁成员宣读。它被归入官方档案，并引发了战时最重要的官方行动之一。杰利科爵士忘了，在官方史中引用此文件是因为他和海军少将杜夫的建议，所有有关引入护航队体系的文件，都应该全文印出，以呈现它们的本来面目，而不是被历史学家们概括总结。"杰利科则否认文件的官方性质。"在知会海军部之前，它被归入战时内阁档案并不能使其成为官方文件。文件从来没有以官方形式向海军部传达，而且显然仅仅是在早餐后向一些被邀与劳合·乔治进餐的人宣读的。"Jellicoe, 'Errors in *Naval Operations*'. 这里要指出的是，纽博尔特终稿中有关护航队的章节态度软化了许多，因为其在杰利科和杜夫的建议下做出了诸多修改，而他们得到了马尼斯蒂的支持。

66. 见本卷第六章，第一节。

67. WC124. 1917 年 4 月 14 日，贝蒂在罗赛斯与首相和海军大臣的会谈中就表示了对护航队体系的支持。纽博尔特的描述是，首相"引用了贝蒂和西姆斯支持护航队的观点"（*Naval Operations*，第五卷，第 17 页），这令杰利科非常生气。"贝蒂从来没有表达过关于大西洋护航队的任何观点。他只讨论过斯堪的纳维亚护航队。暗示他曾支持全面实施护航队体系既不准确又极有误导性。至于海军少将西姆斯，他根本没有机会研究此问题。他来到英国才两个星期，对护航舰艇的数量，以及实施护航队体系的其他困难一无所知。我认为就算海军少将西姆斯当时的看法有价值，也没有比引用他的观点更荒唐的事了。"他后来补充道："我当时（1917 年 4 月）每天都与西姆斯见面，可他并没有向我建议尝试护航队。"人们可能会同情备受困扰的纽博尔特，他在备注中回应说："这里我没有'引用'两位海军将领的话——历史学家声称的是首相'引用'了贝蒂和西姆斯的观点。这里的权威引源是战时内阁会议纪要，我们在 1928 年 1 月 12 日的讨论中将其交给杰利科阅览。还要注意，历史学家并没有说明两位海军将领的观点是什么。"Jellicoe, 'Errors in *Naval Operations*'. 贝蒂的态度见本卷第六章，第一节。对于西姆斯，劳合·乔治可能过度解读了他于 4 月 19 日呈递美国政府的报告，他在报告中批评了海军部坚持的，商船无法在护航队中保持位置的观点。西姆斯认为，只要稍有经验，商船船员就可以安全和准确地在编队中航行。仅凭这条意见不能认为其支持护航队体系。在同一报告中，西姆斯同意，采用护航队体系的真正障碍，"只是因为缺乏必要的护航舰艇"。Sims, *The Victory at Sea*, 第 379 页。劳合·乔治肯定看过整份报告，却只引用了有关商船编队的内容。*War Memoirs*, 第三卷，第 1161 页。西姆斯指定的传记作者也就此给了他过多的赞誉。"西姆斯在他与杰利科的首次会谈中，'就建议说，商船最终将不得不采用护航队形式航行'，但是他的建议没有获得支持……在抵达英国后的三个星期里，他一直在努力说服海军部的高级将领，护航队不仅是可能的，而且是可行的。"Elting E. Morison, *Admiral Sims and the Modern American Navy*（波士顿，1942 年），第 347—348 页（同见 Sims, *The Victory at Sea*, 第 111、113 页）。我没有在西姆斯 4 月呈递的报告中发现支持上述内容的证据。可以确认的是，他在 7 月 3 日的一封信中称他自己"从抵达伦敦的第一周就开始致力于促成护航队体系"。但这无法印证上述他提出所谓"最终"方案和杰利科将其否决的故事。他确实反复向美国海军部建议（并得到驻伦敦大使 W. H. 佩吉的支持），向英国派出每一艘可用的驱逐舰和尽可能多的巡逻艇。他的传记作者发现他在 5 月至 7 月的三个月里，共发送了 32 条此类信息。但是开始时，无论西姆斯和美国海军部都只想把这些舰艇用于巡逻体系。从 5 月开始，特别是从 6 月开始，也就是说在海军部已经确定要建立护航队体系，但尚无一个全面计划之前，西姆斯才成为护航队体系最积极和最坚定的支持者。

68. Lloyd George, *War Memoirs*, 第三卷，第 1162 页。

69. WC126. 劳合·乔治交给内阁的有关这次访问的报告中，"护航队问题"是要研究的 12 个问题之一。

70. IWC12.

71. 杜夫对此认为（引自纽博尔特手稿），海军部已经"计划逐渐缓解护航舰艇紧缺的情况"。但是杰利科声称，他"肯定海军少将杜夫还有另外两个观点，即护航巡洋舰将在潜艇危险海域之外活动，以及对护航队最重要的是集结港口问题"。即使杰利科所述无误，也无法反驳纽博尔特将美国参战作为杜夫当时最重视因素的解读。的确，纽博尔特记述，杰利科在 1928 年 1 月 12 日亲自向他"强调，护航舰艇短缺问题是首要困难，但情况随着美国参战而发生了转变；杜夫当时在场并表示同意"。但是纽博尔特从终稿里删去了让杰利科不快的文字，同时还删掉了原本补充进去，而且杰利科理解并同意的内容："……美国参战意味着一个中立国成了我们的盟国，这将大大缓解我们的局势，因为我们将获得可供护航队集结的港口，以及护航巡洋舰、驱逐舰和其他大量中立国所不能提供的便利设施。"Jellicoe, 'Errors in *Naval Operations*'.

72. 技术史专刊，*The Atlantic Convoy System, 1917—1918*，第 10—11 页。因为本土水域的大约 279 艘驱逐舰中，有 20—30 艘可以立即用于护航队；而且到 4 月底，18 艘美国驱逐舰正在或准备前来增援，所以很快将有足够的驱逐舰来实施护航队体系。但是海军部经常提到的，护航队所需驱逐舰的数量最少为 70 艘，杜夫在不久前还将这个数字增加至 72 艘。

73. Sims, *The Victory at Sea*，第 114 页。

74. Churchill, *Thoughts and Adventures*（伦敦，1932 年），第 136 页。

75. Lloyd George, *War Memoirs*，第三卷，第 1162—1163 页。此段文字后引用了给内阁的纪要。

76. 《晨邮报》对卡森的采访，1934 年 9 月 24 日。

77. 杜夫评注，1929 年。

78. 杜夫给杰利科信件的草稿（1928 年 8 月）；Duff MSS。杰利科的立场，在他对纽博尔特初稿的回应中表露无遗，初稿介绍了劳合·乔治的观点。在与官方历史学家的访谈中，杰利科"揭示了他的真实想法。他非常坦率地告诉我，他认为是首相访问海军部的意图（大约 4 月 25 日），使你（杜夫）在大约 4 月 25 日（26 日）的纪要中建议对护航队进行试验。实际上，正因为劳合·乔治我们才开始尝试建立护航队。我告诉他……我感觉一定是当时商船的严重损失导致了改变，而且我记得，当时你对我进行了一次夜访，说损失过于严重，所以你认为我们应该试试护航队，就算一支试验性护航队成为灾难，也不会比我们正在经受的损失更糟糕。"杰利科致杜夫，1928 年 8 月 13 日；Duff MSS。在 1931 年才出版的《海军作战》第五卷中，纽博尔特已经改变了立场。他没有提到劳合·乔治访问海军部，与做出尝试护航队的决定之间有任何联系，而这一决定被誉为"战争中最重要的决定之一"。同前，第 20 页。

79. 'Note by the Prime Minister of His Conference at the Admiralty, April 30th, 1917'（GT-604），这是汉奇在会后立即整理的。

80. Frank Owen, *Tempestuous Journey: Lloyd George, His Life and Times*（伦敦，1954 年），第 360 页。

81. Beaverbrook, *Men and Power, 1917—1918*，第 155 页。

82. 日记，1917 年 4 月 30 日；*The Supreme Command*，第二卷，第 650 页。杰利科和杜夫

事后也都没有提到当天有任何不愉快的事情发生。

83. 原文存于 Leslie MSS，由他的女儿，塞西尔·玛丽·莱斯利授权。我曾用过海军上校史蒂芬·罗斯基尔文件中的一个副本。关于莱斯利对商船保持位置的论证，有一段赫科姆爵士当时的辛辣评论（他当时在船运部工作）："如果你让一艘装满铁矿石的商船的船长选择，是在两三分钟内沉到海底，还是在护航队中保持位置，他绝不会有半点犹豫。"赫科姆爵士致作者，1968 年 8 月 5 日。

第七章　劳合·乔治访问的后果（1917 年 5 月—1917 年 7 月）

1. 1916 年发生的类似争论，见 *From the Dreadnought to Scapa Flow*，第三卷，第 263—268 页。

2. 'The Real Need of the British Navy', *Sunday Pictorial*，1917 年 6 月 24 日。

3. 见 *From the Dreadnought to Scapa Flow*，第二卷，第 48 页，及第三卷，第 263 页。

4. Gerard Fiennes, 'Conditions of a Naval Offensive', *Nineteenth Century and After*, 1917 年 8 月。

5. 贝蒂致妻子，1917 年 5 月 10 日；Beatty MSS。关于丘吉尔的文章他写道："一个曾经担任内阁阁员与海军大臣的人，写出这么一篇格调低下的文章，贬低他曾经领导过的军官和伟大的海军，真令人恶心。当然除了背后搞阴谋，别指望他会干点别的，他在利用，或企图利用别人营造出来的某种气氛，说海军应该有更多作为，来给自己捞好处，想借此再谋个好差事……总有一些阴险小人趁乱投机。"贝蒂致妻子，1917 年 7 月 3 日；Beatty MSS。

6. 麦登致杰利科，1917 年 6 月 26 日；Jellicoe MSS。

7. 里奇蒙德致迪尤尔，1917 年 5 月 12 日；Dewar MSS。迪尤尔也和里奇蒙德一样厌恶卡斯腾斯的观点。

8. 迪尤尔致里奇蒙德，1917 年 1 月 6 日；Dewar MSS。

9. 里奇蒙德致海军上校普兰基特－厄内尔－厄尔－德拉克斯（第 5 战列舰中队"布兰奇"号轻巡洋舰）和海军上尉 W. S. 查默斯（贝蒂参谋部），1916 年 8 月 29 日；*Portrait of an Admiral*，第 219 页。

10. 里奇蒙德的观点里夹杂着对杰利科的反感。部分原因是后者拒绝让他到海军参谋部工作，里奇蒙德认为他在那里才能发挥专长。

11. 贝蒂的会议纪要；海军参谋部专刊，*Home Waters. December 1916 to April 1917*，第 369 页。

12. 贝蒂致卡森，1917 年 4 月 30 日；Chalmers, *Beatty*，第 447—448 页。

13. 贝蒂致妻子，1917 年 5 月 3、8、10、13 日；Beatty MSS。

14. 里奇蒙德日记，1917 年 4 月 30 日；*Portrait of an Admiral*，第 246 页。

15. 日记，1917 年 5 月 4 日；同前，第 247 页。

16. 里奇蒙德的文件（递交给首相），1917 年 2 月 17 日，以及致海军上将威廉·亨德森的信件，1917 年 3 月 26 日；同前，第 233—235 页，第 239—241 页。

17. Jellicoe, *The Crisis of the Naval War*，第 11 页。

18. 杰利科致贝蒂，1917 年 5 月 10 日；Beatty MSS。

19. 蒂利特致妻子，1917 年 5 月 21 日；Tyrwhitt MSS。

20. Lloyd George, *War Memoirs*，第三卷，第 1234 页。格蒂斯家族记述的故事是，杰利科"坚持要求审计官必须是海军军官，于是劳合·乔治干脆让埃里克当了海军中将"。Baron Geddes, *The Forging of a Family*（伦敦，1952 年），第 241 页。

21. Oliver MSS. 劳合·乔治在给战时内阁的 4 月 30 日报告中，建议成立一个统计处来处理海军部的数据，特别是潜艇造成的商船损失数据，以进行比当时的大致估计更完善的统计和协调。5 月 28 日，原东北铁路公司职员，陆军中校贝哈雷尔（Beharrell）来到海军部担任统计处处长。这位意志坚定，喜欢深究到底的约克郡人个性鲜明，有着拿破仑式的头脑，是极恰当的人选。他头脑冷静，既机智又友善，对处理数字有着超乎寻常的能力。但是奥利弗发现，格蒂斯的统计员们工作起来令人厌烦。"铁路工作依靠统计，但这种方式不适用于战时的皇家海军。乔治·贝哈雷尔爵士（1919 年被授予骑士称号）作为几百号人的头目到这里来，制作出统计数据和图表，他频繁地到我这儿来讨要用于工作的资料。为了求得清净和把他打发走，并且让他和手下保持繁忙状态，我的人总是弄出很多数据，包括天气和月相条件让他们去计算。几个月后他们送来了漂亮的图表，但是你不能像运行铁路那样去打仗。你必须往前，而不是向后看。"同前。贝哈雷尔的统计数据第一次以数字形式描绘了潜艇战的形势。很显然，奥利弗拘泥于以前的经验，所以无法看到这些数字代表的预见性，这同时也在很大程度上解释了为什么海军部在采用和扩大护航队体系方面如此迟缓。

22. 海军上将 William James, *Admiral Sir William Fisher*（伦敦，1943 年），第 72 页。更多介绍见 *From Dreadnought to Scapa Flow*，第二卷，第 16 页。

23. W. Graham Greene, 'Sir Edward Carson at the Admiralty', 1930 年；Carson MSS。

24. 蒂利特致妻子，1917 年 5 月 17 日，Tyrwhitt MSS；里奇蒙德致迪尤尔，1917 年 5 月 12 日，

Dewar MSS。

25. 日记，1917 年 6 月 5 日；*Portrait of an Admiral*，第 256—257 页。

26. 贝蒂致蒂利特（1917 年 5 月）；Tyrwhitt MSS。

27. 'Notes for Conference'（1917 年 7 月），有可能是一次有杰利科出席的，在 7 月 19 日前后召开的会议；Bellairs MSS。

28. 海军参谋部专刊第 35 号（1939 年），*Home Waters——Part IX. 1st May, 1917, to 31st July, 1917*，第 116 页。

29. 海军参谋部专刊，*Home Waters. May 1917 to July 1917*，第 87 页。德国潜艇在 4 月和 5 月的实际损失数量分别是 2 艘和 7 艘；5 月损失的潜艇中，有 1 艘是在地中海被击沉的。

30. 英国在地中海上的商船损失，除了 8 月有所反弹外，直到 1917 年 10 月一直呈下降趋势：4 月，32 艘；5 月，25 艘；6 月，17 艘；7 月，8 艘；8 月，13 艘；9 月，7 艘。

31. *The Naval Memoirs of Admiral J. H. Godfrey*（私人出版物，1964—1966 年，7 卷本，共 10 册），第二卷，第 99 页。

32. Fayle, *Seaborne Trade*，第三卷，第 132 页。

33. 杰利科致贝蒂，1917 年 6 月 30 日；Beatty MSS。

34. 麦克雷致劳合·乔治，1917 年 6 月 27 日；Lloyd George MSS。对于"加强保护"，他心中已有"大西洋上的大规模方案"，那就是护航队。麦克雷致劳合·乔治，1917 年 6 月 18 日；Lloyd George MSS。

35. 贝蒂致妻子，1917 年 6 月 4、29 日；Beatty MSS。

36. ASD, 'Monthly Report No.2, June 1917'，1917 年 7 月 1 日。一个月后，击沉数字被修改为 9 艘"确认"击沉（包括 1 艘在地中海的潜艇），和 7 艘"很可能"击沉。'Monthly Report No.3, July 1917'，1917 年 8 月 1 日。

37. Jellicoe, *The Crisis of the Naval War*，第 117 页。

38. Ministry of Shipping, *The System of Convoy for Merchant Shipping in 1917 and 1918*，第 4 页。

39. 海军准将盖伊·冈特（Guy Gaunt）致海军部的电报与信件，1917 年 5 月 5 日；技术史专刊，*The Atlantic Convoy System, 1917—1918*，第 4 页。

40. 同前，第 17 页。

41. 同前，第 22 页。

42. 'Destroyer Situation' (GT−1408).

43. 杜夫致海军上将亚历山大·贝瑟尔爵士（普利茅斯基地司令），1917 年 5 月 17 日；Duff MSS。下划线部分由本文作者标注。

44. 杜夫致贝瑟尔，1917 年 6 月 26 日，7 月 21 日；Duff MSS。

45. Jellicoe, 'Errors in *Naval Operations*'. 杰利科对美国驱逐舰数量的说法错得离谱。5 月 4 日，第一批 6 艘驱逐舰抵达昆士敦，另有 12 艘于同月抵达，6、7 月分别有 10 艘和 9 艘抵达，到 6 月底和 7 月底，到达英国的美国驱逐舰总数分别为 28 艘和 37 艘——战争开始时美国一共有 66 艘驱逐舰。但是，直到 7 月的第一周，才有美国巡洋舰参加护航队，虽然西姆斯之前至少 7 次提出了这项要求。

46. Newbolt, *Naval Operations*，第五卷，第 55 页。

47. K. G. B. Dewar, *The Navy from Within*（伦敦，1939 年），第 217 页。

48. Lloyd George, *War Memoirs*，第三卷，第 1164—1167 页。

49. Beaverbrook, *Men and Power*，第 155—156 页。

50. Hankey, *The Supreme Command*，第二卷，第 656 页。

51. 罗伯特森致黑格，1917 年 4 月 26 日；Robert Blake (ed.), *The Private Papers of Sir Douglas Haig, 1914—1919*（伦敦，1952 年），第 221 页。

52. 贝蒂致妻子，1917 年 6 月 24 日；Beatty MSS。

53. 西姆斯致约瑟夫斯·丹尼尔斯（Josephus Daniels，美国海军部长）。1917 年 4 月 19 日；Sims, *The Victory at Sea*，第 381—382 页。

54. 杰利科致贝蒂，1917 年 4 月 12 日；Beatty MSS。

55. 卡森致贝蒂，1917 年 6 月 20 日；Admiralty MSS。

56. 卡森致杰利科，1917 年 6 月 7 日；Admiralty MSS。

57. 杰利科致贝蒂，1917 年 6 月 8 日；Beatty MSS。

58. 杰利科致卡森，1917 年 6 月 9 日；Admiralty MSS。

59. 对卡森的采访；《晨邮报》，1934 年 9 月 24 日。

60. 贝蒂致杰利科，1917 年 6 月 2 日；Jellicoe MSS。几周后（6 月 27 日）："现在你我要紧密团结，只要这样就能消灭任何愚蠢的方案。如果需要我可以与你面谈，但我们必须合作。

我们两人之间有任何不同意见都没问题。我觉得当我们见面讨论时，总能达成一致，我们必须在那些头脑疯狂的先生们面前筑起一道广泛而强大的战线。"Jellicoe MSS.

61. 杰利科致贝蒂，1917 年 6 月 30 日；Beatty MSS。

62. 对卡森的采访；《晨邮报》，1934 年 9 月 24 日。

63. Lloyd George，*War Memoirs*，第三卷，第 1176 页。

64. 日记，1916 年 12 月 15 日；Blake，*Haig*，第 186 页。

65. 黑格致妻子，1917 年 5 月 7 日；同前，第 229—230 页。

66. Lloyd George，*War Memoirs*，第三卷，第 1176 页。

67. 日记，1917 年 6 月 20 日；Blake，*Haig*，第 240 页。费希尔爵士这段时期把卡森描述成"疲惫、懒怠且完全不称职的老律师"。

68. 见 *From the Dreadnought to Scapa Flow*，第二卷，第 197—198 页。

69. 杰克逊致杰利科，1915 年 11 月 21 日；Jellicoe MSS。

70. 'Combined Strategy in Connection with Submarines'（G–97），来自第一海务大臣（杰克逊）和海军参谋长（奥利弗），1916 年 11 月 16 日。

71. 'The Navy, the Army, and the Belgian Coast'，1916 年 11 月 19 日；Asquith MSS。

72. 海军部递交帝国战时内阁的文件，'A General Review of the Naval Situation'（GT–277），1917 年 3 月 24 日。

73. 杰利科的备忘录，'Attacking Ostend and Zeebrugge'，1917 年 6 月 18 日；Jellicoe MSS. 其中还附有一份培根写的，支持海军部立场的备忘录[①]。首相在试图获得贝蒂的支持，发动由海军单独实施的，炮击比利时港口、赫尔戈兰岛、博尔库姆岛或苏尔特岛的行动时，已经遭到了贝蒂的回绝（这大约发生在 6 月 1 日他对大舰队的视察期间）。贝蒂已经让他确信，这将是徒劳的行动。贝蒂在 6 月 2 日写给杰利科的信中说："有些人对舰炮威力的错误理解真是让我惊异……但是我认为他发现舰队和海军部军官的想法一致时就会释然，我们处于同一阵线。"Jellicoe MSS. 第一海务大臣还得到了科贝特的支持，后者任职于当时已处于废止状态的

---

① 原注：培根始终相信军舰与岸炮对垒占不到便宜，对泽布吕赫炮击的唯一好处，是可能破坏船闸。但是船闸的尺寸只有 90 英尺宽，30 英尺高，目标很小，5 月 12 日由 3 艘装备 15 英寸舰炮的浅水重炮舰实施的炮击行动已经证明了这一点（船闸很难被击中）。培根估计，"从常规射程上精确瞄准，击中泽布吕赫船闸的机会大概是每 67 枚炮弹命中 1 枚"。而从一个移动平台——海上的军舰上开炮的命中率"更要低得多"。Bacon，*The Dover Patrol*，第一卷，第112页。5月12日的炮击，以及6月5日浅水重炮舰对奥斯坦德的炮击，造成的破坏都没有影响到德军对这两个基地的使用。

帝国国防委员会的历史分部。他同意杰利科的观点,即"单独使用舰队炮击敌人的海岸防御工事,以迫使敌人出海,或将其摧毁在港口的行动,鲜有成功的先例。而同时对付一支有战斗力的舰队和一套有效的岸基防御体系,绝对没有成功的希望……我想我们自己的经验可以总结为:一支主力舰队从来没有被单独用来进攻过敌人的主要海军基地,及其拱卫的舰队,但是它有时可以用来掩护一些特别用途的舰艇发动的此类攻击。我也不知道有任何其他国家的舰队,实施了与本原则相违的行动"。科贝特致海军情报处处长霍尔(他正应杰利科的要求进行相关调查),1917 年 7 月 16 日;Admiralty MSS。

74. 杰利科致贝蒂,1917 年 6 月 30 日;Beatty MSS。

75. 日记,1917 年 6 月 20 日;Blake, *Haig*,第 240—241 页。

76. 日记,1917 年 6 月 30 日;Hankey, *The Supreme Command*,第二卷,第 654 页。

77. 杰利科致贝蒂,1917 年 7 月 10 日;Beatty MSS。

78. 贝蒂致杰利科,1917 年 7 月 13 日;Jellicoe MSS。

79. 麦登致杰利科,1917 年 7 月 13 日;Jellicoe MSS。

80. 杰利科致贝蒂,1917 年 7 月 4 日;Beatty MSS。

81. Roskill, 'The U-boat Campaign of 1917 and Third Ypres', *Royal United Service Institution Journal*,1959 年 10 月。罗斯基尔其实可以更有依据地表达这种观点,因为他未将地中海的商船损失计算在内。弗兰德斯潜艇支队在 1917 年 2 月至 5 月的战绩,不超过商船总损失的 24.5%。具体数据为:驻地中海潜艇,22%;公海舰队潜艇,52.5%;驻波罗的海和黑海潜艇,1%。

82. Roskill, *The Strategy of Sea Power*(伦敦,1962 年),第 132 页。他并不缺乏同道之人。凯斯后来告诉里奇蒙德,"帕斯尚尔攻势不得不继续,是因为杰利科说除非陆军夺取奥斯坦德和泽布吕赫,否则我们就无法将战争继续下去"。日记,1919 年 7 月 1 日;*Portrait of an Admiral*,第 353 页。

83. Terraine, *The Great War, 1914—1918: a Pictorial History*(纽约,1965 年),第 305—306 页。

84. 这可能就是劳合·乔治在《战争回忆录》(第三卷,第 1176 页)中说的:"我和道格拉斯·黑格爵士在 1917 年初夏的一次谈话,使我下定了决心。"

85. 日记,1917 年 6 月 26 日;Blake, *Haig*,第 242 页。

86. Beaverbrook, *Men and Power*,第 166 页。

87. 同前,第 169 页。

88. 同前，第 170 页。

89. 日记，1917 年 6 月 30 日、7 月 3 日；Hankey, *The Supreme Command*，第 2 卷，第 654—655 页。

90. 斯塔福德汉姆爵士关于国王在当天下午与首相谈话的备忘录，1917 年 7 月 5 日；Windsor MSS。标有下划线的部分为国王所强调。

91. Lloyd George MSS.

92. Geddes, *The Forging of a Family*，第 242 页。

93. 日记，1917 年 7 月 17 日；Christopher Addison, *Four and a Half Years*（伦敦，1934 年，2 卷本），第二卷，第 411 页。

94. 蒂利特致凯斯，1917 年 7 月 20 日；Keyes MSS。

第八章 海军部的变革（1917 年 7 月—1917 年 10 月）

1. 埃文－托马斯致托马斯·巴纳德夫人（Mrs. Thomas Barnard），1917 年 7 月 26 日；Evan-Thomas MSS。

2. 里奇蒙德日记，1917 年 8 月 16 日；*Portrait of an Admiral*，第 267 页。里奇蒙德的信息来源是他的岳父休·贝尔爵士（Sir Hugh Bell），他是东北铁路公司的董事，对格蒂斯非常了解。格蒂斯重组了松散的体系：定期召开会议，并严格按议程进行，事先也准备好了要讨论的主题。会议纪要被妥善保存，所有决定都要经过投票，并由秘书记录，格蒂斯则决定哪些涉及的部门可以传阅会议文件。

3. Hankey, *The Supreme Command*，第二卷，第 655 页。在格蒂斯首先遇到的诸多麻烦中，有些的确助长了他的脾气，例如他必须拒绝来自伦敦德里夫人的建议，后者希望把即将下水的轻巡洋舰"卡文迪许"号改成她著名祖先的名字——"卡斯尔雷"号（Castlereagh）。他还发现自己要处理让女性乘客往返印度的棘手问题。

4. Oliver MSS；James, *A Great Seaman*，第 189 页。

5. 贝蒂致妻子，1917 年 9 月 26 日；Beatty MSS。

6. Sims, *The Victory at Sea*，第 259 页。阿奇博尔德·赫德却做出了完全相反的判断。"他只是合乎劳合·乔治心意的人——乐观、自信，总是速战速决。没有哪对组合能像首相和格蒂斯那样对海军事务更加无知了。"Hurd, *Who Goes There?*（伦敦，1942 年），第 139 页。

7. 诺曼·麦克劳德先生致作者，1966 年 3 月 26 日。

8. 格雷厄姆·格林在一份备忘录中对莫里的评价，1937 年 12 月 21 日；Graham Greene MSS。

9. Ian Colvin, *The Life of Lord Carson*（伦敦，1932—1936 年，3 卷本，第一卷作者为 Edward Marjoribanks），第三卷，第 275 页。

10. 杰利科自传中的注释。首相反对奥利弗留在海军部，"是因为他个人对 H. 奥利弗爵士的嫌恶；后者声称自己在战争委员会（战时内阁）表达的观点过于直率明白，不合劳合·乔治先生的口味"。同前。

11. 杰利科致劳合·乔治，1917 年 7 月 28 日；同前。

12. 杰利科致贝蒂，1917 年 8 月 4 日；Beatty MSS。杰利科加封伯尼从男爵的建议也被拒绝，不过他最终在 1921 年获得了爵位。

13. 麦登致杰利科，1917 年 8 月 7 日，由格蒂斯授权；Jellicoe MSS。伯尼最终（10 月 13 日）被任命为苏格兰海岸司令官（罗赛斯）。

14. Lloyd George, *War Memoirs*，第三卷，第 1177—1178 页。

15. Geddes, 'Memorandum on Admiralty Organisation'（GT–2003）.

16. 杰利科自传的注释。

17. 同前。9 月底（虽然直到 10 月中旬才正式化）作战处计划科得到扩充并独立为海军参谋部计划处。它主要处理战略计划，而不是日常行动，后者是作战处处长的职责。计划处下有两个部门，分别由一个助理处长领导：海军上校达德利·庞德领导的 A 科，负责作战计划；海军上校西里尔·富勒（Cyril Fuller）领导的 B 科，决定实施计划所需物资装备的数量和供应安排。里奇蒙德对此非常欣喜："虽然有海军部委员会成员和参谋部的反对，但是谢天谢地，一个计划部门终于成立了。花了 39 个月！而且是在两任海军大臣的压力下达成的！"里奇蒙德致迪尤尔，1917 年 12 月 12 日；Dewar MSS。一个月后里奇蒙德改变了观点，因为他从贝蒂那里得知，计划处主要处理物资装备问题。"它不是一个真正的计划部门，看起来更像研究采用某些发明创造建议的部门……对我来说，就好像是事情开始于错误的一端。没有人说我们想要做什么，并要求参谋部去实施。一切都开始于物资装备，而不是海军战略。"日记，1918 年 1 月 17 日；*Portrait of an Admiral*，第 295—296 页。

18. 引自 Oswyn A. R. Murray 爵士, 'The Admiralty. X. The Naval Staff', *Mariner's Mirror*, 1939 年 7 月。

19. 见 *From the Dreadnought to Scapa Flow*，第二卷，第 225—228 页，第 268—272 页，第 302—306 页。

20. 海军参谋部专刊，*The Naval Staff of the Admiralty*，第 89 页。

21. 贝蒂致妻子，1917 年 10 月 10 日；Beatty MSS。

22. 杰利科自传的注释。

23. Wester Wemyss 夫人，*The Life and Letters of Lord Wester Wemyss*（伦敦，1935 年），第 364 页。"当我加入海军部委员会时，发现第一海务大臣根本没有充分利用他的副总参谋长和总参谋长助理都是委员会成员这一有利条件，这两位一旦要处理日常工作，就与部门领导无异，而我自己作为副第一海务大臣，根本就没有承担任何本应分配给我的职务的责任：我不止一次就此与杰利科爵士谈话，但是他不同意我的观点，并且认为虽然他的三位副手都是海军部委员会成员，但是他本人才对作战命令的发布负责，等等。无论怎样争辩，我都无法改变他独揽大权的立场，结果是他就像一部在一个方向上负荷过重的机器，已经精疲力竭，而无法考虑除了日常行动以外的任何事项。"维密斯 1919 年 5 月 28 日的备忘录；Wemyss MSS。

24. Hankey, *The Supreme Command*，第二卷，第 655 页。

第九章 进攻方案（1917 年 7 月—1917 年 12 月）

1. Sims, *The Victory at Sea*，第 32 页。

2. 诺思克里夫致劳合·乔治的电报，1917 年 7 月 5 日；US Navy Department MSS。此时威尔逊总统对"英国海军部未能有效利用英国巨大的海上优势感到震惊。在当前的潜艇危机中，他们已无助到了慌乱的地步。我们提出的每一项建议，都被他们以谨慎为由拒绝。我认为，现在不是谨慎的时候，而是即使损失巨大也应该大胆行动的时候"。威尔逊致西姆斯的电报，1917 年 7 月 4 日；Morison, *Admiral Sims and the Modern American Navy*，第 358 页。

3. 'Report of Naval Conference of Powers United against Germany'; Admiralty MSS.

4. 由庞德制作的丘吉尔建议的总结，附有他本人的评论，收于 1917 年 8 月的一份文件中，Admiralty MSS。

5. Jellicoe, *The Submarine Peril*，第 63—66 页。有关夺取一个德国岛屿的早期建议，见 *From the Dreadnought to Scapa Flow*，第二卷，第 178—197 页。

6. Morison, *Admiral Sims and Modern American Navy*，第 361 页。西姆斯曾发给海军上校

普拉特（Pratt，美国海军部作战处）一份来自《伦敦杂志》的剪报，Percival Hislam 的 'Digging Out Tactics'，希望他能"虔诚地读一读，并把它给你认为可能需要这些信息的人阅览"。西姆斯致普拉特，1917 年 7 月 28 日；US Navy Dept. MSS。

7. 贝蒂致卡森，1917 年 7 月 18 日；Colvin, *Carson*，第三卷，第 271 页。

8. 里奇蒙德日记，1917 年 8 月 25 日，这是杰利科 8 月 24 日访问大舰队时向贝蒂介绍的情况；*Portrait of an Admiral*，第 269 页。

9. 'Blocking the German Harbours to Effectually Prevent the Exit of Their Submarines to the Sea'; Admiralty MSS.

10. 迪尤尔曾在 7 月 19 日给贝莱尔斯（他是贝蒂的眼线）的信中称他们可以"在潜艇的老巢遏制其威胁"，但他也不得不承认计划是不可行的，虽然他的理由不同。"现在人们在更多地讨论海上攻势行动，我认为封锁河口，包括必须夺取赫尔戈兰和万格罗格岛的计划是不可行的。我不是说它不可能，而是我们没有能力将行动付诸实施。海军部和海军参谋部在指挥链条上太松懈了。另一个方案是构筑横跨北海的雷障。"迪尤尔致里奇蒙德，1917 年 9 月 12 日；Dewar MSS。

11. 凯斯致丘吉尔的一封信中也就这一点引用了海军部反对理由总结中的一段文字，1926 年 12 月 1 日；Keyes MSS。

12. Jellicoe, *The Submarine Peril*，第 68 页。海军部估计，为阻塞德国港口，需要 40 艘老式战列舰（英国可提供 18 艘）和 43 艘老式巡洋舰（英国可提供 13 艘）。9 月初的协约国伦敦海军会议，在原则上接受了该方案；协约国同意，各国将向英国海军部通报为行动准备老式战列舰的情况。而他们为计划做出的努力也到此为止。协约国本可以找到足够的舰艇，但是他们质疑使用巡洋舰是否明智，因为巡洋舰在扩大后的护航队体系中极为重要，而且他们更质疑计划的可行性。

13. 同前。

14. 贝蒂致格蒂斯，1917 年 9 月 25 日；Admiralty MSS。关于巴勒斯坦和亚德里亚海，见本卷第七章，第一节。有几个月的时间，里奇蒙德，带着他那海军可以在地中海有更多表现的固有观点，不断敦促在叙利亚海岸发动两栖作战。数千人的军队就可以牵制数倍的土耳其军队——可能达 10 万人之多。英国有足够的军队，陆军似乎也有兴趣。贝蒂也曾提出同样的建议但无果。海军部的反对理由是，潜艇威胁使海军不可能实施这类行动。对亚德里亚海，贝蒂也对里奇蒙德的建议感兴趣，他希望用军舰对普拉发动远程炮击，对阜姆进行大规模炮击，摧毁那里的怀特海德鱼雷工厂（最好是由协约国联合行动，夺取阜姆），并在卡塔罗和普拉布雷。这些行动一旦成功，就能大大改善地中海的反潜战态势，同时可以通过吸引奥地利军队到亚德里亚海岸，减轻他们对意大利北方防线的压力。海军部对这些地中海攻势计划都没有兴趣，这令里奇蒙德气急败坏。里奇蒙德特别指出了普拉，认为那是"问题的中心"："……从海上对普拉发动一次反攻并不像胆小的英国战略家们想让我们相信的那样不可能……海军部肯定还有人有勇气建议进行尝试。我觉得大部分人担心被人轻看。他们都是些可耻的懦夫。"里奇蒙德致迪尤尔（1917年11月底）；Dewar MSS。他还用直白的文字在日记中宣泄了自己的情感。"所有关于北海上末日之战的讨论迷惑了我们的战略家……我们似乎再次受到了这种恐惧的影响，担心一直具有压倒性优势的公海舰队出动并击败我们。我们为什么要这么想？考虑到目前的危险处境，难道抽出这么一点兵力就会大大削弱我们的实力吗？建造军舰是用来作战的，不是用棉花裹起来以备将来之需的。"日记，1917年12月12日；*Portrait of an Admiral*，第286页。

15. 贝蒂致海军部，1917年10月7日；Admiralty MSS。

16. 1917年8月30日佩因的备忘录；Admiralty MSS。庞德在9月14日的一份纪要中支持贝蒂的想法。"鱼雷机将很快成为舰队作战中一种最可怕的武器，它可以有效对付敌人采用的'转向脱离'战术。"Admiralty MSS.

17. 'Additional Notes on the Naval Offensive'，里奇蒙德为贝蒂准备的一份报告，8月24日呈递给杰利科；*Portrait of an Admiral*，第268页。贝蒂知道里奇蒙德已"在海军部臭名昭著"，所以他告诉杰利科，报告是由一个大舰队委员会编写的！空袭行动的细节在拉特兰和里奇蒙德准备的另一份报告中，两人都坚定地认为鱼雷机是一种优异的武器。'Considerations of an Attack by Torpedo Planes on the High Sea Fleet'; Admiralty MSS. 贝蒂将报告转交海军部（9月11日）并附上了自己的签注："应尽最大努力在1918年春天前为行动做好准备。"计划需要121架新型鱼雷机（时速90英里，滞空时间3.5—4小时），可以用8艘改装的，航速16—20节的商船，将飞机运至距威廉港1小时航程处。商船将安装膨出部和扫雷具，以防御潜艇和水雷。改装后的商船可以搭载鱼雷机并让它们从甲板上起飞（现有航母的机库无法容纳鱼雷机）。驱逐舰将担负护航任务。空袭将以每波次40架的方式进行。

18. 'Notes of Conference Held on Board H.M.S. *Queen Elizabeth* on Friday, the 24th August, 1917'，以及奥利弗的纪要，1917年9月19日；Admiralty MSS。

19. Bellairs, 'Notes on Conference with Captain Pound, 23rd Sept. 1917', Bellairs MSS. 贝蒂在给格蒂斯的信中几乎完全重复了上述意见，1917 年 9 月 25 日；Admiralty MSS。

20. 贝蒂致海军部，1917 年 10 月 7 日；Admiralty MSS。

21. 'Conference between Commander-in-Chief, Grand Fleet, and Deputy First Sea Lord Held on 10th October, 1917'; Bellairs MSS. 海军部此时正在推进自己的空袭方案，但也受阻于缺乏适用的飞机和航母。10 月 1 日，战时内阁空袭委员会召开了第一次会议，杰利科递交了一份名为"以水上飞机母舰发动轰炸行动"的报告。主要计划是轰炸不来梅的 8—10 座潜艇船台。轰炸行动最少应由 30 架轰炸机执行，如果海军部不想从岸基反潜任务中抽调水上飞机，就要等到明年春天才有足够的飞机执行轰炸行动和其他计划。另外，只有"暴怒"号和"坎帕尼亚"号两艘水上飞机母舰，有足够长的飞行甲板可以起飞轰炸机（如果使用水上飞机执行轰炸任务，必须将水上飞机从母舰上吊放至海面起飞，以北海的天气条件，很难保证飞机能顺利起飞），而且它们只能携带 11 架轰炸机（当时还没有可以将机翼折叠，以增加航母载机数量的轰炸机），总共能装载 33 枚 112 磅炸弹。这一方案最终无果而终。Cab.27/9; PRO.

22. 海军部致贝蒂，1917 年 10 月 20 日，以及德·罗贝克的纪要；Admiralty MSS。

23. Jellicoe, *The Submarine Peril*，第 69 页。

24. Jellicoe, 'A Reply to Criticism'，日期不明；Jellicoe MSS。见 *From the Dreadnought to Scapa Flow*，第二卷，第 191—196 页。

25. 贝尔福递交战争委员会的备忘录，'Report on Recent Naval Affairs. October 1916' (G-86)，1916 年 10 月 14 日。

26. 海军参谋部递交战时内阁的文件，'The Effect of the Russian Revolution on the Situation in the Baltic' (GT-351)，1917 年 4 月 1 日。

27. 'German Operations in the Gulf of Riga' (GT-2420)，1917 年 10 月 26 日。

28. 乔治·布坎南爵士（英国驻彼得格勒大使）致外交部，1917 年 10 月 17 日；Admiralty MSS。实际上，正如杰利科告诉俄国海军武官的那样，只有一小部分德国舰队，包括不超过四分之一的战列舰部署在波罗的海。

29. Jellicoe, *The Submarine Peril*，第 68—69 页，这实际上是对计划处报告的总结，'Operations in the Baltic'，1917 年 10 月 21 日（Admiralty MSS）。与之形成对比的是，肯沃西的 *Sailors, Statesmen——and Others: an Autobiography*（伦敦，1933 年），第 128—134 页中的内容，他称

计划处强烈支持远征波罗的海，但是计划被英国和法国的政客否决。他们"'受够了'克伦斯基和他的政府，不愿冒险派海军援助俄国。凯斯和我一样感到愤怒……我们都几乎落了泪。这是极大的错误，是战争中最无耻的背叛"。这一评论带有臆想的成分。它与计划处 10 月 21 日递交的报告大相径庭。

30. 布坎南致外交部（电报），1917 年 10 月 23 日；Admiralty MSS。

31. WC281A.

32. 'The Military Situation in Denmark'，1916 年 10 月 11 日，文件经帝国总参谋长罗伯特森签署；Admiralty MSS。另外，奥利弗担心，对丹麦的远征不管以多么小的规模开始，都将"增长和扩大，就像达达尼尔战役一样，几个月后就将形成与后者类似的规模"。还有，海军现有的海外任务使舰艇和商船都不可能满足新行动的需要，"实施另一场大规模远征，对我们资源的消耗将不可避免地造成其他海外行动停滞或者失败"。但奥利弗的基本论点是："只要战争形势对我们有利，即使进展缓慢，我们也不应尝试任何冒险行动，让德国有机会改变海上的力量对比。"奥利弗备忘录，'Denmark'，1916 年 10 月 2 日；Admiralty MSS。奥利弗对丹麦的观点可以应用到 1916—1918 年所有此类行动的讨论中。第一海务大臣杰克逊则强调商船吨位因素，称这是"决定性"原因。1916 年 10 月 2 日纪要；Admiralty MSS。

33. Bellairs，'Notes on the Report of the Committee……'（战时内阁对北方中立国状况的研究），1917 年 9 月 8 日；Bellairs MSS。

34. Oliver MSS.

35. 'The Closure of the West Scheldt'，1917 年 8 月 8 日；Admiralty MSS。

36. 'Appreciation of the Situation Regarding the Question of the Entry of Holland into the War'，1917 年 8 月 7 日；Admiralty MSS。

37. 'Notes on Conference with Captain Pound'，1917 年 9 月 23 日；Bellairs MSS。

38. 贝蒂致格蒂斯，1917 年 9 月 25 日；Admiralty MSS。

39. 'Conference between Commander-in-Chief, Grand Fleet, and Deputy First Sea Lord Held on 10th October, 1917'; Bellairs MSS.

40. 格蒂斯备忘录，'The Position in Holland'（GT-2847）。

41. 艾尔·克劳爵士（外交部助理次官）递交战时内阁的备忘录，1916 年 10 月 29 日；Admiralty MSS。

42. 海军参谋部文件, 'Norway', 1916 年 10 月 28 日; Admiralty MSS。

43. 贝蒂致贝尔福, 1916 年 12 月 15 日; Admiralty MSS。

44. WC47.

45. WC227.

46. WC229.

47. 'The Situation Regarding the Northern Neutral Countries', 1917 年 9 月 14 日; Admiralty MSS。

48. 德拉克斯致海军军需官弗兰克·T. 斯皮克内尔, 1917 年 8 月 11 日; 副本在 Richmond MSS。斯皮克内尔告诉德拉克斯, "目前毫无良策, 除非贝蒂到海军部担任第一海务大臣, 那样一切都会好起来"。德拉克斯致里奇蒙德, 1917 年 8 月 16 日; Richmond MSS。德拉克斯认为贝蒂最好还是继续担任大舰队司令, 而里奇蒙德则不这么肯定。"(贝蒂)具有一名真正的政治家的潜质。但他是否应该去白厅任职的问题比以前更加令我困扰。"日记, 1917 年 9 月 22 日; *Portrait of an Admiral*, 第 274 页。

49. Woodward, 'The High Seas Fleet——1917—1918', *Royal United Service Institution Journal*, 1968 年 8 月。

第十章 护航队在行动 (1917 年 7 月—1917 年 12 月)

1. Fayle, *Seaborne Trade*, 第三卷, 第 213 页。

2. 'Future Naval Policy' (GT-2250), 1917 年 10 月 9 日。

3. *Naval Operations*, 第五卷, 第 128 页。

4. 西姆斯致丹尼尔斯, 1917 年 6 月 20 日; US Navy Dept. MSS。

5. Sims, *The Victory at Sea*, 第 387—390 页。

6. 西姆斯致海军上校威廉·V. 普拉特, 1917 年 7 月 2 日; US Navy Dept. MSS。

7. Salter, *Allied Shipping Control*, 第 126 页。4 月底, 海外方向船只和本土方向船只的损失率分别为 7% 和 18%。

8. 杜夫致贝瑟尔, 1917 年 8 月 26 日; Duff MSS。

9. 杰利科致贝蒂, 1917 年 8 月 4 日; Beatty MSS。

10. Ministry of Shipping, *The System of Convoys for Merchant Shipping in 1917 and 1918*, 第 24 页。

11. 高夫－考尔索普致海军部，1917 年 11 月 28 日；Paper No. 69, 'Convoy Policy and Results in Mediterranean, 1917—1918', Barley-Waters MSS。

12. 海军参谋部专刊，*Mediterranean Staff Papers Relating to Naval Operations from August 1917 to December 1918*（1920 年），第 4—5、56 页。

13. 海军参谋部专刊，*The Naval Staff of the Admiralty*，第 80—81 页。最后一句不可能是潜艇指挥官写的！潜艇会整夜浮在水面为电池充电，黎明时分下潜。

14. 第 40 室的建立，见 *From the Dreadnought to Scapa Flow*，第一卷，第 132—133 页。第 40 室主要由德语专家和其他杰出的学者组成，如都柏林的沃特豪斯（Waterhouse）、伯明翰的桑德巴赫（Sandbach）、剑桥的布洛（Bullough）和布鲁佛（Bruford），以及谢菲尔德的威洛比（Willoughby）。但是其成员绝不限于学术圈。一个极端的例子是后来担任印度总督的李顿爵士；另一个是著名时尚设计师 E. 莫里诺（E. Molyneux）；其他的著名人物还有文学家戴斯蒙德·麦卡锡（Desmond MacCarthy）和银行家 F. C. 蒂亚克斯（F. C. Tiarks），后者也是一位一流的德语学者。

15. 摘自海军上将威廉·詹姆斯爵士致作者的两封信，1962 年 12 月 19 日，1965 年 5 月 22 日。"德国人知道我们正在阅览他们的电文，所以经常更换密码手册，后来每 24 小时就更新密码。他们还更换供潜艇使用的普莱费尔密码的编码。但是我们的破译员已经积累了有关德国无线电、航行和习惯的丰富知识，他们极少无法在每天中午前破解密码，破解潜艇密码也只需要几天。"海军上将 James, 'Room 40', *University of Edinburgh Journal*，1965 年春季号。"几艘潜艇集中向一支护航队发起攻击"，海军上将詹姆斯这里说的并不是一种像第二次世界大战中，潜艇实施的战术集中（"狼群"战术）。他指的是一旦护航队被发现，德国潜艇会共同努力，在护航队途经的海区由数艘潜艇接连发起进攻。

16. 海军参谋部专刊，*Naval Staff Appreciation of Jutland*（1922 年），第 132—133 页。一条注释称："的确有禁绝合作一事，而且并非表面文章。唯一的沟通渠道是通过情报处处长本人，这与部门之间的合作完全不同。这项保密政策在当时是理所当然的事，而它给参谋工作带来的巨大障碍却被忽视了。"

17. 詹姆斯在海军尽人皆知的外号是"泡泡"。当他还是一个小男孩时，他的祖父米莱斯为他绘制了一幅坐在石阶上吹泡泡的肖像画，此画后来被肥皂生产商皮尔斯公司买去，在画中增添了一块肥皂，作为公司产品的广告。这幅广告画在 20 世纪初贴满了英国的大街小巷。

18. 海军参谋部专刊，*Home Waters, May 1917—July 1917*，第 159 页。

19. 玛丽·T. 卡林顿夫人致作者，1965 年 5 月 21 日。

20. 譬如："有证据显示，组成护航队的船只越多，潜艇对其成功攻击的可能性就越大，而护航舰艇阻止这种攻击的难度也越大。"海军参谋部，'Remarks on Submarine Warfare'，1917 年 1 月。

21. 杜夫致杰利科，1917 年 4 月 26 日。

22. Jones, *The War in the Air*，第四卷，第 60—61 页。

23. David W. Bone, *Merchantmen—at—Arms*（伦敦，1919 年），第 182—183 页。

24. Newbolt, *Naval Operations*，第五卷，第 141 页。

25. 1917 年 6 月底，有 28 艘美国驱逐舰与皇家海军共同行动，到 7 月底又增至 37 艘。战争结束时，欧洲水域有 68 艘美国驱逐舰：24 艘在昆士敦，38 艘在布雷斯特，6 艘在直布罗陀。美国已经倾尽全力，因为它还需要驱逐舰应付美国和法国之间日益繁忙的海上交通。当然，美国参战给海军带来的另一大优势，是英国可以在美国一端进行北大西洋护航队的所有组织工作。

26. Bayly, *Pull Together！*，第 242 页。

27. Dreyer, *The Sea Heritage*，第 221 页。

28. 更多有关内容见第十章，注释 34。

29. 这比当时估计的数量多得多：8 月 23—30 艘；9 月 44 艘；10 月 40—42 艘；11 月 20—26 艘；12 月 23—30 艘。Jellicoe, *The Submarine Peril*，第 47—50 页。1917 年 7 月至 12 月，德国在役潜艇数量为 164—172 艘（根据月平均数量得出的范围）。

30. Gibson 与 Prendergast, *The German Submarine War*，第 218 页。战时共有 9 艘巡洋潜艇服役，另有 2 艘建成但未投入使用，战争结束时处于建造和计划中的巡洋潜艇有 38 艘。

31. *Der Handelskrieg mit U-Booten*，第四卷，第 507—508 页。他统计了损失潜艇占一线潜艇数量的百分比——1914 年为 4.0%，1915 年为 4.6%，1916 年为 2.7%，1917 年全年为 4.3%，1917 年下半年为 5.7%。他说 1916 年的数据需要特别说明，因为当年有很大一部分德国潜艇没有在英国周边水域执行贸易战任务，损失率低是因为潜艇的活动减少了。

32. James, *A Great Seaman*，第 159—160 页。见第七章，注释 21。

33. 'Losses of British Merchant Tonnage. General Review: February—December, 1917'; Admiralty MSS. 我还参考了 Waters-Barley MSS 中一份中肯的总结与评论：No. 74, 'Review of

Shipping Situation and Effects of Convoy on U-boat Operations, February—December 1917'. 更多原始资料见统计部门的文件，'Records, Merchant Vessel Losses, 1917—1918'，存于海军历史分部。

34. 另一个由于护航队体系[①]而出现的巨大进步是没有再出现"因火炮而损失"的商船，而在 1917 年 8 月前，这是很大一部分商船损失的原因。1917 年 4 月，有 30% 的潜艇攻击是以舰炮进行的；到 1918 年 1 月，这一比例降至 6%。只出现了一次 U 型潜艇以舰炮攻击护航队的战例。而在这次攻击中，护航队仅由一艘小型辅助巡洋舰保护，敌人很难将它与护航队中的商船区分开来。

35. "这意味着被击沉的不再主要是开来本土的载有货物的大型商船，而是用于沿岸贸易的小型船只，以及只有压载物，沿岸开往卡迪夫和其他港口的船只，还有一定数量的正在前往集结港口的货轮。"技术史专刊，*The Atlantic Convoy System, 1917—1918*，第 31 页。4 月至 7 月，即在实施护航队体系之前的 4 个月里，被击沉商船平均吨位为 5084 总吨。而从 9 月至 12 月的 4 个月里，这一数字降为 4342 总吨。随着体系的实施和改进，到 1918 年 9 月，被击沉商船的平均吨位仅为 2827 总吨。同时减少被潜艇击沉商船的数量和平均吨位是护航队体系的直接贡献。商船在远洋海域被鱼雷击中次数的大幅下降，还有人道主义方面的效果。"从拯救生命的角度来看，效果是极其显著的。它意味着即使船只被击中，船员被迫登上救生艇，也很少距离海岸超过 10—20 英里，而且很可能在不到半小时内，就得到海岸巡逻艇的救助。这和船员们在 1917 年上半年面临的惨境完全不同，当船只在距海岸 200—300 英里处被击沉时，大部分爬上救生艇的船员在得到救援或抵达陆地之前就死去了。"同前，第 32 页。

36. Paper No. 49, 'U-boat and Anti-Submarine Warfare, First World War, 1914—1918'; Barley-Waters MSS.

37. *Der Handelskrieg mit U-Booten*，第四卷，第 510 页。一位学者（Mancur Olson, Jr., *The Economics of Wartime Shortage*，教堂山，北卡罗来纳，1963 年）曾坚持认为护航队并非决定性因素——英国已经开始实施的经济手段，如增加粮食产量，控制食品消费，以及用北美物资代替从更遥远地区进口的货物等，才是击败德国潜艇的真正原因。我并没有低估经济反制手段的重要性，但如果商船损失率保持在 1917 年春天的水平，我不认为英国能够熬过 1917 年。

———————————

[①] 原注：同时也因为英国迅速为商船装备了防御性武器，到1917年底，已有90%的商船获得改装，而4月仅有56%的商船装备有武器。

而除了全面引入护航队体系外，英国别无选择。

38. Newbolt, *Naval Operations*，第五卷，第 141 页。U-94 号的战争日志［海军中校萨尔韦希特尔（Saalwächter），第二次世界大战中是德国海军大将］在 1917 年 8 月有如下记录："护航队得到强大和有效的保护，对其发起攻击极为困难，我认为这可以大幅减少船只损失。发现一支由七艘商船组成的护航队，比发现七艘独立航行的商船的可能性更小。面对护航队，充其量只能向一艘船发射鱼雷。护航队中任何一艘船中雷，都可以迅速得到救援，这对士气非常重要。" Spindler, *Der Handelskrieg mit U-Booten*，第四卷，第 224 页。

39. Waters, 'The Philosophy and Conduct of Maritime War'，第一部分，1815—1918 年，*Journal of the Royal Naval Scientific Service*，1958 年 5 月。

40. *Der Handelskrieg mit U-Booten*，第四卷，第 511 页。他补充道："只有增加一线潜艇数量，才能达到某种平衡。尽管付出了努力，新服役并投入战斗的潜艇数量还是不可能弥补损失……敌人商船受到的有效保护，使得潜艇成功势头被遏制成为必然。"同前。海军上将格拉迪施（Gladisch）也认同护航队体系的成功。"试验性护航队，以及后来的定期护航队完全取得了成功。护航队体系被证明是战争中最重要的反潜手段，它使潜艇极难在特定海域内发现目标，也几乎不可能用火炮攻击受保护的护航队。"*Der Krieg in der Nordsee*，第七卷，第 11 页。

41. Philip K. Lundeberg, 'The German Naval Critique of the U-Boat Campaign, 1915—1918'，*Military Affairs*，1963 年秋季号。这篇文章是一座发掘自德方文件，准确地说是未出版资料的信息宝库，是有关一战期间潜艇战的最权威的总结。

42. Gibson 与 Prendergast，*The German Submarine War*，第 204—205 页。

43. 私底下，海军大臣更有信心。他告诉报业大亨里德尔爵士，他有信心在 1918 年取得对 U 型潜艇的彻底胜利，1917 年 12 月 14 日；*Lord Riddell's War Diary, 1914—1918*（伦敦，1933 年），第 299 页。

44. Lloyd George, *War Memoirs*，第三卷，第 1195 页。

45. 贝蒂致妻子，1917 年 10 月 5 日；Beatty MSS。

46. 西姆斯致丹尼尔斯，1917 年 10 月 17 日、12 月 31 日；US Navy Dept. MSS。

47. 里奇蒙德致迪尤尔，1917 年 8 月 22 日；Dewar MSS。

48. 迪尤尔向贝蒂递交的报告，'A Naval Offensive Against Germany'，1917 年 9 月 20 日，Bellairs MSS。迪尤尔在计划处任职期间，一直敦促使用大舰队的驱逐舰、潜艇，和轻型舰艇"在雷场巡逻，并在北海北部和中部，已知潜艇经常通过的特定海域猎杀潜艇……建议只使用海军力量去反潜，而不是把任务交给拖网船和漂网船，这些船只没有必需的航速、武备和训练，也缺乏组织"。这种战略的基础，是相信大舰队在当时战争阶段的主要功能，只是支持轻型舰艇的反潜战。但是海军部绝不想降低大舰队面对公海舰队，防备袭击或入侵行动的备战程度。迪尤尔致丘吉尔，1926 年 11 月 1 日；Dewar MSS。

49. *Naval Operations*，第五卷，第 142 页，其中特别评价了 1917 年 9 月前的护航队体系。

50. 海军部历史分部，*The Defeat of the Enemy Attack on Shipping, 1939—1945*（1957 年，2 卷本，第二卷的 1B 部分，含有图表），1B，图 4，在海军中校 D. W. 沃特斯致作者的信中有修正，1968 年 6 月 5 日。沃特斯和巴利是这部受限出版物的作者。

51. 西姆斯致丹尼尔斯，1917 年 12 月 19 日；US Navy Dept. MSS。

52. 海军参谋部作战处建议，让四艘日本战列巡洋舰进驻波特兰，阻止德国袭击舰突破海峡出口，或者一旦它们向北突破就实施追击，而且日本有战列舰可以执行护航任务，每支护航队由一艘无畏舰保护。奥利弗认为按建议使用日本战列巡洋舰确有优势，但另一个建议并不可行。"让盟国调遣无畏型战列舰来掩护寥寥几支护航队并不划算。最好的方法是立即分散商船，这样敌舰将不得不四处搜索，或者在船只集中的海域附近活动。如果是后一种情况，协约国舰艇就会很容易地发现它们，并迫使其投入战斗。"作战处，'Possible German Operation to Defeat the Convoy System'，1917 年 9 月 5 日，以及奥利弗的纪要，9 月 17 日；Admiralty MSS。我们已经看到，英国政府开启了与东京的谈判，旨在购买他们的两艘战列巡洋舰，或者，作为第二方案，将它们并入大舰队，作为在即将到来的冬季里防备德国水面袭击舰的手段之一。但是奥利弗已经预见到，日本政府无意进行这样的合作。

第十一章　本土水域：一场灾难（1917 年 10 月—1917 年 12 月）

1. 技术史专刊 TH8（1919 年），*Scandinavian and East Coast Convoy Systems, 1917—1918*，第 4 页。

2. 纽博尔特尖锐地批评了德国人。"整个袭击行动中，德国扮演的是彻头彻尾的冷酷角色。他们根本没有给中立国船长和船员放下救生艇逃生的机会，而是不经警告就向商船发起侧舷齐射，好像他们面对的是全副武装的敌人……敌人对英国驱逐舰更加残忍，他们的火炮一直保持射击状态，甚至不放过'强弓'号的幸存者。"*Naval Operations*，第五卷，第 155 页。德国方面认为后一项指责毫无根据："'强弓'号的部分舰员上了救生艇，其他人跳入海中，他们成为舰炮的牺牲品，可能是由于近弹，完全没有根据说他们遭到了故意炮击。英国官方史所谓'强弓'号的非武装幸存者被故意射击一说，根本不值一驳。"*Der Krieg in der Nordsee*，第七卷，第 47 页。

3. "贝蒂根据海军部的情报派出了几个巡洋舰中队，但他没有得到重要的信息，即'布鲁默'号和'布雷姆斯'号已经出动，如果他知道这一情况，肯定会改变部署。这是海军部一再犯下的愚蠢错误之一——未将全部情况通报给指挥官。"里奇蒙德日记，1917 年 12 月 8 日；*Portrait of an Admiral*，第 283 页，经贝莱尔斯授权。大舰队和哈里奇舰队出动了一支拦截力量（3 艘巡洋舰，27 艘轻巡洋舰和 54 艘驱逐舰），这时海军部猜测敌人舰队已经抵达远海。庞大的英国舰队正在"搜索的敌人，到目前为止我们知道的，只有 1 艘布雷舰和几艘驱逐舰"。Newbolt，*Naval Operations*，第五卷，第 151 页。英国舰队在海上分散开来，范围从北海中部一直到挪威西南海岸，也就是说远在斯堪的纳维亚护航队以南。海军部已经排除了北方水域遇袭的可能性。虽然他们通过第 40 室的情报，已经知道"布鲁默"号和"布雷姆斯"号在海上。海军上将詹姆斯回忆："我们知道两艘德舰的呼叫代号，通过无线电定向，我们在第 40 室知道它们已经从威廉港向北方的李斯特海区（Lister Tief，在苏尔特岛以北）开进，很明显是要实施某项作战行动。我记得计划处处长凯斯到我们的海图室，讨论这两艘德舰的意图。我们当然不知道任何我方舰船在海上的位置：它们都显示在作战处的海图上。如果从我们的海图上可以看到护航队的位置，凯斯或别人可能会看出'布鲁默'号和'布雷姆斯'号的目标是我们的护航队。""我的记忆是，作战处没有将这两艘德舰的情况告诉贝蒂。但是我记得为此发生了激烈争吵，而贝蒂还专门来海军部开过会。我认为这两艘德舰曾经被改装成布雷舰（它们之前的确如此），所以作战处里没有人认为它们可能是去攻击护航队的。海军部没有就这两艘军舰警告贝蒂肯定是个错误。"海军上将詹姆斯致作者，1966 年 5 月 31 日，1968 年 3 月 19 日。更多内容见本卷第十二章，第一节，汉奇的叙述。

4. 霍普的纪要（11 月 17 日）和帕肯汉姆对质询法庭关于"强弓"号（10 月 28 日）和"玛丽玫瑰"号（10 月 26 日）报告的评论（10 月 28 日）；Admiralty MSS。

5. "玛丽玫瑰"号质询法庭和军事法庭（12 月 3 日）得出了相似结论，虽然对它勇敢的舰长（海军少校查尔斯·福克斯）表示赞赏，但对他的"不智决定"提出了批评。"他的行动，很明显只是要让自己靠近敌舰并抢先开火。采用这种进攻战术的理由并不充分，因为他肯定会很快失去战斗力，而使护航队完全失去保护。如果他能与敌人保持一定距离，有可能在一段时间内吸引敌人远离护航队。而且如果他这样做，'玛丽玫瑰'号就可以发出最宝贵的情报……"
贝蒂也同意在赞扬舰长精神的同时，批评他的轻率。"玛丽玫瑰"号质询报告，"不屈"号，
1917 年 10 月 26 日，以及贝蒂 10 月 31 日的纪要；Admiralty MSS。"强弓"号军事法庭（1918
年 1 月 8 日）批评了舰上的值更军官（战时海军上尉 R. W. 詹姆斯）和舰长（海军少校爱德
华·布鲁克）。他们"应该努力保持距离，并用无线电呼叫增援。不过法庭认为这种判断错误
并没有违反海军军纪"。Admiralty MSS. 德方的评论也有相同观点："英国驱逐舰'强弓'号
和'玛丽玫瑰'号进行的英勇战斗符合英国海军的光荣传统，但徒劳无功。相反，由于它们决
心一战，它们未能完成自己最根本的任务，即报告遇袭，以便采取有效和足够的反制措施。如
果它们这样做，并在德国巡洋舰撤离后开展救援行动，就能更好地完成使命。"*Der Krieg in
der Nordsee*，第七卷，第 52 页。

　　6. 我们现在知道，当时英舰确实试图发送无线电报。德国官方史称："就在'玛丽玫瑰'
号抵近'布鲁默'号发起攻击时，我们听到了一条微弱的无线电信号。从另一座无线电站发来
了要求重复的电报，但被'布鲁默'号干扰了。如果那时英国观察站收到警报，就可能确定或
猜测出战斗的时间和地点。但是这没有发生，因为整个下午英方无线电通信都保持着正常状态。"
另一处的记录是："重要的是，他们遭到了突然袭击，但驱逐舰、巡逻舰艇和护航队中的商船
都没有发出求救信号。'布鲁默'号和'布雷姆斯'号上的无线电人员也出色地完成了任务，
干扰了任何发出信号的企图。"同前，第 48—49、51 页。

　　7. *Naval Operations*，第五卷，第 157—158 页。

　　8. 贝蒂致 J. R. P. 霍克斯利（J. R. P. Hawksley，海军准将），1917 年 10 月 19、20 日；
Admiralty MSS。

　　9. *Naval Operations*，第五卷，第 165 页。

　　10. 纳皮尔致贝蒂，1917 年 12 月 5 日；Admiralty MSS。这是他有关此次行动的首份报告，
被收入海军参谋部的一份报告，*Grand Fleet Gunnery and Torpedo Memoranda on Naval Actions,
1914—1918*（1922 年），第 55—56 页；Naval Library。

　　11. 纳皮尔致贝蒂，1917 年 12 月 16 日；Admiralty MSS。

　　12. 帕肯汉姆后来向迷惑不解的海军部解释这道命令，称它是"战斗停止后对下一步行动
做指示。如果战斗已经停止，像当时极有可能的那样，就应该立即服从命令"。贝蒂致海军部（他
同意这一解释），1917 年 12 月 24 日；Admiralty MSS。

13. *Der Krieg in der Nordsee*，第七卷，第 75 页。

14. 纳皮尔致贝蒂，1917 年 12 月 5 日。

15. W. H. D. 博伊尔致帕肯汉姆，1917 年 11 月 19 日；Admiralty MSS。

16. 贝蒂致海军部，1917 年 12 月 1 日；Admiralty MSS。其实是纳皮尔，而不是科万和亚历山大－辛克莱尔，决定无视帕肯汉姆的命令的。德国人也给予科万和亚历山大－辛克莱尔高度评价："只有第 1、第 6 轻巡洋舰中队的指挥是无可挑剔的。他们丝毫没有担心水雷，因为不像帕肯汉姆和纳皮尔，他们的雷场海图是最不完整的，海图没有显示向西延伸的雷场。但是当天的决定权在主力舰指挥官，而不是轻巡洋舰指挥官手中。"*Der Krieg in der Nordsee*，第七卷，第 84—85 页。

17. 纳皮尔致蒂利特，1917 年 12 月 8 日；Tyrwhitt MSS。

18. 1917 年 12 月 7 日霍普备忘录，以及 12 月 7—13 日海军部纪要；Admiralty MSS。德国官方史也注意到这一现象："扫雷艇部队只得到轻巡洋舰的近距支援，却与敌人的重型舰艇交战，结果很可能是扫雷艇和轻巡洋舰均被歼灭；如果敌人更大胆地行动，落在后方很远的'皇后'号和'皇帝'号想要阻止就会太晚了……德国舰队正确的战术运用，以及英国优势舰队软弱和犹豫的进攻，造成了这场无果的战斗。"*Der Krieg in der Nordsee*，第七卷，第 83 页。

19. 纳皮尔致海军部，1917 年 12 月 22 日，以及奥利弗纪要，12 月 28 日；Admiralty MSS。在 12 月 16 日报告第 7 段中，纳皮尔写道："首先发现敌人时，他们正向北方航行，由于烟幕，直到后来才判断出他们的撤退方向。雷场位于我的右舷，我不知道任何雷场中的航道，也没有考虑插入敌人及其基地之间的可能性——这种战术在开阔的海域才合理。如果我知道敌人的航道，当时情况下使用这一战术也有可能成功，但不可能判定敌人将会使用哪条航道。可以合理地推测敌人可能选择东北方向的航道，因为我们知道敌扫雷艇在那里活动。"

20. 纳皮尔向贝蒂建议，由于他的失利，理应被解除职务。贝蒂虽然不满意他的表现，但还是告诉纳皮尔，自己仍对他有信心并希望他留任。宽厚大度的贝蒂在给海军部的信中写道："……虽然当时的情况肯定给正确判断势态造成了困难，但我认为轻巡洋舰部队司令官在指挥中出现了判断错误。我已经指出了这一点，并亲自向他解释了错误判断的后果。不过我的观点是，在未来类似的战斗中，这种经验将对他具有极其宝贵的价值。在三年半的战争中，遇见敌人的机会寥寥无几，在发生的几次战斗中，（每一次）情况都大有不同，不断地出现新的特征。海军中将特里维廉·D. W. 纳皮尔（巴斯勋章和皇家维多利亚勋章获得者）在指挥轻巡洋舰的任务中已经展现了才能和判断力，尽管他在最近赫尔戈兰湾的行动中令人失望，我还是认可他的军中表现。因此我保证在海军部诸大臣表示不悦后，情况将会改善到令人满意的程度。"贝蒂致海军部，1917 年12 月 24 日；Admiralty MSS。

21. DNC Department, Admiralty, *Records of Warship Construction During the War, 1914—1918*，1918 年 12 月 31 日；Naval Library。

22. 海军上校克雷斯维尔致作者，1966 年 5 月 8 日。

23. 贝蒂对纳皮尔 1917 年 12 月 5 日报告的纪要，1917 年 12 月 25 日。

24. 贝蒂致海军部，1917 年 12 月 24 日；Admiralty MSS。

25. Newbolt, *Naval Operations*，第五卷，第 177 页。同前，第 165—168 页，有对混乱的雷场海图情况的具体介绍。

26. 麦登致杰利科，1917 年 11 月 24 日；Jellicoe MSS。霍普在他的分析中表达了这样的观点（12 月 7 日）："重型舰艇是否能够进入雷场是个困难的问题。作战命令并没有对此做出指示。只要我们的舰艇继续循着德国军舰的尾迹航行，它们就是相对安全的，但是它们若驶离这条航线，就极易进入未清扫的海区。如果一艘军舰触雷减速，鉴于德国强大的支援力量，它肯定没救了，因为我们的支援舰队不可能援助它。只要我们的舰队进入雷场，阵位优势就在德国一方。海军部有必要就此做出明确指示，因为在激烈的战斗中，要求指挥官做出会关系到重要结果的决定是不公平的。"奥利弗同意，海军将官"应该得到更多信息，或者一些有关追击距离的明确指示"。

27. Newbolt, *Naval Operations*，第五卷，第 189 页。

28. 质询法庭递交大舰队司令的报告，1917 年 12 月 18 日；Admiralty MSS。贝蒂不认为第一条建议可以改善护航队的指挥。"指挥在很大程度上依靠通信联络，岸基指挥官手边有岸上的电报和电话设备，这显然使指挥更加有效。"贝蒂有关质询法庭的纪要，1917 年 12 月 21 日；Admiralty MSS。

29. 贝蒂致杰利科，1917 年 12 月 14 日；Jellicoe MSS。

30. Oliver MSS；汉奇致贝尔福，1916 年 10 月 31 日，Balfour MSS。

31. 见 *From the Dreadnought to Scapa Flow*，第一卷，第 83、190—191 页。

32. *The Naval Memoirs of Admiral of the Fleet Sir Roger Keyes*（伦敦，1934—1935 年，2 卷本），第二卷，第 154 页。

33. Keyes, *Naval Memoirs*，第二卷，第 123 页。

34. Bacon, *The Concise Story of the Dover Patrol*（伦敦，1932 年），第 161、163 页。杰利科的观点是，"委员会从来没有提出过任何有价值的建议，让海军中将培根得以实施，或由已有装备和舰艇加以验证"。杰利科自传中的备注。

35. 培根致格蒂斯，11 月 23、26 日，维密斯致杰利科，12 月 5 日，培根致格蒂斯，1917 年 12 月 12 日；Geddes MSS。

36. Oliver MSS.

37. 凯斯致贝蒂，1917 年 12 月 5 日；Beatty MSS。贝蒂同样对培根在多佛尔的工作非常不满。

38. Keyes, *Naval Memoirs*，第二卷，第 134 页。

39. 海军参谋部专刊第 18 号（1922 年），*The Dover Command*，第 143—144 页。

40. Bacon, *The Dover Patrol*，第二卷，第 406—409 页，其中有信件的全部内容。

41. 同前，第 409 页。

42. Bacon, *From 1900 Onward*（伦敦，1940 年），第 262 页。更多解释和细节可见 *The Concise story of the Dover Patrol*，第 163—164 页。关键的理由是，照亮雷障将把整个部署方案暴露在潜艇面前。

43. Keyes, *Naval Memoirs*，第二卷，第 143 页。

第十二章 杰利科离职（1917 年 12 月）

1. 威尔逊致费希尔爵士，1917 年 12 月 20 日；*Fear God and Dread Nought*，第三卷，第 491 页。

2. 贝利致杰利科，1917 年 12 月 19 日；Jellicoe MSS。

3. 德拉克斯致海军上将 W. H. 亨德森（后者经常在《每日邮报》上刊文），1917 年 8 月 29 日；Dewar MSS。

4. 兰伯特致格蒂斯，1917 年 8 月 7 日；Admiralty MSS。格蒂斯对此不感兴趣，他觉得费希尔不够专一。

5. Jenkins, *Asquith*（伦敦，1964 年），第 415 页。

6. 约瑟夫斯·丹尼尔斯日记，1917 年 10 月 29 日；E. David Cronon（编辑），*The Cabinet Diaries of Josephus Daniels, 1913—1921*（林肯，内布拉斯加，1963 年），第 228 页。

7. 杰利科致海军少校奥斯瓦尔德·弗鲁文，1921 年 7 月 8 日；Frewen MSS。1917 年上半年，德国对英国东部发动的四次飞艇空袭中，三次都发生在肯特郡：2 月 16—17 日，一艘飞艇投下炸弹；3月16日，四艘飞艇投下炸弹，但没有造成伤亡和严重破坏；6月16日，一艘飞艇对拉姆斯盖特的空袭造成三人丧生。

8. 英格兰和威尔士总检察长在研究了《每日邮报》对杰利科发出的恶毒攻击后，相信可以依据国家防御法案第27条起诉这份报纸。该条法律规定，对政府部门或部门领导人的批评，如有可能"干扰皇家军事力量取得作战胜利"（27a），或"有可能损害皇家军事力量的纪律和管理"（27c）时，将被禁止。"我总体上认为法官应该做出这样的裁定，而且他很可能会这样裁定。但尚无定论……如果战时内阁认为可以压制对政策的批评，我不会拒绝启动一次诉讼。"F. E. 史密斯爵士致格蒂斯，1917年10月31日；Admiralty MSS。英国政府并没有追究此事。

9. Hamilton Fyfe, *Northcliffe: an Intimate Biography*（伦敦，1930年），第185页。

10. 乔治五世致贝蒂，1918年2月10日；Beatty MSS。

11. 一方面，贝蒂一直苦于无法改善与海军部的关系。例如："我希望水兵的条件和其他一些事宜能立即有所改善……我的时间全都花在与海军部，而不是与敌人的战斗上，事情没完没了。""可怜老迈的海军部一直在下滑，但这一过程如此漫长，谷底永远也不会出现。每个人都说高层已经陷入了混乱和瓦解，而且还将持续下去。"贝蒂致妻子，1917年9月18日，12月9日；Beatty MSS。另一方面，他很赞赏杰利科的管理天赋，数次敦促他不要辞职。当杰利科在伯尼事件中最终留任时，贝蒂"大大松了一口气"。最重要的是，他不希望看到杰利科因为来自政界的压力而离职。在一名海军军官与政客发生矛盾时，海军上下总是团结一致。

12. 贝蒂致一位友人，1917年11月30日；Chalmers, *Beatty*，第321—322页。贝蒂在同一封信中抗议道："这违反了一切公平原则。""只要他还肩负着重大责任，就无法回应，应该针对报纸对他采取保护措施……对海军指挥的信心正在遭受摧残，而在高层指挥人员那里引起的不安和躁动情绪必会造成恶性影响。"

13. 杰利科自传中的备注。

14. 同前。后一个原因被帝国总参谋长单独列出，"杰利科总是向劳合·乔治狂热的想法泼冷水，让他从云端摔回地面，劳合·乔治当然不喜欢这样"。雷平顿在与罗伯特森会晤后，在1917年12月23—30日的日记中写下的备注。Repington, *The First World War*，第二卷，第160页。

15. 日记，1917年8月24日；*Lord Riddell's Intimate Diary of the Peace Conference and After, 1918—1923*（伦敦，1933年），第113页。

16. *Naval Operations*，第五卷，第 203 页。同见 Salter 爵士，*Memoirs of a Public Servant*（伦敦，1961 年），第 89 页；Hankey 爵士，*The Supreme Command*，第二卷，第 656 页；以及海军上校罗斯基尔发表于《泰晤士报》的信件，1964 年 11 月 19 日，和他的 'The Dismissal of Admiral Jellicoe'，*Journal of Contemporary History*，1966 年 10 月。

17. 第二代杰利科伯爵致作者，1968 年 2 月 24 日。

18. 麦肯纳致培根，1936 年 8 月 21 日；Bacon，*The life of John Rushworth, Earl Jellicoe*（伦敦，1936 年），第 386 页。

19. Dreyer，*The Sea Heritage*，第 224 页。

20. 贝尔福致卡森，1918 年 1 月 3 日；Balfour MSS。

21. 米尔纳致劳合·乔治，1917 年 11 月 23 日；Lloyd George MSS。

22. 比尔斯福德致杰利科，1917 年 8 月 16 日；Jellicoe MSS。

23. Lloyd George，*War Memoirs*，第三卷，第 1177 页。

24. 黑格致罗伯特森，1917 年 9 月 15 日；Jones，*The War in the Air*，附录，第 15 页。

25. 自传备注。

26. S. W. Roskill，*Naval Policy between the Wars*，第一卷，*The Period of Anglo-American Antagonism, 1919—1929*（伦敦，1968 年），第 238 页。贝蒂 1919 年成为第一海务大臣后，对自己的错误极为后悔。他在 1917 年夏天的那种顺从态度超过了可以理性解释的范围，因为他一直非常重视空中力量在海战中的角色。数年之后，他认为"多年前政府做出的决定是以当时的经验做出的最佳妥协"。贝蒂致《每日电讯报》的信件，1936 年 2 月 13 日。

27. 自传备注。

28. WC223．史末资报告在 GT-1658 中：'Committee on Air Organization and Home Defence against Air Raids (2nd Report)'。

29. 格蒂斯致劳合·乔治，1918 年 3 月 8 日；Lloyd George MSS。格蒂斯后来称，在这次会议上，卡森和贝尔福都同意了他在两个月后采取的行动。这也是两天前格蒂斯告诉海军部下级海务大臣，而他们又于 12 月 28 日向杰利科通报的事情。杰利科立即将此事告诉了卡森。愤怒的贝尔福和卡森随即向格蒂斯写信抗议。两人都明确否认他们曾做出了格蒂斯声称的声明。很明显，他们坦诚地讨论了杰利科的缺点，但是没有建议将他解职。相反他们坚称，他们当时说杰利科是无可替代的。格蒂斯则否认他曾说过得到了二人的支持。他在给卡森的信中写道："我说过的……是我在两个半月前关于海军上将杰利科的观点并非草率得来，我认为，在征询了我的两位前任的意见后，以及从当时的谈话中，我坚定了对他的看法……我一直十分理解你的主张……你认为海军上将杰利科是第一海务大臣的最佳人选。我从未声称或暗示过与之相反的意见。"格蒂斯致卡森，1917 年 12 月 29 日；Carson MSS（贝尔法斯特）。

30. 日记，1917 年 10 月 26 日，经贝尔福授权；Hankey MSS。贝尔福后来回忆，格蒂斯"对杰利科在北海护航队遇袭事件中的表现给予了极为负面的评价"（贝尔福致格蒂斯，1918 年 3 月 8 日；Jellicoe MSS）。"海军部质询"并没有提到"玛丽玫瑰"号事件的质询（质询报告于当天，即 10 月 26 日发布），其中并未包括海军部掌握的"高度机密"情报（第 40 室）。

31. 日记，1919 年 8 月 24 日；*Lord Riddell's Intimate Diary of the Peace Conference and After*，第 113 页。类似的还有，"埃里克不愿想象（没有杰利科的）未来，他仍想做自己真正喜爱的工作，为陆军发展运输事业"。Geddes，*The Forging of a Family*，第 242 页。

32. 杰利科自传的备注。

33. 以下段落的主要资料来源是杰利科自传的备注和 Geddes MSS。Bacon 的 *Jellicoe*，第 374—384 页中复现了很多上述资料。

34. "我认为，说大舰队司令要对此负责是多余的（杰利科给格蒂斯的纪要，12 月 16 日），而且给人的印象是海军部需要逃避自己的责任。我建议修改的文稿的其余部分似乎在暗示，除非成立一个强有力的法庭，否则有些事实可能会被掩盖。不管怎样，质询法庭自然会由大舰队司令下令成立，如果让人们觉得，海军军官不会交出完整准确的报告并忠实记录他们的观点，那这就是对海军军官的侮辱。一旦第一个法庭发现任何高级别军官犯下错误，就很可能成立第二个法庭，或者一个军事法庭……格蒂斯的草稿暗示对水面袭击舰的防御已经普遍得到了完善。这并不是当前的事实，虽然我正在努力策划，一旦可能就完成它。我认为一个共识是，议会声明应该剖析事务本身的细节，而不能看起来像一篇发表在报纸上的新闻公报。"Geddes MSS，其中也有格蒂斯的声明草稿。

35. 贝蒂对海军大臣通过强行安排质询法庭成员来篡夺他的权力感到暴怒。另外电报暗示了，由于贝蒂个人也会招致批评，他可能会用自己的支持者组成法庭。格蒂斯不久后访问了大舰队，贝蒂直截了当地告诉他：他和手下的将官都深感被海军部的命令侮辱了。最终，贝蒂在 1918 年 1 月 9 日，收到了一封来自格蒂斯关于护航队电报用语的道歉信，贝蒂在司令舱室里向所有将官宣读了此信。格蒂斯在信中向大舰队司令保证，电文"绝无——无论直接还是暗示——

任何对您缺乏信心的含义，或者有任何僭越您任命质询法庭权力的企图"。Geddes MSS.

36. 杰利科自传的备注。

37. Wester Wemyss, *Wester Wemyss*, 第 365 页。引自海军上将未出版的回忆录。

38. 同前，第 365—366 页。

39. 这被海军上校 A. C. 迪尤尔所证实，他是从与格蒂斯关系非常亲密的统计处长贝哈雷尔那里得知的。A. C. 迪尤尔致 K. G. B. 迪尔，1960 年 10 月 27 日、11 月 17 日；Dewar MSS。

40. Geddes, 'Notes made for use in debate on Navy Estimates, 6 March 1918 on Dismissal of Lord Jellicoe'; Geddes MSS. 他在辩论中没有使用以上材料。他的第一份草稿中在"不情愿和遗憾地"之前有"仔细和耐心地"等文字。

41. 贝尔福致格蒂斯，1918 年 3 月 8 日；Jellicoe MSS。这是贝尔福在重复格蒂斯告诉他的话，这里的"你"，指的是格蒂斯。

42. 出自一份格蒂斯 1918 年 4 月 28 日为首相准备的声明，该声明本应第二天在议会宣读，但没有用上。Geddes MSS. 有关个人和参谋部的分歧，见第八章。关于是否应该将培根解职，只是双方分歧达到最激烈的一次。

43. Lloyd George, *War Memoirs*, 第三卷，第 1179—1180 页。会议纪要的脚注中显示，格蒂斯—劳合·乔治—博纳·劳的会谈发生在 12 月 24 日。但是，格蒂斯称会谈是在晚上进行的，而确切的信息显示，格蒂斯发给杰利科的信是在 24 日下午 6 时送达的。

44. 'Notes made for use in debate on Navy Estimates, 6 March 1918 on Dismissal of Lord Jellicoe'. 格蒂斯和杰利科的通信收于 Geddes MSS 和 Jellicoe MSS。两人的 MSS 以及杜夫 MSS、卡森 MSS（贝尔法斯特）和贝尔福 MSS 中都有关于杰利科解职及其之后情况的材料。

45. 乔治五世日记，1917 年 12 月 25 日，他给杰利科的信也在同日发出；Windsor MSS。

46. 杰利科致贝蒂，1917 年 12 月 25 日；Beatty MSS。

47. 杰利科致 G. H. 霍斯特，1917 年 12 月 29 日；Jellicoe MSS。

48. 杰利科致贝蒂，1918 年 1 月 24 日；Beatty MSS。

49. 所有这些 1917 年 12 月的通信均收于 Jellicoe MSS。前第一海务大臣 A. K. 威尔逊爵士仍在海军部任职，他认为杰利科的离开是"对不道德的报纸叫嚣的，一次不光彩的退让"。海军上将 Edward E. Bradford 爵士, *Life of Admiral of the Fleet Sir Arthur Knyvet Wilson*（伦敦，1923 年），第 246 页。

50. 日记，1917 年 12 月 27 日；Frewen MSS。

51. 麦登致杰利科，1918 年 1 月 1 日；Jellicoe MSS。

52. 日记，1917 年 12 月 28 日；*Portrait of an Admiral*，第 290 页。

53. 麦登致杰利科夫人，1917 年 12 月 28 日；信件为已故杰利科伯爵夫人所有。

54. 麦登致杰利科，1917 年 12 月 27 日；Jellicoe MSS。

55. 自传备注。

56. 哈尔西致杰利科，1917 年 12 月 26 日；Jellicoe MSS。

57. 杜夫写在一个信封上的备注，信封中装有下级海务大臣们与格蒂斯之间互致备忘录的副本；Duff MSS。杜夫本人也经历了极其消沉的心态。12 月 28 日，他"提出口头辞职并得到了口头应允，随即以休假名义离开海军部"。海军大臣后来又好言相劝，杜夫才复职。

58. 杰利科致格蒂斯，1918 年 4 月 10 日；Admiralty MSS。对杰利科讲述的事件，见 *From the Dreadnought to Scapa Flow*，第一卷，第 433—434 页。

59. 杰利科致贝蒂，1917 年 11 月 11 日；Beatty MSS。

60. 日记，1918 年 1 月 1 日；*Lord Riddell's War Diary, 1914—1918*，第 303—304 页。

61. Bradford，*Wilson*，第 246 页。

62. Bacon，*The Concise Story of the Dover Patrol*，第 297 页。

63. 德拉克斯致贝莱尔斯，1917 年 11 月 14 日；Bellairs MSS。

资料图1

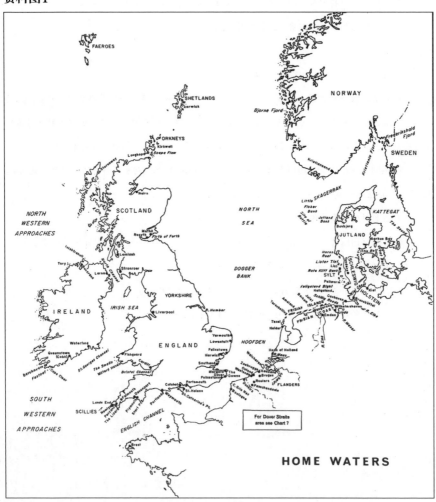

资料图1A

THE BALTIC

资料图2

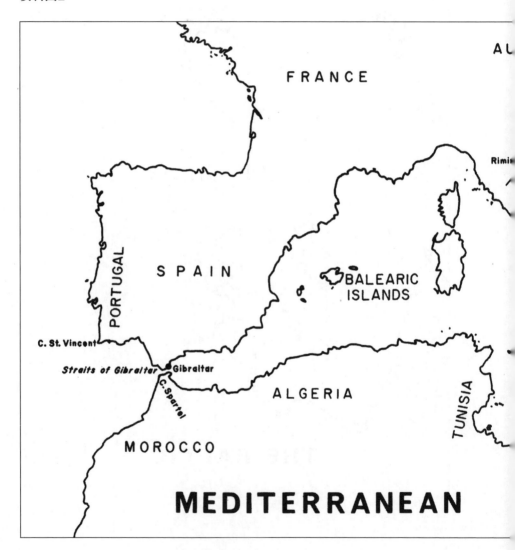

资料图3

SHIPPING LOSSES: WESTERN APPROACHES, CHANNEL AND EAST COAST

•----Ship sunk by U Boat
✦---Ocean Convoy Assembly Port

Plan (i)   Five Months of Restricted S/M Warfare
           Sept. 1916–Jan. 1917.

Plan (ii) 1st Quarter of Unrestricted S/M Warfare
           Feb.–April 1917.

Plan (iii) 2nd Quarter of Unrestricted S/M.Warfare
           May–July 1917.

Plan (iv) 3rd Quarter of Unrestricted S/M Warfare
           Aug.–Oct. 1917.

Plan (v) 4th Quarter of Unrestricted S/M Warfare
           Nov. 1917–Jan. 1918.

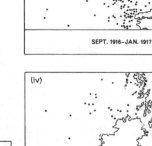

(i)

SEPT. 1916–JAN. 1917

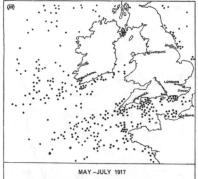

(iii)

MAY –JULY 1917

April. First Scandinavian Convoys run.
May. First two experimental Ocean Convoys run.
June. Four N. Atlantic (Homeward) Convoys run.
July. Regular Homeward N. Atlantic Convoys begin.

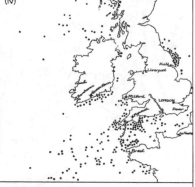

(iv)

AUG.–OCT. 1917

Aug. Homeward S. Atlantic and Gibraltar Convoys started.
Mid. Aug. Outward Convoys (dispersing in 12°–15° W.) started.
Sept. Convoys organised on a Speed and Destination Basis.
All except fastest (20 knots) and slowest (below 7 knots) in
    Ocean Convoy.
Mid Oct. Outward Gibraltar Convoys kept together until arrival
    at Gibraltar.
Oct. Through-Mediterranean Convoys started.

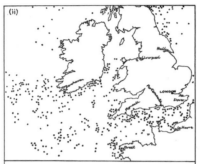

(ii)

FEB.–APRIL 1917

No Ocean Convoys: No Coastal Convoys
French Coal Trade Convoys Running (Night Sailings).
Of 2583 Ships sailed in F.C.T.C's in March and April, 5 only
were sunk. – 0·2%

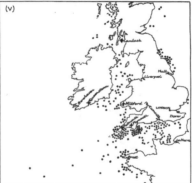

(v)

NOV. 1917–JAN. 1918

Ocean Convoy System now fully developed
Queenstown given up as Convoy Assembly Port (2.1.18).
Milford used as Convoy Assembly Port instead.
V.A. Milford starts local convoys to Ireland and Anglesey in
Dec. 1917, and convoys suffer no losses.

资料图4

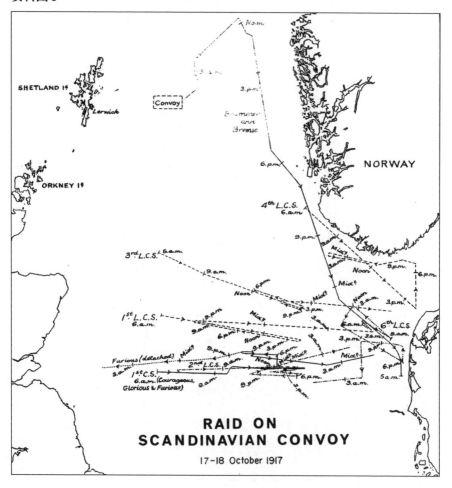

**RAID ON
SCANDINAVIAN CONVOY**

17-18 October 1917

资料图5

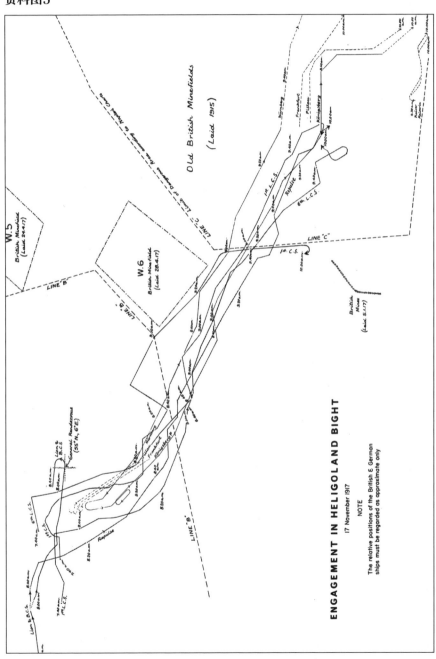

资料图6

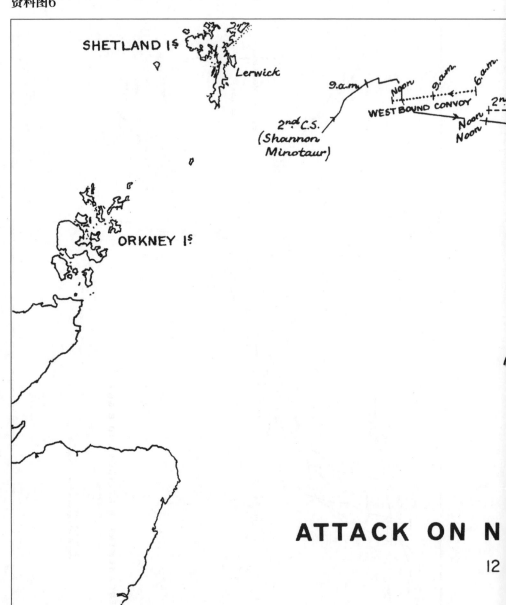

SHETLAND IS

Lerwick

9 a.m.   Noon   9 a.m.   6 a.m.

WEST BOUND CONVOY

2nd

Noon
Noon

2nd C.S.
(Shannon
Minotaur)

ORKNEY IS

ATTACK ON N

12

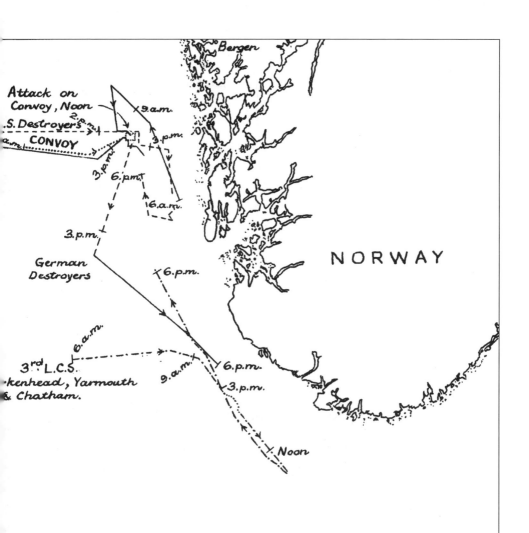

Attack on
Convoy, Noon
.S. Destroyers
CONVOY

9.a.m.

3.p.m.

6.p.m.

6.a.m.

3.p.m.

German
Destroyers

6.p.m.

Bergen

NORWAY

6.a.m.

3rd L.C.S.
kenhead, Yarmouth
& Chatham.

9.a.m.

6.p.m.

3.p.m.

Noon

RWEGIAN CONVOY

ecember 1917

Bovbjerg

资料图7

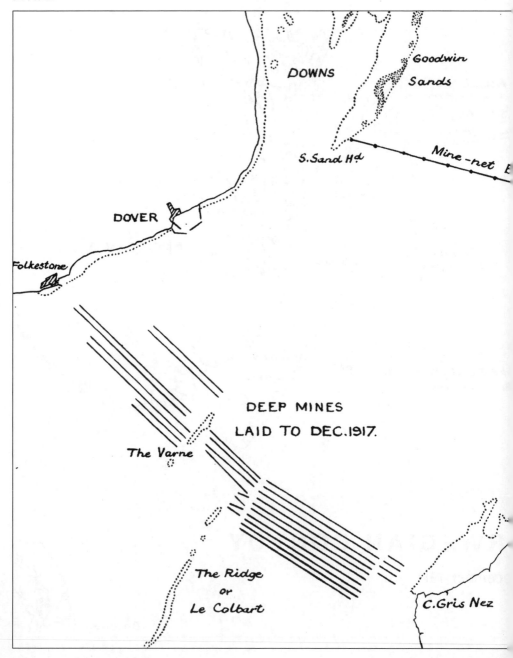

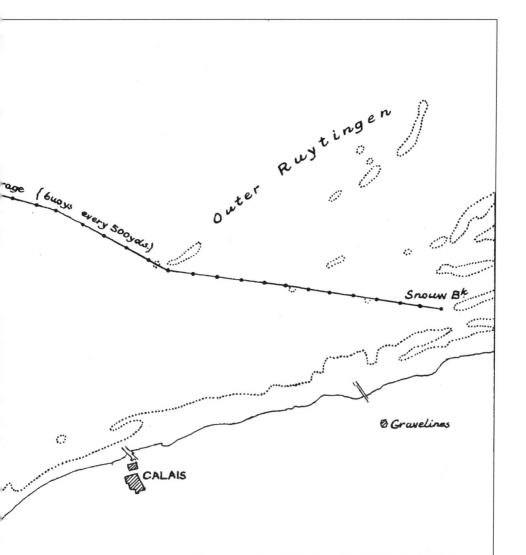

age (buoys every 500yds)

Outer Ruytingen

Snouw B^k

Ø Gravelines

CALAIS

THE DOVER STRAITS

December 1917

大卫·霍布斯
（David Hobbes）著

The British Pacific Fleet: The Royal Navy's Most Powerful Strike Force

英国太平洋舰队

- 在英国皇家海军服役 33 年、舰队空军博物馆馆长笔下真实、细腻的英国太平洋舰队。
- 作者大卫·霍布斯在英国皇家海军服役了 33 年，并担任舰队空军博物馆馆长，后来成为一名海军航空记者和作家。

1944 年 8 月，英国太平洋舰队尚不存在，而 6 个月后，它已强大到能对日本发动空袭。二战结束前，它已成为皇家海军历史上不容忽视的力量，并作为专业化的队伍与美国海军一同作战。一个在反法西斯战争后接近枯竭的国家，竟能够实现这般的壮举，其创造力、外交手腕和坚持精神都发挥了重要作用。本书描述了英国太平洋舰队的诞生、扩张以及对战后世界的影响。

布鲁斯·泰勒
（Bruce Taylor）著

The Battlecruiser HMS Hood: An Illustrated Biography, 1916–1941

英国皇家海军战列巡洋舰"胡德"号图传：1916—1941

- 250 幅历史照片，20 幅 3D 结构绘图，另附巨幅双面海报。
- 详实操作及结构资料，从外到内剖析"胡德"全貌。它是舰船历史的丰碑，但既有辉煌，亦有不堪。深度揭示舰上生活和舰员状况，还原真实历史。

这本大开本图册讲述了所有关于"胡德"号的故事——从搭建龙骨到被"俾斯麦"号摧毁，为读者提供进一步探索和欣赏她的机会，并以数据形式勾勒出船舶外部和内部的形象。推荐给海战爱好者、模型爱好者和历史学研究者。

H.P. 威尔莫特
（H.P.Willmott）著

The Battle of Leyte Gulf: The Last Fleet Action

莱特湾海战：史上最大规模海战，最后的巨舰对决

- 原英国桑赫斯特军事学院主任讲师 H.P. 威尔莫特扛鼎之作。
- 荣获美国军事历史学会 2006 年度"杰出图书"奖。
- 复盘巨舰大炮的绝唱、航母对决的终曲、日本帝国海军的垂死一搏。

为了叙事方便，以往关于莱特湾海战的著作，通常将萨马岛海战和恩加诺角海战这两场发生在同一个白天的战斗，作为两个相对独立的事件分开叙述，这不利于总览莱特湾海战的全局。本书摒弃了这种"取巧"的叙事线索，以时间顺序来回顾在 1944 年 10 月 25 日的战斗，揭示了莱特湾海战各个分战场之间牵一发而动全身的紧密联系，提供了一种前所罕见的全局视角。

除了具有宏大的格局之外，本书还不遗余力地从个人视角出发挖掘对战争的新知。作者对美日双方主要参战将领的性格特点、行为动机和心理活动进行了细致的分析和刻画。刚愎自用、骄傲自大的哈尔西，言过其实、热衷炒作的麦克阿瑟，生无可恋、从容赴死的西村祥治，谨小慎微、畏首畏尾的栗田健男，一个个生动鲜活的形象跃然纸上、呼之欲出，为这段已经定格成档案资料的历史平添了不少烟火气。

Black Shoe Carrier Admiral:Frank Jack Fletcher At Coral Sea, Midway & Guadalcanal

航母舰队司令：弗兰克·杰克·弗莱彻、美国海军与太平洋战争

○ 战争史三十年潜心力作，争议人物弗莱彻的平反书。

○ 还原太平洋战场"珊瑚海"、"中途岛"、"瓜达尔卡纳尔岛"三次大规模海战全过程，梳理太平洋战争前期美国海军领导层的内幕。

○ 作者约翰·B.伦德斯特罗姆自1967年起在密尔沃基公共博物馆担任历史名誉馆长。

本书是美国太平洋战争史研究专家约翰·B.伦德斯特罗姆经三十年潜心研究后的力作，为读者细致而生动地展现出太平洋战争前期战场的腥风血雨，且以大量翔实的资料和精到的分析为弗莱彻这个在美国饱受争议的历史人物平了反。同时细致梳理了太平洋战争前期美国海军高层的内幕，三次大规模海战的全过程，一些知名将帅的功过得失，以及美国海军在二战中的航母运用。

约翰·B.伦德斯特罗姆
（John B.Lundstrom）著

Argentine Fight for the Falklands

马岛战争：阿根廷为福克兰群岛而战

○ 从阿根廷军队的视角，生动记录了被誉为"现代各国海军发展启示录"的马岛战争全程。

○ 作者马丁·米德尔布鲁克是少数几位获准采访曾参与马岛行动的阿根廷人员的英国历史学家。

○ 对阿根廷军队的作战组织方式、指挥层所制订的作战规划和反击行动提出了全新的见解。

本书从阿根廷视角出发，介绍了阿根廷从作出占领马岛的决策到战败的一系列有趣又惊险的事件。其内容集中在福克兰地区的重要军事活动，比如"贝尔格拉诺将军"号巡洋舰被英国核潜艇"征服者"号击沉、阿根廷"超军旗"攻击机击沉英舰"谢菲尔德"号。一方是满怀热情希望"收复"马岛的阿根廷军，另一方是军事实力和作战经验处于碾压优势的英国军队，运气对双方都起了作用，但这场博弈毫无悬念地以阿根廷的惨败落下了帷幕。

马丁·米德尔布鲁克
（Martin Middlebrook）著

Bismarck: The Final Days of Germany's Greatest Battleship

德国战列舰"俾斯麦"号覆灭记

○ 以新鲜的视角审视二战德国强大战列舰的诞生与毁灭……非常好的读物。——《战略学刊》

○ 战列舰"俾斯麦"号的沉没是二战中富有戏剧性的事件之一……这是一份详细的记述。——战争博物馆

本书从二战期间德国海军的巡洋作战入手，讲述了德国海军战略，"俾斯麦"号的建造、服役、训练、出征过程，并详细描述了"俾斯麦"号躲避英国海军搜索，在丹麦海峡击沉"胡德"号，多次遭受英国海军追击和袭击，在外海被击沉的经过。

尼克拉斯·泽特林
（Niklas Zetterling）著

有别于罗列基础信息的"图鉴式"介绍　一部解读战列舰文化的全景式百科作品

战舰世界

世界海军强国主力舰图解百科

1880—1990

524 张历史照片，23 位学者参与创作

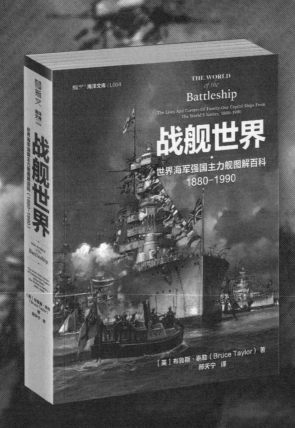

THE WORLD
of the
Battleship

The Lives And Careers Of Twenty-One Capital Ships From
The World's Navies, 1880–1990

战舰世界
世界海军强国主力舰图解百科
1880–1990

［英］布鲁斯·泰勒（Bruce Taylor）著
邢天宁 译

关注一度被历史学家遗忘的"战列舰舰员"群体，集中展示战舰所属国的社会背景及战列舰文化

维度和深度前所未见　部分资料此前尚未披露